U0865141

天大法学文库

孙佑海 主编

现实主义法学的中国思辨

王绍喜 —— 著

法律出版社 | LAW PRESS

北京

图书在版编目(CIP)数据

现实主义法学的中国思辨 / 王绍喜著. -- 北京 : 法律出版社, 2024
(天大法学文库 / 孙佑海主编)
ISBN 978 - 7 - 5197 - 9140 - 7

Ⅰ. ①现… Ⅱ. ①王… Ⅲ. ①现实主义 - 法学 - 研究 - 中国 Ⅳ. ①D920.0

中国国家版本馆 CIP 数据核字(2024)第 095928 号

天大法学文库	现实主义法学的中国思辨 XIANSHI ZHUYI FAXUE DE ZHONGGUO SIBIAN	王绍喜 著	策划编辑 似 玉 责任编辑 似 玉 装帧设计 鲍龙卉

出版发行 法律出版社
编辑统筹 法律应用出版分社
责任校对 李 军
责任印制 刘晓伟
经 销 新华书店

开本 710 毫米×1000 毫米 1/16
印张 23.25 字数 344 千
版本 2024 年 6 月第 1 版
印次 2024 年 6 月第 1 次印刷
印刷 唐山玺诚印务有限公司

地址:北京市丰台区莲花池西里 7 号(100073)
网址:www.lawpress.com.cn
投稿邮箱:info@lawpress.com.cn
举报盗版邮箱:jbwq@lawpress.com.cn

销售电话:010 - 83938349
客服电话:010 - 83938350
咨询电话:010 - 63939796
版权所有·侵权必究

书号:ISBN 978 - 7 - 5197 - 9140 - 7
定价:96.00 元
凡购买本社图书,如有印装错误,我社负责退换。电话:010 - 83938349

天大法学文库
编辑委员会

主　任　孙佑海

副主任　管　虹

委　员（按姓氏拼音排序）

董　娟　郭小冬　何　悦　黄太云　刘海安
刘　霜　刘晓纯　刘召成　陆小华　吕　凯
司　伟　田　野　王建学　王小钢　魏健馨
熊文钊　杨　健　俞风雷　张恒山　张卫平

总　序

作为中国第一所现代化大学，天津大学已经走过了一百二十余载的风雨历程，其前身北洋大学是中国教育史乃至整个近现代史的一座伟大丰碑。如今，当人们谈起这座位于渤海之滨的学术殿堂时，首先想到的或许是其工科特色。的确，天津大学的建筑学、精密仪器学等学科远近闻名。然而，天津大学不仅有严谨、担当的工科，还有深厚的法科底蕴。在北洋大学创办之初，法科（律例学门）就位列各学科之首，开创了中国近代高等法学教育的先河。作为中国的第一所现代化大学，天津大学颁发出我国第一张大学文凭不足为奇，巧合的是，第一张大学文凭的获得者恰恰是法科学生——王宠惠。这不仅是天津大学法学人的骄傲，更是值得中国法学界铭记的历史。

北洋法学有着辉煌的历史，曾培养出张太雷、王宠惠、徐谟、王正廷等杰出校友。张太雷同志是杰出的无产阶级革命家，著名的政治活动家、宣传家，是中国共产党和人民军队早期重要领导人之一，为中国革命作出卓越贡献。王宠惠先生曾将德文版《德国民法典》译成英文作为英美法系国家的法学教材，并赢得法学界的广泛赞誉，他还代表中国参加《开罗宣言》的起草，代表中国参加《联合国宪章》的签署，为维护我国国家利益进行不懈斗争。徐谟先生学贯中西，国际法功底深厚，曾担任国际法院大法官。王正廷先生是著名的国际法学家，为废除不平等条约作出了重要贡献，还积极推动了奥林匹克运动在中国的发展，被誉为“中国奥运之父”。

由于种种原因，天津大学的法科教育一度中断，直到 1994 年设立经济法专业，1997 年成立法学系。2015 年是天津大学法学发展的重要时刻，在党和国家领导人与学校的大力支持下，天津大学正式复建法学院。自法学院复建以来，在全体教师共同努力和社会各界的支持下，天津大学法学院在教书育人、高水平论文、科研项目、国际化、新法科建设等方面都取得了重要突破。2019 年，在社会各界的大力支持下，天津大学获批法学一级学科博士学位授予权，这既是对天津大学法学的肯定，也是对我们的鞭策。

“天大法学文库”旨在继承和发扬前辈艰苦奋斗、勇于创新的精神，鼓励和促进天津大学法学院教师探索学术前沿、勇攀科学高峰，展示天津大学法学人的研究成果，加强与学界同人的交流与合作，为中国的法治事业略尽绵薄之力。

孙佑海

2019 年 12 月

自　序

本书虽为评介之书,实为思辨之作。本书研究的主题,是作为西方法理学流派之一的现实主义法学,似属于可知可不知之他域知识,自另一面而言,现实主义法学对理论和实践影响之大不可不引起关注,东学西学,心同理同,尤其就本书所选取的现实主义法学代表人物而言,其论著、其言行、其理想,在今天有特别的意义。将自己对此学派廿载的思考与辨析和盘托出,是为思辨之作。

我对现实主义法学之兴趣始于2002年,其间关注虽偶有中断,但经由法律实务工作,我得以体察非诉律师与公司法务的差异,思考现实主义法学与法律实践之关系,心有所感而待发。转入学界之后,我发现对现实主义法学的现有研究仍然存在较大的提升空间。窃以为,个中原因可能在于,法理学者不研究或鲜有研究部门法,而部门法学者也鲜有动力去研究作为法理学的现实主义法学,而很多现实主义法学学者是精通两者的。我所想做的,是将法理学和部门法结合起来进行研究。这正是我自2003年起就提倡的研究方法。

本书的写作目的有两个:一是还原现实主义法学的整

体面貌。为此,本书分别就卢埃林、穆尔、道格拉斯、格林和弗兰克的法律思想予以探讨,并对其相互关系和相互影响进行揭示,借此呈现现实主义法学的多元性、复杂性和深刻性,从而还原现实主义法学的本真面貌。本书还力图展示这些人物在行动上的独特性,不仅探讨其生平经历,而且涵盖其改革方案与所作所为。二是思考现实主义法学对中国法治和中国理论研究的启示。为此,本书从中国的视角进行思辨,在对这些人物的生平、著述和言行进行讨论的基础上,揭示现实主义法学的贡献与启示。

在方法上,本书一方面兼采法理学、私法学和法制史的研究方法,力图展现现实主义法学的独特之处及其贡献;另一方面采用美术上的"远观"和"近视"的方法,①不仅将现实主义法学置于其历史语境之下,而且近距离地对各个人物进行较为详细的考察。我认为,"远观"和"近视"的方法对于法学研究有重要借鉴意义,因为它能让我们对现实主义法学有更加具体、直观的认识。

就内容而言,本书涉及法学、哲学、社会学、人类学、统计学、心理学等知识。这是因为现实主义法学倡导跨学科交叉研究。若按法学学科分类,本书涵盖法理学、私法学和法制史三个学科,在具体内容上,则包括法理学、公司法、证券法、破产法、合同法、银行票据法、侵权法等内容。而就论述的重点而言,则体现为法理学方法论、司法制度、法律教育、案例研究和商法典制定等内容。本书还探索现实主义法学在中国的可能性,并结合现有研究提出建构实践主义法学的初步设想。

我希望,本书不仅能给您带来智识上的享受,而且能让您领略现实主义法学的深刻思想、独特魅力和深远的影响。有观点可能认为这样的介绍没有太多的价值。我想说的是,价值的有无取决于观察的角度。现实主义法学在揭示法律现实、法学方法论和主张理论联系实践方面有重要的贡献。在我看来,对现实主义法学智识方面的探索,可能会带来知识增量。实际上,就研究主题而言,至少在本书杀青付梓之际,在国内尚无专门探讨穆尔、道格拉斯或格林的文章,本书于此当有填漏之功。而对于现实主义法学行动的一面,即使是在

① 参见[美]巫鸿:《美术史十议》,生活·读书·新知三联书店2016年版,第58页。

西方法学界，相关的探讨也是寥寥无几，本书所做的一些探讨，对于推进现实主义法学研究或许有所助益。

需要向读者诸君说明的是，我对现实主义法学代表人物及其研究做了较多的梳理工作，在进行阐述和论证的过程中，我有意或无意地融入了自己的一些思考，因此，对现实主义法学的此项研究，不是完全客观的，它带有我思考的印记，它是基于中国的视角提出的思辨。在我们这个时代，知识重要还是思想重要，仁者见仁，智者见智。我的想法是，通过知识的研究可以深化思想，而对思想的探索也能增进对知识的认识。

如同本书标题所揭示的，法律和法学研究始终是很现实的。对于现实主义法学，需要有一个中国视角的思考。或许，正如卢埃林所言，关键是要“看出新意”。

目录

导　论

一、问题与意义

本书研究法的现实性和现实中的法这一主题。一方面,法的现实性是现实主义法学的重要贡献,因此,本书探索现实主义法学对于法的现实性的贡献,并考虑在中国语境下探索法的现实性的可能性。就现实主义法学而言,从宏观上,法的现实性具体体现在现实主义法学的知与行两个方面;在微观层面,法的现实性体现在法的规则命题、现实性命题以及功能分析方法、制度分析方法等方面。另一方面,对现实中的法的强调是现实主义法学的重要洞见。本书站在中国的视角,深刻揭示现实主义法学对法的现实性和现实中的法的洞见,为推进我国现实主义法学理论研究贡献绵薄之力。

在展开具体阐述之前,有必要先明确本书所使用的现实主义法学这一概念。在我国,现实主义法学(legal realism)有不同的表述,包括实在主义法学派、法律现实主义、现实主义法学等。本书之所以采用现实主义法学这一名称,是因为不仅体现了它是一种法学流派(本书的观点),而且在我国得到了较为广泛的使用。在中文的语境下,依据《现代汉语词典》,“现实”作为名词,指的是客观存在的事物,例如“了解现实”;作为形容词,则有合于客观情况的含义,例如“比较现实的做法”。在我国,现实主义作为一种文学艺术风格流行过,并且还在流行中。作家莫言的小说,画家徐悲鸿、林风眠的画都与现实主义有关。在法学的语境下,现实主义法学指的是一个法学流派。在本书中,指的是在20世纪20~30年代诞生于美国的现实主义法学这一法学流派,不包括后来的斯堪的纳维亚现实主义法学。

如上所言,本书的研究主题是法的现实性和现实中的法,而对这一主题是通过现实主义法学的视角来展开的。如果要用一句话来概况,它包括了现实主义法学的知与行两个方面。这是一个很宽泛的问题。之所以说宽泛,是因为它涵盖了现实主义法学的方方面面。例如,现实主义法学是一种学术思潮还是一个学派,它的代表人物有哪些,它的核心命题是什么,它的研究方法是什么,它产生了什么样的影响,等等。同时,这又是一个很狭小的问题,因为与整个法理学的内容相比,现实主义法学似乎只是西方法哲学或法理学中的一种小众的思潮。之所以说“似乎”,不是因为不确定,而是与论者的理解有关。例如,一些学者囿于现有观点,认为现实主义法学质疑法治、否定法治,不值得研究,或者不应当对其进行研究(见本书第一章的相关讨论)。按照这种见解本书是没有必要写的。

然而,如果我们基于讨论的目的,假定现实主义法学是有研究价值的(尽管不一定具有重大的研究价值),那么,我们就不能回避关于现实主义法学的种种论题:现实主义法学到底是一种学术思潮还是一个学派?理由是什么?现实主义法学反对形式主义法学,它否定法治吗?现实主义法学否定价值或道德的作用吗?现实主义法学学者对实体部门法有研究吗?现实主义法学的思想基础是什么?它有哪些贡献?现实主义法学倡导结合社会科学对法律进行研究,它是怎样做的?它取得一些成果吗?有值得借鉴的经验吗?现实主义法学对法院的研究是卓有成效的吗?现实主义法学对法律教育的改革方向是正确的吗?现实主义法学提出了哪些改革方案?它们合理吗?它们有操作性吗?类似的问题,还有很多很多。

本书有一个基本的假设,现有的关于现实主义法学的研究是远远不够的,无论是在深度上还是在广度上。具体而言,现有的研究存在以下问题。

一方面,当前对现实主义法学的研究存在局限。特文宁教授在《卡尔·卢埃林与现实主义法学运动》一书的后记中论述了现实主义法学的研究现状。他指出,在卢埃林逝世50年后,对卢埃林和现实主义法学仍然有很大的进行新的解释的空间。① 我们认为,这种不足体现在两处:一是对现实主义法学家自身研究的挖掘仍有待深入。例如对卢埃林的法社会学思想的研究。对弗兰克和卢埃林之外的其他现实主义法学成员的研究还不多,例如对穆尔、道格拉斯和格林的研究。二是对于我国的现实主义法学研究而言,取得的成就是极其有限的。尽管发表了一些论文,但其数量极少,研究的深度和广度非常有限。例如,我们对现实主义法学的认识还停留在不全面、不准确的教科书或百科全书的水平上,对其理论主张、研究意义和产生影响缺乏深入的挖掘,很少有学者从实证的、跨学科的角度去研究现实主义法学。这些是现有研究的不足之处,需要予以改进。

另一方面,在私法方面,现实主义法学的研究意义仍有待挖掘。现实主义法学具有两个明显的特征:一是它是一种法理学,二是它的研究是建立在对具体问题的基础之上。② 从整体上看,无论是在西方还是在我国,对现实主义法学法理学方面的研究较为深入,对部门法的研究则显得不足。正如研究卢埃林的权威专家特文宁教授所承认的,对于与商法典相关的质疑,他难以提出具体的思路,他只是提出问题,而没有解决问题。③ 这无疑是令人遗憾的,因为卢埃林不仅是法律理论家,而且是私法领域的行家里手。作为美国《统一商法典》的主报告人,卢埃林对合同法、信托法等颇有造诣,他在美国的法学核心刊物上撰写的很多论文,就是私法方面的。其他的现实主义法

---

① See William Twining, *Karl Llewellyn and the Realist Movement*, 2nd Edition, Cambridge University Press, 2012, p. 439.

② 参见王绍喜:《卡尔·卢埃林:〈荆棘丛〉》,载《清华法学》(第4辑),清华大学出版社2004年版,第378~379页。

③ See William Twining, *Karl Llewellyn and the Realist Movement*, 2nd Edition, Cambridge University Press, 2012, p. 321.

学家如穆尔、道格拉斯、格林等人，都是私法领域的专家。正如大卫·斯基尔教授所指出的，早期的很多现实主义法学者是公司法、商法领域的专家。① 然而，从私法的角度来看，对他们的研究还有待加强。在现有的研究中，为数不多的是关于美国《统一商法典》的研究，对其他具体部门法的研究则寥寥无几。

二、为什么现实主义法学研究在中国不发达

为了回答这个问题，我们有必要探讨现实主义法学研究薄弱的原因。现实主义法学研究在我国没有形成一定的气候，有着多方面的原因。如果不探讨这些原因，我们对现实主义法学的研究就难以深入。只有弄清楚其背后的原因，我们才能为现实主义法学的深入研究提供条件。从整体上看，现实主义法学研究在我国不发达的主要原因有四个，兹论述如下。

其一，研究方法单一，多数停留在理论介绍层面。如果说早期对国外各个法学流派进行介绍还有一定的借鉴意义，那么它在今天的价值越来越小。一方面，由于已经有一些这方面的介绍，而且这些介绍基本上是基于对现实主义法学家作品的归纳和总结，这些总结如果反复地做，不仅意义不大，而且没有必要。另一方面，随着中国学者自觉、自主意识的增强，他们对纯粹的理论介绍渐渐地失去兴趣，认为对他者经验的介绍缺乏本土的相关性，不值得关注或者不值得过多地关注，对现实主义法学的研究陷入了恶性循环。

其二，研究视野较为狭窄。我国现实主义法学的研究呈现出一种较为单一的局面，对现实主义法学的精华或整体面貌呈现得不够。具言之，我国现有的研究主要关注卢埃林和弗兰克两人。诚然，不可否认，此两人是现实主义法学的代表人物，但其不足以代表现实主义法学的全貌。而且，即使是对于这两人的研究，其精华也难说已得到充分的挖掘。例如，对于卢埃林的私法思想，除了个别学者有探讨，很多学者基本上没有研究。对于弗兰克，有观点认为，“第二次世界大战之后，弗兰克承认自己的法律定义‘犯了严重错误’，他在后期对其理论做了较大修正和发展，承认很多法律是确定的，判例法制度有一定

① See David A. Skeel Jr., *Vern Countryman and the Path of Progressive (and Populist) Bankruptcy Scholarship*, 113 Harvard Law Review 1079 (2000).

的价值,法律规则应成为判决的指针”①。此种观点似是而非,对于不了解弗兰克法律思想的人可能构成误导,因为弗兰克并未对其理论做较大的修正,他后来对法律的定义和对“现实主义法学”这一用语的反思并不是修正其理论,更谈不上是较大的修正。就笔者所知,弗兰克也从未“承认很多法律是确定的”,他反复申说的是事实的不确定性,而不是像“规则怀疑论”那样认为可以通过法律规则来预测法院的判决结果。而对于其他的现实主义法学学者,如穆尔、道格拉斯、格林等人,更是鲜有研究。如此展现的现实主义法学研究很难说是完整的、全面的。

其三,最为重要的原因,是没有找到现实主义法学与中国的连接点。现实主义法学作为一种有影响力的学术思潮,在西方社会特别是美国产生过重要的影响,该理论对后继的批判法学、女权主义法学和法律的经济分析都产生过影响。21世纪初兴起的新现实主义法学也是在其基础之上发展起来的。因此,现实主义法学并非几个象牙塔学者的奇思妙想,②而是能够影响社会生活和学术研究的法学理论。问题在于,当它被引介到中国之后,它要发挥作用,它要产生影响,势必要与中国的具体情况相结合。两者能否结合以及在多大范围内相结合,决定其能发挥的作用有多大。可惜的是,很多关于现实主义法学的研究只是将它作为一种纯理论进行介绍,加之介绍的广度和深度不够,不够客观、全面,导致其影响寥寥。而且,由于缺乏将其与中国进行对接转化的意识,现实主义法学在中国的研究注定是没有结果的。

其四,现实主义法学的研究受到先见所限制,是现实主义法学研究在中国不发达的另一个原因。先见既包括国外研究者的先见,也包括国内研究者的先见。在这两者中,国内研究者的先见影响力更大。国外研究者的先见,指的是国外学者对现实主义法学的批判和批评。例如,英国法学家哈特在《法律的

---

① 北京大学法学百科全书编委会编,周旺生、朱苏力主编:《北京大学法学百科全书:法理学·立法学·法律社会学》,北京大学出版社2010年版,第424~425页。

② 吉尔莫认为现实主义法学的影响仅限于法学院,参见Grant Gilmore, *The Ages of American Law*, Yale University Press, 2014, p.78。此种观点没有被学界认可。

概念》一书中就对卢埃林进行了批评。[①] 由于哈特的批判,在英国法理学中现实主义法学遭受了一种夸张的描述,规则怀疑论逐渐被法哲学家视为法律实证哲学的虚弱陪练。[②] 美国法官波斯纳也对现实主义法学进行了批判。这两者在中国的影响力极大,其批判使我国学者也或多或少认为现实主义法学是过时的、破坏性的和没有研究价值的,[③]不值得深入研究。国内学者的先见更是如此。在国外资料比较贫乏的时代,熟悉外语者占据资料的便利,率先对其进行介绍,结合政治因素加以评论,既能有所阐发,又能政治正确,导致同辈学人或后学亦步亦趋,没有对其观点的全面性和科学性提出质疑和思考,是制约现实主义法学研究在中国发展的一个原因。

此外,还有一个原因不得不说,即我国学者似乎对现实主义法学缺乏足够的兴趣。这种兴趣的缺乏也有各种原因,例如有观点认为,现实主义法学的著述晦涩难懂,[④]语言表达与常规学术话语有较大差异,造成阅读上的困难。因此,能否"进入"现实主义法学,就显得非常重要。正如陈平原教授所言,通过对前辈的体贴和追慕以及对其著作的演习和理解,比较容易进入角色,而对学者而言能否沉醉其间比智商和才情可能更要紧,他指出20世纪中国学者可能更感困惑,原因很可能是"进不去"或根本没想"进去"。[⑤] 尽管这是针对文学史的论述,它同样适用于对现实主义法学的研究。王涌教授进入分析法学的感受颇为真切,他说,"两年多来,我甚感阅读西方法律经典文献,并不是枯读几部外文书那么简单,进入西方法学某一流派的语境之中是一件非常折磨人的事情"[⑥]。

---

① 参见[英]哈特:《法律的概念》(第3版),许家馨、李冠宜译,法律出版社2018年版,第49页。

② See Neil Duxbury, *Patterns of American Jurisprudence*, Oxford University Press, 1995, p.67.

③ 详见本书第一章第四节。

④ 有学者认为,卢埃林的语言晦涩难懂,是导致其受到很大争议的一个原因,参见孙新强:《卢埃林现实主义法理学思想》,载《法制与社会发展》2009年第4期。

⑤ 参见陈平原:《反思"文学史"》,载"大学学术演讲录"丛书编委会编:《中国大学学术演讲录》,广西师范大学出版社2001年版,第115页。

⑥ 王涌:《私权的分析与建构:民法的分析法学基础》,北京大学出版社2020年版,第433页。

而且,现实主义法学对法律现实和法律实践的强调,对理论和实践相脱离进行批判,与我国学者关注法教义学、关注法律规则的作用有较大不同,因此现实主义法学始终无法融入主流的法学研究。例如,有学者认为,中国的情况与法律现实主义运动兴起时的社会背景不同,“相应地,中国在经历了长时间的实质化、非法制化甚至是反法制化之后,形式化成为当前需要特别强调的方向”①。由于现实主义法学关注的是美国的法律实践或法律现实,与中国缺少直接的相关性,有的学者缺乏应有的耐心就直接跳过了。这里还有个人原因。就个人而言,如果对现实主义法学各个学者的身世和著述缺乏兴趣或热爱,则无法对现实主义法学开展深入的研究,也是必然之事。在现实中,还有一种现象,即有的学者假设现实主义法学已经没有什么新意了,对其研究没有什么意义,因此,在他们手握评判权力之下,很多有价值的研究在他们看来只是鸡毛蒜皮之事。长此以往,我们怎么能期待对现实主义法学的研究有所突破或创新?

三、推进现实主义法学研究的方法和路径

在探讨造成现实主义法学研究现状的原因之后,我们还需要考虑的问题是:如何推进现实主义法学的研究?这涉及研究的方法和路径问题。我们认为,推进现实主义法学研究包括主题、方法和路径三个方面。

在主题上,我们不得不承认的是,在西方,关于现实主义法学的研究已经非常深入,无论是法理还是法史方面均有一些推进。例如,莱特教授对现实主义法学的重新阐述提出的“自然法理学”(见本书第一章),达克斯布里从法理学角度对现实主义法学模式的阐释,②施莱格尔、卡尔曼对于现实主义法学的思想和历史的相关研究,③都展现了现实主义法学研究的深度和广度,但这不意味着现实主义法学的研究已经终结,关键在于要找到合适的主题。本书拟

---

① 胡铭:《超越法律现实主义——转型中国刑事司法的程序逻辑》,法律出版社2016年版,第15页。

② See Neil Duxbury, *Patterns of American Jurisprudence*, Oxford University Press, 1995.

③ See Brian Leiter, *Naturalizing Jurisprudence: Essays on American Legal Realism and Naturalism in Legal Philosophy*, Oxford University Press, 2007; Laura Kalman, *Legal Realism at Yale: 1927 – 1960*, The University of North Carolina Press, 1986.

探讨的法的现实性和现实中的法这一问题，具体而言，包括现实主义法学的知与行问题，不仅是基于现有对现实主义法学的"行"方面的研究不多的考虑，也是对于它如何融入中国环境实现现实主义法学的中国化问题（见本书第八章和第九章）的考虑。从这一主题出发，不仅可以回应对现实主义法学的质疑和批评，而且可以挖掘它的理论价值和实践价值。

在方法上，现实主义法学独具一格。就像卢埃林所说的，现实主义法学是一种分析问题的技术。如果我们肯定现实主义法学的方法具有独特之处，那么我们就应当将该技术应用于当下的研究。现实主义法学在方法上具有两大特征：一方面，现实主义法学强调功能性分析，从功能的角度而非从形式或概念的角度去理解法律，更不是进行纯粹的逻辑推理。① 大多数现实主义法学学者赞同功能性分析方法。在现实主义法学看来，在对具体制度进行分析时，要看到其目的或所要发挥的功能，在法律规则背离该目的或功能性，应当对其进行限制甚至是否认。正如卡多佐所说的，在法律中，"最重要的是目的，而不是起源"，"功能性的目的概念必须任何时候存在于法官的脑海中"②。卢埃林认为，要尊重形式，但要记住功能比形式更重要，不要因为形式的存在而将事实上是拟制的东西认为是真实的。③ 功能主义分析方法通过研究具体事实情形的法学原理来提升法律的确定性，其研究领域从公司金融到民事诉讼。④ 卢埃林在研究夏安族人的法律和习俗时发现，尽管夏安族人在程序上不具有严格的形式，但其在功能上他们能以一致和准确的方式解决面临的难题。⑤ 道格拉斯在研究美国公司法时指出，应当从功能角度去理解董事的职责，而不是从形式着手。针对企业社团，道格拉斯指出，法律的重点已经从使用的工具转向履

---

① 对功能性分析方法的讨论，详见本书第一章第二节、第二章第四节以及第五章第一节。

② Benjamin N. Cardozo, *The Nature of the Judicial Process*, Yale University Press, 1949, p. 102.

③ See Karl Llewellyn & E. A. Hoebel, *The Cheyenne Way*: *Conflict and Case Law in Primitive Jurisprudence*, University of Oklahoma Press, 1941, p. 320.

④ See Laura Kalman, *Legal Realism at Yale*: 1927 – 1960, The University of North Carolina Press, 1986, p. 9.

⑤ See Karl Llewellyn & E. A. Hoebel, *The Cheyenne Way*: *Conflict and Case Law in Primitive Jurisprudence*, University of Oklahoma Press, 1941, p. 319.

行的功能，从商业单元的形式转向实证事实，从静态的原理转向人类行为假定。① 另一方面，现实主义法学倡导从社会科学的角度对法律进行分析。② 例如，卢埃林从人类学的角度对夏安族人的法律和文化进行了研究，弗兰克从心理学的角度对司法判决做了研究，道格拉斯从法律实证调查的角度对美国破产法的相关问题做了研究。就此而言，现实主义法学与当今跨学科研究的方向是一致的。我们应当突破按照学科分类来进行研究的做法，采用功能分析和跨学科交叉研究的方法。只有这样，我们才能真正理解现实主义法学，我们才能对法的现实性有更为深入的理解。

在推进现实主义法学研究的途径上，我们认为，它既是法理学的研究，也是法制史的研究，更是私法的研究。换言之，在从法理学和法制史研究的基础上，我们还要强调私法研究的视角，对相关学者的著述进行归纳和评述，因为这恰恰是我国学者研究最少的领域。③

首先，它是法理学研究。无论是在国外还是在国内，现实主义法学主要是作为法理学流派来进行研究的。作为法理学的现实主义法学，其涵盖很多的内容：(1)法学思想；(2)法学研究方法，包括法社会学和法律实证研究的方法；(3)法学教育，包括法律课程的设置、法律教材的编写、法律技巧和法律技能。特文宁教授认为，对于现实主义法学的五大问题值得研究，包括独特的法律理论、裁判理论、对于形式主义法学进行否定或历史虚无主义的批判、寻找替代兰德尔主义的建设性方案以及不同的政治或意识形态的解释。④

客观来说，对于现实主义法学这一方面的研究是较为充分的。在法理学方面，莱特教授从法哲学的角度对现实主义法学的展开研究，⑤引起了一定的关注和评论。这种研究是有意义的，因为它深化了我们对现实主义法学的认

① See William O. Douglas, *A Functional Approach to the Law of Business Association*, 23 Illinois Law Review 675 (1928).

② 详见本书第四章第二节和第五章第二节。

③ 其实，从法制史、思想史的角度来研究现实主义法学也是寥寥无几。

④ See William Twining, *Talk About Realism*, 60 New York University Law Review 343 (1985).

⑤ See Brian Leiter, *Naturalizing Jurisprudence: Essays on American Legal Realism and Naturalism in Legal Philosophy*, Oxford University Press, 2007.

识，但是，这种解释是论者既有理论框架的一种延伸，未必与现实主义法学的思想相吻合，对此不得不加以注意。萨默斯教授从实用工具主义角度对现实主义法学进行了阐释，①提出了一些新颖的观点，具有很大的影响力。学者乌特将现实主义法学和批判法学进行对比研究，②也引起了一些关注。可见，在法学思想方面，现实主义法学提供了源源不断的理论来源，基于其方法的研究成果也颇为丰硕。实际上，随着新法律现实主义的出现，对现实主义法学的研究已经取得一定程度的突破，尤其是在实证研究和理解法律方面。对于法律技巧和技能的研究，如何将其与部门法进行结合，应当还有一定的拓展空间。可以说，这也是当前我国法学教育和研究的薄弱之处，对其加以研究和强调是非常有必要的。

其次，它是法制史研究。任何对于现实主义法学的完整研究，都无法脱离其产生的语境，这就涉及法制史研究。就像霍姆斯在研究普通法时所言，“为了理解它是什么，我们必须知道它过去曾是什么，以及将来将会是什么”③。卡多佐也说，“历史在阐明过去时也阐明现在，在阐明现在时也阐明将来”④。对于现实主义法学的研究，除了现实主义法学学者群体的著述，围绕其著述的研究更形成了蔚为可观的文献资料。在某种意义上，无论是对于一手材料还是二手材料的挖掘，都是法制史的研究。⑤ 例如，特文宁教授的《卡尔·卢埃林与现实主义法学运动》、卡尔曼教授的《现实主义法学在耶鲁：1927—1960》以及施莱格尔教授的《美国现实主义法学与实证社会科学》，分别从法学思想、法律教育和实证社会科学的角度对现实主义法学的发展历史进行了研究。学者霍

① See Robert S. Summers, *Instrumentalism and American Legal Theory*, Cornell University Press, 1982.

② See Wouter de Been, *Legal Realism Regain: Saving Realism from Critical Acclaim*, Stanford University Press, 2008.

③ Oliver Wendell Holmes, *The Common Law*, Little, Brown and Company, 1923, p. 1.

④ Benjamin N. Cardozo, *The Nature of the Judicial Process*, Yale University Press, 1949, p. 53.

⑤ 这里涉及法制史的研究范围问题，就作为法学流派的人物思想研究而言，可以认为是法律思想史研究，但从历史的语境去考察各个人的理论，也可以说是法制史研究，本书即在这一宽泛意义上使用法制史这一概念。

尔和琼斯还对现实主义法学学者的个人性格等经历进行分析。① 这些出色的研究展示了法制史视角的创造性和多样性。

值得注意的是,有学者指出,现实主义法学秉持特定的历史观。现实主义法学家自身从事历史研究,他们从各自专长的领域对法律原理的发展进行了研究,展示了较为复杂的法律历史观,②并取得了相当的成功。这揭示了历史观在现实主义法学研究中占有一席之地。法制史研究的意义,不仅在于通过对历史文献的解读来理解现实主义法学,而且要推陈出新。因此,在理解上,不仅需要结合当时现实主义法学的历史语境来理解其学说,还要考虑当时主流的社会科学的理论,并找出两者之间的关联。在揭示其关联性时,还需要避免为了历史而历史的态度,而是将其与当前的实际情况或实际关切联系起来,因为对历史的揭示是为了当下,是为今天的社会和研究服务的。历史意识也要与当前的思潮和问题意识结合起来。

最后,它是私法研究。现实主义法学首先是作为法理学来研究的,法理学方面的研究成果也颇为丰硕。然而,如果现实主义法学仅是作为一种法理学思潮,它可能不会在今天还产生很大的影响。其实,正如有的学者所指出的,现实主义法学对19世纪法学原理的批判在商法、公司法和程序方面取得了持久的成就。③ 事实上,相当部分的现实主义法学学者是以研究私法而著称的。例如,卢埃林对合同法的研究、穆尔对银行法的研究、道格拉斯对破产法的研究、格林对侵权法的研究,等等。可以说,现实主义法学家注重对部门法的研究,尤其是作为私法组成部分的各个部门法的研究。作为集大成者的美国《统一商法典》就是在卢埃林的主持下制定的,卢埃林对其影响是如此之大,以至于有人认为它是“卢埃林法典”。然而,应当指出的是,从私法的角度研究现实主义法学的作品数量不多,很多是停留在论文的层面,表明了这一领域仍有待

① See William Twining, *Karl Llewellyn and the Realist Movement*, 2nd Edition, Cambridge University Press, 2012, “Postscript XXIX”.

② See Wouter de Been, *Legal Realism Regain*: *Saving Realism from Critical Acclaim*, Stanford University Press, 2008, p. 32.

③ See John H. Schlegel, *American Legal Realism and Empirical Social Science*, The University of North Carolina Press, 1995, p. 2.

开荒。萨默斯教授颇有见地地指出，实用工具主义法学是一项有待完成的研究，其中的一个途径就是结合具体部门法对美国法律文献的相关内容进行认真的综合分析。①

我们认为，结合现实主义法学兴起的历史语境和当代法律思潮，可以从私法层面对现实主义法学展开有意义的探讨。例如，在我国《民法典》颁布之后，我国是否要制定商法典，我国未来商法典应当具有何种结构，它的体系是什么，应当通过什么方式来体现商法的灵活性，等等，均需要作出探讨。我国已有学者从现实主义法学的角度对美国商法典进行分析，②也有学者认识到现实主义法学思潮对美国公司法的影响，③这些无疑是值得肯定的。但是就整体而言，我国学者对现实主义法学在私法方面的研究和影响是较为零散的，数量也非常有限。就现实主义法学而言，由于相当的学者以私法研究见长，有必要对其代表人物的私法思想展开深入的研究。我们认为，这可能是对现实主义法学研究的一个突破，也将是一个重要的贡献。

需要指出的是，本书之所以对现实主义法学频频致意，是因为它对法的现实性有深刻的认识，这一认识不仅与法理学有关，它还与司法制度、法律教育有密切的关系。因此，现实主义法学是贯穿本书的一条主线。另一条主线是法的现实性。通过现实主义法学对法的现实性的研究，我们不仅可以发现中国本土的法律实践，而且可以通过理论借鉴为建立中国本土自主的话语体系而努力。具体而言，即通过对现实主义法学视角下的法的现实性以及中国本土法律实践的探讨，试图探寻一种适合于解释中国法律实践的法学理论。这是本书的现实关切，也是撰写本书的初衷。

四、本书的结构

以上是对构成本书问题意识和研究思路的交代。这一交代显然是比较宏观的。为了理解现实主义法学对法的现实性的探索，本书设置了以下章节分

① See Robert S. Summers, *Instrumentalism and American Legal Theory*, Cornell University Press, 1982, p. 280.

② 参见孙新强：《论美国〈统一商法典〉的立法特点》，载《比较法研究》2007 年第 1 期。

③ 参见郑祝君：《公司与社会的和谐发展——美国公司制度的理念变迁》，载《法商研究》2004 年第 4 期。

别进行探讨。第一章讨论什么是现实主义法学这一基本问题，包括对现实主义法学界定的争论、核心命题、思想基础以及对现实主义法学的质疑、回应和反思。本章的研究旨在整体上对现实主义法学这一群体的特征和核心命题进行描述，厘清现实主义法学的基本内涵，并对相关的质疑和批评作出回应。第二章探讨卢埃林的法理学思想，侧重从现实主义命题、法律技艺观、法美学思想和法学方法论的角度来展开，旨在展现卢埃林深刻、复杂的法哲学。第三章讨论卢埃林的私法思想，包括其合同思想和商法观，揭示其思想与美国《统一商法典》的实质关联，并结合我国是否制定和如何制定商法典展开探讨。第四章探讨穆尔的法律思想，主要集中在他的制度研究方法和法律控制学习理论。第五章对道格拉斯的法律思想进行研究，侧重破产法领域，包括其对破产理论和实践的贡献和启示。第六章讨论格林的法律思想，尤其是他的侵权法理论、对司法裁判的理论研究以及法律教育观。第七章探讨弗兰克的法律思想，对其法理学、司法裁判理论和法律教育理论进行分析，通过澄清误解还原弗兰克的本来面貌。第八章是对现实主义法学的中国化进行讨论。第九章试图提出基于中国实践的实践主义法学理论。最后是结语，对本书的研究主题进行总结。

第一章　什么是现实主义法学

对现实主义法学进行详细的评估，不可避免地要求做出一种解释：它所属的特定思想、主题、观点以及标记为“现实主义法学家”的个体是什么。[①]

——尼尔·达克斯伯里

本章所要探讨的是什么是现实主义法学这一基本问题。基于视角的不同，对这一问题的探讨可以包括不同的内容，例如它的内涵、特征、命题、思想基础等。这些也是本章所要探讨的问题。同时，对现实主义法学的质疑和批评也是理论研究中不得不面对的问题，对它的回应是本书研究的一个前提和基础，因此在本章加以探讨。

在进入正式的讨论之前，有必要对探讨现实主义法学界定这一争论的意义进行阐释，因为有观点或许认为这样的知识讨论意义不大。我们认为，这一讨论是有意义的。一方面，我国学者似乎不认为这是一个问题，但不同论者

---

① Neil Duxbury, *Patterns of American Jurisprudence*, Oxford University Press, 1995, p. 68.

的表述存在一些分歧，对此进行讨论是有必要的，否则就难以避免各说各话。另一方面，我们对于国外对这一问题的丰富探讨似乎关注不多，对其进行探讨不仅可以丰富我们的认识，而且可以为我们提供一些启发。

一、关于现实主义法学界定的争论

什么是现实主义法学，似乎是一个简单的问题，没有引起我国学者的高度重视。[①] 实际上，这是一个内涵丰富、纷争不断的问题，也是研究现实主义法学的基础性问题。尽管国内和国外学者对这一问题均有研究，但在研究的广度和深度上存在较大的差异。

（一）我国学者对现实主义法学界定的讨论

从整体上看，我国学者对现实主义法学的界定介绍得比较简要，相互之间的直接论争较少，似乎认为对这一问题不存在很大的争议，但仔细分析就会发现，学者们的观点差异并不小。我们将现实主义法学的界定问题归纳为它是法学流派、法学思潮还是法学方法，它的群体成员以及理论主张三个问题。[②]

我们先来看第一个问题：现实主义法学是法学流派、法学思潮还是法学方法？

一种观点认为，现实主义法学是一个法学流派。例如，沈宗灵教授早期认为，现实主义法学是一个法学流派，“现实主义法学，或确切地说，美国现实主义法学，是 20 世纪 30 年代在美国兴起的现代西方法律哲学派别之一”[③]。周汉华研究员区分现实主义法律运动和现实主义法学，前者指的是与形式主义法学相对立的各种法律思想的总称，其反对将法律制度作为封闭的逻辑体系，反对抽象的原则或规则的简单演绎，强调一切从实际出发，而法律现实主义只是现实主义法律运动的一种思想。[④] “从相互关系上看，现实主义法律运动是

---

① 有少数学者对现实主义法学进行了较为深入的研究，例如，丁晓东对主流的法律现实主义和激进的法律现实主义做了辨析，参见丁晓东：《重新审视法律现实主义——一种知识社会学的考察》，载《昆明理工大学学报（社会科学版）》2010 年第 4 期。

② 对这一问题可能存在不同的理解，有观点或许认为这不是界定，但我们认为可以从这一角度进行界定。

③ 沈宗灵：《现代西方法律哲学》，法律出版社 1983 年版，第 96 页。

④ 参见周汉华：《现实主义法律运动与中国法制改革》，山东人民出版社 2002 年版，第 6 页。

各种具有共同特征的法律思想的总称,而法律现实主义则是一个独立的理论流派。"[①]吕世伦教授认为,现实主义法学同形式主义法学、实证主义法学、后现代法学等一起构成20世纪西方法学的主要派别。[②] 这种观点在《中国大百科全书·法学》中得到体现:现实主义法学是20世纪西方的法学派别之一,以强调法的"现实"态度而得名,该学派是20世纪30年代由弗兰克、卢埃林等人创立的。[③] 需要指出的是,就此问题,学者观点并不一致。例如,有观点认为,现实主义法学是一个独立的法学学派。但也有观点认为,它不是一个独立的学派,而是一种带有激进色彩的社会法学形态。[④]

另一种观点认为,现实主义法学是一种法学思潮或法学思想体系。例如,沈宗灵教授在1992年出版的著作中认为,现实主义法学是美国20世纪20~30年代兴起的一种激进的法学思潮,它反对传统法学,倡导立足现实。严格来说,现实主义法学不是一个学派,而是由持有共同思想但持有不同观点的人形成的一种学术思潮。[⑤] 张乃根教授认为,现实主义法学被公认为是一种独树一帜的法哲学思潮。之所以是"运动"而不是"学派",是因为现实主义法学的众多法学家的观点并不一致。[⑥] 段海风教授认为,"现实主义法学,一般认为是20世纪以来在美欧出现的以反对19世纪开始盛行并日渐僵化机械的以概念法学、分析法学为代表的形式主义法学为核心目标,倡导更多关注法律运行过程、效果和社会实际现象的一种法学思想体系"[⑦]。付池斌教授也认为,现实主

---

① 参见周汉华:《现实主义法律运动与中国法制改革》,山东人民出版社2002年版,第20页。

② 参见付池斌:《现实主义法学》,法律出版社2005年版,第1页。根据作者的介绍,这种观点是吕世伦教授的观点,参见付池斌:《卢埃林:书本法不同于现实法》,黑龙江大学出版社2010年版,第247页。

③ 参见《中国大百科全书》总编辑委员会编:《中国大百科全书·法学》(修订版),中国大百科全书出版社2006年版,第542~543页。

④ 参见张文显:《二十世纪西方法哲学思潮研究》,法律出版社1996年版,第135页。

⑤ 参见沈宗灵:《现代西方法理学》,北京大学出版社1992年版,第309页。

⑥ 参见张乃根:《西方法哲学史纲》(增补本),中国政法大学出版社2002年版,第350~352页。

⑦ 段海风:《新旧现实主义法学的内在价值及借鉴意义辨识》,载《社会科学家》2018年第8期。

义法学是西方法学领域的重要法学思潮。[①] 这种观点在法律辞书中也有体现:《元照英美法词典》将法律现实主义(现实主义法学)界定为一种法学思潮或法学思想运动。[②]

还有一种观点认为,现实主义法学是一种分析问题的方法。例如,徐爱国教授认为,现实主义法学是当代西方研究法律的一种方法和思潮。[③] 张文显教授认为,现实主义法学是一种法哲学倾向,或者说是特殊的研究方法和思想方法。[④] 此种观点更加强调现实主义法学是一种方法,即认为它是一种特殊的研究方法和思想方法。相较而言,持此种观点的学者数量较少。

可以看出,我国学者对于现实主义法学是法学流派、法学思潮还是法学方法,存在不同的意见。

第二个问题,现实主义法学的群体成员有哪些?

我国学者在探讨现实主义法学的界定时,一般都提及其群体成员,但对其成员究竟包括哪些学者没有太多的探讨和争论。例如,沈宗灵教授认为,在现实主义法学的群体成员方面,主要代表人物有弗兰克、卢埃林、穆尔和奥利芬特等人。[⑤] 张文显教授认为,现实主义法学的主要代表人物有弗兰克、卢埃林等。[⑥] 周汉华研究员认为,现实主义法学的主要代表人物有卢埃林和弗兰克,他对于其他的成员没有直接论及,但从他对现实主义法学的介绍来看,似乎认为现实主义法学群体成员还包括科宾、霍菲尔德和科克等。[⑦] 还有学者根据现实主义法学的不同发展阶段认为每一个阶段均有代表人物,例如,启蒙阶段的代表人物有格雷和霍菲尔德,霍姆斯和卡多佐是奠基阶段的代表人物,而鼎盛时期的代表人物有卢埃林、多灵和奥利芬特等,创新阶段的代表人物有凯斯

---

① 参见付池斌:《现实主义法学》,法律出版社2005年版,第1页。

② 参见薛波主编:《元照英美法词典》(缩印版),北京大学出版社2013年版,第821页。

③ 参见北京大学法学百科全书编委会编:《北京大学法学百科全书:中国法律思想史·中国法制史·外国法律思想史·外国法制史》,北京大学出版社2010年版,第886页。

④ 参见张文显:《二十世纪西方法哲学思潮研究》,法律出版社1996年版,第135页。

⑤ 参见沈宗灵:《现代西方法律哲学》,法律出版社1983年版,第97页。

⑥ 参见张文显:《二十世纪西方法哲学思潮研究》,法律出版社1996年版,第135页。

⑦ 参见周汉华:《现实主义法律运动与中国法制改革》,山东人民出版社2002年版,第16~17页。

勒、弗兰克福特和怀特等人。[①]

以上表明,我国学者对于现实主义法学的群体成员有不同的认识,但对此没有做过多的展开。

第三个问题,现实主义法学有哪些理论主张?

我国学者对现实主义法学的理论主张均做了一些归纳。例如,沈宗灵教授认为,现实主义法学的共同观点是贬低和否认法律规范,主张法律就是法官或其他官员处理案件的行为或对该行为的预测。[②] 张文显教授认为,可以将现实主义法学的理论主张归纳为:(1)是实证主义、社会学研究和心理学研究的结合;(2)断言法律就是对法院判决所作的预测;(3)怀疑法的确定性和稳定性。[③] 周汉华研究员则区分现实主义法律运动和现实主义法学,提出现实主义法律运动的基本主张包括法律的工具性、价值的相对性、司法的能动性和行政权的合理性。[④] 付池斌教授认为,现实主义法学的基本主张包括:(1)规则怀疑论,即对法的确定性和稳定性的怀疑和对法院审判案件的认定事实的怀疑;(2)法律实践论,即在社会中研究法律,在法律中研究社会;(3)法官造法论,强调法官在法律过程中的重要性。[⑤]

除了以上理论主张,还存在对现实主义法学理论主张的不同归纳。例如,认为现实主义法学以实用主义哲学和精神分析学、行为心理学为思想基础,认为法是不确定的,法是法官或官员的行为,或是对其行为的预测。[⑥] 根据《北京大学法学百科全书:法理学 · 立法学 · 法律社会学》,现实主义法学是实证主义、社会学研究和心理学研究的结合,反对形而上学和思辨,只考虑实际的法,

---

① 参见付池斌:《现实主义法学》,法律出版社2005年版,第8~11页。

② 参见沈宗灵:《现代西方法理学》,北京大学出版社1992年版,第309页。

③ 参见张文显:《二十世纪西方法哲学思潮研究》,法律出版社1996年版,第136~138页。

④ 参见周汉华:《现实主义法律运动与中国法制改革》,山东人民出版社2002年版,第47页以下。

⑤ 参见付池斌:《现实主义法学》,法律出版社2005年版,第8~11页。

⑥ 参见《中国大百科全书》总编辑委员会编:《中国大百科全书 · 法学》(修订版),中国大百科全书出版社2006年版,第542~543页。

重视法和其他社会现象的联系,强调对判决背后动机及形成过程行为主义的研究。[①]《元照英美法词典》则认为,现实主义法学以实用主义、实证主义哲学为理论基础,反对美国传统法学,强调人的行为,区分书本上的法律和行动中的法律,注重经验事实,甚至主张对法官进行心理分析。[②]

基于以上论述,可以归纳出三点结论:一是在性质上,现实主义法学究竟是一个法学流派、一种法学思潮还是一种法学方法,各种观点莫衷一是。这不仅体现在法理学论著上,也体现在法律辞书的界定上。在此问题上,沈宗灵教授的观点尤其值得留意:他在1983年认为现实主义法学是一个法学流派,1992年又认为其是一种法学思潮,在2006年修订的《中国大百科全书·法学》中,他撰写的"现实主义法学"词条又主张现实主义法学是一个法学流派。二是在现实主义法学的群体成员方面,对其概括宽窄不一。有观点认为应包括弗兰克、卢埃林、穆尔和奥利芬特,也有观点仅列明卢埃林和弗兰克,但不排除还有其他代表人物。我国学者似乎认为在这一问题上不存在争论。三是在理论主张的归纳方面,也存在一些不同,主要是体现在对其哲学和心理学基础的认知和理解方面,以及现实主义法学是否是法社会学的一个分支。

(二)西方学者对现实主义法学界定的讨论

对于现实主义法学的界定,国外学者众说纷纭。有相当数量的学者肯定对现实主义法学进行界定的意义。例如,英国学者达克斯伯里指出,在20世纪,没有哪种法学思潮对法律思考产生如此强大的影响,但其依然是模糊的、多变的且未被阐明的。[③] 施莱格尔教授认为,谁是现实主义法学学者以及什么是现实主义法学的问题不是细枝末节的问题,至今仍有争议。[④] 肖尔教授指出,现实主义法学是一个有争议的话题,对什么是现实主义法学以及它的主张是什么的争议,至少已经有80年,而且,这一争议不是对边缘问题的争议,而是

---

① 参见北京大学法学百科全书编委会编,周旺生、朱苏力主编:《北京大学法学百科全书:法理学·立法学·法律社会学》,北京大学出版社2010年版,第949页。

② 参见薛波主编:《元照英美法词典》(缩印版),北京大学出版社2013年版,第821页。

③ See Neil Duxbury, *Patterns of American jurisprudence*, Oxford University Press, 1995, p.65.

④ See John H. Schlegel, *American Legal Realism and Empirical Social Science*, The University of North Carolina Press, 1995, p.1.

对现实主义法学真正本质的争议。① 与我国学者的研究相比，在现实主义法学的界定上，西方学者的研究较为丰盈。

第一个问题，现实主义法学是法学流派、法学思潮还是法学方法？

在美国，现实主义法学曾产生过很大的影响，其影响一直持续至今。现实主义法学就像一个谜，很多学者都竭力揭开其谜底。耶鲁大学法学院吉尔莫教授表示过其疑惑：是什么促使美国最优秀的一代学者投入到现实主义法学思潮之中呢？② 这是一个有意思的问题，但在探究之前，我们需要理解什么是现实主义法学，而其中一个问题是，现实主义法学是一个法学流派、一种法学思潮还是一种法学方法。对此，学者们可谓仁者见仁，智者见智。

首先，有观点认为，现实主义法学是一个法学流派。例如，时任哈佛大学法学院院长庞德教授认为，现实主义法学是一个学派。他在《现实主义法学的呼吁》一文中指出，现实主义法学是一个新的法学流派，他还对该学派的特征进行了归纳。③ 类似地，有观点认为，现实主义法学是一个强调行为因素和政治因素对司法判决至关重要的法学流派。④ 不过，对于现实主义法学是一个学派的观点，卢埃林本人进行了否认。卢埃林认为，现实主义法学只是一种分析技术，不是一个法学流派，不存在现实主义法学这个群体。⑤ 弗兰克自己也认为，实际上不存在这样的学派。⑥

其次，有观点认为，现实主义法学是一种法学思潮。此种观点认为，现实主义法学既不是一个法学流派，也不是一种法学方法，而是一种法学思潮。例如，辛格教授认为，现实主义法学想要以实用主义对待的法学方法取代形式主

---

① See William Twining, *Karl Llewellyn and the Realist Movement*, 2nd Edition, Cambridge University Press, 2012, Frederick Schauer, "Foreword".

② See Grant Gilmore, *Legal Realism: Its Cause and Cure*, 70 Yale Law Journal 1037 (1961).

③ See Roscoe Pound, *The Call for a Realist Jurisprudence*, 44 Harvard Law Review 701 (1931).

④ 参见[美]彼得·G. 伦斯特洛姆编：《美国法律辞典》，刘茂林等译，中国政法大学出版社 1998 年版，第 26 页。

⑤ See Karl Llewellyn, *Some Realism About Realism-Responding to Dean Pound*, 44 Harvard Law Review 1233 (1931).

⑥ See Jerome Frank, *Law and the Modern Mind*, Transaction Publishers, 2009, Preface to Sixth Printing, XXI.

义法学，应当将它理解为实用主义法律运动。[①] 特文宁教授认为，现实主义法学是一种法学思潮，是提出“动态法理学”的激进先锋，目的是使法律制度适应20世纪的需要。从广义上看，现实主义法学是美国社会普遍思潮的一个组成部分。[②] 史蒂文斯教授认为，现实主义法学不是现在普遍认为的特定思想流派，而是一种运动，现实主义法学运动的重要贡献是否定了兰德尔主义“白纸黑字”法律规则的重要性，否定将法律视为精密科学的法律观。[③]

再次，有观点认为，现实主义法学是一种法学方法。此种观点认为，现实主义法学并没有一个共同的纲领，也没有一个共同的群体，各个学者之间的学术观点差异极大，其充其量只是一种法学思考的方法而已。例如，美国学者博登海默教授认为，现实主义法学没有形成一种学派，“它是一种独特的研究方法，亦即那些自称为法律现实主义者所持特有的思考法律问题的特殊思考方式”[④]。此种观点指出，作为现实主义法学代表人物的卢埃林认为现实主义法学只是一种方法，因为卢埃林曾说，“它不是一种哲学，只是一种方法”[⑤]。

最后，还有一种观点认为，现实主义法学既不是一个法学流派，也不是一种法学思潮，不存在现实主义法学思潮，现实主义法学只是一种思想氛围（intellectual mood）。该观点认为，将现实主义法学看作一种没有严格思想边界的氛围，既是准确的，也是方便的，而将其作为法学思潮是学术上恭维的说法，将其作为思想氛围更为恰当。[⑥]

可见，对于现实主义法学究竟是法学流派、法学思潮、法学方法抑或其他，在国外也没有达成共识。

---

① See Joseph W. Singer, *Legal Realism Now*, 76 California Law Review 474 (1988).

② See William Twining, *Karl Llewellyn and the Realist Movement*, 2nd Edition, Cambridge University Press, 2012, p. 8.

③ 参见[英]罗伯特·史蒂文斯：《法学院——美国法学教育百年史：19世纪50年代至20世纪80年代》，李立丰译，北京大学出版社2017年版，第226～227页。

④ [美]E. 博登海默：《法理学：法律哲学与法律方法》，邓正来译，中国政法大学出版社1999年版，第152页。

⑤ Karl Llewellyn, *The Common Law Tradition: Deciding Appeals*, Little, Brown and Company, 1960, p. 510.

⑥ See Neil Duxbury, *Patterns of American Jurisprudence*, Oxford University Press, 1995, p. 68–69.

第二个问题,现实主义法学有哪些群体成员?

无论是将现实主义法学视为一个学派、一种思潮、一种方法抑或思想氛围,均涉及其群体成员的界定。然而,即使是对于这一问题,争议依然很大。对于这一群体的归纳,既包括作为参与者的内部观点,也包括对参与者进行研究的外部观点。

就内部的观点而言,卢埃林认为,这一群体有20人,包括宾厄姆、洛伦岑、克拉克、库克、科宾、穆尔、鲍威尔、奥利芬特、弗兰克、格林、雷丁、哈奇森、克劳斯、斯特奇斯、道格拉斯、弗朗西斯、帕特森、图灵、英特马以及卢埃林自己。①

对于外部观点,又可以划分为四种不同的观点。

第一种观点认为,研究表明,可以将现实主义法学理解为三个不同的群体,每个群体的成员是不同的。具体而言,第一个群体有9人,包括弗兰克在内,是采纳最极端观点的群体;第二个群体有20人,包括卢埃林,是不那么极端的群体;第三个群体有15人,为在其著述中体现出现实主义法学思想的成员。②

第二种观点认为,尽管对于一些处于边缘的人物是否属于现实主义法学成员有争议,现实主义法学的中心人物应当包括弗兰克、卢埃林、科恩、奥利芬特、英特马、道格拉斯、斯特奇斯、阿诺德、雷丁、格林以及穆尔。③

第三种观点做了更为详细的划分:一是几乎所有人都认为他们属于现实主义法学学者,包括阿诺德、宾厄姆、库克、道格拉斯、弗兰克、卢埃林、穆尔、奥利芬特以及斯特奇斯;二是作为现实主义法学先驱而非成员的群体,包括杜威、霍姆斯、庞德、霍菲尔德以及科宾;三是现实主义法学的继承人或追随者,包括霍贝尔、赫斯特、门特斯科夫、列维、哈特、萨克斯以及舒伯特。其他人如克拉克、科恩、格林、哈奇森、英特马等是否属于现实主义法学的阵营,取决于研

---

① See Karl Llewellyn, *Some Realism About Realism-Responding to Dean Pound*, 44 Harvard Law Review 1227 (1931).

② See Brian Z. Tamanada, *Legal Realism in Context*, in E. Mertz, S. Macaulay & T. Mitchell eds., The New Legal Realism, Vol. 1, Cambridge University Press, 2016, p. 148.

③ See William Twining, *Karl Llewellyn and the Realist Movement*, 2nd Edition, Cambridge University Press, 2012, Frederick Schauer, "Foreword".

究的性质和使用的标准。该种观点指出,现实主义法学成员的名单越长,就越不容易对现实主义法学或现实主义法学家作出更准确的论断,为了简化的目的,将卢埃林、弗兰克和库克作为现实主义法学的核心代表。[①]

第四种观点认为,现实主义法学学者还包括伯利、菲利克斯科恩、莫里斯科恩、富勒、兰迪斯甚至菲利克斯·弗兰克福特,因为他们在不同程度上摧毁了形式主义法学原理层面的貌似合理性。[②]

第五种观点认为,最有用的界定是宽泛的界定。由于现实主义法学运动的核心是贬低和取代传统的法律理论和实践并提供一种在哲学和政治学上有启发的法理学,所有对该运动有贡献的律师、法官和法律学者都应视为现实主义者。[③]

可见,对现实主义法学群体成员应包括哪些学者,也有意见分歧。甚至还有学者从代际的角度将现实主义法学群体成员分为三代人。[④]

第三个问题,现实主义法学有哪些理论主张?

现实主义法学的基本理论主张有哪些,这也是一个争议较大的问题。对于这一问题,可以从外部的观点和内部的观点来考察。外部的观点即现实主义法学群体成员之外的研究者的观点。此种观点认为,现实主义法学的主张包括:(1)主张使用精确术语进行思考具有至上的重要性。(2)主张以与数学和物理学相类似的方法来发展法律,而无须考虑法律规则;强调心理学的方法,强调司法裁决中的非理性元素,而把理性视为幻觉。(3)强调个案的独特性,而不是裁判行为的一致性。(4)将法律视为实现企业意图的工具,而不是

---

① See William Twining, *Talk About Realism*, 60 New York University Law Review 341 (1985).

② See John H. Schlegel, *American Legal Realism and Empirical Social Science*, The University of North Carolina Press, 1995, p. 20.

③ See William W. Fisher III, Morton J. Horwitz & Thomas A. Reed eds., *American Legal Realism*, Oxford University Press, 1993, Introduction.

④ See Laura Kalman, *Legal Realism at Yale*: 1927 - 1960, The University of North Carolina Press, 1986, p. 25.

实现普遍社会目的的工具。[①] 此种观点对作为一种法学流派的现实主义法学持批评的态度。

内部的观点则是现实主义法学学者自己的归纳。例如,在回应外部观点对现实主义法学的批评时,卢埃林认为现实主义法学赞同以下九点主张:第一,认同法律不断变化的理念;第二,认为法律是工具而不是社会目的,应根据法律的目的对法律进行检验;第三,社会是不断变化的,比法律的变化更快,因此应检验法律在多大程度上契合它所服务的社会;第四,基于研究的目的,暂时地区分应然与实然,在了解法律实际上是什么之前,将无法对未来应当如何改进作出明智的判断;第五,对传统法律规则和概念的不信任,因为它们只是试图描述法院或人们的实际作为;第六,对传统规定性的规则归纳的不信任,因为它主张规则是法院作出判决的主要因素;第七,主张对判例和法律做更狭小的分类;第八,坚持从法律效力方面对法律进行评估,坚持法律效力的必要性;第九,依据上述原则持续、系统地解决法律问题。[②] 卢埃林的这一概括是较为全面的,它们与下文将要讨论的现实主义法学的核心命题具有密切的联系。

因此,针对这一问题,内部的观点和外部的观点存在不同的意见,两者对现实主义法学的基本理论主张的归纳差异较大。

(三)对现实主义法学的界定的评论

从以上的争论可以看出,对现实主义法学的界定仍然存在分歧,并未达成共识。

第一,现实主义法学是法学流派、法学思潮还是法学方法?应当看到,各种观点均有一定的道理。我们认为,首先,现实主义法学是一个法学流派。理由在于:无论是庞德还是卢埃林,均不否认现实主义法学的群体成员共享一些观点,这就具备了一个法学流派的特征。尽管庞德和卢埃林都否认现实主义法学是一个法学流派,但它对美国后来的女权主义法学、批判法学甚至法律的

---

① See Roscoe Pound, *The Call for a Realist Jurisprudence*, 44 Harvard Law Review 701 (1931).

② See Karl Llewellyn, *Some Realism About Realism-Responding to Dean Pound*, 44 Harvard Law Review 1236 (1931).

经济分析都产生了影响。为什么后者能成为一个学派而前者不能构成一个学派？其次，我们认为，承认现实主义法学作为一个法学流派，并不意味着否认它是一种分析方法。从内部的观点来看，现实主义法学是一种特殊的分析方法；但从外部的观点来看，则应当认为它是一个法学流派。理由在于尽管卢埃林在晚期认为它只是一种方法而不是一种哲学，但它可能与卢埃林的强调重点有关。尽管现实主义法学的方法是独特的，但将其视为方法太过于狭隘。有论者认为，卢埃林的此种观点是一种失策。① 而且，如果它只是一种方法，就不会对后来的批判法学和女权主义法学产生影响，因为它们之间所采用的方法有较大的不同。退一步而言，即使认为现实主义法学是一种方法，它至多是对其自身观点的归纳，不能否认在外部将其作为一个法学流派。换言之，将现实主义法学看作一个法学流派，不影响对其独特的方法进行研究。

第二，现实主义法学的群体包括哪些成员，应当考虑以作品所体现的思想作为基本的标准，合理参考成员之间的交往与交流。尽管在解释一种思潮时不能任由代表人物自说自话，但卢埃林自己的观点具有一定的说服力，因为它设定了归入现实主义法学群体的标准，即作品标准。我们认为，在群体成员的范围上，一方面，要区分现实主义法学的先行者和群体成员，霍姆斯、格雷、卡多佐和杜威都是现实主义法学的先行者，不是其群体成员，现实主义法学的群体成员应当包括弗兰克、卢埃林、穆尔、库克、道格拉斯、奥利芬特、英特马、阿诺德、雷丁和格林。这些成员是受到较少争议的。另一方面，我们应当看到，这一群体成员范围的划分，在一定程度上也与研究的需要有关。例如，如果从私法的角度进行考察现实主义法学，必然包括卢埃林，但不一定包括弗兰克，因为后者对于私法的贡献有限。同时，对于现实主义法学的研究而言，尽管先行者不属于现实主义法学的群体成员，但进行研究时不可以忽视先行者的思想和观点。例如，霍姆斯、卡多佐和杜威对现实主义法学有重要的影响。② 有学者认为，即使是对于庞德，其前期的观点对于现实主义法学是起到激励作用的，

---

① See John H. Schlegel, *American Legal Realism and Empirical Social Science*, The University of North Carolina Press, 1995, p. 2.

② 参见本书第一章第三节。

尽管其后期的作品成为现实主义法学的主要攻击对象。[1] 就此而言,认为每个阶段都有代表人物的观点,有将群体成员划分泛化之嫌,不值得赞同。

第三,在基本理论主张上,现实主义法学具有丰富的内容。在哲学思想上,现实主义法学秉承的是实用主义的哲学思想。实用主义的一个核心要义是,理论是为了解决问题而存在的,因此要对理论进行质疑或反思,根据实践来调整理论,而不是削足适履。这可以从现实主义法学家对霍姆斯、卡多佐和杜威等人的引用得到证明。尽管现实主义法学没有创设自己的哲学,但实用主义哲学为其法律理论建构提供了重要的基础。与形式主义法学家相比,现实主义法学家一方面强调对法律做较为狭窄的分类,另一方面强调关注和区分行动中的法律和书本上的法律。就前者而言,现实主义法学反对兰德尔关于通过学习法律原则即可以得出答案的理论观点,而主张关注案件的特殊情况。对于后者,现实主义法学尽管不否认法律规则的作用,但现实主义法学反对将书本上的法律作为中心的观点,认为应当注意到实践中法律的多样性,认识到法官、律师在法律实践中对于法律的塑造和影响。[2] 也就是说,人的因素在现实主义法学中发挥着极为重要的作用。

二、现实主义法学的核心命题

如前所述,现实主义法学的界定问题是一个基础性问题。在对现实主义法学进行界定之后,我们的工作才刚刚开始。尽管我们对现实主义法学的理论主张做了解释,但在某种意义上,这一阐释依然是较为简略的。为了深入地理解现实主义法学,我们不仅需要研究现实主义法学的核心命题,还需要探讨现实主义法学在中国语境下的意义和价值,因为正是通过研究这些核心命题,我们才有可能找到现实主义法学在中国语境下的意义和价值以及两者的关联,从而通过借鉴、对接和转化来发挥其作用。而且,核心命题也是作为评判一个学者是否属于现实主义法学阵营成员的重要标准之一。如果一个学者拥

---

① See William W. Fisher III, Morton J. Horwitz & Thomas A. Reed eds., *American Legal Realism*, Oxford University Press, 1993, p. 7.

② 参见[美]卡尔·卢埃林:《荆棘丛:我们的法律与法学》,王绍喜译,中国民主法制出版社2020年版,第55~59页。

护一个或一个以上的核心命题，就可以认为他是现实主义法学学者。我们认为，现实主义法学的核心命题包括法规则命题、现实性命题（现实主义命题）和功能性命题。

（一）法规则命题

在现实主义法学的理论框架中，法规则命题是一个重要的命题，也是一个颇有争议的命题。之所以重要，是因为它是正确、全面理解现实主义法学的关键。之所以有争议，是因为现实主义法学学者之间没有统一的法规则观，导致对其可以作出不同的解读。一种常见的观点认为，现实主义法学低估甚至否认法律规则的作用。① 也有学者认为，现实主义法学以法官的法律适用来否定法律规则存在是不能成立的，因为裁判结果是依据法律规则来进行的。② 要判明这些理解是否准确，就需要对现实主义法学的法规则命题进行阐释。

现实主义法学是在批判形式主义法学的基础上确立自己的法规则命题的。在现实主义法学看来，形式主义法学的法律规则观存在很大的问题：一是尽管最完善的法律规则在适用时是相对清晰的，但这样的法律规则极少，很多法律规则缺乏这一特征，法律规则的指导作用要依赖补充性或替代性因素，例如情景类型的常识和公平、敏锐的感觉、稳定性以及人的视角。③ 二是传统法学以法律规则作为研究的中心，它假定书面表述是反映事实的，假定法律规则的表述有效地影响行为，并使行为完全遵守该表述。但是，未经探究我们就假定书面的应当表述准确地描述了事实，并假定法官的行为符合书本上的应当表述，这混淆了规则和事实。④ 三是在实践中，法律规则在适用中经常面临各

① 参见沈宗灵：《卢埃林的现实主义法学》，载《法学研究》1990 年第 5 期。

② 参见刘星：《法律的不确定性——美国现实主义法学述评》，载《中山大学学报（社会科学版）》1996 年 S3 期。在更早的时期，庞德认为法律秩序的一个显著特征是无法区分所做的和应当做的，参见 Roscoe Pound, *The Call for a Realist Jurisprudence*, 44 Harvard Law Review 700 (1931)。

③ See Karl Llewellyn, *The Common Law Tradition: Deciding Appeals*, Little, Brown and Company, 1960, p. 335 – 336.

④ See Karl Llewellyn, *A Realist Jurisprudence: The Next Step*, 30 Columbia Law Review 443 (1930).

种问题，例如规则之间发生冲突，隐藏的结果混乱以及因呆板带来的不正义。[①] 现实主义法学认为，这种观点是不正确的，因为它没有看到在法律实践中法院常常通过各种技术对法律规则进行修改，要么是因为出现了新的情况需要对概念的构成要素进行解释，要么是观察和感受的方式发生了转变，需要对原先的法律规则进行解读和归类。[②] 现实主义法学指出，法律规则能够为人们所作所为和法院作出判决提供指导，但法律不能支配法院案件的结果，法律的确定性不是从静态的宇宙通过逻辑推演得出的，而是法律与生活的恰当的相互作用形成的合理常规性。[③] 而且，现实主义法学认为，之所以对法律规则持质疑态度，是因为只有这样才能看出它在多大范围内起作用，从而预测案件的结果。换言之，现实主义法学并未贬低或否认法律规则可以发挥作用。之所以有认为现实主义法学否定法律规则的作用这样的观点，可能是因为与论者对法律规则持有不同的观点有较大的关系。

因此，现实主义法学的法规则命题具有丰富的理论内涵。它对法律规则的批判，既有否定其具有至高无上重要性的消极一面，又有通过借助法律规则和其他影响因素来提升法律的可预见性的积极一面。如果仅看到现实主义法学对法律规则进行质疑或否认法律规则支配地位，那就谈不上对现实主义法学有全面的、准确的认识。在考察现实主义法学所提出法规则命题的社会背景时，不难看出该命题是具有较为充分的理论依据和现实依据的。其现实依据在于，在美国，法院享有一定的自由，为了适应社会的发展可以对普通法的一些规则作出调整，法院并不只是发现法律，法院创制法律是现有的生活现实。[④] 就此而言，在美国的语境下，现实主义法学的法规则命题是能够成立的。当然，现实主义法学的法规则命题在多大程度上能适用于中国，则是需要讨论

---

① See Karl Llewellyn, *On our Case-Law of Contract Offer and Acceptance I*, 48 Yale Law Journal 23 (1938).

② See Karl Llewellyn, *The Common Law Tradition: Deciding Appeals*, Little, Brown and Company, 1960, p. 114.

③ Ibid.

④ See Benjamin N. Cardozo, *The Nature of the Judicial Process*, Yale University Press, 1949, p. 10.

的另一个问题。

（二）现实性命题

现实主义法学的现实性命题是一个较少被讨论的问题，但这一命题却是现实主义法学的核心命题。笔者之前将之称为“行为学说”[①]或“实践法律观”[②]。现实性命题主张关注具体的、活生生的事实，强调对相关当事人行为的观察。现实主义法学对现实性命题的强调表现在各种表述上：“事实”“实证事实”“社会需求”“生活需要”“生活”“当前生活”“生活和常识”“实际作为”“实际的商业情况”，等等。在现实主义法学学者看来，法律并不只是规则之治，法律对法律工作产生作用不是它的唯一工作，还包括运用法律之人的工作。[③] 如果认为法律规则就是法律现实，这其实是一种偷懒。比法律规则更重要的是法律实务中各种人的因素，包括法官、政府官员、律师、法律顾问和普通百姓的所作所为。如果只是听法官所说的而不是看法官做了什么，那么观察到的图景是被误导的。[④] 为了了解现状，所要做的一项工作是进行现实的观察，观察事实，观察在表述之下的具体的事实，并且进行持续的观察。[⑤] 道格拉斯在对美国证券法的研究中也指出，尽管有制定法，但实践中相关当事人的各种反应比法律规则更加重要。[⑥] 卢埃林认为法律是官员的所作所为，鲜明地提出了现实性命题。[⑦] 而且，不仅停留在相关方的行为上，而且卢埃林还提出运作中的制度的概念，主张从动态上观察制度的变化，强调其与现实的对应性。[⑧] “他

---

① 王绍喜：《卡尔·卢埃林：〈荆棘丛〉》，载《清华法学》（第4辑），清华大学出版社2004年版，第370～374页。

② 王绍喜：《现实主义法学的法律实践观》，载《法治周末报》2020年7月23日，第13版。

③ See Karl Llewellyn & E. A. Hoebel, *The Cheyenne Way: Conflict and Case Law in Primitive Jurisprudence*, University of Oklahoma Press, 1941, p. 289.

④ 参见［美］卡尔·卢埃林：《荆棘丛：我们的法律与法学》，王绍喜译，中国民主法制出版社2020年版，第45～47页。

⑤ See Karl Llewellyn, *On Reading and Using the Newer Jurisprudence*, 40 Columbia Law Review 596 (1940).

⑥ See William O. Douglas & George E. Bates, *The Federal Securities Act of* 1933, 43 Yale Law Journal 211 (1933).

⑦ 参见本书第二章第一节。

⑧ See Karl Llewellyn, *My Philosophy of Law*, in My Philosophy of Law: Credos of Sixteen American Scholars, Boston Law Book Co., 1941, p. 185.

（现实主义法学学者）根据日常的不满（daily grist）做出自己的判断。”①

现实性命题是对形式主义法学的重要反叛，它受到了很大的质疑。卢埃林认为对他关于法律是官员的所作所为观点的指责是片面的，指责的人误解了其观点。② 在某种意义上，现实性命题可能有其夸大之处，但不应当以此来否定现实主义法学的重要贡献。在中国的语境下，现实性命题更是有其深意和价值。从哲学的观点来看，生活中必然产生的真实问题才是重要的，由语言游戏或语言特殊用法编造出来的问题是不重要的。③ 在社会学上，有学者正确地指出，对于价值观及其落实，最需要破除的就是宣扬和现实相脱离的“两张皮”。④ 按照现实性命题的思路，我们需要摒弃法律规则的自身假定，考察其在法律实践中以及社会生活中的表现和作用，作出适当的评价，并基于该评价作出立法、司法和执法上的调整。

（三）功能性命题

大多数现实主义法学学者赞同功能性分析方法。功能性命题是现实主义法学学者在研究和探索过程中形成的法命题。这一命题主张应当从功能的角度而非从形式或概念的角度去理解法律，即主张对法律进行功能分析，而不是进行纯粹的逻辑推理。现实主义法学尽管不否定逻辑具有一定的作用，但对于逻辑推演始终是小心翼翼的。在现实主义法学看来，在对具体制度进行分析时，要看到其目的或所要发挥的功能，在法律规则背离该目的或功能性时，应当对其进行限制甚至是否认。在法律中，“最重要的是目的，而不是起源”。“功能性的目的概念必须任何时候存在于法官的脑海中。”⑤卢埃林认为，要尊重形式，但要记住功能比形式更重要，不要因为形式的存在而将事实上是拟制

---

① Karl Llewellyn, *The Common Law Tradition: Deciding Appeals*, Little, Brown and Company, 1960, p. 395.

② 参见［美］卡尔·卢埃林：《荆棘丛：我们的法律与法学》，王绍喜译，中国民主法制出版社 2020 年版，第 40～42 页。

③ 参见赵汀阳：《第一哲学的支点》，生活·读书·新知三联书店 2017 年版，第 70 页。

④ 参见翟学伟：《中国人行动的逻辑》，生活·读书·新知三联书店 2017 年版，第 126 页。

⑤ Benjamin N. Cardozo, *The Nature of the Judicial Process*, Yale University Press, 1949, p. 102.

的东西认为是真实的。[1] 功能主义分析方法通过研究具体事实情形的法学原理来提升法律的确定性，其研究领域从公司金融到民事诉讼。[2] 卢埃林在研究夏安族人的法律和习俗时发现，尽管夏安族人在程序上不具有严格的形式，但其在功能上他们能以一致和准确的方式解决面临的难题。[3] 道格拉斯在研究美国公司法时指出，应当从功能角度去理解董事的职责，而不是从形式着手。针对企业社团，道格拉斯指出，法律的重点已经从使用的工具转向履行的功能，从商业单元的形式转向实证事实，从静态的原理转向人类行为假定。[4] 对于破产制度，道格拉斯认为尽管有很多研究，但该研究主要涉及具体制度的完善，而没有考虑到该等机制的社会需要、用途和功能。[5] 他从功能的角度出发，对破产企业的会计记录、汽车事故判决、投资性赌博和奢侈消费、可归责的企业过失以及之前破产的情形进行了详细的研究。学者阿诺德也提出，根据实际的商业情形对信托法进行重新分类，以提升其效率。[6]

功能性命题与社会学基本理论有着较为紧密的联系。达尔文的进化论发现和塞纳将其理论应用于社会研究，导致社会学从结构研究转向运作或功能研究。[7] 现实主义法学学者倡导从功能的角度对法律进行研究，实质上是强调不同学科的交叉和融合。就此而言，功能性命题在今天也是具有相关性的。不过，需要指出的是，现实主义法学所进行的功能性分析是存在一定的局限的，因为当时社会学的各个方法尚不发达，导致从社会学角度进行的一些分析

---

① See Karl Llewellyn & E. A. Hoebel, *The Cheyenne Way*: *Conflict and Case Law in Primitive Jurisprudence*, University of Oklahoma Press, 1941, p. 320.

② See Laura Kalman, *Legal Realism at Yale*: 1927 – 1960, The University of North Carolina Press, 1986, p. 9.

③ See Karl Llewellyn & E. A. Hoebel, *The Cheyenne Way*: *Conflict and Case Law in Primitive Jurisprudence*, University of Oklahoma Press, 1941, p. 319.

④ See William O. Douglas, *A Functional Approach to the Law of Business Association*, 23 Illinois Law Review 675 (1928).

⑤ See William O. Douglas, *Some Functional Aspects of Bankruptcy*, 41 Yale Law Journal 331 (1932).

⑥ See Laura Kalman, *Legal Realism at Yale*: 1927 – 1960, The University of North Carolina Press, 1986, p. 10.

⑦ Ibid., p. 15.

仍有较大的提升空间。

或许有观点认为,以上对现实主义法学核心命题的描述只是概念上的包装。我们不认同此种看法,理由在于:第一,如果该观点意在说明现实主义法学的上述命题已经成为常识,那么该说法有一定道理,但是,无论是从历史发展的角度还是从"近观"的角度,都无法否定这些命题的存在价值,因为现实主义法学的产生是具有特定的社会背景的,其发展也是经历了一个过程的,而现实主义法学对美国法学产生的影响说明其核心命题具有相当的说服力。第二,即使作为一种历史阶段的描述,对于现实主义法学的核心命题进行概括和研究,仍然是有价值的,不仅是因为这方面的研究很少,而且是因为如果我们不对其核心命题进行探讨,我们就无法对它进行较为科学的界定,也无法看出它与其他法学流派的不同。因此,作为一个基础性问题,无论是从历史的角度还是从现实的视角,我们认为对现实主义法学核心命题的研究是必要的、有价值的。

需要指出的是,现实主义法学的法规则命题、现实性命题和功能性命题是紧密联系的。法规则命题对法律规则的质疑是为了认识实际的所作所为,而这是现实性命题的内容。功能性分析也是为了解释法律的现实情形,同样与现实性命题有关。可以认为,现实主义法学的核心命题是围绕法的现实性来展开的,无论是法规则命题还是功能性命题,均是服务于认识现实这一目标的,现实性命题则是直接从相关方的行为切入,阐释法律和社会需求之间的深层次关系。这也是本书借助现实主义法学来探讨法的现实性的重要原因。

三、现实主义法学的思想基础

对于现实主义法学的思想基础,大多数人的理解可能与沈宗灵先生的归纳是一致的:现实主义法学"……以实用主义作为主要哲学基础","就思想渊源而论,现实主义法学……除以实用主义、实证主义哲学和社会学作为理论基础外,它还受到沃森所首创的行为心理学、弗洛伊德的精神分析学、统计社会学以至像普鲁斯特和乔伊斯等小说家的'意识流'的影响"①。在沈宗灵先生看

---

① 沈宗灵:《现代西方法理学》,北京大学出版社 1992 年版,第 309、311 页。

来,现实主义法学的哲学基础是实用主义哲学,至于理论影响,他引用了帕特森的观点,似乎表明他赞同这种归纳。在《中国大百科全书·法学》中,沈先生指出:“这一派人的共同特点是,以实用主义哲学和S.弗洛伊德(奥地利心理学家,1856—1939年)精神分析学、行为心理学作为思想基础……”①

我们认为,这些概括存在一些模糊之处:什么是实用主义哲学?它的理论主张是什么?现实主义法学是如何体现它的思想的?它主张詹姆士的哲学观,还是杜威的哲学观?弗洛伊德的精神分析学是否是现实主义法学派的理论基础,还是只是弗兰克等少数人的理论基础?统计社会学只是穆尔的理论基础,还是现实主义法学这一学派的理论基础?行为心理学是否只是弗兰克和阿诺德的理论基础,还是整个现实主义法学派的理论基础?如果要深入研究现实主义法学的思想基础,这些问题无疑是必须进行讨论的。遗憾的是,在现有的论述中,鲜有这方面的讨论。

我们还是从实用主义哲学说起。在哲学史上,实用主义哲学与英国的经验主义有着密切的联系。实用主义哲学是由皮尔斯所创立的,而皮尔斯受到英国经验主义的很大影响。然而,实用主义哲学的影响主要是由威廉·詹姆士所带来的。詹姆士反对一元论的决定主义,认为对理论或学说的检验标准,是它对我们的实际影响和实际结果。詹姆士对此进行了阐述,实用主义代表了经验主义的态度,一方面,“实用主义……避开了不切实际的抽象和不当之处,避开了字面上的解决方式、坏的先验理由,固定的原则,封闭的体系以及虚假的绝对和根本”;另一方面,“实用主义并不代表任何具体的结果,它不过是一种方法”②。詹姆士认为,实用主义的方法不是去看事物、原则、假定的必然性,而是关注最后的成果、结果、事实。③ 换言之,真理之所以是真实的,是因为它是有用的。④ 詹姆士对实用主义的阐释是有一定的说服力的,尤其是其对理

---

① 《中国大百科全书》总编辑委员会编:《中国大百科全书·法学》(修订版),中国大百科全书出版社2006年版,第543页。

② [美]威廉·詹姆士:《实用主义》,李步楼译,商务印书馆2012年版,第30~31页。

③ 同上书,第33页。

④ 参见[美]梯利著、伍德增补:《西方哲学史》(增补修订版),葛力译,商务印书馆1995年版,第577~578页。

论检验标准的观点,实际上是反对以理论为检验标准,其所主张的多元论也有助于解释人的经验在人类发展中所起的作用。在论及初审法官时,弗兰克就提出,法官可以从詹姆士的阐释中学习到很多,裁判是一种诗化的洞见,因为诗歌涉及综合的想象力,是分析性推理无法做到的,因此,直觉是判断的一个部分。①

我国学者将实用主义哲学的特征归纳为:从对传统哲学的态度来看,它对传统形而上学进行批判;从哲学观点来看,它秉持的是行为主义;从真理观来看,它坚持效用即真理;从方法论来看,它具有工具主义的特征。② 这一归纳是较为全面的。需要指出的是,真正为现实主义法学奠定基础的,是杜威对于实用主义哲学的解释。杜威的思想是一个综合的体系,涉及哲学、文化、教育和心理等方面。20 世纪 20 年代,杜威的实用主义影响了人们对科学的理解,杜威拒斥真理固定的真理,强调经验世界的支撑。③ 研究杜威不是本书的目的,我们在这里只需要指出他的基本观点,并阐述它与现实主义法学的关系就足够了。

杜威的理论主张可以归纳为:第一,杜威否定一元论,主张进化论,认为实在不是一个固有的体系,而是处于不断发展变化之中的事物。④ 因此,对事物的认识就不是绝对的,而是不断发展的。第二,杜威认为,思维是消除现实和愿望冲突的工具,故而必须不断修正我们的观念,观念的真实性在于它的成功实现,因此真理的检验标准就是它是否促进和谐的实在。⑤ 第三,主张个人在人类发展中发挥一定的作用。杜威认为,理论不是认识事物的唯一途径,需要考虑人的经验,是人决定存在物,人的信仰可以变更和塑造实在。"做"是优先于"说"的。人的经验是重要的,"经验方法的全部意义与重要性,就是在于要

① See Jerome Frank, *Courts on Trial: Myth and Reality in American Justice*, Princeton University Press, 1950, p. 396 – 397.

② 参见杨寿堪、王成兵:《实用主义在中国》,首都师范大学出版社 2011 年版,第 21 ~ 29 页。

③ 参见[美]多萝西·罗斯:《美国社会科学的起源》,王楠、刘阳、吴莹译,生活·读书·新知三联书店 2019 年版,第 463 页。

④ 参见[美]梯利著、伍德增补:《西方哲学史》(增补修订版),葛力译,商务印书馆 1995 年版,第 581 页。

⑤ 同上书,第 582 页。

从事物本身出发来研究它们，以求发现当事物被经验时所揭露出来的是什么”①。杜威关注的是实际的世界，“杜威所感兴趣的世界，是一个由活生生的、做工作的个人所组成的实际的社会界”②。正如我国学者所说的，杜威哲学最为反对以抽象、独断、脱离实际的传统形而上学，最为肯定哲学应当面对人的现实生活和实践，杜威哲学的各个方面都是从实践出发并引向实践。③

杜威对詹姆士的继承和发扬是现实主义发展的一个必要而非充分条件。如果杜威和现实主义法学的先驱没有某种共同的观念，那么它未必会对现实主义法学产生如此之大的影响。在论及现实主义法学时，就如我们在上文所看到的，霍姆斯、格雷和卡多佐属于现实主义法学的先驱。霍姆斯关于“法律的生命不是逻辑，而是经验”的经典阐述，很多法律人耳熟能详。霍姆斯的观点经常为现实主义法学的群体成员所引用。霍姆斯对现实主义法学影响巨大，他首次强调司法裁决中人的因素，他关于法律的可预见理论成为现实主义法学的基石。④ 尽管霍姆斯、皮尔斯和詹姆士同为形而上学俱乐部的成员，霍姆斯和皮尔斯算不上至交，但两人在哲学观点上具有惊人的相似性。⑤ 从格雷对于现实而不是逻辑的关注，我们也可以看出实用主义哲学的明显影响。例如，格雷宣称任何东西只有被法院宣布为法律时才属于法律。⑥ 卡多佐更是对司法过程作出了这样的表述，“我们可以按照意愿尽可能客观地对事物进行观察。但是，我们只能通过自己的眼睛去观察”，“如果定义的结果是使事实看上去像幻觉，那么定义就太糟糕了。我们必须将定义加以扩大，直到它足以回应

---

① 杜威：《经验与自然》，傅统先译，商务印书馆1960年版，第5页。转引自陈亚军：《实用主义研究自选集》，江苏人民出版社2015年版，第68页。

② ［美］威廉·詹姆士：《实用主义》，李步楼译，商务印书馆2012年版，第583页。

③ 参见［美］约翰·杜威：《杜威全集·晚期著作：1925—1953·第四卷：1929》，傅统先译，华东师范大学出版社2015年版，第3页。

④ See Neil Duxbury, *Patterns of American jurisprudence*, Oxford University Press, 1995, p. 36 – 37.

⑤ Ibid., p. 35, 39.

⑥ See William Twining, *Karl Llewellyn and the Realist Movement*, 2nd Edition, Cambridge University Press, 2012, p. 21.

事实”①。从这些表述中我们可以看出现实主义法学的先驱与实用主义哲学之间的联系。

需要指出的是,现实主义法学的群体成员不仅通过现实主义法学的先驱接触到实用主义哲学,而且他们与当时的实用主义代表人杜威有过一些接触。换言之,杜威的哲学思想和法律思想对现实主义法学有直接的影响。如本书附录一所述,卢埃林认为对他的最高的评价将他称作“小杜威”,而在卢埃林临终前自选的文集《法理学:理论和实践中的现实主义法学》也多次引用杜威的观点。在《法律与现代精神》中,弗兰克对杜威的引用就有 8 处之多,涉及法律、逻辑和心理学等内容,用以支持自己的论点。有研究指出,1922 年杜威在哥伦比亚大学所做的讲座,对库克有很大的影响,在听了杜威的所有讲座后,库克认为对他很有帮助,他还计划在讲课中融入杜威所讲的内容。库克对于法律科学的方法分析,是以杜威的理论为依据的,受到了杜威的影响。② 穆尔也可能听了杜威的讲座,他说杜威就是一个先知。③ 而杜威在《我的法哲学》中所提出的标准即在结果和社会活动的功能中的观点被弗兰克和卢埃林等学者采纳。④ 杜威对现实主义法学学者的影响,由此可见一斑。

事实上,杜威也在法律期刊上撰写论文,他的论文《逻辑方法与法律》⑤引用率即使在同时期的法律刊物中也是较高的,对现实主义法学有较大的影响。杜威对奥斯丁的《法理学》和法律人格问题做过研究。在《我的法哲学》中,杜威说:“法律完全是一种社会现象,在来源、目的和运用上都具有社会性。”杜威解释说,“‘社会的’,首先与人类活动关联,这意味着不能把法律看作一个孤立

---

① See Benjamin Cardozo, *The Nature of the Judicial Process*, Yale University Press, 1949, p. 3, 127. 中译本参见[美]本杰明·卡多佐:《司法过程的本质》,王绍喜译,中国民主法制出版社 2023 年版,第 3、72 页。

② See William Twining, *Karl Llewellyn and the Realist Movement*, 2nd Edition, Cambridge University Press, 2012, p. 37 – 38.

③ See John H. Schlegel, *American Legal Realism and Empirical Social Science*, The University of North Carolina Press, 1995, p. 24 – 25.

④ 参见[美]约翰·杜威:《杜威全集·晚期著作:1925—1953·第四卷:1929》,傅统先译,华东师范大学出版社 2015 年版,第 13 页。

⑤ See John Dewey, *Logical Method and the Law*, 10 Cornell Law Quarterly 26 (1924).

的存在体,而必须根据法律产生和发挥实质作用的社会条件来讨论它”。在法律运用层面,杜威认为它不是发生在法律规定之后,而是构成法律规定的必要部分,“事实上,我们只能通过观察法律如何运作,它对正在进行的人类活动有什么影响来确定法律是什么”。在杜威看来,“一个既有的法律安排就是它在修正和维持正在进行的人类活动方面所做的事情。没有运用,只有碎片的条文和空泛之谈,谈不上法律”。而社会活动是互动的双向过程,既有作用,也有反作用。① 在目的和标准方面,杜威指出,如果社会事实是封闭的、已然结束的活动,则衡量这些事实的标准外在于现实经验世界,但如果社会事实是持续的,它们就会产生结果,“对结果的考量,将决定下一阶段活动是维持现状还是接受改变”②。基于这些论述,我们可以发现,杜威所阐述的实用主义哲学与现实主义法学之间的关联以及他对现实主义法学的影响力。

结合实用主义哲学的观点,我们可以看到,其对现实主义法学的影响主要体现在以下命题上:一是反对一种绝对的体系或真理,认为哲学或理论的体系是发展变化的,而不是一成不变的,因此,不能将法律规则理解为静态的、固定不变的。二是理论是为实践服务的,应当以是否产生后果来判定理论是否有效,因此如果理论和实践相冲突,要以实践为检验标准,而不是以实践来迁就理论。三是要关注具体的人和社会现实,重视人的主观能动性。由于事物不是绝对的、一成不变的,人的经验就显得重要,人要改变和塑造行动,促成愿望的达成,而不是消极等待。四是强调目的的优先性,即在理解法律时,法律只是服务于一定目的的手段,在作为手段的法律规则不能服务于法律的目的时,应当对法律规则进行修改或变更。

四、对现实主义法学的质疑和回应

尽管前文对现实主义法学的界定和核心命题做了一些阐释和反思,但对现实主义法学的研究仍然必须面对不同的质疑。这些质疑包括现实主义法学已经过时、现实主义法学是破坏性法学以及现实主义法学没有研究价值。对

---

① 参见[美]约翰·杜威:《杜威全集·晚期著作:1925—1953·第十四卷:1939—1941》,马荣等译,华东师范大学出版社2015年版,第87、88页。

② 同上书,第90页。

这些质疑,我们需要作出相应的回应。

(一)现实主义法学已经过时

现实主义法学是美国20世纪兴起的一种法学思潮,至今有近一个世纪的历史。对于这样一种法学思潮,存在不同的质疑。

第一个质疑是,现实主义法学已经过时。在宏观上,质疑现实主义法学已经过时,基本的理由是现实主义法学是在特定历史发展阶段兴起的一种思潮,其与该历史阶段密切相关,在该阶段结束后,现实主义法学就履行完成其历史使命。在微观上,认为现实主义法学已经过时的理由主要有两个:一是由于时间原因,现实主义法学的很多理论主张已经成为常识。例如,有观点认为,卢埃林数十年的研究在当代法理学家和社会科学家当中已成为常识。[①] 论者经常引用的一句话是,"我们现在都是现实主义者"[②]。问题是,如何理解这句话?它是否意味着现实主义法学已经成为明日黄花,已经过时?如果现实主义法学的很多主张已经成为常识,那么它在今日的研究价值就相当有限。二是现实主义法学没有多少原创性的内容,它对于当今已经没有影响力。美国学者波斯纳认为,他难以从现实主义法学中发现原创的东西,在法理学重大问题上,现实主义法学没有说出此前霍姆斯或卡多佐没有说过的东西。[③] 类似地,有论者认为,现实主义法学只是对霍姆斯观点的细化,没有太多原创性的贡献。[④] 还有学者认为,现实主义法学所提出的理论主张,只是当时社会流行的普遍常识。[⑤]

对于上述质疑,可以作出以下回应。

第一个问题,现实主义法学的理论主张是否已经成为常识?回答:不是。

---

① See James J. Chriss, *Introduction to the Transaction Edition*, in Karl Llewellyn, Jurisprudence: Realism in Theory and Practice, Transaction Publishers, 2008, p. vii.

② Joseph W. Singer, *Legal Realism Now*, 76 California Law Review 467 (1988).

③ 参见[美]理查德·A. 波斯纳:《法理学问题》,苏力译,中国政法大学出版社2002年版,第25页。

④ See Laura Kalman, *Legal Realism at Yale*: 1927 – 1960, The University of North Carolina Press, 1986, p. 17.

⑤ See Brian Z. Tamanada, *Legal Realism in Context*, in E. Mertz, S. Macaulay & T. Mitchell eds., The New Legal Realism, Vol. 1, Cambridge University Press, 2016, p. 160 – 161.

一个例子是,以现实主义法学为基础的新现实主义法学的兴起,表明了现实主义法学的理论仍在产生影响。① 其实,假定现实主义法学的很多观点已经成为常识,那么恰恰说明现实主义法学在特定历史发展阶段发挥过作用。因此,从历史的角度来看,它至少曾经是一种有意义的学说,作出了自己的贡献。荷兰的海塞林克教授认为,在法律文化方面,现实主义法学的贡献巨大,自从现实主义法学运动之后,对于学术通说的批判不断地驱使这一进程向前发展。② 如果这一论断可以成立,基于现实主义的理论主张已成为常识的论点,无法否认现实主义法学所发挥的作用。尚待论证的是它在今天是否仍有研究价值的问题,对此,下文要重点探讨,此处不予赘述。

第二个问题,现实主义是否具有原创性问题? 回答:有。分析一种学术主张,应当将其放在特定的历史中予以考察,而不是事后无关痛痒的批评,此为"历史的同情理解"。美国学者吉尔莫指出,在回顾一种学术思潮时,容易看到它的前提是不稳固的,其许诺是夸大的,但现实主义法学曾吸引一代优秀的心智这一事实提醒我们了解发生了什么。③ 英国学者达克斯伯里认为,现实主义法学将法律和社会科学相结合,设定了美国未来法理学发展的议程,使法律的交叉研究获得尊重。他反对波斯纳认为现实主义法学没有原创性的观点,指出现实主义法学的原创性在于它设定了法理学上"法律与 X"(Law and X)子学科兴起的情景。而且,现实主义法学家的探索为美国未来数代法律学者确立了法律交叉研究的先例。④ 莱特教授认为,美国现实主义法学是 20 世纪美国法律实践和法律研究的主要智识思潮,与哈特所倡导的法律理论和法律的经济分析均存在一定的关联。⑤ 现实主义法学对美国批判法学运动也产生了

① 参见段海风:《新旧现实主义法学的内在价值及借鉴意义辨识》,载《社会科学家》2018 年第 8 期。

② 参见[荷]马丁 · W. 海塞林克:《新的欧洲法律文化》(增订版),魏磊杰、吴雅婷译,中国法制出版社 2018 年版,第 39 页。

③ See Grant Gilmore, *Legal Realism: Its Cause and Cure*, 70 Yale Law Journal 1037 (1961).

④ See Neil Duxbury, *Patterns of American jurisprudence*, Oxford University Press, 1995, p. 92 – 93.

⑤ See Brian Leiter, *Naturalizing Jurisprudence: Essays on American Legal Realism and Naturalism in Legal Philosophy*, Oxford University Press, 2007, p. 1, 60, 96.

影响。[①] 这表明,现实主义法学是一种具有原创性的法学思潮,若不然,它何以对后期的学术思想产生如此之大的影响?值得指出的是,波斯纳后期重举法律现实主义的旗帜反对当代法律现实主义,[②]说明了现实主义具有原创性。

第三个问题,现实主义法学是否与特定时代相关?回答:既是,又不是。回答是,是因为它的产生的确与美国当时的社会发展背景有关;回答不是,是因为我们不能因为其产生于特定时代就否定其与当下的相关性。实际上,在社会实践中,特定时代与当下的联系取决于解释者的视角。例如,有学者认为中国当下的法治改革与现实主义法学兴起的社会背景具有相似性。[③] 在理论上,很多的学术研究都是通过对经典文本的重新解读,去应对新时代出现的问题,此为"旧瓶装新酒"。特文宁教授指出,很多人认为作为思想家卢埃林主要具有或仅具有历史上的兴趣,这种观点是不足为奇的,因为重要性或相关性很大程度上是个人的判断,取决于个人的关注和兴趣。但是,卢埃林尚未出版的著作则具有特殊的当代价值,因为卢埃林的整体法律观是理解法律的完整概念,可以与作为社会制度的伦理的、分析性的和实证性的分析相兼容。[④] 特文宁教授的这一观点是有启发性的,对于其他现实主义法学学者的论著,也有深入挖掘的价值。

(二)现实主义法学是破坏性法学

对于现实主义法学的第二个质疑是,它否认法律规则的作用,是破坏性法学。这种观点在中外学者当中都存在,且有较大的影响力。对此种影响力较大的质疑,我们需要认真地进行回应。

对现实主义法学质疑最多的是,现实主义法学否认法律规则的作用,强调法官的自由裁量权,造成了法律适用的不确定性,是一种破坏性法学。在我

---

① See William Twining, *Talk About Realism*, 60 New York University Law Review 351(1985).

② 参见戴昕:《认真对待法律现实主义——评〈波斯纳法官司法反思录〉》,载《环球法律评论》2015 年第 3 期。

③ 参见刘翀:《现实主义法学的批判与建构》,载《法律科学(西北政法大学学报)》2009 年第 5 期。

④ See William Twining, *Karl Llewellyn and the Realist Movement*, 2nd Edition, Cambridge University Press, 2012, "Afterword".

国,沈宗灵教授认为,美国现实主义法学不是一个学派,而是当时由一批具有某种共同思想倾向却又持有不同观点的人形成的一种学术思潮。“这批人的共同观点是贬低以致否认法律规则(规范)……”①“现实主义者还怀疑法的确定性和稳定性。他们指出,法在很大程度上曾经是、现在是而且将永远是含混和不稳定的。”②周汉华研究员认为,“法律现实主义则夸大了真理的相对性,完全否定任何客观真理的存在,否定制定法,否定价值的作用,否定任何抽象原则与概念”③。在西方,最有代表性的是庞德教授的观点,他对现实主义法学提出批评,认为它强调“纯粹的法律事实”,其无法从规则中找到,因为规则的存在是一种幻觉。事实来自对在社会制度和法律制度中的人的观察,理性是一种幻觉。④ 吉尔莫认为,现实主义法学是一种宏观层面的法学或哲学思潮,它对当时广为接受的法律理论提出破坏性或否定性的批判性分析。⑤ 特文宁教授也指出,可能最为常见的观点是,现实主义法学是针对兰德尔主义所做的批判性的、本质上是否定的、有时是历史虚无主义的反应。由于现实主义法学贬低和否定法律规则的作用,有观点认为本质上它采取怀疑的、非理性的、历史虚无主义的立场。⑥

鉴于认为现实主义法学是破坏法学的观点较为普遍,需要分别针对其论点进行回应。

第一个问题,现实主义法学有没有否认法律规则的作用?回答:有。然而,现实主义法学没有完全否认法律规则的作用。例如,卢埃林指出法律规则能为案件提供指导,但它不能支配案件的结果。⑦ 在卢埃林看来,最完善的法律

---

① 沈宗灵:《现代西方法理学》,北京大学出版社1992年版,第309页。

② 北京大学法学百科全书编委会编,周旺生、朱苏力主编:《北京大学法学百科全书:法理学·立法学·法律社会学》,北京大学出版社2010年版,第949页。

③ 周汉华:《现实主义法律运动与中国法制改革》,山东人民出版社2002年版,第20页。

④ See Roscoe Pound, *The Call for a Realist Jurisprudence*, 44 Harvard Law Review 698 (1931).

⑤ See Grant Gilmore, *Legal Realism: Its Cause and Cure*, 70 Yale Law Journal 1037 (1961).

⑥ See William Twining, *Talk About Realism*, 60 New York University Law Review 351 (1985).

⑦ 参见[美]卡尔·卢埃林:《荆棘丛:我们的法律与法学》,王绍喜译,中国民主法制出版社2020年版,第252页。

在适用时是相对清晰的，但这样的法律规则极少，很多的法律规则缺乏这一特征，因此，法律规则的指导作用要依赖于补充性或替代性因素。例如，类型情景的常识和公平、敏锐的感觉、稳定性以及人的视角。[①] 现实主义从未将“规则”排除出“法律”的概念，“规则”的两大问题在于：在研究层面，它不适合作为法律思考的中心；在法律实践层面，法官无法通过书面上的规则得出唯一的正解。[②]

第二个问题，现实主义法学有没有贬低法律规则的作用？回答：有。作为事实，现实主义法学对形式主义法学提出了批判：它反对传统法学以法律规则作为研究的中心，它反对假定书面表述是反映事实的，假定法律规则的表述有效地影响行为，使行为完全遵守该表述。现实主义法学认为，未经探究我们就假定书面的应当表述准确地描述了事实，并假定法官的行为符合书本上的应当表述，混淆了规则和事实。[③] 现实主义法学认为，既然规则无论在理论还是在法律实践中都不能发挥其声称的作用，对其过分强调就会让人误导。现实主义法学所做的是将它摆在适当的位置。

第三个问题，现实主义法学是否只是破坏而没有建设？回答：不是。一方面，现实主义法学对形式主义法学的批评是为了提高法律的确定性。现实主义法学对理性技术的研究是为了给法官和其他官员提供指导，以可沟通、可使用的方式发展出最佳的实践。[④] 正如有观点指出的，“现实主义法学学者对形式主义法学的反抗，并不是对法律确定性理念的直接反抗，而毋宁是对形式主义所推销的特定确定性的反抗。现实主义法学寻求的是不同品质类型的确定

① See Karl Llewellyn, *The Common Law Tradition: Deciding Appeals*, Little, Brown and Company, 1960, p.335 - 336.

② 参见陆宇峰：《“规则怀疑论”究竟怀疑什么？——法律神话揭秘者的秘密》，载《华东政法大学学报》2014 年第 6 期。

③ See Karl Llewellyn, *A Realist Jurisprudence: The Next Step*, 30 Columbia Law Review 443 (1930).

④ See Karl Llewellyn, *On Reading and Using the Newer Jurisprudence*, 40 Columbia Law Review 614 (1940).

性,即以声称法律真实性形式体现的确定性……"[①]现实主义法学并不是与体系性思考不兼容,它的体系性思考体现在它自己具有不同的中心。[②] 我们认为,此种观点值得赞同。另一方面,通过具体的研究,现实主义法学产生了一批成果。例如,穆尔对康涅狄格州银行惯例的研究,试图找出有关期票的实际银行惯例。道格拉斯对破产法的实证研究,成为他关于美国《破产法》改革建议的基础。[③] 格林对侵权法中的近因原理的充分论证,影响了侵权法的理论发展和司法实践(见本书第六章)。认为现实主义法学是否定的而不是建设性的,这是历史的讽刺,因为美国《统一商法典》、诸如《夏安族人的方式》和《法律与经济增长》等著作、哥伦比亚大学的案例系列教材以及法律与社会科学的很多发展,都可以称作"现实主义法学的产物",应当将现实主义法学看作寻找替代方案的建设性发展。[④] 我国也有学者认为,现实主义法学在解构形式主义法学学者的法律确定性的同时,又在社会科学的意义上重构了法律确定性。[⑤]

第四个问题,现实主义法学是否是历史虚无主义?回答:不是。特文宁教授指出,认为现实主义法学是历史虚无主义的观点含有三种不同的要素:一是本质上的怀疑主义、非理性主义或历史虚无主义的主张;二是从历史上看现实主义法学批判的对象是传统学术观,即兰德尔主义或者广义上的形式主义;三是现实主义的批判是否定的,而不是建设性的。特文宁认为,此种观点不仅是不准确的,而且是严重误导的:首先,在强烈的意义上,几乎没有现实主义法学的成员是哲学上的怀疑者、历史虚无主义者或完全的主观主义者。即使是弗

---

① Neil Duxbury, *Patterns of American jurisprudence*, Oxford University Press, 1995, p. 96 – 97.

② See G. Edward White, *Tort Law in America: An Intellectual History*, Oxford University Press, 2003, p. 111.

③ 参见[美]斯蒂芬·M. 菲尔德曼:《从前现代主义到后现代主义的美国法律思想》,李国庆译,中国政法大学出版社2005年版,第209页。

④ See William Twining, *Talk About Realism*, 60 New York University Law Review 351 (1985).

⑤ 参见王彬:《法律现实主义视野下的司法决策——以美国法学为中心的考察》,载《法学论坛》2018年第5期。

兰克,作为改革者,似乎更宜被看作乐观的理性主义者。其次,现实主义法学的主要批判对象比兰德尔主义更为分散和多样,包括机械法理学、自然法法理学、法律研究的非科学性等,若将其等同于兰德尔主义,将模糊现实主义法学成员的多样性及其不同时期关注的变化。有观点认为现实主义法学衰落的原因之一是它缺乏法律史和比较法眼光。① 我们不赞同此种观点。恰恰相反,现实主义法学学者是历史主义者,他们熟悉比较法,例如卢埃林和道格拉斯就对英国法十分熟悉。"现实主义法学学者是成熟的历史主义者:他们对迅速的历史变化的清醒意识使他们相信,因为人类的聪明才智,社会可以无穷无尽地进步"②。需要指出的是,无论是卢埃林对夏安族人法律和文化的研究,还是对美国联邦上诉法院司法判决的研究(见本书第二章),或是对合同法历史的研究(见本书第三章),均可以看出现实主义法学对于历史和传统的强调,认为其是历史虚无主义者的观点不攻自破。

第五个问题,现实主义法学为什么要对传统法学进行批判?回答:为了提升法律的可预见性。现实主义法学不是为了批判而批判,对于无法预测因素的批判,在很大程度上是为了对其进行控制。"对特定不可预测因素的细致研究,可以减少不可预测性。"③弗兰克指出,现实主义法学家渴望提升司法制度,使得它更加有效率,更加能回应社会的现实需要,更加公正。④ 现实主义法学主张从社会科学的角度对法律进行研究,目的在于提高法律的确定性。"现实主义法学家从事社会科学研究的一个核心理由,是提高预测法院案件结果的能力。"⑤对于现实主义法学学者而言,通过一个又一个"具体情形"的研究来重

---

① 参见陆宇峰:《美国法律现实主义:内容、兴衰及其影响》,载《清华法学》2010 年第 6 期。

② [美]斯蒂芬·M. 菲尔德曼:《从前现代主义到后现代主义的美国法律思想》,李国庆译,中国政法大学出版社 2005 年版,第 209 页。

③ Karl Llewellyn, *Some Realism About Realism-Responding to Dean Pound*, 44 Harvard Law Review, 1242 (1931).

④ See Jerome Frank, *Mr. Justice Holmes and Non-Euclidean Legal Thinking*, 17 Cornell Law Quarterly 586 (1931).

⑤ Wouter de Been, *Legal Realism Regain: Saving Realism from Critical Acclaim*, Stanford University Press, 2008, p. 95.

塑法律,从而发现法律规则和司法判决在真实世界中的后果。[①] 从卢埃林关于合同的历史发展梳理(见本书第三章第一节)和格林对侵权法理论发展的历史挖掘,[②]我们也可以看到现实主义法学对历史的尊重。

因此,认为现实主义法学是历史虚无主义的观点是无法成立的。

(三)现实主义法学没有研究价值

认为现实主义法学没有研究价值的观点,既可能与其已经过时的质疑相关,也可以与其相独立。对于前者,上文已有论述,此处不再赘述。就后者而言,既可以表现在现实主义法学自身是否有研究价值上,也可以表现在现实主义法学与当代的相关性方面,认为由于年代久远现实主义法学在当下已经没有研究价值。这是现实主义法学研究所面对的第三个质疑。

对于现实主义法学可能质疑的是,否认现实主义法学自身有研究价值。否认其有研究价值,既可能与现实主义法学是否有原创性有关(如前述波斯纳的观点),也可能与其相独立,如认为现实主义法学已经过时,认为现实主义法学是破坏性法学,因而没有研究价值。例如,有观点认为如果有人问什么是现实主义法学,回答是,它是一种昙花一现的法学思潮,因为它既没有技术竞争力,也没有什么可说的。[③] 换言之,现实主义法学本身的研究价值很小,不值得研究。第二个可能的质疑是,否认现实主义法学在当代有研究价值。此种观点认为,即使认为现实主义法学具有历史研究价值,也不代表其研究具有当代意义。如果找不到其与当代的关联,它就只是一种法制史的研究,只有智识上的价值。例如,有观点认为以往的关于现实主义法学的很多研究都是关于其知识史的研究,本质上是空洞的。[④]

第一个问题,现实主义法学是否有研究价值?回答:有。正如特文宁教授

---

① 参见[美]斯蒂芬·M.菲尔德曼:《从前现代主义到后现代主义的美国法律思想》,李国庆译,中国政法大学出版社2005年版,第210页。

② See Leon Green, *The Duty Problem in Negligence Cases II*, 29 Columbia Law Review 257 (1929).

③ See John H. Schlegel, *American Legal Realism and Empirical Social Science*, The University of North Carolina Press, 1995, p. 2.

④ Ibid., p. 5.

所指出的,现实主义法学在解释整个普通法的现代法律思想的很多方面有相关性,它至少有助于弥合抽象哲学和宏观社会理论与参加者在特定情景所面临的日常实际关注之间的分歧。① 同时,现实主义法学是美国本土独特的法学思潮,它与美国的法律文化紧密相关。从理论上看,现实主义法学是美国法律文化的独特部分,其不仅对正统的形式主义法学进行批判,而且影响后起的法律经济学和批判法学。有学者指出,除了作为美国法律史和知识史,现实主义法学的著作含有持久的洞见,其对美国当代法律理论有重大的影响,对法官理解其自身的职责产生了重要的影响。② 有观点认为,现实主义法学揭示了正义和工具之间的潜在紧张,对后来有关法律和法律推理的观点具有重要影响。③ 有学者将现实主义法学表述为美国实用工具主义,认为现实主义法学家卢埃林、弗兰克、奥利芬特和穆尔均为美国实用工具主义的代表人物。④ 依据这一观点,美国实用工具主义法学为美国的主流法学思想,其影响极为深远。如果不了解现实主义法学,对美国法律文化的理解将是不完整的。

第二个问题,现实主义法学对于当下是否有研究价值?回答:有。一方面,正如有的学者所指出的,有关现实主义法学研究仅有历史价值的观点是不正确的,该学者将其置于当代法律学术的角度对其遗产进行挖掘,从而对现实主义法学进行重构,提出了现实主义法学所关注的三个主题,权力与理性、科学与技艺以及传统与进步,认为对其进行融合是现实主义法学的重要贡献。⑤ 英国学者达克斯伯里认为现实主义法学将法律和社会科学相结合,设定了美国未来法理学发展的议程,使得法律的交叉研究获得尊重。而且,现实主义法学

① See William Twining, *Talk About Realism*, 60 New York University Law Review 383 (1985).

② See William W. Fisher III, Morton J. Horwitz & Thomas A. Reed eds., *American Legal Realism*, Oxford University Press, 1993, Introduction xiv – xv.

③ 参见[英]斯科特·维奇、[希腊]埃米利奥斯·克里斯多利迪斯、[意]马尔科·哥尔多尼:《法理学:主题与概念》(第3版),赵英男译,北京大学出版社2023年版,第187页。

④ See Robert S. Summers, *Instrumentalism and American Legal Theory*, Cornell University Press, 1982, p. 23.

⑤ See Hanoch Dagan, *Reconstructing American Legal Realism and Rethinking Private Law Theory*, Oxford University Press, 2013, Introduction.

家的探索为美国未来数代法律学者确立了法律交叉研究的先例。① 麦考利教授也指出，卢埃林在《荆棘丛：我们的法律与法学》中提出的有关法律教育、法律实践和法律运作的一些重要问题，在今天仍具有意义。② 在一本出版于2020年的侵权法著作中，作者指出大多数的侵权法学者仍然为某种形式的现实主义法学所吸引，③可见，现实主义法学对于当下仍有研究价值。另一方面，从比较法的角度来看，作为美国法上重要的法学思潮，现实主义法学的影响已经跨越了国别的局限。在一本英国侵权法的教科书中，作者就表现了对现实主义法学的认同，强调法律之外资料和背景因素对侵权法的影响。④ 在国际范围内，有一批学者基于全球化的视角，对由现实主义法学发展而来的新现实主义法学展开了研究。⑤ 因此，我们不能否认关于现实主义法学的研究具有价值。

第三个问题，现实主义法学对于中国当下是否有研究价值？回答：有。我们认为，即使是在今日的中国，对现实主义法学进行研究仍然是有必要的。客观地说，我国当前的法律理论，关注的重心仍然是法律规则，对法律实践的论述仍然不多。但是，在相关学者的论述中，可以发现类似现实主义法学的关注和运用。例如，朱伟一教授所著的《证券法》，对证券法律法规与现实的关系作了生动的展示。在我国商法学界，对于未来商法典或商法通则的制定，有学者也主张应了解和借鉴美国《统一商法典》的做法。⑥ 在立法上，我国《民法典》制定中建立的动产担保制度，就是参考了美国《统一商法典》的相关规定，对该

① See Neil Duxbury, *Patterns of American jurisprudence*, Oxford University Press, 1995, p. 92 – 93.

② 参见[美]卡尔·卢埃林：《荆棘丛：我们的法律与法学》，王绍喜译，中国民主法制出版社2020年版，“导言”。

③ See John C. P. Goldberg & Benjamin C. Zipursky, *Recognizing Wrongs*, Harvard University Press, 2020, p. 11.

④ See Simon Deakin & Zoe Adams, *Markesinis and Deakin's Tort Law*, 8th Edition, Oxford University Press, 2019, p. 54 – 55.

⑤ See E. Mertz, S. Macaulay & T. Mitchell eds., *The New Legal Realism*, Vol. 2, Cambridge University Press, 2016.

⑥ 参见王保树：《商事通则：超越民商合一与民商分立》，载《法学研究》2005年第1期。

制度与我国法律体系的整合，已经引起了一些学者的关注。[①] 在法治实践层面，以现实主义法学的视角来审视我国法治改革进程，并以现实主义法学的理论去应对其中出现的问题，具有极为现实的意义。[②]

作为小结，我们已经看到现实主义法学的界定本身是一个值得探讨的问题，其丰富性和多元性是理解现实主义法学的基础，现实主义法学的核心命题则揭示了现实主义法学不同于其他法学流派的重要特征，而对现实主义法学质疑的回应则表明，现实主义法学不论是在国外还是在中国，都具有重要的理论研究价值，认为现实主义法学已经过时、现实主义法学是破坏性法学、现实主义法学没有研究价值的观点不攻自破。

在对现实主义重要人物的理想和行动进行专门研究之前，我们先对现实主义法学的研究进行反思，然后探讨现实主义法学近期的两个重要发展动向，以理解现实主义法学在今天的地位和影响力。

五、对现实主义法学研究的反思

在探讨现实主义法学的界定问题、核心命题、思想基础以及对其质疑之后，我们需要反思的是对于现实主义法学的研究是否存在问题或者不足。反思既包括对现实主义法学的界定问题的反思，也包括对现实主义法学整体研究的反思。

（一）对现实主义法学的界定问题的反思

从上述分析可以看到，现实主义法学不是一个简单的标签，它具有丰富的理论内涵。简单的标签或许有助于快速地获得一种概观，但它不仅存在被简化的风险，而且会使人们将片面的认识当作全部。这同样适用于对现实主义法学的界定问题。

首先，对现实主义法学的界定的各种争论表明，对其的界定并没有达成共识。同时，争论也表明，如果我们深入各种理论观点的内部，可以发现每种观

---

① 参见叶林、王艺璇：《我国动产担保混合模式的规范解释》，载《甘肃社会科学》2022 年第 1 期；纪海龙：《民法典动产与权利担保制度的体系展开》，载《法学家》2021 年第 1 期。

② 参见刘翀：《现实主义法学的批判与建构》，载《法律科学（西北政法大学学报）》2009 年第 5 期。

点提出的论据，对于其合理之处，我们不宜对各种理论观点一概加以否定。这提示我们，在研究现实主义法学的界定问题时，我们不应以某个权威的观点作为结论，我们应当反思相关的论断是否有充分的依据，是否能够自圆其说。就此而言，我们注意到，或许是受到时代背景的限制，有的学者简单地认为现实主义法学的某种观点是错误的，认为它是资产阶级特定时期的产物。这种以其他标准来评价学术思想的做法，或许在当时的环境下不得已，但应当明确它是不恰当的，也是不值得效仿的。理由很简单、明了：如果我们以其他标准来取代法学的标准，我们就不是在同一理论框架下探讨问题，也就难以得出正确的、有说服力的论断。因此，在对一种法律学说进行分析和评价时，我们应当尽量秉承客观、公正的态度。

其次，尽管论者有不同的意见，我们大致可以认为现实主义法学是一个法学流派。前文已经对其理由做了阐述。从表面上看，现实主义法学似乎不是一个法学流派。除了卢埃林和弗兰克明确使用现实主义法学的概念，其他群体成员几乎没有使用这一表述，导致很多学者认为它只是一种学术思潮。然而，如果我们以外部的视角来判断，则将庞德和卢埃林所做的归纳当作其共同纲领，从某种程度上来讲亦无不可。只不过，在研究现实主义法学时，要适当区分群体成员的个人观点和这一学派的观点。而且，对于群体成员的不同观点，也要予以注意。例如，卢埃林的法学思想和弗兰克的法学思想就存在很大的不同。当我们对这些学者的思想进行区分时，也要持之有据。例如，有学者将卢埃林和弗兰克的区别归纳为规则怀疑主义者和事实怀疑主义者（事实上这来源于弗兰克）。这种区分可能是基于某种便利的认知需要，但即使是这一归纳也不是准确的，是值得商榷的。理由在于，从卢埃林的《荆棘丛：我们的法律与法学》和《普通法传统》中，我们看到了卢埃林对于事实认定也存在的诸多怀疑，因此，不能简单地将卢埃林归入规则怀疑主义者。同时，由于不存在统一的思想模式，在对现实主义法学进行界定时，我们要考虑各种思想的差异性，而不能强行以某人的思想作为现实主义法学的整体思想。① 当然，我们也

① See William Twining, *Talk About Realism*, 60 New York University Law Review 339 (1985).

不能对其思想的共同之处视而不见。

再次,由于现实主义法学各个学者的思想存在较大的差异性,在对现实主义法学进行界定时就需要考虑综合的可能性,也就是说,从各种不同的思想中抽象出整体的共同性思想,形成现实主义法学的命题。例如,通过研究我们可以发现,主张功能性分析而不是形式主义法学的概念分析是现实主义法学的共同观点,这就是现实主义法学的功能性命题。从主张深入理解法律实践和社会中影响法律的各种因素,我们可以提炼出现实主义法学的现实性命题。而从现实主义法学否定法律规则支配案件的裁判结果,强调法律规则之外的各种影响因素,可以归纳出现实主义法学的法规则命题。这种抽象提炼对于深化现实主义法学的研究是有价值的、有意义的。

最后,需要明确的是,对现实主义法学的界定问题的研究只是现实主义法学研究的第一步。从性质上看,它是基于现实主义法学各个学者思想所做的抽象,侧重的是整体的一面。这一整体的研究是现实主义法学研究的基础,是不可或缺的。与此同时,对现实主义法学进行研究,还需要对各个学者的思想和观点进行具体的研究,即需要对构成整体的各个部分进行研究。由于现实主义法学是一种思潮,各种观点的独特性只有在进行个案研究时才能得以具体的呈现。换言之,借用哲学诠释学的观点,我们只能从文本的个别去理解其整体,①因此,要全面理解现实主义法学的思想,就要对现实主义法学的各个学者的思想和观点进行研究。这一研究可能因现实主义法学学者的研究领域不同而有所差异,但从整体上看主要体现在私法思想领域。对此,本书后面将做讨论。

(二)对现实主义法学整体研究的反思

与国外对现实主义法学研究推陈出新的状况形成鲜明对比,我国的现实主义法学研究似乎亮点不多。② 为何如此?一个重要的原因在于,我国学者往

---

① 参见[德]汉斯－格奥尔格·伽达默尔:《诠释学:真理与方法》,洪汉鼎译,商务印书馆2010年版,第285页。

② 中国知网查询的结果表明,关于现实主义法学的法学期刊论文总共有83篇。在这些研究中,有分量的研究并不多。

往只是将现实主义法学作为一种知识来进行介绍,而忽视了现实主义法学所依据的社会背景和经验,忽视了其与中国法学理论与法律实践进行对接的条件。我们既未深入理解现实主义法学的法规则命题的合理性,也没有对其现实性命题充分展开论述,对其功能性命题也很少探讨。因此,在我国,对现实主义法学的研究,更多的是作为一种对他者理论的介绍。问题恰恰在于,如果只是作为一种理论介绍,现实主义法学在我国当下的意义是相当有限的,不仅因为我们不需要很多人去对它进行研究,而且可以断定它在中国注定没有生命力。可以设想的是,如果没有恰当的连接点,如果现实主义法学与中国法学理论和法律实践没有建立起关联,现实主义法学就只是一种书本上的理论教条,而这恰恰是现实主义法学对形式主义法学所做的批判。这是违背现实主义法学的精神的。基于此,我们认为,应当对我国现有现实主义法学的整体研究进行反思。

首先,应当看到,现实主义法学作为美国20世纪30年代兴起的一个法学流派,它与美国当时的社会背景有关,与罗斯福新政有着密切的联系。实际上,尽管秉持政治中立的立场,当时的现实主义法学学者或多或少地参与了罗斯福新政。这体现了现实主义法学行动的一面。换言之,现实主义法学学者不仅关注理论研究和社会改革,而且自身投入到这一改革之中。例如,威廉·道格拉斯就曾担任美国证券交易委员会的主席,他的研究建议对美国破产法的改革起到了重要的作用。① 据统计,1936年,在耶鲁大学到政府兼职的10位教授中,就有8位是耶鲁法学院的教职工。② 在罗斯福新政时期,美国面对的是一个巨大变动的社会环境,现实主义法学的法规则命题准确地捕捉到这一现实,其现实性命题更是对此进行了详细的阐述,功能性命题更是反对一切以概念为主的做法,强调法律的功能,适应了社会发展的需求。客观地说,在这一点上,我国很多学者已经意识到了,有的学者还将其与我国的整体法制改革

---

① 参见本书第五章第二节。

② See Laura Kalman, *Legal Realism at Yale*: 1927 - 1960, The University of North Carolina Press, 1986, p. 130.

相关联。①

当前,我国社会经济发展迅速,电子商务、共享经济、人工智能、大数据等新产业和新业态不断涌现。可以认为,我国存在现实主义法学生成的社会背景。这就提供了现实主义法学与我国法学和法律实践发生关联的条件,即应当放在中国当今不断发展变化的社会大背景下研究现实主义法学。这就对我国学者提出了两方面的要求:一是深入理解现实主义法学,二是具备将现实主义法学与中国社会的实际情况进行对接和转化的意识和能力。② 可以说,这一工作开展得好坏,将影响我们对中国法律实践的认识和理解,也将影响现实主义法学在中国生命力的有无。

其次,有了关联的意识,并不意味着现实主义法学就能解决我国社会中出现的各种问题。在我们摒弃了作为纯粹理论介绍的做法之后,我们还不能指望现实主义法学立即解决我国现实社会生活中出现的种种问题。在这一点上,如同对待其他西方法学理论一样,我们首先要放弃现实主义法学能包治百病的理论幻想。我们所要做的,是对现实主义法学理论进行一定程度的借鉴和转化。是的,先有借鉴,后有转化。借鉴的质量将影响转化的效果。具体而言,借鉴现实主义法学的现实性命题,我们应当关注中国的法律实践,应当关注法律的现实,应当关注法律实践背后的因素,应当关注法律实践中的具体的人,包括政府官员、法官、律师、法律顾问以及普通老百姓的行为。借鉴现实主义法学的功能性命题,摒弃形式主义法学的认识,从功能和目的的角度认识法律规则。借鉴现实主义法学的法规则命题,我们要将法律规则放置在恰当的位置,既要重视其指导功能,也要摒弃认为法律规则即法律实践的认识,要对法律规则的立法技术和适用效果进行科学评价。借鉴功能性命题,我们更加明晰法律的目的。

基于以上这些命题,我们需要探讨以中国的法律实践为基础构建契合中

---

① See Laura Kalman, *Legal Realism at Yale*: 1927 - 1960, The University of North Carolina Press, 1986, p.130.

② 例如,与美国相类似,实用主义在中国是一种影响社会经济发展和人们思想的哲学思潮,对"实践是检验真理的唯一标准"的讨论、黑猫白猫理论、"摸着石子过河"都是具体的例子,对此将另行撰文研究。

国人自身法理论的可能性。换言之,现实主义法学是我们进行理论建构的一种方法和工具,尽管它不是唯一的,却是非常有价值的方法和工具,其价值既体现在现实主义法学可以提供的洞见方面,也体现在我们对它的思考和借鉴上。因此,如果我们对现实主义法学的方法和工具运用得当,使它与其他的方法和工具相得益彰,则可以发挥其最大的效用。我们认为,这是我们学习和借鉴现实主义法学的主要目的和真正用意所在。

最后,与借鉴相关的是,我们应当善于汲取现实主义法学提供的养分。现实主义法学是一种源自西方的法学理论,作为人类文明是可以为我所用的。我们不能因为其是西方的理论而拒绝它。我们认为,在理论上,现实主义法学有两点尤其值得我们借鉴:一是其方法。“工欲善其事,必先利其器。”对于现实主义法学,我们要深入理解其方法对于理论建构的重要性。如果我们认为现实主义法学只是昙花一现的一种法学思潮,我们显然低估了其影响。现实主义法学的方法独具一格。① 具体而言,现实主义法学倡导法律和社会科学的融合研究,是从社会科学角度研究法律的先驱。例如,卢埃林对夏安族人法律和文化的研究、弗兰克从心理学角度对司法裁判行为的研究,穆尔对法律学习理论的研究,都清楚地表明了此点。同时,现实主义法学的研究是建立在具体的部门法基础之上的,很多的现实主义法学学者本身就是私法领域的行家里手。此种研究方法也是中国当今法理论研究和认识法律实践所需要的。

二是对法律规则和形式主义法学保持一定的质疑。我们应当认识到,现实主义法学对形式主义法学的批判不是无中生有的,认为法律规则是法官裁判的全部的观点不仅太过于狭隘,而且它将法律规则等同于法律现实,导致人们忽视了法律实践和法律实施的效果。以法律规则为法学研究的中心,将导致形式主义法学盛行,这样带来的后果之一是即使法律违反正义的要求,人们也必须无条件地服从,这种做法是存在问题的。通过运用社会科学的知识和方法,我们可以对法律规则和法学研究持有较为客观、科学的认识。

三是现实主义法学提供了丰富的想象力。现实主义法学具有很大的原创

---

① 参见王绍喜:《卡尔·卢埃林:〈荆棘丛〉》,载《清华法学》(第4辑),清华大学出版社2004年版,第377~379页。

性,为法学研究提供了丰富的想象力,这一想象力是我们建构法学理论时需要的。例如,卢埃林和霍贝尔对于夏安族人法律和文化的研究,成为法律人类学的经典成果,为美国社会学界所重视。卢埃林关于普通法上诉案例的研究,涵盖实体法和程序法,是融合商法和法理研究的典范,也为司法案例的研究提供了很大的想象力。这些想象力能为我们创建原创的理论提供启示。

因此,我们认为,如果能将现实主义法学的三个核心命题与中国法理论和法实践结合起来,通过借鉴和转化,通过运用其研究方法,则现实主义法学可以为中国法理论和法律实践研究带来积极的作用。

六、现实主义法学新近的理论发展

在对质疑现实主义法学的观点进行辩驳之后,仍有必要对它在当代的两个发展动向进行阐述,因为这些发展不仅表明现实主义法学的学术生命力,而且展示了英美学者如何对它进行传承和发展。从思想主线来看,现实主义在今天的发展动向既包括新现实主义法学的提出,也包括对现实主义法学和法律实证主义两者进行调和的自然化法理学。

(一)新现实主义法学

新现实主义法学是基于现实主义法学发展起来的一种法学思潮。该思潮的萌芽最早由美国法社会学学家麦考利教授于1984年首先提出,当时称为“法律与社会运动”(Law and Society Movement)。彼时,麦考利教授应邀在纽约州立大学做米歇尔讲座,在总结过去20年法律与社会学会所取得的成就时,他总结出了七个命题:法律不是免费的;法律是由行动者在有限资源、利益和有自由裁量权的环境下作出的;我们通常认为法律的职能是由另外的机构来行使的,并且在公共领域和私人领域之间存在大量的解释;无论是单独行动还是群体行动,人们总是应付法律,而不能期待他们总是消极地遵守;律师扮演很多的角色,而不只是在法庭上辩论;美国社会以很多方式处理冲突,其中回避和规避是重要的方式;法律在美国社会很重要,但它的影响趋向于间接的、不易觉察的和模糊的。① 在倡导“法律与社会运动”之前,据麦考利教授的介绍,他

① See Stewart Macaulay, *Law and the Behavioral Sciences: Is There Any There There*, 6 Law & Policy 152 (1984).

作为受邀请人参加了法律批判运动的首次研讨会,他试图让他们研究行动中的法,但没有人对此感兴趣。①

从历史来看,新现实主义法学的发展经历了一个时期。1997年,一群学者在法律与社会协会召开会议,2004年,新现实主义法学学者在威斯康星大学法学院开会,并与美国律师基金会进行合作。② 2005年,麦考利提出新现实主义法学的提法,并对它进行了阐释。麦考利认为,旧现实主义法学的最大成功在于,它贬低了形式主义法学的方法,并对上诉法官为了执行某些实质性政策而采取行动进行了说明。与此同时,现实主义法学尽管对实证研究说得多,但其取得的成就很少。在麦考利看来,新现实主义法学倡导对行动中的法律进行研究,并提出以下理论主张:③第一,强调社会科学的实证研究;第二,采取自下而上的研究方法;第三,关注法律制度是如何运作的,而不仅仅是司法制度。有观点认为,新现实主义法学是一个大杂烩(a big tent),它对所有的社会科学都欣然接受,而不只是关注一种方法或一个领域。一方面,它为社会科学提供了跨越学科局限的机会,以获得更深刻和更准确的人类社会和文化经验;另一方面,大杂烩的方法可以为法律学者和政策制定者提供不再以简单的方式重塑社会科学,鼓励定期的转化和新形式的跨学科法律知识。④

自新现实主义法学思想提出后,形成了一个倡导新现实主义法学的团体。

---

① 麦考利教授于2022年8月10日给笔者的电邮回复。

② See Elizabeth Mertz & Lawrence M. Friedman, *Law in Reality*, *Law in Context*: *On the Work and Influence of Stewart Macaulay*, in David Campbell ed., Stewart Macaulay: Selected Works, Springer, 2020, p. 26.

③ See Stewart Macaulay, *The New Versus the Old Legal Realism*: "*Things Ain't What They Used To Be*", 2 Wisconsin Law Review 390 (2005). 学者对新现实主义法学的理论主张有不同的归纳。例如,范愉教授认为现实主义法学的主张包括:强调自下而上的实证研究,不预设意识形态,倡导实事求是的现实主义态度,强调多元化倾向,深入挖掘社会科学的研究方法。参见范愉:《新法律现实主义的勃兴与当代中国法学反思》,载《中国法学》2006年第4期。之所以有不同的归纳,一方面是因为该文属于探索性质的,没有十分明确地归纳出两者的不同;另一方面是因为麦考利教授的观点也处于不断变化之中。例如,在2011年,他又提出新现实主义法学的研究既包括自下而上的研究,也包括自上而下的研究,参见Stewart Macaulay et al., *Contracts*: *Law In Action*, Matthew Bender & Company, Inc., 2011, p. 1。

④ See Elizabeth Mertz, *Introduction*: *New Legal Realism*: *Law and Social Science in the New Millennium*, in E. Mertz, S. Macaulay & T. Mitchell eds., The New Legal Realism, Vol. 1, Cambridge University Press, 2016, p. 4-5.

新现实主义法学的中心在威斯康星大学法学院,以该法学院麦考利和莫茨(Mertz)教授为主要旗手。新现实主义法学倡导"行动中的法律"(Law-in-action),出版了关于行动中的合同法,得到美国十余所法学院的采用,其影响日增。新现实主义法学学者举行学术研讨会,编辑出版文集,并创立自己的网站。近年来,现实主义法学的中心有从威斯康星大学法学院转向加州大学尔溪分校法学院的趋势。莫茨和塔利什(Talesh)等人主编出版了新现实主义法学的文集,[①]代表了新现实主义法学的最新研究成果。从研究路径来看,新现实主义法学更加强调对部门法和社会学的研究,继承和发扬了现实主义法学跨学科和侧重私法的传统。

如何评价新现实主义法学？正如麦考利教授所说的,在强调行动中的法而不是法律规则方面,新现实主义法学与现实主义法学是一脉相承的。新现实主义法学不同于旧现实主义法学之处在于它的社会科学实证的研究方法。在一定意义上,可以说它是旧现实主义法学"社会科学之翼"的深入发展。同时,新现实主义法学强调自下而上的研究方法,在范围上拓宽了旧现实主义法学的研究视野,并将研究深入部门法之中,反映了社会生活的发展。当然,也有学者指出新现实主义法学的局限性,例如它对司法裁判的研究限于已公布的案件,现有的发现只是一小部分,对司法投票的影响因素揭示不多,它的很多研究是非理论的(atheoretical)。[②]

我们认为,新现实主义法学对社会科学的主动拥抱,对于法律及其影响因素进行实证研究,并强调跨越学科的局限,这些都是它的优势所在,与当前法学发展的方向相一致。可以预见,新现实主义法学在将来还会有新的发展,可能会带来一些理论创新,并对实践产生更大的影响。当然,新现实主义法学能

---

① See E. Mertz, S. Macaulay & T. Mitchell eds., *The New Legal Realism*, Vol. 1, Cambridge University Press, 2016; S. Talesh, H. Mertz & H. Klug eds., *Research Handbook on Modern Legal Realism*, Edward Elgar, 2021.

② See Thomas J. Miles & Cass R. Sunstein, *The New Legal Realism*, 75 University of Chicago Law Review 841 (2008).

否构成一个新的派别，尤其是其与旧现实主义法学是否有显著的不同，①它能否取代目前作为主流的法律经济分析法学，似乎还值得进一步讨论。无论如何，新现实主义法学再次呼吁人们关注社会现实，关注法律实践，为法的现实性探究提供了一种不同的视角。

（二）自然化法理学

另一个动向是从哲学的角度对现实主义法学进行阐释，代表人物是法哲学家布莱恩·莱特教授。莱特指出，考虑到美国现实主义法学在过去60年对美国法和法律教育所产生的巨大影响，对现实主义法学研究所做的不充分和不准确的描述令人惊讶。在莱特看来，关于现实主义法学研究的错误在于：一是公认观点认为现实主义法学从根本上说是对司法判决性质的描述性理论，这一理论主张法官行使不受限制的自由裁量权，以依据他们自己个人的品味和价值得出结果，然后通过适当的法律规则和理由来进行事后的正当化。二是英国学者哈特对现实主义法学的不当的批判，他从概念分析的角度去解读现实主义法学存在很大的问题，因为现实主义法学并不关心概念分析。三是批判法学的学者对现实主义法学的错误解读。这些解释或解读要么是有选择性的，要么是错误的。莱特进一步指出，尽管有一些历史或思想史的研究，但几乎没有从法哲学的角度开展严肃的研究。莱特所做的，就是挖掘现实主义法学在法哲学方面的价值。②

莱特认为，现实主义法学是一种司法裁决理论。为了展开论证，莱特提出现实主义法学的核心宣称（the Core Claim）：法官主要针对事实刺激作出回应，即法官主要根据他们认为是公平的案件事实作出裁决，而不是依据适用的法律规则作出裁决。莱特引用了卢埃林、奥利芬特、雷丁等人的观点支持这一宣称。莱特指出，这个核心宣称不同于对现实主义法学的公认观点，因为公认观点主张两点：一是司法自行裁断（judicial volition），即法官行使不受限制的自由

① 例如，我国有学者认为新现实主义法学未脱离现实主义法学的理论框架，只是后者的局部发展，参见谢小瑶：《司法裁判中的民主追求——对美国现实主义法学的另一种解读》，载《南京大学学报（哲学·人文科学·社会科学）》2014年第3期。

② See Brian Leiter, *Naturalizing Jurisprudence: Essays on American Legal Realism and Naturalism in Legal Philosophy*, Oxford University Press, 2007, p. 15 – 21.

裁量权,二是司法特质(judicial idiosyncrasy),即法官依据个人的品味和价值来作出选择。由于现实主义法学的一个主张是对司法判决进行预测,公认观点与其不相容。

在莱特看来,不相容体现在决定论命题(the Determinism Thesis)和一般性命题(the Generality Thesis)上。前者认为,事实上,使预测成为可能判决的选择是受到限制的;后者则认为,对选择的限制是具有足够的一般性或共同性的,以使得可以接触和认可这类合法性的一般性,并使得预测成为可能。[①] 莱特指出,对于限制,现实主义法学学者从商事领域推出核心宣称的最佳例子,主要是通过两种模式:一是法官执行盛行的商业文化方面的规范,二是法官在该情形下试图作出社会经济方面效果最好的裁决。莱特区分现实主义法学的"社会学之翼"(the Sociological Wing)和"独特性格之翼"(the Idiosyncrasy Wing),认为法官之所以执行商业文化方面的规则,是因为它融入了社会学方面的背景信息(the sociological profile)。[②]

莱特进而认为,作为一种法理学理论,现实主义法学具有两种不同哲学所承诺的特征,他称为"自然主义"(Naturalism)和"实用主义"(Pragmatism)。根据自然主义,满意的司法裁决理论应当与自然科学和社会科学中的实证研究相连,而按照实用主义,满意的司法裁决理论应当使律师能够预测法官将做什么。[③] 结合奎因和其他哲学学者的论述,莱特对自然主义和实用主义与法律理论的关联性进行论证,提出自然化法理学(a Naturalized Jurisprudence)。[④]

如何评价莱特的自然化法理学理论?一方面,莱特很有理论抱负,他从哲学角度对现实主义法学的阐释让人耳目一新。以往的理论囿于现实主义法学者自己的论述,认为现实主义法学没有自己的哲学,因此轻易地将此问题放置一边。莱特的理论从司法裁决理论的角度展开论证,准确地抓住了现实主

---

① See Brian Leiter, *Naturalizing Jurisprudence: Essays on American Legal Realism and Naturalism in Legal Philosophy*, Oxford University Press, 2007, p. 25 – 26.

② Ibid., p. 27 – 29.

③ Ibid., p. 30 – 31.

④ 莱特教授的论证是较为复杂的,他的哲学培训背景使他在展开论证时显得游刃有余。参见上注,第 31 页以下。

义法学的核心命题。另一方面,我们应当看到的是,司法裁决理论只是现实主义法学理论的一部分,[①]而不是全部。而且,莱特的一些解读似乎有些牵强。例如,尽管他做了一些论证,如穆尔的研究较能体现科学主义,但其他的现实主义法学成员如卢埃林、道格拉斯、格林等并不持类似的观点。而且,尽管在20世纪20~30年代的确是以自然科学作为范例,但无论是詹姆士还是杜威等人对科学主义均持一定的保留意见,因此,莱特突出强调自然主义的一面而贬低实用主义的另一面,就显得缺乏说服力。如果从现实主义法学的理论主张与实用主义哲学相对比,可以发现两者的关联比莱特所认为的更为紧密。而且,自然主义哲学对当时法学的影响并不大。正如莱特所承认的,这是他依据现实主义法学的观点进行的理论建构,是对现实主义法学进行的一种解释。

需要指出的是,莱特还对现实主义法学受到哈特的误导性解读做了探讨。莱特指出,哈特教授是20世纪具有巨大影响力的法学家。他结合语言哲学撰写的《法律的概念》,自1961年发表以来成为过去半个多世纪的学术热点。哈特和他的弟子拉兹分别从法律概念和法律体系的角度进行论证,引领了英语国家法哲学的发展趋势。后来,德沃金对其理论提出质疑。当然,对于哈特和德沃金的理论争论,也有观点试图进行调和。[②] 与此相比,新法律实证主义和现实主义法学受到的关注就小得多。我们前面提到,新法律实证主义代表人哈特对霍姆斯、卢埃林和弗兰克的观点提出批判。德沃金对现实主义法学的态度也影响了人们对它的看法,他认为,对事实的强调最终曲解了法理学问题,法理学问题的核心是道德问题,而不是法律事实或战略问题。[③] 不过,德沃

---

① 正如所指出的,现实主义法学是一种新颖的关于法律、司法裁决和法律教育的方法,参见 William W. Fisher III, Morton J. Horwitz & Thomas A. Reed eds., *American Legal Realism*, Oxford University Press, 1993, *Introduction*。

② See Jules Coleman, *The Practice of Principles*, Oxford University Press, 2001, particularly Lecture 8. 另参见王绍喜:《原则的实践》,载《清华法学》(第6辑),清华大学出版社2005年版,第269~272页。

③ 参见[美]罗纳德·德沃金:《认真对待权利》,信春鹰、吴玉章译,中国大百科全书出版社1998年版,第17、20页。

金对现实主义法学的批判没有得到太多的认同。① 我们已经看到，哈特的批判是有一定道理的，但他的理论也存在弱点。在法律实践中，无论是主要规则还是次要规则，都无法准确地描述法律的实践。相反，尽管它作为一种法学理论能够自洽，但正如德沃金教授所批判指出的，哈特的理论是语义学，它认为法官根据法律规则就能作出判决，但在疑难案件中，并没有规则可以适用，这里法官实际上是在制定法律。按照哈特的理论，此时法官只能依据法官的自由裁量权，德沃金认为这是难以让人满意的。② 莱特重新将这一问题带回理论研究的视野，对现实主义法学和法律实证主义的可兼容问题进行了分析和论证。③

这两个发展动向显示了英美法学对传统法学理论的继承与超越，可以用“老树发新枝”来形容。这种不断的探讨和商榷使其法学不断地进行创新，达到一定的量之后就会带来质变。这可能是最值得我们学习和反思的。

在对基础性问题和对新近的理论发展进行“远看”之后，我们就要来“近观”，探讨现实主义法学的代表人物卢埃林、穆尔、道格拉斯、格林和弗兰克的法律思想，从具体的个案去深入理解现实主义法学，进而探讨法的现实性。

现在，让我们从卢埃林的法哲学开始。

---

①　参见杨贝：《论判决理由与判决原因的分离——对司法虚饰论的批判》，载《清华法学》2016 年第 2 期。

②　参见[美]罗纳德·德沃金：《认真对待权利》，信春鹰、吴玉章译，中国大百科全书出版社 1998 年版，第 51 ~ 68 页。

③　See Brian Leiter, *Naturalizing Jurisprudence: Essays on American Legal Realism and Naturalism in Legal Philosophy*, Oxford University Press, 2007, below 59.

第二章 卢埃林的法哲学

卢埃林是同时代最多产和最有创造力的法律学者，是少有的法学教师诗人代表，……最浪漫的现实主义法学家，……最务实的法律理论家，……所有法律文学中最具有异国情调散文风格的拥有者。①

——威廉·特文宁

现实主义法学对我们的意义，既取决于我们对它的研究的广度和深度，也取决于我们对它的反思。本章以卢埃林的法哲学思想为中心，试图揭示现实主义法学的启示，同时对它进行反思。卢埃林是整个现实主义法学思潮最有代表性的人物，他有智识胆量去揭示自己信仰的根源，是一位“哲学家”。② 卢埃林的著述涉及法理学、社会学和人

---

① See William Twining, *Karl Llewellyn and the Realist Movement*, 2nd Edition, Cambridge University Press, 2012, Preface.

② See L. L. Fuller, *American Legal Realism*, 82 University of Pennsylvania Law Review 430 (1934).

类学，被认为是法理学家、社会学家与人类学家。[①]

对于卢埃林的法学思想，我国学者曾做过一些研究。例如，沈宗灵先生1990年在《法学研究》上对卢埃林的法理学思想做了介绍和评述。[②] 之后，周汉华研究员、刘星教授和孙新强教授等学者也做过一些研究，付池斌、周国兴教授也出版了关于卢埃林的专著。[③] 这些研究促进了我们对卢埃林思想的理解。然而，一方面，现有对卢埃林的法理学思想的一些研究和归纳值得商榷。例如，有观点认为，卢埃林没有写过一部系统的严格意义上的法理学著作，卢埃林的语言晦涩，其表述常常是夸大其词，前后不一。[④] 另一方面，从研究主题上，现有的研究主要关注对卢埃林的主要观点，对它们的进一步阐释和反思还不够。同时，卢埃林的一些理论主张尚未引起关注或得到深入的探讨，对此仍然有进一步研究的必要。

本章以卢埃林为中心，从卢埃林的现实主义命题、法律技艺观、法美学思想以及法学方法论四个方面对其法哲学思想进行探讨。我们认为，卢埃林法哲学的一个核心命题是现实主义命题，尽管学者对该命题做了一些论述，但相关的研究还有待深入。对于卢埃林的法律技艺观和法美学思想这两项内容，我国学者鲜有涉及。而对于现实主义法学的方法，虽然有所涉及，但不够全面，仍有深入研究的必要。本章即对这些问题展开探讨。

一、现实主义命题

卢埃林是现实主义法学的代言人，他有意识地高举现实主义法学的旗帜，

---

① 参见[美]阿伦·施瓦茨：《卡尔·卢埃林与合同理论的起源》，载[美]乔迪·S. 克劳斯、史蒂文·D. 沃特主编：《公司法和商法的法理基础》，金海军译，北京大学出版社2005年版，第52页。

② 参见沈宗灵：《卢埃林的现实主义法学》，载《法学研究》1990年第5期。

③ 参见周汉华：《现实主义法律运动与中国法制改革》，山东人民出版社2002年版；刘星：《法律的不确定性——美国现实主义法学述评》，载《中山大学学报(社会科学版)》1996年S3期；孙新强：《卢埃林现实主义法理学思想》，载《法制与社会发展》2009年第4期；付池斌：《卢埃林：书本法不同于现实法》，黑龙江大学出版社2010年版；周国兴：《情景感与确定性：卢埃林的法哲学》，中国法制出版社2018年版。

④ 参见孙新强：《卢埃林现实主义法理学思想》，载《法制与社会发展》2009年第4期。关于卢埃林没有写过一本"系统的严格意义上的法理学著作"的说法是值得商榷的，或许论者所想的是法理学教科书。我们不禁要问，《荆棘丛》不是一本法理学著作吗？如果不是，那么卡多佐的《司法过程的本质》是法理学著作吗？我们还可以接着问，《普通法传统》不是一本法理学著作吗？

在其论著中多处使用“现实主义”“现实主义法学”等用语,并就现实主义法学和哲学的关系进行阐述。我们认为,现实主义命题是卢埃林法哲学最重要的命题。同时,对该命题的理解也存在较大的争议。因此,对此命题有展开探讨的必要。

(一)现实主义命题的内涵

现实主义(realism)命题的内涵是一个值得探讨的问题。无论是作为一个法学流派还是一种法学思潮,现实主义法学区别于其他学派或思潮的一个重要方面是现实主义命题。卢埃林不仅是第一个提出现实主义法学(realistic jurisprudence/legal realism)概念的学者,而且是频繁地使用“现实主义”这一表述的学者。在《普通法传统》一书中,有多处涉及“现实主义”或“现实主义法学”,而卢埃林的自选文集也以《法理学:理论和实践中的现实主义》命名,可见现实主义命题对于卢埃林有多么重要。卢埃林自己在晚期认为,现实主义命题不是一种哲学,而只是一种方法,①引发了很多的争论。那么,我们到底应当如何理解现实主义命题呢?它的内涵是什么?

有论者正确地指出,卢埃林的现实主义命题是从对法律规则的质疑开始的。对这些质疑,论者基本上都是援引了卢埃林自己的观点来展开论述。卢埃林之所以对法律规则提出质疑,是基于以下理由。

首先,卢埃林认为,将法律规则作为法律研究中心的做法是存在很大问题的,因为这会让人们误认为法律规则就是法律事实。但实际上,如果认为法律规则就是法律实践,那是无法认清事实的,因为作为书面表述的法律规则,不仅其自身具有模糊性,而且具有滞后性。当社会条件发生新的变化时,法律规则因无法反映该变化而变得过时,如果将法律规则认定为法律事实,就是脱离了事实的检验,②此时法律规则无法反映法律事实。

其次,卢埃林认为,法律规则可能被扩大或限缩解释。在该种情形下,如果认为法律规则等同于法律现实,则是错误的。在法律实践中,不同人对于法

---

① See Karl Llewellyn, *Jurisprudence: Realism in Theory and Practice*, Transaction Publishers, 2008, p.4.

② Ibid., p.11 – 14.

律规则会有不同的理解。在个案中,无论是法官还是律师,都会对适用的法律规则作出解释。卢埃林指出,当法官认为法律规则是确定的,他会忽略当事人和其律师的意见;当法官认为法律规则是不确定的,则会考虑当事人和其律师提出的意见。[①] 在法官对法律规则做限制或扩张解释时,法律规则的适用就不同于其字面的意义。此时,如果还认为法律规则就是法律事实,就无法认识真正的事实。

最后,在卢埃林看来,法律规则会被废除或停止适用。在普通法中,法官对于法律规则的解释除了扩大或限缩之外,还有可能因为出现新的情况导致法官废除或停止适用原来的法律规则,并创制出新的法律规则。在这种情形下,认为书面上的法律规则是法律事实,就是错误的,因为创设的新的法律规则已经取代了原先的法律规则。因此,要观察法律规则在实践中的情形,而不是认为法律规则就是事实。卢埃林特别强调看见或观察的重要性。"在控制或指导方面,理解现状的一项工作是进行现实的观察,观察事实,观察表述下面的具体事实,并且进行持续的观察。"[②]

卢埃林对法律规则的批判是颇有冲击力的,因此他的观点受到了不同观点的挑战。一种观点认为,卢埃林对法律规则的质疑过于夸大了,它否定了法律规则的作用。[③] 该观点认为,通常的情形下人们是按照法律规则去行动的,因此,理解法律规则,就等同于认识法律事实。这种观点的代表是庞德教授。[④] 另一种观点针对卢埃林为了研究的需要暂时将"应当"和"是"分开的观点提出批判,认为现实主义法学不顾价值判断,认为法律没有目的或目标,这是有问

① See Karl Llewellyn, *Jurisprudence: Realism in Theory and Practice*, Transaction Publishers, 2008, p.4.

② Karl Llewellyn, *On Reading and Using the Newer Jurisprudence*, 40 Columbia Law Review 596 (1940).

③ 参见沈宗灵:《现代西方法理学》,北京大学出版社1992年版,第309页;周汉华:《现实主义法律运动与中国法制改革》,山东人民出版社2002年版,第20页。

④ See Roscoe Pound, *The Call for a Realist Jurisprudence*, 44 Harvard Law Review 700 (1931).

题的。[1]

尽管上述观点具有一定的道理,但我们认为它们是难以成立的。一方面,它们没有看到从法律规则转向行为的意义。卢埃林指出,传统的观点将法视为法律规则,法律问题就是规则问题,按照这种观点,唯一需要研究的就是法律规则,其后果是,对于法官、官员和人们的实际作为不是被忽略了,就是只有模糊的暗示。但是,如果没有对社会现象进行描述的描述性科学(a descriptive science),我们就很难取得真正的进步。[2] 可见,卢埃林对传统法的批判是以社会科学的视角来探讨的。将法作为社会科学,必须将中心放在行为上,放在官员行为和法律外行人行为的互动上。[3]

因此,可以对上述反对意见作出回应:一方面,卢埃林并不否认法律规则和法律事实会发生部分重合。他指出,在法律规则制定和适用足够清晰的情形中,其通常会被遵守,此时法律规则和事实是基本一致的。[4] 但是,卢埃林认为,这样的规则太少了,它只是极少的一部分,大多数法律规则不具有这样的特征。另一方面,卢埃林自己并未否认价值判断在法律适用中的作用,他明确地提到价值判断会影响对真实的认识。[5] 但是,卢埃林认为,如果对于应然问题和实然问题不加以区分,则很容易造成混淆,因为论者往往有意无意地将应然问题作为实然问题,从而导致将作为应当的法律规则认作法律事实。卢埃林认为,这是不能接受的。对于现实主义法学没有法律目的的观点,也是难以成立的,因为卢埃林明确地提出要关注法律规则背后的目的或功能。

还有一种观点认为,卢埃林对规则进行批判的观点不适用于当前的中国,因为中国人的法律规则意识尚未建立起来,此时若强调法律事实,将会忽视法

---

① See Francis E. Lucey, *Natural Law and American Legal Realism: Their Respective Contributions to a Theory of Law in a Democratic Society*, 30 Georgetown Law Journal 506 (1942).

② See Karl Llewellyn, *Jurisprudence: Realism in Theory and Practice*, Transaction Publishers, 2008, p. 82 – 85.

③ Ibid., p. 78.

④ See Karl Llewellyn, *The Common Law Tradition: Deciding Appeals*, Little, Brown and Company, 1960, p. 335.

⑤ See Karl Llewellyn, *Jurisprudence: Realism in Theory and Practice*, Transaction Publishers, 2008, p. 85 – 86.

律规则的作用,带来很大的问题。[①] 我们认为,对此可以作出解释:一方面,法律规则意识没有建立有多方面的原因,法律规则受政治等因素的影响(如将法律作为工具或手段)是其中之一。如果我们未看到这些因素,则人们会质疑法律规则的作用。另一方面,卢埃林并未否认法律规则的作用,只是主张赋予其适当的位置。卢埃林认为,将法律规则放在更大的社会背景下进行考察,可以提高其可预见性。也就是说,卢埃林不是为了批判而进行批判,此具有建构的作用。

(二)现实主义命题的内容

卢埃林认为,对于法律现实的关注应当从法律规则转向行为,转向官方的规范行为和受到官方规制的一方行为的联结和互动上。[②] 行为不仅包括法官的行为,也包括行政官员的行为,还包括律师的行为、当事人的行为以及法律专家的行为。在卢埃林看来,这些行为构成了法律制度的核心,法律现实来自对以上人员的行为的观察。

1. 官员的行为

卢埃林认为,由于认为法律规则是事实的观点是错误的,将法律规则作为法律事实也存在很大的问题,应当将重心放在行为上,尤其是官员的行为。卢埃林提出,法律是关于官员的所作所为。[③] 这里的官员不仅包括法官,还包括行政官员。在现实主义法学看来,法律并不只是规则之治,法律对法律工作产生作用不是它的唯一工作,还包括运用法律之人的工作。[④] 如果认为法律规则就是法律现实,它其实是一种偷懒。比法律规则更重要的是法律实务中各种人的因素,包括法官、政府官员、律师、法律顾问和平民百姓的所作所为。如果

---

① 此观点受到我的同事张恒山教授的启发,特此对张老师表示感谢!

② See Karl Llewellyn, *Jurisprudence*: *Realism in Theory and Practice*, Transaction Publishers, 2008, p. 40.

③ 参见[美]卡尔·卢埃林:《荆棘丛:我们的法律与法学》,王绍喜译,中国民主法制出版社2020年版,第45页。

④ See Karl Llewellyn & E. A. Hoebel, *The Cheyenne Way*: *Conflict and Case Law in Primitive Jurisprudence*, University of Oklahoma Press, 1941, p. 289.

只是听法官所说的而不是看法官做了什么,那么观察到的图景是被误导的。[①]之所以关注官员的行为,是因为他对当事人的行为、当事人的律师以及普通老百姓都产生很大的影响。卢埃林认为,官员的行为可能是合法的行为,也可能是偏离法律的行为。因此,不仅要听官员说的是什么,而且要看他们的所作所为。

卢埃林对法官的行为进行了强调。他指出,在一般的生活情景中,尤其是案例情景中,上诉裁判只能通过确定的人来开展,即审理案件的法官。只有法官或法院真正知道生活事实,正确地对这些事实进行评估,正确地塑造出合理的规则和恰当的救济措施,他们才能揭示和实施固有的法律。[②] 可以看到,卢埃林对生活现实和法官的行为给予特别的关注,体现了现实的面向。而且,卢埃林认为,不仅要观察法官的所作所为,还要看到三个特殊的方面:一是法官是人,在美国的语境下是美国人;二是法官是律师;三是法官是美国法下的法官。这些是在观察法官行为时需要记住的,否则就会犯错。通过对法官作为认真、准确地描述,我们可以观察到原理无法提供有效指导的界限,从而变得更聪颖。只有这样,才能找到法官如何从事其工作更清晰、明确的原理。[③]

卢埃林关于法律是官员所作所为的观点受到了较多的批判。卢埃林对这一指责愤愤不平,因为很多著名学者没有注意到他的其他观点或完整地读完他的书就提出批判,所作的指责是不公平的。[④] 英国法学家哈特在《法律的概念》一书中就对卢埃林进行了批评。[⑤] 我们认为,关键的问题是如何理解卢埃

① 参见[美]卡尔·卢埃林:《荆棘丛:我们的法律与法学》,王绍喜译,中国民主法制出版社2020年版,第45~47页。

② See Karl Llewellyn, *The Common Law Tradition: Deciding Appeals*, Little, Brown and Company, 1960, p. 127.

③ Ibid., p. 595 - 596.

④ 参见[美]卡尔·卢埃林:《荆棘丛:我们的法律与法学》,王绍喜译,中国民主法制出版社2020年版,第40~42页。

⑤ 参见[英]哈特:《法律的概念》(第3版),许家馨、李冠宜译,法律出版社2018年版,第49页。

林的这一表述。如果认为它并不是关于法律的定义理论,而只是一种强调,[①]则这一论述是没有问题的。而且,卢埃林也指出,他不愿意作出定义,因为定义往往只包含一部分而排斥其他内容。[②] 我们认为,这一理解是可以成立的。

另一种意见认为,卢埃林只是强调法官的行为,而没有对其他官员的行为进行阐释,因此卢埃林的观点只是关注司法行为。在哲学上,体现为自然主义和实用主义,是一种司法裁决理论。[③] 尽管从现有的著述来看卢埃林对其他的官员的论述不是非常详细,然而卢埃林明确地指出其他官员行为的重要性,因为它们比法律更经常、更直接地对当事人造成影响,法律的关注和中心不是法官对有利害关系的老百姓造成的影响,而是政府官员对其造成的影响。[④] 卢埃林进一步指出,就法律技艺而言,除了辩护、法律咨询和司法裁判的技艺,还有立法和行政管理的技艺。[⑤] 就此而言,这种批判意见是没有说服力的。

2. 律师的行为

在卢埃林看来,除了官员的行为,还应当关注律师的行为。律师和法官之间的关系是很密切的。律师是当事人和法律官员的中介。律师的工作使案件的情景变得活起来,让它能自我解释,告诉法官如果系统地理解案件的情景,就会使法官至少意识到固有的法律,使案件的事实和理由为法官所接受。[⑥] 因此,对律师行为的观察构成法律事实的一部分。这里的律师,既包括顾问律

---

① 特文宁教授指出,哈特的主要兴趣是阐释概念,而卢埃林的主要兴趣是法律在实践中是如何运作的,参见 William Twining, *Karl Llewellyn and the Realist Movement*, 2nd Edition, Cambridge University Press, 2012, p. 407。莱特教授具有类似的观点,参见 Brian Leiter, *Naturalizing Jurisprudence: Essays on American Legal Realism and Naturalism in Legal Philosophy*, Oxford University Press, 2007, p. 18。

② See Karl Llewellyn, *Jurisprudence: Realism in Theory and Practice*, Transaction Publishers, 2008, p. 3, 78.

③ See Brian Leiter, *Naturalizing Jurisprudence: Essays on American Legal Realism and Naturalism in Legal Philosophy*, Oxford University Press, 2007, below 30.

④ See Karl Llewellyn, *Jurisprudence: Realism in Theory and Practice*, Transaction Publishers, 2008, p. 30 – 31.

⑤ See Karl Llewellyn, My Philosophy of Law, in *My Philosophy of Law: Credos of Sixteen American Scholars*, Boston Law Book Co. , 1941, p. 188.

⑥ See Karl Llewellyn, *The Common Law Tradition: Deciding Appeals*, Little, Brown and Company, 1960, p. 232.

师，也包括辩护律师。对于顾问律师而言，最重要的一项工作是对法官将如何判决作出预测，通过法律文件事先避免争议的产生。顾问律师对法律官员行为的间接影响关注较多，“并以此预测法院可能如何处理案件，基于预测调整其客户的行为以满足客户的愿望”①。

辩护律师则对法官在个案中的所作所为更感兴趣，通过运用法律技巧去维护当事人的利益，他需要说服法官接受其官员手头案件的事实和法律的看法。辩护律师通过个案试错的方式，得出依据符合案件需要和有效说服的一般技艺的方法。② 卢埃林指出，要认识到社会因素对法律实践的影响：“打算执业的律师不仅要知道法律规则，要知道这些法律规则在预测法官所作所为方面的含义，还要知道社会生活、客户的需求和法律实践的情况。总之，他要知道其要塑造的工作情景和在塑造该情景时所要参照的法律，否则就执不了业。”③这些社会因素显然也是法律现实的组成部分。

3. 当事人的行为

当事人是法律外行人，他们通常不懂法律。尽管如此，当事人的行为构成法律制度的组成部分。一项完整的法律制度，不仅包括法官、律师，还包括当事人。对于当事人的行为，一方面，是当事人的行为与官员的行为的互动，官员的行为模式和法律外行人的遵守构成官方的立场和权威。④ 另一方面，是当事人的行为与律师的行为的互动。当事人对于其委托的律师有着期待，因此通常催促律师采取行为维护其利益。同时，律师对于当事人的主张或诉求，又需要根据法律来提出肯定或否定意见。律师为了维护当事人关心的利益而采用各种手段。这些手段，既包括合法的手段，也可能包括合法但较为模糊的手段。因此，当事人的行为构成法律事实观察的一部分。

---

① ［美］卡尔·卢埃林：《荆棘丛：我们的法律与法学》，王绍喜译，中国民主法制出版社 2020 年版，第 58 页。

② See Karl Llewellyn, *Jurisprudence*: *Realism in Theory and Practice*, Transaction Publishers, 2008, p. 336.

③ ［美］卡尔·卢埃林：《荆棘丛：我们的法律与法学》，王绍喜译，中国民主法制出版社 2020 年版，第 58 ~ 59 页。

④ See Karl Llewellyn, *Jurisprudence*: *Realism in Theory and Practice*, Transaction Publishers, 2008, p. 31.

4. 专家的行为

在法律实践中，当事人或法院可能就特定问题要求专家发表意见，应当对这些专家的行为进行观察。卢埃林指出，在诉讼中，有直接利益冲突的专家是被排除在外的，因为存在其他的偏颇或歪曲。一方面，专家具有一定的特长，可以为特定专业问题提供帮助；另一方面，他们也具有一些局限，例如，具有专业上的偏见、对整体情况缺乏全面的认识，并且对专家意见是有取舍的，有利的一面被认为是有代表性的，不利的一面则被遗忘了。[①] 因此，卢埃林认为，法官要对专家意见予以审查，注意到其中涉及的各种因素。

可以看出，卢埃林的现实主义命题具有丰富的内涵，一方面，它反对将法律规则视为法律现实；另一方面，它主张对官员、律师、当事人和法律专家的行为进行观察。卢埃林认为，要认识法律的运作，就离不开对以上行为的观察。通过观察来描述法律的运作符合法律既是科学又是艺术的特征，[②]而法律的运作离不开对以上行为的观察。卢埃林指出，要对法院内外发生的事情、法官和其他官员的实际行为以及外行人依据法律的所作所为、借助法律的所作所为以及不理会法律的所作所为进行观察。[③] 实际上，在卢埃林看来，无论是法律规则、法律技艺、实践还是理念以及相关的人，都是法律整体（法律工作）的一部分，而将关注从法律规则转向行为，将规则放在更为宽广的社会背景，有助于使法律规则更加正确、有效。[④] 因此，在理解现实主义命题时，不仅不能停留在对法律规则的批判上，也不能仅停留在行为上，而要把它作为运转的制度（as a going institution）的一项内容。

二、法律技艺观

据笔者所见，可能没有任何一个法学学派像现实主义法学这样强调法律

---

① See Karl Llewellyn, *The Common Law Tradition: Deciding Appeals*, Little, Brown and Company, 1960, p. 327 – 328.

② See Karl Llewellyn, *Jurisprudence: Realism in Theory and Practice*, Transaction Publishers, 2008, p. 78.

③ See Karl Llewellyn, *On Reading and Using the Newer Jurisprudence*, 40 Columbia Law Review 606 (1940).

④ See Karl Llewellyn, *My Philosophy of Law*, in My Philosophy of Law: Credos of Sixteen American Scholars, Boston Law Book Co., 1941, below 183.

技艺的重要性。美国联邦最高法院法官道格拉斯指出，据他所知，卢埃林比任何人对法律技艺都感到自豪，认为卢埃林喜欢细致、精致的工作，具有鉴赏力，能看出含义的深浅，通常被称为律师的律师。[①] 法律技艺之所以重要，是因为它是法官、其他官员和律师所必须具备的技艺。卢埃林向学生们强调技艺的重要性，认为必须重视技术，因为他是当事人和胜诉案件之间的连接点，是法律生存环境的一部分。[②] 在对卢埃林关于现实主义是一种技术的观点进行阐释时，特文宁认为卢埃林对于法学方法的最为不同的贡献，是他的法律技艺理论、对司法风格的分析以及对在法学院系统讲授特定技艺的赞同。[③] 我们认为，特文宁这一论述是值得赞同的。卢埃林指出，在法律中存在法律技艺的技巧和传统，存在观察、思考、感受和从事这一工作的方式和义务。[④] 在法律实践中，法律技艺作为一种思考方式和工具，在一定程度上决定着案件的输赢，因此对其进行强调无论如何也是不为过的。遗憾的是，现有的研究对这一点的讨论恰恰是最少的。

（一）法官的技艺

卢埃林主张对法律实践进行观察，并强调要看出新意。在进行实际的观察时，可以看到法律的技艺以及关于该技艺的理想和传统。在卢埃林看来，司法裁判是一门技艺，包括初审裁判的技艺和上诉裁判的技艺。对这些技艺隐含的理想和传统的研究，以可沟通的方式对这些技艺进行研究，这样做会提供真正的帮助。[⑤] 对于弗兰克所说的裁判是基于一时的心理变化而提出的观点，

---

① See William O. Douglas, *Karl N. Llewellyn*, 29 The University of Chicago Law Review 611 (1962).

② 参见［美］卡尔·卢埃林：《荆棘丛：我们的法律与法学》，王绍喜译，中国民主法制出版社 2020 年版，第 83 页。

③ See William Twining, *Karl Llewellyn and the Realist Movement*, 2nd Edition, Cambridge University Press, 2012, p. 577.

④ See Karl Llewellyn, *The Common Law Tradition: Deciding Appeals*, Little, Brown and Company, 1960, p. 185.

⑤ See Karl Llewellyn, *On Reading and Using the Newer Jurisprudence*, 40 Columbia Law Review 589 (1940).

卢埃林持保留意见,他肯定法律规则是有一定作用的。① 卢埃林是少有对法官的法律技艺进行深入研究的学者。就像他在评价庞德教授《法理学》一书时所指出的,庞德教授太着重于宏观理论方面,对具体的内容顾及不多,对法律技艺的关注就更少了。例如,庞德在评论法国学者惹尼的论著时,完全没有注意到惹尼在法律技艺方面的贡献。②

卢埃林认为,作为普通法传统的一部分,法官的技艺也是多方面的。在当代司法案件的法律适用中,法官会运用很多的法律技艺。例如,遵循先例的技术、回避已判决案件的技术以及尤其在扩张、重新指向和重新开始时使用的技巧。就遵循先例而言,有对某些有意识的支配或者对支持或遵循的限制效果进行解释的技巧、对已确定事项的选择范围进行解释的技巧、对各种简单的创制类型进行解释的技巧以及对先例资料进行重要的扩张或重新指向的技巧。对于回避已判决案件的技巧,包括运用合法和不合法方式进行回避的技巧、对其进行明确限制、限缩的技巧以及推翻先例的技巧。对于其他技巧,包括从旧材料中从头开始探讨和扩大材料或技巧的配套标准。③ 在卢埃林看来,法官在司法运用中还要看到司法风格的转变,即从形式主义风格转向宏大风格。在适用法律过程中,要探寻情景感,合理地运用律师和外部专家的意见。④

(二)顾问律师的技艺

顾问律师的一项基本的职能是通过法律文书事先避免纠纷的发生。对于顾问律师而言,预言法院将如何作为具有重要性。为了做到这一点,顾问律师无疑会运用到法律规则。卢埃林并不否认法律规则知识是律师的一项必要的技能。⑤ 卢埃林指出,法律规则显然可以作为预测法官如何作为的一个基础,但仅凭借法律规则是难以胜任其顾问律师的职责的。换言之,除了传统的关

① See Karl Llewellyn, *Jurisprudence: Realism in Theory and Practice*, Transaction Publishers, 2008, p. 107.

② Ibid., p. 500 – 501.

③ See Karl Llewellyn, *The Common Law Tradition: Deciding Appeals*, Boston: Little, Brown and Company, 1960, p. 77 – 91.

④ Ibid., p. 256.

⑤ 参见[美]卡尔·卢埃林:《荆棘丛:我们的法律与法学》,王绍喜译,中国民主法制出版社2020年版,第259页。

于法律规则的技巧,顾问律师还需要其他的技艺。第一个技巧是写作能力。顾问律师要具备良好的写作能力。卢埃林指出,“对于文书起草,我真不知道还有比这更难的技艺,还有比这更吸引人的技艺”①。它之所以难,之所以吸引人是因为律师需要在给定的场景下,理解客户想要什么以及他能得到什么,并以清晰的文字和明确的轮廓避开法律风险,而且要敏锐地从对方律师的观点出发。② 因此,法律文书起草的技艺至关重要。“一字之差,谬以万里。”第二个技巧是谈判。谈判要求顾问律师了解对方的主张,作出多大的妥协以及在何时作出妥协,并通过作出让步来获得你想要的诉求。③ 第三个技巧是沟通的能力。顾问律师是在与法官打交道,处理的是可能影响其客户利益的非常规的官方行为,这需要顾问律师结合法律和事实背景对各种情景作出预判,减少不确定性。④ 第四个技巧是洞察生活的能力。顾问律师要对生活事实有深入的洞察。这意味着,顾问律师不仅要了解什么是规则,还要了解与法律相关的生活情形,即卢埃林所说的“情景类型”。因此,顾问律师不仅要熟悉法律规则和先例,还要考虑影响法官作为的各种因素,对其将如何作为作出预测。

(三)辩护律师的技艺

与顾问律师事先预防的做法不同,辩护律师面对的是已处于纠纷之中的当事人以及主持判决的法官和进行执法的官员。在所有的工作中,辩护律师的一项工作是揭示法律制度准许在特定案件中实现特定结果的自由裁量权以及依法得出该结果。⑤ 为了维护自己当事人的利益,辩护律师需要通过运用自己的技艺去实现当事人的主张。同时,辩护律师可以为法官从不同方案中做

---

① 参见[美]卡尔·卢埃林:《荆棘丛:我们的法律与法学》,王绍喜译,中国民主法制出版社2020年版,第170页。

② 同上。

③ 同上书,第169页。

④ See Karl Llewellyn, *On Reading and Using the Newer Jurisprudence*, 40 Columbia Law Review 591(1940).

⑤ Ibid., p. 591.

选择提供可行的思路,并获得一些指导和帮助。[①] 在卢埃林看来,辩护律师的目的就是使预言变为事实,辩护律师因此需要掌握使预言变为事实的技艺,这涉及上诉辩论中的七项基本技能:(1)仅仅有技术上完美的法律理由是不够的,因为对方也可以提出类似的理由;(2)技术上完美的法律理由在对事实进行解释和归类上是不可靠的;(3)需要在法律上有合理的理由,否则难以胜诉;(4)应当让法院认为提出的事实和法律理由是有道理的,是生活和正义所要求的;(5)事实的陈述是核心;(6)事实陈述要简洁;(7)要遵循集中火力的原则,观点不能分散。卢埃林指出,除了口头辩论,司法摘要也非常重要。辩护律师要提交一份一到两页的司法摘要,注意情景感,找到真正的明确规则,并认识到法官遴选上的不确定性。[②]

卢埃林认为,对于法科学生而言,如果仅仅知道法律,那么他们对如何当律师一知半解都谈不上,这将掩盖了对律师日常作为的认识,只是知道法院作出了什么裁决,而忘记他们是如何裁决案件的,他们是如何运用所引用的权威的以及这些权威是如何形成和为什么会形成的。卢埃林进一步指出,技艺的本质在于技巧和智慧,就技巧而言,包括实用的、有效的、有说服力和创造性的技巧,促使人们作出愿望的行动的技巧以及将结果常规化的技巧。就智慧而言,则体现在完成选定的事情的选择和判断上。简单来说,律师是麻烦的解决者,找出解决路径,设定路径的方法,说服人们接受它,说服人们接受选定的操作,这就是法律技艺的本质。[③]

值得注意的是,卢埃林不是为了强调法律技艺而提出其法律技艺观。法律技艺与理想是有紧密关系的:没有理想的技艺将是一种恐吓,而没有技艺的理想将是一片混乱。[④] 在卢埃林看来,法律技艺与人性有关。他指出,有着良

---

① See Karl Llewellyn, *On Reading and Using the Newer Jurisprudence*, 40 Columbia Law Review 594(1940).

② See Karl Llewellyn, *The Common Law Tradition: Deciding Appeals*, Little, Brown and Company, 1960, p. 236 – 255.

③ See Karl Llewellyn, *Jurisprudence: Realism in Theory and Practice*, Transaction Publishers, 2008, p. 318 – 319.

④ Ibid., p. 320 – 321.

好设计方法的技艺工作能给法律实践带来暗示和增添香味，就像为别人着想和揭示真相有助于完善人的无私、机智和尊严一样。①

三、法美学思想

卢埃林关于法律与美学的关系极少有论者提及。有论者认为，卢埃林臭名昭著的散文式写作风格遭人诟病，成为误解的渊源。② 也有论者认为，卢埃林的写作感染了日耳曼语的病毒。③ 客观而言，卢埃林的表述的确有些让人费解，但这是他独特的风格。类似的独特风格不是没有先例，例如卡多佐的语言风格就引发了关注和评论。④ 我们认为，卢埃林的法美学思想，体现在卢埃林的语言风格、建筑观和美学观等方面。不仅是因为卢埃林对这些感兴趣，而且他把它们融入自己的法学研究中。正如卢埃林所言，他是哥特式雕塑和哥特式玻璃的仰慕者，他认为这也是恰当的法理学写作方法。⑤

首先，卢埃林的语言充分地体现了美感。例如，在论述上诉技巧时，他的表述是："感觉"(seuse)、"技艺"(the art)、"风格"(style)、"时期风格"(period style)、"响亮的理由"(a singing reason)、真正的明确规则(a true singing rule)、"弦外之音"(in overtones)、"整个旋律"(a whole melody)、情景感(situation sense)、"宏大风格"(grand style)。⑥ 在描述夏安族人的法律文化时，卢埃林和霍贝尔使用的表述："美"(beauty)、"技艺"、"艺术风格"(style in art)、"法学技艺"(juristic art)、"和谐"(harmony)、"明显的和谐"(singing harmony)、平衡感(sense of balance)。⑦ 在讨论法律教育时，卢埃林也使用了"美"、"韵律"

---

① See Karl Llewellyn, *The Common Law Tradition: Deciding Appeals*, Little, Brown and Company, 1960, p. 298.

② 参见孙新强：《卢埃林现实主义法理学思想》，载《法制与社会发展》2009年第4期。

③ 参见[美]劳伦斯·弗里德曼：《二十世纪美国法律史》，周大伟等译，北京大学出版社2016年版，第601页。

④ 有人认为卡多佐的语言是华丽的，波斯纳法官认为卡多佐有时以外国人的优雅来写作，参见Richard A. Posner, *Cardozo: A Study in Reputation*, The University of Chicago Press, 1990, p. 44。

⑤ See Karl Llewellyn, *The Common Law Tradition: Deciding Appeals*, Boston: Little, Brown and Company, 1960, p. 7.

⑥ Ibid., p. 240, 245, 246.

⑦ See Karl Llewellyn & E. A. Hoebel, *The Cheyenne Way: Conflict and Case Law in Primitive Jurisprudence*, University of Oklahoma Press, 1941, p. 252, 269, 307, 308.

(rhythm)、平衡感、"风格"、"时期风格"、"宏大风格"等与美学有关的用语。[①] 对于风格、和谐、美感等用语,很可能是与现代建筑学的美学观有关。这些用语表明,卢埃林的法美学思想蕴含在他的语言表述之中。

其次,卢埃林对普通法司法宏大风格的描述体现了其法美学思想。卢埃林认为,美国联邦上诉法院的工作中存在一种风格,这种风格他称为"宏大风格"。在卢埃林看来,宏大风格在19世纪20年代就开始出现了,只是形式主义风格的流行导致其被模糊化和掩盖起来,但形式主义风格曲解了人们对上诉法院在做什么和应当做什么的认知,导致人们对该制度产生危机。[②] 卢埃林指出,宏大风格不是写作的方法,而是思考和工作的方法,它涉及工作的方式、职务技能方法、与传统协作的视野、发展的连续性、有目的的工作机制以及有需求的措施,其可以具有华丽的措辞,但在历史上宏大风格倾向于言语形式、句子和段落结构的简洁性。[③] 从卢埃林对宏大风格的强调可以看出,可能借鉴了建筑学上的风格概念。可以认为,在法美学方面,卢埃林与卡多佐有类似之处。

再次,卢埃林的法美学思想体现在他对于人与人之间纠纷的感受与认知。卢埃林指出,在法律现实中出现的种种纠纷不应轻而视之,因为每个案件都是一出人间戏剧。之所以是人间戏剧,是因为每份判决书都是一份关于人的文件,每个案件都是有生命温度的人的抗争。而"在这些人与事里,有诗歌,有生命,也有美"[④]。在考察夏安族人的法律文化时,卢埃林也对其风格表示赞赏,认为夏安族人以不同的方式处理重要的社会问题,而没有与偶然性问题和个案的需求相混淆,是一个很大的成就。[⑤] 卢埃林认为,这是对夏安族人解决纠

① See Karl Llewellyn, *The Bramble Bush*, Oceana Publications, 1960, p. 125, 126, 128, 153, 156, 157, 158.

② See Karl Llewellyn, *The Common Law Tradition*: *Deciding Appeals*, Little, Brown and Company, 1960, p. 5 – 6.

③ Ibid., p. 36 – 37.

④ [美]卡尔·卢埃林:《荆棘丛:我们的法律与法学》,王绍喜译,中国民主法制出版社2020年版,第216~217页。

⑤ See Karl Llewellyn & E. A. Hoebel, *The Cheyenne Way*: *Conflict and Case Law in Primitive Jurisprudence*, University of Oklahoma Press, 1941, p. 314.

纷方式的研究,导致他得出普通法司法传统的宏大风格。[1] 因此,卢埃林主张从文化的角度去认识美,去认识法律中的美。

最后,卢埃林的法美学观具有整体性。这种整体性一方面体现在卢埃林对法美学有明确的意识,他自己就使用法美学(legal esthetics)的用语,并通过具体的例子来对法美学进行阐述;另一方面与卢埃林的其他法律思想是相关的。就前者而言,卢埃林认为人们通常觉得法律只是与文字有关,评价的标准是文学性,而与其他方面无关。"法律之物的美似乎被法律冷落了,如果没有被冷落,也被视作偏离中心和被严重歪曲了。"[2]卢埃林认为,在法律中存在两种美:一是结构之美,二是功能之美。前者以《德国民法典》为代表,后者的代表则是《法国民法典》。卢埃林认为,在美国,兰德尔学派的约因和单务合同持的就是结构之美。但是在卢埃林看来,兰德尔的概念是恢宏的,在技术上是无可挑剔的,但是它无法运作。法律之美的主要检验标准应当是功能标准,拥有结构上的和谐和结构上的恢宏是好的,它们可以增添和丰富法律的内容,但它们是次要的,法美学本质上是功能美学。[3] 这是因为在法律制度中如果法律之美只是眼中或思想中的美,它就无法成为起作用的、涵盖不同人和不同需求的美。在这方面,法律制度与建筑相类似,而与绘画和音乐不同。[4]

就法律而言,卢埃林指出,功能之美的检验标准不能脱离情景、程序和事实上的结果,"对真的确定构成探寻法律之美的内在部分,而对真的探寻又离不开善,这三者都与目的有关……"即法律的真、善、美融合在一起。[5] 在法律规则方面,卢埃林认为不能将建筑学中的极端功能主义带法美学中,装饰是服务于功能的,如其对功能构成妨碍,则是糟糕的。在卢埃林看来,对于法律规

① See Karl Llewellyn, *The Common Law Tradition: Deciding Appeals*, Little, Brown and Company, 1960, p. 513.

② Karl Llewellyn, *Jurisprudence: Realism in Theory and Practice*, Transaction Publishers, 2008, p. 171.

③ Ibid., p. 173.

④ Ibid., p. 174.

⑤ Ibid., p. 193.

则而言，它的美是功能性的，对法律规则之美的评价标准是它的效果。① 针对美国《统一买卖法》第14条，卢埃林认为它在技术上是合理的，但是理智比技术更重要。纯粹美感的东西可以变为最具有实质内容的东西，对该法明显的实质错误进行探究是有充分理由的。② 法律实践中卢埃林的法美学思想在美国《统一商法典》中得到体现，该法典第2条体现了卢埃林的法学思想，通过区分商人和非商人来使“商法和实践的清晰、理智和安全”，将“美”带到商法和商事实践中。③ 卢埃林之所以研究法美学，是因为他希望为这个问题展开严肃的研究，重申法律研究在人文科学古老而正当的地位。④

四、法学方法论

卢埃林特别强调对法律实践和法律现实（法的现实性）的观察，但是对卢埃林的思想不停留于此，卢埃林强调要看出新意。正如卢埃林所说的，在所有这些事物中，实质的是“看出新意”、“看清楚”和“回过头来确认”。⑤ 卢埃林对方法是如此强调，以至于他认为现实主义法学过去是，现在也是方法，而且该方法是有效的。⑥ 这是卢埃林不同于现实主义法学其他学者的一个重要方面，涉及卢埃林的研究方法，即如何才能看出新意。

（一）客观描述

卢埃林认为，要对事实进行观察，要对事实作出客观描述。如何能做到客观描述呢？在卢埃林看来，要做到客观描述，需要做到以下几点：一是观察者不带主观的价值偏好进行观察。这是因为如果观察者带着一定的价值，则会影响其对事实的判断。故卢埃林主张将“是”和“应当”暂时分开。二是观察者

① See Karl Llewellyn, *Jurisprudence: Realism in Theory and Practice*, Transaction Publishers, 2008, p.195.

② See Karl Llewellyn, *On Warranty of Quality, and Society: II*, 37 Columbia Law Review 387 (1937).

③ See Ingrid M. Hillinger, *The Article 2 Merchant Rules: Karl Llewellyn's Attempt to Achieve the Good, the True, the Beautiful in Commercial Law*, 73 Georgetown Law Journal 1147 (1985).

④ See Karl Llewellyn, *Jurisprudence: Realism in Theory and Practice*, Transaction Publishers, 2008, Preface.

⑤ See Karl Llewellyn, *The Common Law Tradition: Deciding Appeals*, Little, Brown and Company, 1960, p.510.

⑥ Ibid.

要对使用的术语进行严格的界定。卢埃林指出，很多论者对基本概念或假定没有做界定，导致争议很大。对术语的严格界定是科学研究的必要前提，如果没有严格的概念界定，就不存在可能的假定，而没有清晰的假定，则观察或研究的尝试基本上是无用的。[①] 三是不要满足于粗糙的分析和分析结果。卢埃林反对以粗糙或不严密的方式对司法行为进行描述，在卢埃林看来，应当将各种因素细化，以可辨识的情景对其互动进行澄清和强化。[②]

正是对于这点，有论者批评现实主义法学没有考虑价值，对规范性和“应当”提出了错误的看法，也没有区分好的判决和差的判决。[③] 其实，这是对卢埃林的误解。卢埃林明确地指出，观察和描述会涉及价值判断，包括目标和采取的措施，但是为了使其观察和陈述不带有倾向性，他既不考虑这些因素，也不掩藏偏见。[④] 在卢埃林看来，敏锐的观察和直截了当的表述并不是对价值判断的赞同。[⑤] 不过，为了避免价值判断导致对事实进行曲解，卢埃林主张暂时将两者分开，目的是提升法律的可预见性。

（二）总结分类

法律现实是纷乱、无序的。尽管要对事实作出观察，但这是不够的。卢埃林指出，传统法强调概念的重要性，将它作为科学的基础，它在新的社会现象中，不是观察它的实际情形，而是只看到自己要寻找的，而且是以开始观察时的分类来进行。这就导致他所观察到的不是已经出现的，而是事先设定的法律分类。卢埃林认为，这样的观察是片面的，选择性的，带有科学家的意识形态色彩。[⑥] 与传统的方法相反，卢埃林主张更狭小、更加具体的研究，要有观察

---

① See Karl Llewellyn, *Jurisprudence*: *Realism in Theory and Practice*, Transaction Publishers, 2008, p. 94.

② See Karl Llewellyn, *The Common Law Tradition*: *Deciding Appeals*, Little, Brown and Company, 1960, p. 516.

③ See Francis E. Lucey, *Natural Law and American Legal Realism*: *Their Respective Contributions to a Theory of Law in a Democratic Society*, 30 Georgetown Law Journal 505 (1942).

④ See Karl Llewellyn, *The Common Law Tradition*: *Deciding Appeals*, Little, Brown and Company, 1960, p. 16.

⑤ Ibid., p. 337.

⑥ See Karl Llewellyn, *Jurisprudence*: *Realism in Theory and Practice*, Transaction Publishers, 2008, p. 95 – 98.

实际是什么的耐心,而不要急于想一次性全部都看到。[①] 实际上,总结分类具有非常重要的意义。对于法律规则,卢埃林认为它们仅仅直接影响相对少的人,针对这些少数的人,要考虑它们的结构、态度、现有的或可能有的行为。[②] 无论是对于法官、其他官员还是律师而言,需要对法律实践的复杂性和多样性进行总结分类,找出其规律,以便更好地加以适用。这就是情景类型(situation type)。对于法官而言,需要看到先例的不足,需要看到法律规则发展的趋势,需要对新出现的情况进行分析,这样不仅可以找到正确的法律规则,而且可以为将来的案件提供指导。对于律师而言也是如此。如果律师仅局限于现有的案件,不了解每周或每天发生的案件和法官填补漏洞所进行创造性活动的工作习惯,则无法对法官如何判决作出预测,也无法很好地保护当事人的利益。[③]

(三)功能分析

大多数现实主义法学学者赞同功能分析方法。功能分析主张从功能的角度而非从形式或概念的角度去理解法律,即主张对法律进行功能分析,而不是进行纯粹的逻辑推理。现实主义法学尽管不否定逻辑具有一定的作用,但对逻辑推演小心翼翼。在消极的一面,功能分析对无法转化为实际经验的教条和概念装置进行攻击;在积极的一面,它通过确定其后果或影响来揭示事实的意义。[④] 功能主义分析方法通过研究具体事实情形的法学原理来提升法律的确定性,其研究领域从公司金融到民事诉讼。[⑤] 在现实主义法学看来,在对具体制度进行分析时,要看到其目的或所要发挥的功能,在法律规则背离该目的或功能性时,应当对其进行限制甚至是否认。在法律中,"最重要的是目的,而

---

① See Karl Llewellyn, *Jurisprudence*: *Realism in Theory and Practice*, Transaction Publishers, 2008, p. 32.

② Ibid., p. 34.

③ See Karl Llewellyn, *The Common Law Tradition*: *Deciding Appeals*, Little, Brown and Company, 1960, p. 193 - 194.

④ See Laura Kalman, *Legal Realism at Yale*: 1927 - 1960, The University of North Carolina Press, 1986, p. 1.

⑤ Ibid., p. 9.

不是起源”。“功能性的目的概念必须任何时候存在于法官的脑海中。”[①]在卢埃林看来，将法理学视为法哲学太过于狭隘了，现代的法学家不仅把它视为法律的哲学，而且视为关于法律的功能、法律的运作以及法律机构的哲学。[②] 卢埃林认为，要尊重形式，但要记住功能比形式更重要，不要因为形式的存在而将事实上是拟制的东西认为是真实的。[③] 卢埃林在研究夏安族人的法律和习俗时发现，尽管夏安族人在程序上不具备严格的形式，但在功能上他们能以一致和准确的方式解决面临的难题。[④] 这体现了功能分析的方法。由此可见，功能分析是卢埃林的研究方法之一。

五、对卢埃林法哲学的反思

以上就卢埃林法哲学思想的四个主要方面进行了研究。这些研究的目的并不仅仅是基于兴趣。我们要进一步探讨的是，我们如何对卢埃林的法哲学思想进行反思。

（一）现实主义命题

在法律现实方面，卢埃林强调对法律应然和法律实然进行区分，强调认识法律现实的重要性。可以说，现实主义命题是卢埃林法哲学中最为核心的命题。卢埃林强调对事实进行观察，强调要看出新意。卢埃林让我们认识到，尽管法律规则可以作为行动的指导，但在很多情况下，仅有法律规则还无法得出确定的答案，这是因为法律规则会根据社会生活的发展需要被作出不同的解释，以适应社会的发展。然而，相较于法律规则，对法律现实的观察不是那么容易的，在法律领域中更是如此，因为根据效果来评判法律的标准，不仅要求对法律是什么及其可能的效果有准确的认识，而且要求准确地认识社会的

---

① Benjamin N. Cardozo, *The Nature of the Judicial Process*, Yale University Press, 1949, p. 102.

② See Karl Llewellyn, *Jurisprudence: Realism in Theory and Practice*, Transaction Publishers, 2008, p. 156.

③ See Karl Llewellyn & E. A. Hoebel, *The Cheyenne Way: Conflict and Case Law in Primitive Jurisprudence*, University of Oklahoma Press, 1941, p. 320.

④ Ibid., p. 319.

情况。[①] 就此而言，卢埃林的法哲学强调的是行动哲学（philosophy-in-action），而不是书面化的哲学，即根据社会的需要去调整行动。这可以解释尽管卢埃林将自己的法学思想与哲学划清界限，但他是具有哲学思想的。卢埃林不是将哲学视为一种创造，而是看作一种选择，看作对人们实际需要的一种回应。[②]

在中国的语境下，对法律现实的认识更是有其深意和价值。从哲学的观点来看，生活中必然产生的真实问题才是重要的，由语言游戏或语言特殊用法编造出来的问题是不重要的。[③] 在社会学上，有学者指出，对于价值观及其落实，最需要破除的就是宣扬和现实相脱离的“两张皮”。[④] 在我国，以往事实上更多强调的是“有法可依”。对法律依据的强调固然没有错，将法律规则作为法治实施的出发点也没有问题。然而，我国已经基本上建立起自己的立法体系，在现实生活中很多人认为立法能解决所有的问题，因此一旦出现问题人们首先想到的是要加强立法。

但是，事实上，有一些问题不是或主要不是由立法来解决的，我们需要考虑法律的实施效果，更要关注到事实上相当数量的法律并没有被严格地遵守或实施。对于法律规则的过分强调，导致我们在很大程度上忽略了其实施的效果。在很大程度上，多数人认为，法律规则就是法律现实，会得到人们的遵守，但事实上并非如此。在这种现实下，我们要理解法律现实，显然就不能停留在法律规则的层面。尽管在法律实践中法律规则起一定的作用，但是对于相当多的问题仅仅以法律规则来进行解释，将会带来严重的后果。在理论上，尽管近年来学界对法律实践有所强调，但不仅论者对于实践的概念使用缺乏共识，而且所探讨的是抽象的实践，[⑤]与卢埃林所强调的活生生的事实有着极

---

① See Karl Llewellyn, *On Philosophy in American Law*, 82 University of Pennsylvania Law Review 212 (1934).

② Ibid., p. 206.

③ 参见赵汀阳：《第一哲学的支点》，生活·读书·新知三联书店2017年版，第70页。

④ 参见翟学伟：《中国人行动的逻辑》，生活·读书·新知三联书店2017年版，第126页。

⑤ 参见姚建宗：《中国语境中的法律实践概念》，载《中国社会科学》2014年第6期；郑永流：《什么是法律实践》，载《浙江社会科学》2020年第5期；郑永流：《实践法哲学：从法律1.0走向法律2.0》，载《清华法学》2022年第1期。

大的不同。如果我们认为卢埃林的现实主义命题对认识法律现实是非常有帮助的,那么我们就应当意识到,对社会生活需要的回应才应当是我们的关注点。这与我国当前满足人民群众对美好生活的需要是相吻合的。因此,按照现实主义命题的思路,我们需要做的,是摒弃法律规则即法律事实的假定,考察其在社会生活中的表现和作用,适时作出恰当的评价,并基于该评价作出立法、司法和执法上的调整。

需要指出的是,对法律现实的强调不是要忽略法律规则。在法治社会,法律规则提供了法律可预见性的基本条件。如果没有法律规则所提供的这一可预见性,就缺乏了对法律现实进行认识的基本条件。我们要注意到,现实主义命题对社会生活或社会事实的强调,是一种认识论的强调,究竟是要让法律符合社会生活还是社会生活要受到法律规则的调整,是存在争议的。有学者认为,这涉及对法律和社会相互关系的认识,两者就像剪刀的两个刀片,缺少任何一个都无法剪东西。①

(二)法律技艺观

在中国,人们对技术普遍没有给予很高的评价,“雕虫小技”的用语就或多或少表明这一点。但是,在法律实践中,法律技艺的重要性是不言而喻的。如果我们只是关注人和行为,而没有关注他是如何做的,那么我们对法律现实的认识就很难说是全面的。如果说现实主义命题为我们提供了宏观把握法律现实的一把钥匙,那么法律技艺则为我们提供另一把钥匙。恰恰是在这方面,卢埃林的法律技艺观值得引起重视和研究。

卢埃林对包括法官和律师在内的法律人的技艺进行研究,这是一个创新。创新之处在于,以往学者对法律技艺的研究极少,他们通常认为法律技艺只能到实践中去学。在此之前,卡多佐法官在《司法过程的本质》一书对法律技艺做了阐述。卢埃林认为,这样的研究太少了,显然是无法令人满意的。一方面,在法律实践中,法律技艺是十分重要的,因为它可能会影响法律判决的结果。卢埃林在很早就意识到这一点。例如,它质疑法官进行裁剪的事实,它循循教

① See L. L. Fuller, *American Legal Realism*, 82 University of Pennsylvania Law Review 452 (1934).

导学生们要观察法律背后的各种因素。① 另一方面，由于缺乏对法律技艺进行深入的研究，人们对法院产生信任危机。卢埃林对法官在上诉司法裁判中使用的技艺、对顾问律师起草和进行法律谈判的技艺、对辩护律师进行辩护的技艺进行了研究。这些研究是开创性的，麦考利教授认为它在今天是有价值的。②

在我国，学者们对法律技艺鲜有研究。③ 不仅是因为在培养目标上法学院是培养律师还是培养法官尚未达成共识，而且从法学院教师的构成上看，授课教师基本上是从校园到校园，对法律实践缺乏了解。因此，对于法学课程的教授，基本上就是法教义学分析，与法律技艺相关的课程鲜有开设。尽管在一些法学院会邀请一些实务界人士开课或做讲座，但不仅尚未形成规模，课程的体系性和深刻性也有待提升。就此而言，加强法律技艺的研究与传授是未来应当开展的工作。这里存在一个实际的困难，即如何解决法学院教师缺乏法律技能的问题。我们认为，一个途径是增加业界和学界之间的流动性，即聘请具有丰富法律经验的业界人士到法学院进行任教，或者是允许学者到实务界（包括政府机关）工作一段时间（如一到两年）以积累相应的法律技能。从现实主义法学发展的历史来看，法学教师在政府部门或司法机关任职是一条可行的道路。

（三）法学方法

与现实主义命题和法律技艺观相关的是卢埃林的法学方法。卢埃林对于法律研究不只是使用一种方法，而是多种方法。他的方法既包括客观描述的方法，又包括总结归类的研究方法，还包括功能分析的方法。方法在卢埃林那里是如此重要，以至于他认为“现实主义”是一种方法。④ 这三种方法相互之间是关联的。例如，就第一种方法和第三种方法而言，两者都反对形式主义，主

---

①　参见［美］卡尔·卢埃林：《荆棘丛：我们的法律与法学》，王绍喜译，中国民主法制出版社2020年版，第61页以下。

②　同上书，“导言”。

③　一个例外是苏力教授的《送法下乡：中国基层司法制度研究》。

④　See Karl Llewellyn, *The Common Law Tradition: Deciding Appeals*, Little, Brown and Company, 1960, p. 513.

张深入表象背后的事实。这在卢埃林的《夏安族人的方式》一书中得到很好的体现。卢埃林对美国《统一商法典》第 2 条商人和非商人的区分体现了此点。这是非常重要的，因为人们常常满足于抽象的概括和归纳，而对更狭小的、具体的总结归类重视不够。同时，第二种方法和第三种方法都与第一种方法直接相关的，即前两者均有助于揭示法律现实。实际上，通过狭义的分类，可以更好地认识事实和回应事实。

值得注意的是，卢埃林特别强调“看出新意”。可以说，“看出新意”是卢埃林法学方法论之中的一根主线。“看出新意”要求法官不仅是遵守先例，而且要有所创造，以适应社会生活发展的需要，它还要求律师要对法律发展的趋势作出判断，从而更好地维护当事人的权益。卢埃林认为，这是新法理学的主要功能之一。[①] 这提示我们，在对法律现实进行观察和描述时，我们要重视运用的方法，我们需要做的是看清真相，看出新意。不过，需要指出的是，与卢埃林所处的时代相比，今天的法学研究方法更加多样，客观描述和功能性分析都成为基本的法学方法，其建构性和复杂性也得到了更进一步的发展。

此外，卢埃林的法美学思想，丰富了我们对法律和美学相互关系的理解。尽管卢埃林的法美学思想带有鲜明的个人色彩，但卢埃林对法美学的关注和研究，为我们从多角度研究法律提供了新的视角。例如，他对美国法院宏大司法风格的研究，他对夏安族人法律文化和习俗的研究，从美学的角度提出了思考。

值得指出的是，卢埃林将其法美学思想融入美国《统一商法典》的制定中，提供了一个非常可贵的立法样本，引起了学者的关注和研究。我国有学者注意到法美学的价值，舒国滢教授认为，法律人应当同时是工匠和艺人，是法律艺术的创造者，应当关注历史中各个民族存在的审美素材，是亟待挖掘丰富的宝藏。[②] 或许，沿着这个思路，我们就会发现法律与文学和人类学等学科的重叠之处。

---

① See Karl Llewellyn, *On Reading and Using the Newer Jurisprudence*, 40 Columbia Law Review 600 (1940).

② 参见舒国滢：《从美学的观点看法律——法美学散论》，载《北大法律评论》编委会编：《北大法律评论》(第 3 卷第 2 辑)，法律出版社 2001 年版，第 309、312 页。

六、补论之一：卢埃林的情景感理论

情景感是卢埃林在其思想后期经常使用的一个术语。为什么卢埃林要讲情景感、情景感究竟是什么东西、它在卢埃林的法哲学思想中占据地位，这些问题均值得探讨。

卢埃林认为，除非诸如正义、正确这些术语与相对具体的作为种类的正在发生的事实情景交融在一起，否则他们无法落地。[①] 我们认为，可以将正在发生的事实情景的感觉理解为情景感。换言之，情景感是一种对于案件的感觉，或者用卢埃林的话来表述，是特殊的、非常见的常识(horse sense)，就像老式有经验的马贩子与马或其他马贩子打交道时特有的感觉。[②] 情景感与情景事实有关，也与情景类型相关，而情景类型就像背景事实一样，在很大程度上是当事人和法院简单地假定的东西。[③] 如果脱离情景事实或情景类型，则情景感也就不是卢埃林所言的“情景感”了。

在卢埃林看来，情景感是一种技术，一种能回应目的并使更多的目的出现时容易进行修正的技术。它使法律的适用、扩张、区分或限缩明确化。[④] 正如卢埃林所言，“处理情景的方式是观察该情景和它的需求，如果没有合适的概念可用，则创造一个概念”[⑤]。情景类型对于正义感的影响，就像是一股平稳但强劲的海流对回流的影响。它指向的是正确的法律规则、正确的法律概念、正确的适用、明智的扩张、限缩或细分。[⑥] 既然如此，情景感就不是一成不变的，必须根据事实情景或情景类型进行调整。这是当事人的律师可以发挥作用之处，也是法官对先例进行调整的理由。对于法官而言，尽管通常在案件档案中情景类型是被提供的或明显的，但并非总是如此。有时，需要从原始材料中对它进行构建。将案件放入某个模式对于理解案件具有重要性，它的形成提出

---

① See Karl Llewellyn, *The Common Law Tradition: Deciding Appeals*, Little, Brown and Company, 1960, p. 60.

② Ibid., p. 201.

③ Ibid., p. 126.

④ Ibid., p. 250.

⑤ Ibid., p. 66.

⑥ Ibid., p. 245.

了将它放在熟悉的、更为一般的模式中,或将它拼凑出来,或将它加以对比的要求。① 卢埃林认为,如果忽略寻找和探寻重要的情景类型所需的努力,坏法就产生了。②

有观点认为,情景感包含价值的维度。③ 我们认为,如果就宽泛意义而言,可以将情景感理解为包含价值选择,但从整个理论框架来看,卢埃林较少强调价值的面向,他倡导的是价值中立,因此,将情景感理解为基于一定情景类型而得出的正确裁判结果更为适当。还有观点认为,情景感意味着法官的判决应当与当今社会时空中的主流行为模式和生活方式相适应。④ 尽管从整体上看,法官的判决应当与主流做法保持一致,但我们应当看到在出现新诉求时情景感具有创设规则的作用,因此不宜认为情景感始终与主流相一致。

上述观点涉及情景感的作用。在卢埃林看来,情景感是具有重要的作用的:它会显示特定情景下的事实类型和获得一个令人满意的和可行的结果的压力,连同法官或法院所增加的证据之外的东西发挥作用。⑤ 因此,我们可以看到,情景感既是律师和法官对于案件的一种感觉,也是他们使当前的案件适应社会生活发展的一种工具。与卢埃林对于法律技艺的强调相一致,情景感不是无中生有的,需要考虑情景事实和情景类型,只有观察具体的情景,并将它放在合适的情景类型中,才能找到情景感。如果对于当前案件的情景感与先例不同,则无论是律师还是法官都要进行观察,看出新意,在作出合理评估的基础上,凭借情景感提出新的诉求或作出不同于先例的判决。

如何评价卢埃林的情景感理论?我们可以看到,情景感是卢埃林在阐释司法裁决宏大风格时提出的一种理论,它融合了卢埃林对于法律实践和理论研究

---

① See Karl Llewellyn, *The Common Law Tradition: Deciding Appeals*, Little, Brown and Company, 1960, p. 268.

② Ibid., p. 274.

③ 参见周国兴:《情景感与确定性:卢埃林的法哲学》,中国法制出版社 2018 年版,第 186～187 页。

④ 参见王彬:《法律现实主义视野下的司法决策——以美国法学为中心的考察》,载《法学论坛》2018 年第 5 期。

⑤ See Karl Llewellyn, *The Common Law Tradition: Deciding Appeals*, Little, Brown and Company, 1960, p. 60.

的理解，具有一定的新意。有观点认为，卢埃林的情景感理论在实践中面临三个问题：[①]第一，情景感是一个有着两副面孔的概念（a Janus-faced concept），卢埃林在案件中没有证明它在哪些案件是重要的或不重要的；第二，在确认和适用情景感时，它的主要困难在于律师准备和辩护上诉时所扮演的角色，而过于强调律师的作用可能带来不公平；第三，情景感无法告诉人们它与先例之间的关系，带来适用上的困难。我们认为，尽管此种观点有一定的道理，但如果从法律是一门艺术的角度来看，情景感作为一种技艺感不仅是客观存在的，而且是难以用特定的公式来加以展示的。当然，由于它自身的模糊性，它在法律适用中更多地依靠主审法官的自我意识以及律师在庭审中的表现。在这一意义上，尽管存在一些不足，卢埃林的情景感理论揭示了法官裁决案件的现实，具有一定的启发意义。

七、补论之二：卢埃林与庞德的论战

在结束卢埃林法理学思想之前，有必要讨论 20 世纪 30 年代卢埃林和庞德之间的论战。这是法理学史上一个重要的论战。论战的一方是大名鼎鼎的哈佛法学院院长庞德，另一方则是冉冉升起的学术新星卢埃林。1930 年，卢埃林出版了《荆棘丛：我们的法律与法学》和《买卖法案例与资料》。论战起源于卢埃林 1930 年在《哥伦比亚法律评论》上发表的一篇论文《现实主义法学——下一步》。在这篇论文中，卢埃林对以法律规则为研究中心的做法提出了批判。卢埃林认为，应当将讨论的中心放在司法行为和外行人行为的接触领域，法律和社会最重要的领域是行为领域，传统关注词语和以词语为中心的做法是有问题的。卢埃林继而提出，现实主义法学强调行为，核心部分是法官的行为，是法官履行其职责的行为以及法官与其他人接触的实践，在它附近的是其他政府官员的行为以及法官引用的、查找和努力遵守的公认方法。在这些周围是不同人关于法律是什么的理念，尤其是关于其应当实现的目的的理念。离

① See Patrick J. Rohan, *The Common Law Tradition: Situation Sense, Subjectivism or Just-Result Jurisprudence*, 32 Fordham Law Review 55 (1963).

中心较远的是法律和社会哲学。[1]

对于卢埃林的论文,庞德做了回应。庞德为什么要作出回应,可能有几个原因。或者是因为弗兰克同年出版的《法律与现代精神》让庞德觉得刺耳,或者是庞德与卢埃林的政见不同,或者是卢埃林在论文中对庞德的表述激怒了庞德。作为当时如雷贯耳的哈佛法学院院长,庞德似乎觉得这样的法律思潮需要经过他的认可。[2] 庞德可能觉察到这种思潮对其造成了某种威胁,他要熄熄火。也有观点认为,卢埃林故意与庞德划清界限,使自己成为现实主义法学的中心。[3] 于是,庞德在1931年发表了《现实主义法学的呼吁》一文。庞德首先对现实主义法学进行界定,认为它与想象的、希望成为的或觉得应当成为的事物不同,指的是忠于自然、对事物现状的准确记录,换言之,是将忠实地符合法律秩序的实际情况作为法律科学的基础。[4] 庞德认为,从法学思潮的路径上看,现实主义法学与先前的法学思潮相比没有新的东西,理性主义者具有相同的主张,分析法学家也强调概念的准确性,实证主义者也主张法律的现实,但没有绝对的现实,现实是相对的,不同的是强调的、关注的内容不一样。现实主义法学反对概念,认为理论是幻觉,但它的批判工作不是法理学的全部,它不能用以建构法律。[5] 庞德继而提出,作为新的法学流派的现实主义法学具有以下五个特征:一是认为大量的数字具有重要性的信念;二是对某种方法的唯一重要性或现实的信念;三是唯一有效的是心理学方法,其他非心理学的方法是不科学的;四是对个案的坚持,而不是统一的司法行为;五是将法律视为实现某种商业目的的工具,而不是普遍的社会目的的工具。[6]

---

① See Karl Llewellyn, *The Realistic Jurisprudence-The Next Step*, 30 Columbia Law Review 431 (1930).

② See William W. Fisher III, Morton J. Horwitz & Thomas A. Reed eds., *American Legal Realism*, Oxford University Press, 1993, p. 50.

③ See Neil Duxbury, *Patterns of American Jurisprudence*, Oxford University Press, 1995, p. 76 – 77.

④ See Roscoe Pound, *The Call for a Realist Jurisprudence*, 44 Harvard Law Review 697 (1931).

⑤ Ibid., p. 698 – 699.

⑥ Ibid., p. 701 – 708.

卢埃林不认可庞德的观点，提出了进一步的回应，并且指名道姓。据说，卢埃林曾私下问庞德他批判的对象是谁，但未得到庞德的正面回应。一方面，卢埃林指出，与庞德之前的做法不同，庞德在回应中没有指明他所批判的对象是谁，也没有引用其对象的观点，这增加了对庞德院长定罪判决指责的难度。[①]卢埃林认为，对于庞德指责的事实，要由事实来证明。为此，卢埃林列举了庞德在回应中涉及的12个问题，结合现实主义法学学者及其作品，分别从支持、似是而非（不能反驳、可以反驳）、否定、没有明显的证据四个方面进行论证。卢埃林的结论是在有证据支持的是11个问题中，有7个证据，但针对1个问题，20人中只有3人支持；对于4个问题，20人中只有4人支持；对于2个问题，20人中只有1人支持。卢埃林指出，在任何情况下，支持都不是强烈的、没有歧义或者无条件的。[②] 因此，庞德的指责是难以成立的。应当说，卢埃林的方法是聪明的，他用自己的话来表述庞德的观点，并在文中明确是他自己的解释，有可能是误读。既有论战立场上的优势，也能进行自我发挥。

另一方面，回应庞德关于现实主义法学特征的归纳，卢埃林提出，什么是现实主义法学的特征呢？首先，卢埃林指出，庞德错了，并不存在现实主义法学这个学派，也不可能存在这个学派，现实主义法学只是一种法律的思想运动，不同的人对法律及其在社会中的地位进行思考，他们之间的兴趣、关注和工作领域的差异是巨大的。[③] 卢埃林进而对现实主义法学偏离传统法学的九大特征作出了归纳：(1)变动中的法律和司法造法的理念；(2)法律作为社会目的的手段而非自身是目的的理念，因此法律需要基于其目的、效果被持续地审视；(3)变动中的社会以及社会变动比法律要迅速的理念，因此需要通过其符合所服务的社会的程度来审视法律；(4)为了研究的目的，暂时将实然和应然分开；(5)在描述法院或人们的实际作为方面，不信任传统的法律规则和法律概念；(6)与对法律规则不信任相关，不信任传统规定性规则是法院判决的主

---

① See Karl Llewellyn, *Some Realism About Realism-Responding to Dean Pound*, 44 Harvard Law Review 1224(1931).

② Ibid.

③ Ibid.

要因素的理论；(7)主张对案件和法律情景作出比传统做法更为狭小的分类；(8)坚持通过其效果来评估法律；(9)坚持通过以上方法对法律问题进行持续、系统的批判。卢埃林认为，在他看来，凡是支持以上第四、六、七、八和九点的学者就是现实主义法学学者，无论他们的标签是什么。①

如何评价这场论战？从当时争论的影响来看，卢埃林最终占了上风。庞德似乎是一位有些过时的法学家，现实主义法学思潮一时间席卷了美国法学院（哈佛除外），至第二次世界大战前达到顶峰。然而，如果我们就事论事，卢埃林之所以取得优势，他的论证策略和方法起了很大的作用。有学者指出，与其说卢埃林的结论最重要，不如说是他得出结论的方法更重要，因为卢埃林以一种表面上的客观性将它呈现出来。② 庞德未具名的评论和批评也是一个重要因素。如有学者指出的，庞德的回应被卢埃林关于其不确定性的评论破坏了。③ 也有观点认为，卢埃林之所以在争论中胜出，是因为他的观点符合普通法固有的渐进改良主义传统。④ 我们认为，此种解读固然有一些道理，但从论证的过程和效果来看，卢埃林所运用的方法和策略可能起更为关键的作用。

如今，当我们回顾和思考这个论战，我们可以看到，庞德当时提出的问题，例如现实主义法学贬低法律规则和原则的作用、其对于实然和应然的分离导致对价值问题的忽视，可以看到庞德的这些观点被后来反对现实主义法学的学者引用。例如，富勒教授就对现实主义法学忽略价值的作用提出了委婉的批评。⑤

无论如何，庞德和卢埃林是20世纪30年代美国法学界响当当的人物，两人惺惺相惜。两个人的研究风格存在较大的不同：庞德擅长宏观的理论分析，

---

① See Karl Llewellyn, *Some Realism About Realism-Responding to Dean Pound*, 44 Harvard Law Review 1235 - 1238(1931).

② See Neil Duxbury, *Patterns of American Jurisprudence*, Oxford University Press, 1995, p. 73 - 74.

③ See William W. Fisher III, Morton J. Horwitz & Thomas A. Reed eds., *American Legal Realism*, Oxford University Press, 1993, p. 50.

④ 参见陆宇峰：《美国法律现实主义：内容、兴衰及其影响》，载《清华法学》2010年第6期。

⑤ See L. L. Fuller, *American Legal Realism*, 82 University of Pennsylvania Law Review 450 (1934).

有大师般的高屋建瓴,卢埃林则以部门法研究见长,对于法理问题有自己的独特思考。卢埃林曾多次引用庞德的著述,在晚年出版的《普通法传统》一书中多次提到庞德。卢埃林还撰写书评对庞德的三卷本《法理学》进行评论。有学者甚至将庞德列入现实主义法学的阵营,认为庞德前期的观点对现实主义法学影响很大,只是在后期显得比较保守。① 有意思的是,庞德和卢埃林先后获得美国哲学学会颁发的亨利·菲利普奖,该奖项表彰对法理学作出突出贡献的学者。我们认为,庞德和卢埃林是 20 世纪美国法理学界闪亮的双子星,他们的研究风格不同,对美国法理学的发展进步作出了重要的贡献。

---

① See William W. Fisher III, Morton J. Horwitz & Thomas A. Reed eds., *American Legal Realism*, Oxford University Press, 1993, p. 7.

第三章　卢埃林与美国《统一商法典》

或许最知名的现实主义法学学者是卡尔·卢埃林教授……他的一个成就是《统一商法典》,该法典在很大程度上体现了现实主义法学的方法。①

——斯图尔特·麦考利

首先说明撰写本章的一个背景。我国学者曾就商法典的制定产生过争论,这一论争还在继续。不过,商法学者的基本共识是制定商法/商事通则。制定商事通则的想法始于王保树教授,他的论文《商事通则:超越民商合一和民商分立》产生了很大的影响,是这一论题的经典论文。我国将来是否制定商法典,我们应当持开放的态度。我国早期关于制定商法典的众多论文围绕德国、法国和日本的

① Stewart Macaulay, *The New Versus the Old Legal Realism*: "*Things Ain't What They Used To Be*", 2 Wisconsin Law Review 370 (2005).

商法典展开,[①]其中历史的梳理和证成是主张或反对商法典制定的一个主要理由。

我们认为,从当前来看,制定商法典的相关准备工作还不够充分,[②]我们需要结合时代的发展需要考虑制定商法典的社会条件是否成熟,理论准备是否充分等问题展开探讨。显然,商法典的制定离不开对国外立法和经验的借鉴。有意思的是,对日本商法颇有研究的王保树教授提出要借鉴美国《统一商法典》的做法,其认为现实主义编纂方法论与我国的实际情况不谋而合。[③]

要研究美国《统一商法典》,就不得不提卢埃林。卢埃林是美国《统一商法典》的主报告人,在该法典的制定过程中起了非常重要的作用。正如科宾教授所言,卢埃林作为美国《统一商法典》的主报告人,取得了辉煌的成就。[④] 本章拟就卢埃林的商法思想展开研究,对我国商法典制定的启示予以揭示。在结构上,本章第一部分阐述了社会变迁视角下卢埃林的合同法理论,第二部分讨论了美国《统一商法典》的立法理念和技术,侧重卢埃林的贡献,第三部分讨论了卢埃林的法理观与其私法思想的关联,包括法律与历史、法律与商业以及法律与社会的关系,最后阐述了卢埃林法律思想对我国制定商法典的启示。

在部门法学者看来,上述结构似乎不够清晰,没有直接切入正题,但我们认为,如果不对卢埃林的合同法理论先进行介绍,则不容易理解美国《统一商法典》背后的法理,而第三部分的探讨,则是对卢埃林商法思想研究的深入,对于理解卢埃林的商法思想及其借鉴意义是必不可少的。

一、合同理论与社会变迁

合同法或买卖法是卢埃林极为钟爱和造诣深厚的领域。正如他自己所言:“我喜欢买卖法,对我而言它的魅力与年俱增。没有哪个领域比它更贴近

---

① 这方面的文献很多,比较有代表性的可参见范健:《走向〈民法典〉时代的民商分立体制探索》,载《法学》2016 年第 12 期;苗延波:《论商法典的地位》,载《河南财经政法大学学报》2021 年第 3 期;夏小雄:《商法“法典化”:历史考察和体系分析——以十九世纪西欧国家商法典立法为核心》,载《东南大学学报(哲学社会科学版)》2018 年第 6 期。

② 商法学界曾希望将《商事通则》列入立法计划,但没有得到立法机关的支持。

③ 参见王保树:《商事通则:超越民商合一与民商分立》,载《法学研究》2005 年第 1 期。

④ See Arthur L. Corbin, *A Tribute to Karl Llewellyn*, 71 Yale Law Journal 807 (1962).

生活，更能观察法律人对外行人的影响以及外行人对法律方向的影响。”①在卢埃林发表的论文中，有关合同的主题占一半以上。而他所编的《买卖法案例与资料》因收集的案例和采用法律之外的资料，被认为是一部具有原创性的著作。② 有观点认为，该书是很多功能性教科书的模范。现实主义法学学者道格拉斯在仔细读该书后，认为自己所编的《商业组织管理法案例与资料》只是一个半成品，③可见卢埃林该书的影响之大。正是因为卢埃林在合同法方面的造诣，他被委托作为美国《统一商法典》的主报告人。

之所以要探讨卢埃林的合同法理论，一方面是因为我国学者对卢埃林的合同法理论鲜有研究。即使在国外，对卢埃林合同法理论进行专门研究的论文也是屈指可数。正如施瓦茨教授所指出的，“人们对应卢埃林作为一名法律现实主义者与改革家的所作所为，已有广泛论述，但对其写于 1925 年至 1940 年间的合同法学术问题，却未曾有过认真的分析”④。另一方面是因为卢埃林是美国《统一商法典》第二篇买卖的起草人，他的合同法理论与该法典的若干条文有着千丝万缕的联系。如果我们对比美国《统一商法典》第二篇买卖条款的内容和他所发表的合同法论文，就可以发现两者之间存在相当的一致性。例如，对合同订立方式的缓和，不再强调所有权的概念等。因此，通过探讨卢埃林的合同法理论，我们将更加容易理解美国《统一商法典》的诸多创新。同时，可以避免这一弊端：“现代学者通常是通过《统一商法典》的早期草案、法典本身或者卢埃林后期的法理学著述中，推导卢埃林关于合同理论的观点。”⑤简要地说，卢埃林的合同法理论主要体现在合同订立、合同质量保证以及所有权

---

① Karl Llewellyn, *On Warranty of Quality, and Society*: *I*, 36 Columbia Law Review 706 (1936).

② See William Twining, *Karl Llewellyn and the Realist Movement*, 2nd Edition, Cambridge University Press, 2012, p. 131.

③ See *Letter to Karl Nickerson Llewellyn dated March* 17, 1930, in Melvin I. Urofsky ed., The Douglas Letters: Selections from Private Papers of Justice William O. Douglas, Adler & Adler, 1987, p. 11.

④ ［美］阿伦·施瓦茨：《卡尔·卢埃林与合同理论的起源》，载［美］乔迪·S. 克劳斯、史蒂文·D. 沃特主编：《公司法和商法的法理基础》，金海军译，北京大学出版社 2005 年版，第 15 页。

⑤ 同上。

方面。

(一)合同订立

对合同要经过要约和承诺来订立这一问题,卢埃林做了研究。这是他计划的关于合同法的系列研究之一。卢埃林从判例法和普通法之间的关系出发,认为判例法规则是混乱的,混乱在于法院和学者对实践的归纳无法反映实际的情况。卢埃林指出,书面的规则无法反映实践,同样适用于要约和承诺规则。卢埃林指出,经过长期的发展,人们已经习惯了要约和承诺,已经离不开它们了,对其进行批判要"冒天下之大不韪"的风险。但是,法院对它们的使用是混乱的。承诺是一个词语,但被赋予事实含义和法律含义,承诺在单务合同和双务合同的情景中不断穿梭,对其不加区分,导致出现法律无法处理的模糊。[①] 例如,对于承诺,认为双务合同是典型,是通常的情形,主导的合同思想模式由双务合同来设定的,因此,对于承诺而言,实质符合或部分符合的观念不具有相关性。将适用于双务合同的立场和推理转向单务合同,导致原则与常识发生冲突。[②] 在卢埃林看来,对于要约—承诺二分法理论的模糊性,即使是他的老师科宾也无法避免。但是,二分法体现了原理与生活的分离,不具有令人信服的依据,它是具有误导性的,带来了不必要的困难。[③]

卢埃林从商业启动的角度对要约和承诺进行了研究。卢埃林指出,正统规则是有缺陷的、错误的、不明智的:(1)对正统的要约—承诺原理的反复限制和校正,破坏了基本的分析框架和号称构成限制的虚假原则(pseudo-principle);(2)在美国《合同法重述》中,并未将公认的限制一致地贯彻到底;(3)需要对某些已经完成的特定研究进行某种类型的综合,才能看到工作的真正意义;(4)因偏离观察的问题(issue-seeing)和表述的问题(issue-stating),对校正虚假的基础分析的限制偏离了准确性;(5)课堂上对学生所讲授的要约—承诺原理,严重地滞后于更加先进的现行正统理论,对区分和概念的灌输导致

---

① See Karl Llewellyn, *On Our Case-Law of Contract Offer and Acceptance*, Ⅰ, 48 Yale Law Journal 33 (1938).

② Ibid., p. 33 – 34.

③ Ibid., p. 35 – 36.

学生歪曲了法律的事实,变得无助。①

卢埃林论证,正统理论对单务合同的解释依赖两个因素:一是约因,一个特定的约因,即承诺人完整、准确地给予交易等价物(bargained-for equivalent);二是相互同意,既然要约人可以决定要约的表述,受要约人只能明确表示同意。卢埃林指出,将协议严格等同于要约人法律义务中的约因要求,明显地导致设想的协议"法律"与实际的同意过程相分离:看上去受要约人对事实上的协议(agreement-in-fact)的表述,在法律意义的协议层面(agreement-in-law)是无效的;而看上去不是事实上的协议的表述,在法律意义的协议层面却是有效的。② 卢埃林认为,这一原理是令人尴尬的:在允诺对允诺的情形下,在考虑合同成立时,正统理论将约因的要求与同意相等同,不考虑履行,但此时约因不是评价受要约人同意的标准,而受要约人的同意是评价约因的标准,因此要对正统的"损害"约因理论作出修正。但是,正统的以交易作为约因的理论仍然占据主导地位,导致在课堂教学中以约因作为认定承诺存在的充分表述,这样的代价是很大的。③

因此,卢埃林质疑正统的要约—承诺理论,认为双务合同和单务合同的二分法脱离了法律的实际情况,造成了混乱。按照关于要约—承诺的经典的法律理论,它一方面要求受要约人接受要约人提出的以恶魔般创造力阻碍交易的要约,另一方面认为通过签署文件来促使交易干净地进行交割,将同意等同于严格的、形式化的签字,认为它与社会生活没有接触。④

(二)合同质量保证

合同质量保证问题是一个重要的问题。自19世纪以来,合同质量保证的历史就是一段重要的法律史。⑤ 卢埃林指出,对于这个问题的处理非常混乱。

---

① See Karl Llewellyn, *Our Case-Law of Contract Offer and Acceptance*, Ⅱ, 48 Yale Law Journal 780(1938).

② Ibid., p.786.

③ Ibid., p.787.

④ See Karl Llewellyn, *The Common Law Tradition*: *Deciding Appeals*, Little, Brown and Company, 1960, p.365.

⑤ See Karl Llewellyn, *On Warranty of Quality*, *and Society*: Ⅰ, 36 Columbia Law Review 701 (1936).

在美国早期发展过程中的一个显著的特征，是对英国案例的选择性使用。[①] 卢埃林以纽约早期的司法实践为例，说明当时纽约的质量纠纷案件主要涉及现货买卖(present sale)，在1872年之前只涵盖现货买卖和凭样品买卖。[②] 当时，美国普通法支持"买者当心"(caveat emptor)。在纽约州，1873年发生的Day v. Pool案提出了"保证"和"明示保证"，但事实上如何对其适用并不清楚。这种混乱既体现在理论方面，也体现在法律实践中。在理论方面，面临的问题是，是否要承认质量保证是合同的内容？卢埃林认为，在理论上是不一致的。开始的观点是，在现货买卖中承认质量保证，但在将来交货合同中不存在质量保证。在法律实践上，通过考察相关的案例，卢埃林认为法院的处理是难以令人满意的，因为它不具有可预见性。卢埃林动情地说，在40年的时间里，就普通商人的日常语言而言，从事实中预测结果无论对于法官、律师还是学者都是不可能之事。[③]

卢埃林指出，虽然美国《统一买卖法》对合同质量保证问题作了规定，在很大程度上消除了现货买卖和将来买卖质量义务的理论不一致错误，但是，它仍然存在一些问题。首先，它规定了要在合理期限内提出请求，否则将因商业疏忽而被禁止行使权利。卢埃林认为，这是要求他们从事法学家的工作，对表述过宽的问题进行更细致的分析，发现更细致的问题，并找出对应前两种过于宽泛的见解的第三种方案。[④] 其次，针对该法的第47、48、51条的规定，卢埃林认为它在预见力方面是平庸的(ungifted)，该法停留在以往判决的原理层面，对其预示的事实方面考虑很少，没有注意到买卖中不同的商业情景。[⑤] 再次，该法对于交付的质量，没有在商业买家和终端消费者之间进行区分，没有考虑商业上的实质履行、标书替换等情形。最后，该法在权利义务的设置上存在问题。

---

① See Karl Llewellyn, *On Warranty of Quality, and Society*: Ⅰ, 36 Columbia Law Review 732 (1936).

② See Karl Llewellyn, *On Warranty of Quality, and Society*: Ⅱ, 37 Columbia Law Review 342 (1937).

③ Ibid., p. 355.

④ Ibid., p. 381.

⑤ Ibid., p. 382.

例如，它允许卖方撤销交易，给予保留合同的权利，但要求卖方要么立即撤销，要么什么都得不到，这样的做法在原理上是不合理的。①

因此，卢埃林认为，现有法律之所以没有对质量保证问题作出很好的处理，一方面是因为没有注意到现货合同和将来交货合同的不同，另一方面是没有观察到社会生活的变化，后一方面是更为重要的原因。卢埃林指出在现代社会区分商人之间交易和商人与消费者交易的重要性。卢埃林认为，既要允许商人之间有一定的灵活性，也要保护消费者免受其灵活性侵害。原则和政策的设定都要符合事实，并根据变化的事实重新进行建构。② 对于质量保证的说明，施瓦茨认为卢埃林创设买卖法规则的方法是有创造性的，因为他指出"买者自慎"(买者当心)曾经是分配商品质量不符风险的较好的规则，但当事人的规则偏好会随着新的商业环境而发生变化。③

(三)所有权

卢埃林认为，在买卖领域存在很多的问题，其中的一个问题是所有权(title)问题。卢埃林举例说，如果买方对交易违约，卖方能否请求返还价款，还是只能请求赔偿？根据法律，这是一个真正的、狭小的、重要的问题。但是，对这一问题所提出的问题是所有权是否转移，并通过神秘的所有权概念来进行解释。这个概念就像悬挂在买方或卖方头中的光环，这个光环是不可分的，只能由买方或卖方一方持有。正统原理认为，这是不需要解释的。卢埃林认为，提出这一问题是愚蠢的，而对愚蠢的问题，不存在可能的明智答案。④ 对此，需要探明症结所在，并找到解决方法。

1. 所有权概念的性质和用途

所有权既是合同法上的概念，又是财产法上的概念。卢埃林指出，在土地

---

① See Karl Llewellyn, *On Warranty of Quality, and Society*: *II*, 37 Columbia Law Review 388 –390(1937).

② Ibid., p.409.

③ 参见[美]阿伦·施瓦茨：《卡尔·卢埃林与合同理论的起源》，载[美]乔迪·S.克劳斯、史蒂文·D.沃特主编：《公司法和商法的法理基础》，金海军译，北京大学出版社2005年版，第25页。

④ See Karl Llewellyn, *Through Title to Contract and a Bit Beyond*, 15 New York University Law Quarterly Review 165 (1938).

事务中,所有权是一个有意义的概念,因为有一连串的文件可供解释。对于土地的权利进行客观确定是可能的,但在动产事务中所有权是有问题的,因为在动产事务中不存在对所有权进行分配的客观依据,而且我们没有一致地使用或重塑(remodeled)现有的分割利益(divided interests)概念。在判决中,争议有两个:一是可否确定所有权的位置,二是单个总括概念(a single lump)能否解决买方和卖方之间乃至第三人的所有或大多数问题。① 卢埃林认为,应当对所有权概念进行反思。

由于所有权是一个静止概念,它被认为在某人处持续地存在。在实践中,法院为了解决问题创造了"特殊财产"的概念,但它是不清晰的。在卢埃林看来,所有权的概念带来了很大的混乱,各州之间的使用也不相同,困难在于,从原先静止的情形在合适时间重复发生的角度来看,总括所有权被安放在不属于它自己之处。② 卢埃林指出,在买卖交易中,人们对静止概念是陌生的,买卖交易的本质是动态的。总括所有权只适合于几百年前的一次性交易,而在现代社会,信用买卖、分期付款买卖,凭汇票装船等交易的出现,导致在相当期限内所有权不属于任何一方,所有权的静态描述无法对此进行解释,在动态的活动中整体所有权不适用于任何当事人。③

卢埃林指出,作为对问题的部分回应,美国《统一买卖法》规定了担保所有权、请求支付货款以及买方的风险。该法第 22 条规定,在不当迟延交付时,风险与所有权无关。第 43 条第 3 款规定,在卖方没有促成受托人向买方进行转让时,卖方已经转移所有权,但未履行其义务。第 47 条第 1 款规定,保证在接受交付后继续存在。卢埃林认为,这些规定是好的,但是不够好,因为它没有将直观的、需要探究的真正问题暴露出来。在该法制定之前,流行的理论认为,除非有相反的、令人信服的理由,所有权控制交易的每个环节,从当事人、风险、请求支付货款、适用法律、计算损失的时间和地点、索回扣押物、拒绝接

---

① See Karl Llewellyn, *Through Title to Contract and a Bit Beyond*, 15 New York University Law Quarterly Review 165 – 166 (1938).

② Ibid., p. 167.

③ Ibid., p. 167 – 168.

收,等等。卢埃林指出,如果有一个适合进行中的或延期的交易过程的所有权概念,那将是令人赞赏的,但所有权概念不是这样设计的,在买卖领域,它是一个未得到充分理解的陌生概括(an alien lump)。① 卢埃林认为,解决的方法是根据交易、当事人或问题进行类型化。例如,可以将当事人划分为零售商、个人消费的买方、经销商买方和工业用的买方。卢埃林指出,他不是要去除所有权概念,它只是作为一般的保留条款发挥作用。②

卢埃林进一步指出,不仅就总括概念如此,在商业领域,所有权要么混淆了合理判决的表述,要么将判决带入歧途。由于所有权概念将政策合并考虑,导致对两个相似事实的案件作出不同的判决,而关于所有权转移的规则,要么是盲目地适用于一个具有不同含义的情形,从而导致令人遗憾的结果,要么是为了得到想要的结果而在新的情形中进行不一致的使用。③ 卢埃林从三个方面对此进行了具体的分析。

首先,在支付货款或损害赔偿方面,所有权概念偏离了真正的问题。卢埃林指出,如果买方违约,卖方要么请求支付货款,要么只能请求赔偿损失。在此时,所有权概念在推理上是一个无用的连接,它使我们偏离真正的问题。社会智慧是:在不涉及远程交付时,无论货物开始存在或在仓库中,卖方可以对货物进行处置,强行要求买方处理会是一种社会浪费;而在涉及远程交付时,买方比卖方更能控制货物,此时将所有权强行给买方更加有利,但美国《统一买卖法》第19条第5款却允许买方否认所有权。④ 卢埃林指出,在这一问题上,纽约州在该法出台之前就找到一个有说服力的答案,将请求支付货款的诉讼扩大适用,而不考虑通过创造特别违约之诉的技术理由。卢埃林认为,尽管纽约州的做法不是完美的,却是相当有效的,因为允许卖方转售并请求赔偿价款和转让款两者的差额,它不强迫卖方必须转售,这样卖方就不必通过诉讼的方式收回赔偿金。但是,美国《统一买卖法》有意地拒绝了纽约州的做法,它借

---

① See Karl Llewellyn, *Through Title to Contract and a Bit Beyond*, 15 New York University Law Quarterly Review 168(1938).

② Ibid., p. 169 - 170.

③ Ibid., p. 171 - 172.

④ Ibid., p. 176.

鉴了英国的做法,却没有注意到法院实践上的不同。①

其次,在损坏风险或损失方面,所有权推理(title-reasoning)改变了我们对问题的关注。卢埃林举例说,如果某些货物被损坏或毁灭,是由买方还是卖方来承担损失?在支付货款问题上,是买方应当支付,还是卖方应当支付,如果他已付款,他能否要回该笔款项?通常的做法认为这与所有权有关。在卢埃林看来,案件的推理几乎是荒谬的:如果当事人已经约定风险归于哪一方,我们就以该约定来判断所有权在该方,又可以从所有权得出风险归于哪一方。②卢埃林认为,应当先问合同明确规定的货物是否会引起风险,然后问是否有明确的约定。如果没有约定,不应寻找所有权的光环,而应当问积极作为的一方为获得回报是否做得足够多。例如,他同意运输特定规格的货物,他是否运输了?如果他答应在特定地点交付而没有交付,他如何能获得货款?在这里,所有权概念对问题的解决没有帮助。③ 对于卖方履行不符合合同约定的情形,公认的理论认为,买方要么获得整个货物,要么什么都得不到。在这些问题上,对判决的描述是自相矛盾的,理论家的不当描述不仅是复杂的、不准确的,而且会对其他法院造成误导。④

最后,在交付途中的货物灭失时,所有权的分析也带来混乱。如果货物在装船完毕之前被风暴毁坏,买方是否可以针对顽固的保险人以交付货物为限获得保险金,然后将其支付给卖方?常识认为这没有问题,但保险人争辩说,所有权没有转移给买方,在交付完成前买方不承认占有货物,在灭失之后对于不存在的货物没有所有权。但是,在实践中,法院强调的不是所有权,而是保险利益。法院认为,买方拥有保险利益,因为船舶是在买方的控制之下,买方必须返还部分交付或者支付货款,因为卖方无法未经买方的同意而重新获得

---

① See Karl Llewellyn, *Through Title to Contract and a Bit Beyond*, 15 New York University Law Quarterly Review 178 - 182(1938).

② Ibid., p. 182 - 183.

③ Ibid., p. 183.

④ Ibid., p. 187 - 188.

已经装船的货物。[①] 卢埃林认为，在装船过程中，我们称为所有权的利益是被分割的（divided），此时可以借用布莱克威尔在 Langton v. Higgins 案中的分析，买方可以请求不完好的交付，或者予以拒绝。卢埃林认为，这里的问题不是所有权问题，而首先是合同问题。尽管在法律著述中或立法中为了得出满意的方案可以采用宽泛的表述，但在法律适用中要根据事实和需要来进行论证。所有权思维具有知识上的惰性，即使简单、理智的原则都认为，如果没有经过适当的时间，推翻它是不可能的。[②]

2. 违约问题

违约问题是买卖合同的第二个大问题。问题是这样的：在卖方作出明显不符合约定的运输时，而且此时卖方是故意的，买方如何保护自己？卢埃林指出，正统理论陷入了混乱，威利斯顿和大多数法院认为合同的卖方占有货物，所有权在卖方，但买方有权在提出违约赔偿时保留其所有权。这就带来了麻烦：在货物方面，不符合要求的货物在途中出差错；货物符合要求，但相关文件不符合要求。这一问题在占有方面也带来麻烦。例如，按照不当的路线进行运输，并且货物在运输途中灭失。这一理论的混乱没有造成实际的影响，是因为法院在避免它的适用。[③]

卢埃林指出，威利斯顿在第二版合同法教科书认为，在买方接受之前所有权没有发生转移，卖方必须提出一个"新要约"。卢埃林认为，这是不必要的添加，而且法院不会适用这样的逻辑推论。无论理论家怎么说，法院通常的做法是：如果买方愿意，他可以接受运输，他在接受时接受的是有瑕疵的给付，有权就瑕疵请求赔偿；如果买方愿意，他也可以拒绝，此时风险在卖方，在货物运输中卖方不能获得价款。在实践中，法院避开正统理论涉及的货物占有难题。在卢埃林看来，这些难题是愚蠢的，因为它主张将整个所有权归于一方作为解决方案，而没有看到分割的利益以及对守约方和违约方利益的分配。[④]

---

① See Karl Llewellyn, *Through Title to Contract and a Bit Beyond*, 15 New York University Law Quarterly Review 188 (1938).

② Ibid., p. 189 – 191.

③ Ibid., p. 191.

④ Ibid., p. 192 – 195.

卢埃林认为，正统理论难题之所以出现，是因为它对诺成行为的强调是过时的。就以合同成立的合意而言，法院采用的是客观的解释标准。法院尽管谈的是合意，但又要考虑案件的合理结果，这带来了语言表述和不确定判决的混淆。人们以概括的概念提到所有权和合意，在一般案件中问题不大，在疑难案件中法院脱离了公认的正统方法，但没有找到恰当的概念和语言去表述其偏离。①

3. 理论脱离实践

第三个问题是理论和实践相脱离的问题。卢埃林指出，在实践中存在两种情况：一是卖方拖欠买方的往来账款，卖方同意将货物运输给买方，但其价值仅能偿还部分先前的债务。卖方在运输时按照自己的订单附加了提单，并仔细地附上发票金额的汇票。二是卖方在订单表格上注明“本订单不可撤销”，要求买方支付价款，即使买方通知卖方解除合同订单也不能撤销。这些案件没有获得理论家的认可。对于第一个案件，卢埃林质疑法院的判决不符合现代提单法的做法，就第二个案件而言，卢埃林质疑一方印制订单的权力。但是，质疑这些做法不是拒绝面对事实。卢埃林认为，这两个案件指向某种趋势，即在法律中承认持续性关系这一现实和需要。② 卢埃林认为，持续性关系在很多的具体法律制度中都有体现。例如，在和解和清偿、替代履行甚至预期解除中，法院都承认生活常识（the facts of life）。它们指向远离不充分理论的趋向，它们反抗后者，而反抗通常会夸大，但通常也是有道理的。在法律实践中，法院对于现有公认理论的不满可能是正确的或是错误的，但可以确定的是，他们持续表示不满的理论一定是错的。③ 这与卢埃林通过事实来完善法律的主张是紧密相关的。如果不了解事实，法律规则就很难为相关方提供有效的指导。

需要指出的是，卢埃林的合同法理论是与其法理学思想相互交织在一起

---

① See Karl Llewellyn, *Through Title to Contract and a Bit Beyond*, 15 New York University Law Quarterly Review 196 – 197 (1938).

② Ibid., p. 198 – 199.

③ Ibid., p. 200.

的。如果我们只了解他的合同法理论而忽视其法理思想,则对其的认识就很难说是全面的。卢埃林对合同法的"原理"持质疑的态度,与他的法规则命题是紧密关联的。卢埃林指出,传统的做法,一是认为反复宣布的和引用的规则精确地反映了实际的法院判决,可以为预见未来的判决提供精确的指导;二是认为只有一种"正确的"规则。① 卢埃林认为,这些做法是有问题的,因为这些原理或原则只是学者的一些概括,不能反映实际的情况,如果将其作为实际起作用的规则,则是令人误导的。"原理"或"原则"也要受到事实的检验。而且,即使一个先例是正确的,它的适用是有一定的条件的,但后来者忽视了该条件,将其作为适用于所有案件的先例,这样的做法是不妥当的。② 卢埃林指出,要破除对原理的迷信,要了解真正的案例法规则并对其加以表述,为案件的可预见性提供指导。③

二、美国《统一商法典》的法理与技术

美国《统一商法典》的制定并非一帆风顺。事实上,制定美国《统一商法典》是一个偶然的事件。在美国《统一商法典》制定之前,美国统一州法全国委员会已经制定了一系列的成文法,包括影响力较大的美国《票据法》、美国《统一买卖法》、美国《统一信托收据法》等法律。当卢埃林在 1940 年被问到能否制定出一部统一法典时,他做了肯定的回答。随后,卢埃林被委托担任该法典的主报告人。卢埃林在美国《统一商法典》上投入了巨大的精力,他自己说为该法典工作了 17 年。④ 他的老师科宾认为,可能是因为法典的工作强度过大,导致卢埃林病逝。⑤ 而在该法典的制定过程中,卢埃林既面临着法律同行的质疑,在各州立法采纳时又受到各州州法工作委员会的批评,尤其是纽约州的反对。通过美国《统一商法典》的制定背景、必要性以及相关理论和立法理念和

---

① See Karl Llewellyn, *The Rule of Law in our Case-Law of Contract*, 47 Yale Law Journal 1249 (1938).

② Ibid., p. 1249 – 1251.

③ Ibid., p. 1269 – 1270.

④ See Karl Llewellyn, *Why We Need the Uniform Commercial Code*, 10 University of Florida Law Review 373 (1957).

⑤ See Arthur L. Corbin, *A Tribute to Karl Llewellyn*, 71 Yale Law Journal 807 (1962).

技术的探讨,可以发现卢埃林对该法典的重要影响。

（一）商法典的制定历程与争论

在美国《统一商法典》制定之前,只有两个州有制定法典的做法,法典对于美国人而言是陌生的。那么,美国《统一商法典》制定经历了怎样的过程以及在制定过程中产生了哪些争论,是我们需要探讨的。如果美国《统一商法典》的制定具有偶然性,那么我国是否有必要制定商法典？美国《统一商法典》制定过程中引发的争论,可以给我们带来启发或思考。

1. 制定历程

在19世纪末20世纪初,美国成文法的制定开始增多。在1896年,美国统一州法全国委员会制定了美国《票据法》,取得了很大的成功,到1940年被全部州采纳。随后,制定了美国《统一信托收据法》、美国《统一买卖法》、美国《统一提单法》、美国《统一证券转让法》、美国《统一附条件买卖法》等法律。由于这些法律是在不同时期由不同的人起草、由不同的美国统一州法全国委员会成员推动通过的,不同法律之间的不一致以及社会发展导致有些规定不符合实际需求,对其进行修正是不得不做的事情。但各州通过法律之后对美国统一州法全国委员会的修订草案是不关心甚至是不理睬的态度,导致美国统一州法全国委员会主席考虑制定一部内容广泛的商法典。①

1940年,在制定商法典的提议被采用之后,美国统一州法全国委员会开始进行商法典制定的准备工作:一是找到在哥伦比亚大学任教的卢埃林教授,询问他制定商法典是否有可能性,得到了卢埃林的肯定答复。卢埃林当时是美国统一州法全国委员会商业法分部主席。1942年修订美国《统一买卖法》的相关工作开始启动,卢埃林成为该项目第一部分的报告人,后来成为整个美国《统一商法典》的主报告人。② 卢埃林之所以被选定为主报告人,据当时美国统一州法全国委员会主席说,是因为他是不了解商业实践誓不罢休的教授,而且

---

① See William A. Schander, *A Short History of the Preparation and Enactment of the Uniform Commercial Code*, 22 University of Miami Law Review 2 (1967).

② See Robert Braucher, *Legislative History of the Uniform Commercial Code*, 58 Columbia Law Review 799(1958).

他主张从商业世界的实际情况而不是从法律和案例的角度来起草商法典。① 1941年,经过两个月高强度的工作,卢埃林提交了一份288页的草案,为美国《统一商法典》的制定奠定了重要基础。② 二是筹备资金。美国统一州法全国委员会是非营利性机构,它要推动商法典编纂,就需要有相应的资金。为了筹备资金,美国统一州法全国委员会找到美国法学会,双方联合成为该法典的主办方。按照计划,原定于1950年5月最终通过美国《统一商法典》,但由于各方存在不同意见,编委理事会举行相关听证,到1951年9月才最终公布该法典的官方文本。1953年,宾夕法尼亚州立法机构通过美国《统一商法典》,成为第一个通过该法典的州。到1967年,除了路易斯安那州,美国其他各州均通过该法典。③

2. 理论争论

在美国《统一商法典》制定的过程中,有过几次争论,既有理论上的,也有实践上的。本章主要介绍理论方面的争论。理论方面的争论,既包括是否有必要制定商法典,也包括商法典存在的理论缺陷。反对制定商法典的学者主要有两个人:一个是哈佛法学院的威利斯顿教授,另一个是内布拉斯加大学的比特尔教授。

从20世纪30年代开始,卢埃林就对威利斯顿的合同理论提出批评。威利斯顿不仅出版了权威的、产生广泛影响的合同法/买卖法教科书,而且是美国《合同法重述》的报告人,也是美国《统一买卖法》的报告人。威利斯顿从整体上和细节上对美国《统一商法典》草案提出了批评。他认为,该草案存在整体上的缺陷:其一,在合同解释上,采用了新颖的表述取代了以往的司法解释,这样带来的后果是,要通过很多的诉讼来确定特定用语的含义。其二,由于采用新颖的、激进的表述,这些用语将给各州之间带来严重的冲突,损害现有法律

① See William A. Schander, *A Short History of the Preparation and Enactment of the Uniform Commercial Code*, 22 University of Miami Law Review 4 (1967).

② See William Twining, *Karl Llewellyn and the Realist Movement*, 2nd Edition, Cambridge University Press, 2012, p. 288.

③ See William A. Schander, *A Short History of the Preparation and Enactment of the Uniform Commercial Code*, 22 University of Miami Law Review 5 (1967).

已有的一致性。其三,美国《统一买卖法》借鉴了英国《货物买卖法》,后者在很多普通法国家得到接受,该草案采用的新表述将带来国际贸易方面的不便和麻烦。其四,草案第二章买卖完全抛弃现有立法的用语和做法是不明智的,它没有考虑现有成文法、普通法和法院的实践。[①]

在细节方面,威利斯顿首先指出,该草案通过合意来确定所有权的转移,降低该概念的作用,是难以令人满意的,这种做法只会带来混淆,例如,这种做法无法与破产法相衔接。[②] 其次,在定义上,对商人的界定会引发困难,因为很难区分商人和非商人。第 1 – 106 条第 1 款采用的买卖合同包括现货买卖和期货买卖,与现有法律不一致。对占有(appropriation)的使用也是没有必要的。[③] 再次,该草案对防止欺诈法所做的变化也是存在问题的。[④] 最后,该草案对合同成立、合同义务、履行和风险负担以及救济方面的创新,要么是有缺陷的,要么是可以通过修改现有法律而得到解决。[⑤] 总之,在威利斯顿看来,对现有法律做如此重大的和不明智的变更是存在很大问题的,他最后的结论是,“至少法典的第二篇不应当被制定”[⑥]。

比特尔教授也对商法典提出批评,他认为:第一,该法典使用的语言过于技术化、新奇和不确定。例如,对价值、购买、银行等用语的使用。[⑦] 第二,对术语的使用没有与相关的法律相一致。作为例子,他指出“价值”在该法典中至少有四种含义,“善意”具有三种不同的含义,而它在现有法律中的界定是明确的。[⑧] 第三,该法典不是一部法典,而是不具有可行性的法律汇编。[⑨] 第四,商法典相关规则解释和适用规则是不实际的,尤其在涉及跨州贸易而其中有的

---

① See Samuel Williston, *The Law of Sales in the Proposed Uniform Commercial Code*, 63 Harvard Law Review 561 (1950).

② Ibid., p. 566 – 569.

③ Ibid., p. 572 – 573.

④ Ibid., p. 573 – 576.

⑤ Ibid., p. 576 – 587.

⑥ Ibid., p. 588.

⑦ See Frederick K. Beutel, *The Proposed Uniform Commercial Code Should Not be Adopted*, 61 Yale Law Journal 337(1952).

⑧ Ibid., p. 339 – 342.

⑨ Ibid., p. 348.

州未采纳该法典时。[①] 第五,法典实质条款的质量不高,无法为取代现有相关统一法提供正当性。他指出,该法典的质量是不均匀的,第二、三、七篇只是复制了现有多数州通过的法律。[②]

3. 对争论的回应

对于应否制定美国《统一商法典》,科宾教授进行了回应。虽然科宾在注释中说他撰写此文不是针对威利斯顿的批评,但从论文涉及的内容来看,它实质上是对威利斯顿批评的直接回应。科宾指出,商法典是一个集体的产品,不是报告人的个人产品,它经过了多轮的批评和修改,与个人的意见是不相同的。

对于反对商法典制定的观点,科宾分别进行了回应。第一,关于商法。科宾指出,商法的发展经历了一个过程,商法的革新者穆雷和曼斯菲尔德法官被商法继任者认为是危险的,但是正是通过他们的努力,以商事习惯和习俗为基础的商法规则才能形成。美国《统一商法典》的做法就是发展这一实践。无论人们是否意识到商法的存在,商法引发的问题已经迫在眉睫,商法典的制定有助于解决这些问题。[③] 第二,关于所有权问题。科宾指出,对于所有权的立法,可以采用三种不同的方案:一是完全避免其适用,而使用通常的概念,例如所有权(ownership)、财产、财产权益;二是采用类似紧身衣形式的冗长的法律定义,同时包含不同的用语;三是欣然地使用它,既不畏惧,也不指责(reproach)。[④] 科宾认为,美国《财产法重述》采用的是第一种做法。通过对美国《统一买卖法》进行解读,科宾认为它采用的是第三种做法。在关于所有权的问题上,美国《统一商法典》的做法是与美国《统一买卖法》相一致的,不同之处在于,前者更强调适用的事实,而不是未经界定的"所有权"概念。[⑤] 第三,对于不可撤销的要约,美国《统一商法典》的规定不仅确认了不断增长的惯例,而

① See Frederick K. Beutel, *The Proposed Uniform Commercial Code Should Not be Adopted*, 61 Yale Law Journal 350 - 352(1952).

② Ibid., p. 353.

③ See Arthur L. Corbin, *The Uniform Commercial Code-Sales: Should it be Enacted*, 59 Yale Law Journal 822(1950).

④ Ibid., p. 825.

⑤ Ibid., p. 826 - 827.

且背离了之前的法律，与美国《合同法重述》的处理是一致的。[①] 第四，对于防止欺诈法，科宾认为其目的在于使正式的要求更加确定、更容易适用，使解除真正的合同更不容易实现，并且不增加实现欺诈的可能性，美国《统一商法典》的规定体现了法院的实践，不会增加法律解释的难度或法律的不确定性。[②] 科宾认为，美国《统一商法典》是合理地建立在美国《统一买卖法》的基础之上的，反映了过去50年的法院实践和商事惯例，比之前的立法更好地提供了未来法律发展的方法和原则，应当制定新的商法典。[③] 对比特尔的批评，吉尔莫等学者作出了回应。[④]

（二）为什么要制定商法典

对于制定商法典的必要性，卢埃林认为主要有四个方面。

第一，以往的立法积累了经验。卢埃林指出，在美国《统一商法典》制定之前，美国已经制定了一系列的商事成文法，例如1897年的美国《票据法》、1906年的美国《统一买卖法》、1910年的美国《提单法》和美国《证券转让法》、1918年的美国《附条件买卖法》以及1933年的美国《信托收据法》等法律。其中美国《票据法》的经验表明，制定成文法是可行的，有助于提供可预见性。[⑤]

第二，以往的立法存在不一致，需要根据时代发展进行调整。以往这些立法是由不同的制定机关在不同的情况下制定的，相互之间存在一些不一致。卢埃林指出，美国《统一买卖法》自身存在一些不一致，这些不一致需要被纠正。而且，该法太过于强调法律职业群体，对商人考虑不够，新的商法典应当尽量使用外行人能读懂的语言进行表述。同时，随着社会经济的发展，现有的法律需要进行修订。例如，美国《票据法》制定时仅将票据作为简单的商业汇

---

① See Arthur L. Corbin, *The Uniform Commercial Code-Sales: Should it be Enacted*, 59 Yale Law Journal 827(1950).

② Ibid., p. 829 – 834.

③ Ibid., p. 836.

④ See Grant Gilmore, *The Uniform Commercial Code: A Reply to Professor Beutel*, 61 Yale Law Journal 364 (1952).

⑤ See Karl Llewellyn, *Why We Need the Uniform Commercial Code*, 10 University of Florida Law Review 367(1957).

票进行考虑,没有考虑投资证券方面。①

第三,制定美国《统一商法典》有助于法律人和法律外行获取和使用它。卢埃林多次指出,制定一个具有现代的、可预见的商法典对于法律人和法律外行同样重要,它将提供可预见性和灵活性。就法律职业人而言,他们需要获得比现有法律更具有可预见性的资料,美国《统一商法典》将不同领域的商法汇总到一起,方便他们获得,而不用四处寻找适用的法律。对于法律外行而言,也是如此。② 卢埃林的理想是,即使是不具有法律背景的商人也能阅读和使用商法典。

第四,制定商法典是可行的。一方面是以往成功的立法经验,另一方面是有组织机关的保障。卢埃林指出,美国统一州法全国委员会拥有包括制定美国《票据法》、美国《统一买卖法》等法律的成功立法经验,而共同组织法典制定的美国法学会也拥有专家和业界人士支持的优势,拥有制定美国《合同法重述》的经验,两者的强强联合将保证美国《统一商法典》编纂的成功。③

基于以上理由,卢埃林认为,制定美国《统一商法典》是必然的,这是美国社会经济发展的实际需要。

(三)如何制定商法典

在明确了商法典制定的必要性之后,最为关键的是如何制定商法典。这涉及美国《统一商法典》的立法理念和立法技术。

1. 立法理念

正如科宾在前文所说的,美国《统一商法典》不是起草人个人的作品,但它的确鲜明地打上卢埃林个人的印记。例如,该法典的语言风格和表述被威利斯顿认为过于新奇、不确定,与当时法律的表述不相符。美国《统一商法典》

---

① See Karl Llewellyn, *Why We Need the Uniform Commercial Code*, 10 University of Florida Law Review 371 – 372(1957).

② See Karl Llewellyn, *the Keynote Memorandum*, in William Twining, Karl Llewellyn and the Realist Movement, 2nd Edition, Cambridge University Press, 2012, p. 580 – 581.

③ See Karl Llewellyn, *Statement to the Law Revision Commission dated August* 16, in William Twining, Karl Llewellyn and the Realist Movement, 2nd Edition, Cambridge University Press, 2012, p. 588 – 589.

(1952 年)第 1－102 条第 2 款提出,对商事交易法律规则进行简化和现代化,提升其准确性和确定性,维护商事交易的灵活性,通过习惯、惯例和当事人约定继续扩展商事实践,以使不同法域的法律得以统一。这一目的体现了卢埃林的法理思想:要简化法律规则,意味着之前的法律是复杂的,不易为商人所理解;对法律规则进行现代化,意味着之前的法律没能跟上技术、商业实践等方面的发展;对准确性和确定性的提升,意味着之前的法律无法给相关方提供足够的指引。① 克服这些存在的问题可以说是卢埃林一直孜孜以求的。卢埃林关于制定商法典的理念主要有三点。

其一,美国《统一商法典》采用了现实主义的理念。卢埃林极其强调商事的现实性。在他看来,美国《统一商法典》是为商事交易服务的。很少有人像他那样强调商业实践的变动性和复杂性,也很少有人像他那样注重商业交易需要的灵活性和确定性。卢埃林对合同订立方式的灵活态度和对以往买卖合同中对所有权概念的倚重所作出的改变,均表明了他对商事现实性的关注。在起草美国《统一商法典》第二篇时,卢埃林寻求同时融入商业现实,坚持商业交易的"更好规则",以促进更好的商业现实。② 有观点指出,美国《统一商法典》不同于一般的立法文件,它不仅语言独特,而且其理念非常特殊。它的特殊之处在于,它秉承的是一种内在法的视角,注重的是法律的发现,而不是法律的创制。由于认为法院在商法典的适用中发挥更大的作用,它主张通过适当的程序将诸多问题留给法院去解决。③ 此种观点正确地认识到卢埃林对于美国《统一商法典》的立法理念。实际上,卢埃林对于该法典法官解释权的规定,对于商人和非商人的区分,都与卢埃林所倡导的司法判决的宏大风格有关,即卢埃林希望通过赋予法官一定的权力去适应和发展商业实践,借此克服传统商法典存在的僵化、过时的弊端。

---

① See William Twining, *Karl Llewellyn and the Realist Movement*, 2nd Edition, Cambridge University Press, 2012, p. 303－304.

② See Zipporah B. Wiseman, *Limit of Vision: Karl Llewellyn and the Merchant Rules*, 100 Harvard Law Review 495 (1987).

③ See Richard Danzig, *A Comment on the Jurisprudence of the Uniform Commercial Code*, 27 Stanford Law Review 622(1975).

其二,美国《统一商法典》的编纂采用了实用主义思想的做法。从一开始,卢埃林想要制定的,并不是另一部法国《商法典》或者德国《商法典》。大陆法系的商法典以系统性著称,而卢埃林恰恰是对"原理"保持警惕的,美国《统一商法典》缺乏前者的系统性。正是在这一点上,比特尔教授认为美国《统一商法典》不是系统性编纂,而只是法律的汇编。在一定程度上,比特尔教授的批评是有道理的。但是,他没有看到卢埃林拒绝系统性编纂的原因所在。在卢埃林看来,美国《统一商法典》的编纂要考虑到两类人:一类是受到法典影响的人,另一类是根据它来裁判的人。法典的编纂者要意识到其认识和前见的局限性,应当信任法律的消费者和裁判者在正常情况下会善意地、理性地作为。基于此,卢埃林对美国《统一商法典》的设想是实用主义的。法典化的优势和不足对他没有吸引力,他对是否存在模范的商法典也不感兴趣。在他看来,美国《统一商法典》是为了解决历史特定阶段特定问题而制定的。① 这一观点准确地阐释了现实主义法学的哲学观——实用主义思想。从美国《统一商法典》各篇的结构来看,该法典围绕买卖和买卖的相关环节来展开,是现实主义法学功能主义的具体体现。

其三,美国《统一商法典》体现了价值中立的法律观。坚持技术中立的路线,不对实体价值或政治问题作出评判,反映了现实主义法学的基本立场。尽管美国《统一商法典》在多处使用了"善意""诚信"等概念,但卢埃林起草该法典时持有中立的政治立场。卢埃林将商法主要作为促进某类经济活动的工具,在这一领域他没有自己的政治或意识形态上的热衷话题。② 在卢埃林看来,他所要做的,是通过各种技术实现法典所设定的目的和政策。这种方法与我国台湾地区苏永钦教授所主张的民法典编纂的技术中立立场③颇为类似。卢埃林之所以秉持此种立场,与他所倡导的现实主义法学具有紧密的关系。现实主义法学不关注价值,而强调对于法律实践持续、仔细地观察。卢埃林指

---

① See William Twining, *Karl Llewellyn and the Realist Movement*, 2nd Edition, Cambridge University Press, 2012, p. 309 – 311.

② Ibid., p. 307.

③ 苏永钦:《大陆法系国家民法典编纂若干问题探讨》,载《比较法研究》2009 年第 4 期。

出,他不是忽视价值,而是希望通过对事实的观察和描述得出完善法律的办法。[①]

2. 立法技术

(1)原则性概念的使用。卢埃林认识到,法典无法囊括社会的方方面面,要避免其滞后、僵硬的不足就需要一些弹性的概念。美国《统一商法典》采用了一些实质性概念如"诚信"和"商业合理性"。这些概念不仅规定在第一篇的一般条款中,还规定在其他八篇实质性条款中。这些概念贯穿整个商法典,在赋予个别行动自由的同时保护粗心大意者遭受意外和陷阱。[②] 美国《统一商法典》(1952 年)第 1 - 201 条将诚信作为"事实上的诚实"。最初美国《统一商法典》草案借鉴美国《修正统一买卖法》草案规定,"诚信包括一方遵守其从事的商业或贸易的合理商业标准",但因为美国律师协会认为其过于模糊提出反对,最后被修改为"事实上的诚实"。在第 1 - 203 条,原先规定合同履行适用诚信原则,后因受到反对而将合同履行扩大为"对本法内的合同或义务施加了履行义务或强制执行的义务"[③]。原则性概念为美国《统一商法典》的发展提供了一定的灵活性。

(2)功能性的编排。如何对商法典进行编排,这是卢埃林在制定商法典时需要考虑的问题。与大陆法系的商法典编纂不同,卢埃林对于体系化没有太多的兴趣。如前文所见,他反对威利斯顿式的一般抽象表述,认为它无法反映商业现实。与现实主义法学共享的信念相应,卢埃林采用的是功能主义的方式,即根据买卖中涉及的各种行为来编排商法典。商法典的一个主要成就,是将各种杂乱之物放进一个简化、统一的功能性体系。[④] 它以买卖作为商法典的中心,对担保交易、商业汇票、银行存款和收账、信用证作出规定,尽管其因政

---

① See Karl Llewellyn, *The Common Law Tradition: Deciding Appeals*, Little, Brown and Company, 1960, p. 16.

② See Soia Mentschikoff, *Highlights of the Uniform Commercial Code*, 27 Modern Law Review 168 (1964).

③ Robert Braucher, *Legislative History of the Uniform Commercial Code*, 58 Columbia Law Review 812(1958).

④ See Karl Llewellyn, *Why We Need the Uniform Commercial Code*, 10 University of Florida Law Review 371 (1957).

策或争议而无法涵盖保险和商业代理,但其编排体现了以货物流动来组织的特征,遵循的是实用主义的功能主义,而不是教条的功能主义。[①] 换言之,它是通过销售和道路附属服务、仓储人员、银行家和金融公司形式进行的以货物流动为中心的私法的法典化,主要强调货物流动的功能一致性,而不是概念一致性。[②]

(3)程序控制。美国《统一商法典》使用了很多模糊的概念,例如善意、合理的时间、合理的理由,等等。有学者对此提出批评,认为其太过于不确定。实际上,卢埃林对这些用语的使用与其商法理论紧密相关,与他对法律和社会生活之间的关系的理解相关。与自上而下的立法不同,卢埃林主张内在的法,在他看来,对这些概念的理解需要借助法院来确定。例如,美国《统一商法典》最初的草案对于合同履行的保障,如一方有合理理由认为另一方不履行合同,他可以要求对方提供保证,在提供保证之前可以中止己方的履行。在这里,实际上是告诉法院运用当前的商业标准来进行判断,而不是遵照以往判决确定的标准。也就是说,该法典第二篇是作为确定方法的手段,促使法院根据情景—理由来进行判决。[③]

(4)官方评注。在美国《统一商法典》之前的立法中,只有美国《统一买卖法》附有简要的注释。美国《统一商法典》的最初草案即附有评注,评注是阐释和解释法典政策的主要工具。对于评注的作用,卢埃林做了解释,他认为评注对于展示各篇的背景和政策非常有用,对于展示具体内容和政策并入整体的方法非常有用。[④] 卢埃林认为,官方评注的目的是对条文的目的、效果以及其

---

① See William Twining, *Karl Llewellyn and the Realist Movement*, 2nd Edition, Cambridge University Press, 2012, p.330 – 331.

② See Soia Mentschikoff, *Highlights of the Uniform Commercial Code*, 27 Modern Law Review 167 (1964).

③ See Richard Danzig, *A Comment on the Jurisprudence of the Uniform Commercial Code*, 27 Stanford Law Review 626, 632 (1975).

④ See Karl Llewellyn, *Why We Need the Uniform Commercial Code*, 10 University of Florida Law Review 375 (1957).

与之前立法的关系做直接的解释。[①] 通过增加合理完整的表明其目的的评注，与法典的其他条文相互参照，法律条文和评注可以为从未见过该法典的人提供进行有效工作的资料。[②] 由于对评注的作用有争议，评注一度曾被删除，[③]但后来的版本仍保留了官方评注这种形式。官方评注可能会扩大或限制法律条文。在实践中，大多数法院会遵循官方评注，但也有的州法院没有遵守评注。[④]

（5）商人和非商人的区分。美国《统一商法典》第2－104条第1款规定了商人的定义，对于商人的权利义务则在第三篇作了规定。尽管美国《统一商法典》对商人作了定义，但该法典不仅适用于商人，也适用于如果有事实证明其从事的是商行为的自然人。据此，无论是个体户、农民还是其他人是否是商人，商法典对其仍然可能是适用的。在早期的商法典草案里，卢埃林曾对适用于商人的规则作了很多规定，但因为反对意见，只有部分条款得以保留。[⑤] 这涉及区分商人和非商人的理论争论。批评的观点认为，商人和非商人的区分是存在很大问题的，因为要判断一个非商人在何时构成商人是困难的。[⑥] 但赞同者则认为，区分商人和非商人是有必要的，因为它有两方面的目的：一方面，那些具有特定知识和技巧的人不需要形式上的保护；另一方面，不应允许他们去占那些缺乏这方面知识和技巧的人的便宜。[⑦] 即使对此不作规定，两者的不同是客观存在的。与其对此沉默，不如赋予法院权力，根据社会事实进行认定。

（6）商事法庭。在卢埃林最初提交的商法典草案中，曾经有关于设置商事

---

① See William Twining, *Karl Llewellyn and the Realist Movement*, 2nd Edition, Cambridge University Press, 2012, p. 327.

② See Karl Llewellyn, *Why a Commercial Code*, 22 Tennessee Law Review 782 (1953).

③ See Robert Braucher, *Legislative History of the Uniform Commercial Code*, 58 Columbia Law Review 809 (1958).

④ See James J. White & Robert S. Summers, *Uniform Commercial Code*, 3rd Edition, West Publishing Co., 1988, p. 13－14.

⑤ See Zipporah B. Wiseman, *Limit of Vision: Karl Llewellyn and the Merchant Rules*, 100 Harvard Law Review 524 (1987).

⑥ See Samuel Williston, *The Law of Sales in the Proposed Uniform Commercial Code*, 63 Harvard Law Review 572(1950).

⑦ See William Twining, *Karl Llewellyn and the Realist Movement*, 2nd Edition, Cambridge University Press, 2012, p. 325.

法庭的设想和法律条文。按照卢埃林的设想，可以邀请商人专家来法院参与案件的审理，来认定真正的事实。商人专家不是作为当事人的代表，而是特殊的宣过誓的专家。提交给商人陪审团的问题不仅包括实质违约问题，而且包括合同条款涉及的商事惯例的效力问题。卢埃林之所以主张设置商事法庭，是因为他认为商事纠纷涉及的问题需要快速和可靠的处理，而法院对于这些问题并无专业的技能。① 卢埃林关于商事法庭设置的观点与他对英国商事实践的考察有关，他称赞曼斯菲尔德法官使"商人法"成为普通法，并使普通法成为英美"商人法"的一部分。② 不过，在美国《统一商法典》制定的过程中，有关商事法庭的条文被删除，卢埃林希望通过设置商事法庭对事实问题作出裁决的设想没有实现。后来，卢埃林评价美国《统一商法典》时说，他试图将很多对法律有益的美好的想法放入该法典中，但最终被否决了。③ 这些好的想法，就有可能包括卢埃林关于商事法庭的设置的想法。

三、卢埃林的法理观与其私法思想的关联

美国学者富勒指出，卢埃林是现实主义法学的代表，他既不极端，也重视接地气的研究。④ 卢埃林的重要在于：他既是法理学家，也是商法学家。因此，在理解了卢埃林的合同法理论和美国《统一商法典》体现的商法思想之后，我们还要来探讨卢埃林的法理观与其私法思想的关联。之所以如此，是因为两者之间具有密切的关联。如果我们只看到卢埃林作为商法学家的一面，而忽视其作为法理学家的另一面，则我们对卢埃林的理解是不全面的，而且我们可能也无法理解其商法思想来自何处。尽管在第二章已经对卢埃林的法哲学进行介绍，本部分侧重两者关联的角度，故不是对前文的重复。我们认为，卢埃林的法理观与其私法思想的关联体现在他对于法律与历史、法律与商业以及法律与社会相互之间的关系上。

---

① See Zipporah B. Wiseman, *Limit of Vision: Karl Llewellyn and the Merchant Rules*, 100 Harvard Law Review 512(1987).

② See Karl Llewellyn, *Across Sales on Horseback*, 52 Harvard Law Review 745(1939).

③ See Karl Llewellyn, *Why a Commercial Code*, 22 Tennessee Law Review 784 (1953).

④ See L. L. Fuller, *American Legal Realism*, 82 University of Pennsylvania Law Review 430 (1934).

(一)法律与历史

卢埃林重视对法律史尤其是商法史的研究。卢埃林强调历史的重要性。就买卖法而言,卢埃林对合同质量保证的历史变迁进行了阐述。不仅如此,卢埃林还对商法有重要贡献的两位法官进行了研究:一是曼斯菲尔德,他是现代商法之父。卢埃林认为,在 Pillans v. Van Mierop 案中,他将质量问题作为合同法问题,奠定了下一个世纪的整个法律的基础。[①] 曼斯菲尔德最大贡献是将商法作为普通法的一部分。不过,受社会发展限制,曼斯菲尔德在买卖法的贡献很少。[②] 二是斯克鲁顿,卢埃林对他赞誉有加。卢埃林认为他是比曼斯菲尔德更伟大的法官。卢埃林认为,斯克鲁顿的职业生涯设定了人们对英国法和美国法、法律与法院、买卖法以及这些事宜与生活的关系的想象力。[③]

在讨论合同法规则时,卢埃林指出存在不同的归纳,这些归纳之间是相互竞争的。为了考察竞争性规则的归纳是否为未来案件提供准确的指引,考察以往案件的结果是必要的,这是判例法发展的道路。对于作为判例的案件事实历史的了解,对于预测其将来的影响是重要的,因为它通常导致对案例规则的重新描述或变化。[④] 有学者指出,在草拟美国《统一商法典》评注时,卢埃林希望通过普通法的司法宏大风格赋予法官解释法典目的的权力,这反映了卢埃林对最理想的普通法的尊重。[⑤] 但是,在考察历史时,卢埃林认为要认识到过去不是全部,以往的判决也不是全部。[⑥] 换言之,历史只是一种参考。卢埃林之所以对历史的作用持谨慎的态度,因为历史是模糊不清的,对有关概念的历史解释一旦达成共识,便被当作真理,而这些归纳可能是错误的。

---

① See Karl Llewellyn, *Across Sales on Horseback*, 52 Harvard Law Review 742(1939).

② See Karl Llewellyn, *On Warranty of Quality, and Society*: Ⅰ, 36 Columbia Law Review 701 (1936).

③ Ibid., p. 701 – 702, 711 – 712.

④ See Karl Llewellyn, *The Rule of Law in our Case-Law of Contract*, 47 Yale Law Journal 1254 (1938).

⑤ See Zipporah B. Wiseman, *Limit of Vision: Karl Llewellyn and the Merchant Rules*, 100 Harvard Law Review 499(1987).

⑥ See Karl Llewellyn, *The Rule of Law in our Case-Law of Contract*, 47 Yale Law Journal 1258 (1938).

卢埃林指出,关于约因的观点,仅仅是因为霍姆斯说的,人们便认为是正确的。事实上,并非如此。正如卢埃林所指出的,“……历史不再是分类的主要依据,除非特定的历史性区分为当前的发展提供线索。没有时间通过历史来对每个学科进行解释”①。对于美国合同法理论研究,卢埃林提出了批评,认为他们的研究造成了误导,将不是法律的东西看作法律,其原因在于兰德尔的理论从英国伊丽莎白时代的合同案件开始,没有意识到该时期思潮的独特性,也没有认识到美国自 1870 年来已经不是当年的英国,有了很大的变化。② 卢埃林强调美国本土现实的情况在多处出现,在他编写的合同法教科书中,他指出通过单个所有权概念理解英国早期判例对后来的买卖法所加的限制是必要的,但仅此而已。因此,在他选取的案例中,美国判例有 665 个,而英国判例只有 106 个。③ 在卢埃林看来,由于社会的情况发生了变化,英国的普通法已不足为美国的法律实践提供指导。

(二)法律与商业

卢埃林对法律和商业的观点,既体现在宏观层面,也体现在微观层面。在宏观层面,卢埃林关注的是法律和商业之间的关系问题。卢埃林指出,他考察的是整个法律制度与商业的关系,就此而言,除了公司法和破产法,商法在过去一百年对于商业的发展贡献甚少。就整体而言,大部分法律很少对经济产生直接影响。但是,在另一方面,法律在协助和推动商业的发展上作出了很大的贡献。④ 在卢埃林看来,正是商业的需求推动了法律的发展。卢埃林指出,法官在裁决时,存在需求和机会,“至关重要的是需求,因为需求要求我们对‘法律’的整个概念结构(法律概念、规则、原则)重新作出表述,以便将前工业

---

① See Karl Llewellyn, *Cases and Materials on the Law of Sales*, Callaghan and Co., 1930, Xiii.

② See Karl Llewellyn, *The Rule of Law in our Case-Law of Contract*, 47 Yale Law Journal 1269 (1938).

③ See Karl Llewellyn, *Cases and Materials on the Law of Sales*, Callaghan and Co., 1930, Xiii.

④ See Karl Llewellyn, *On Law and Our Commerce*, 102 Wisconsin Law Review 627(1949).

时期的思想体系调整为与工业文明相适应的思想体系”①。正因如此，卢埃林对兰德尔的原理提出批判，主张关注商业交易和商业实践，主张法律要根据实际情况作出调整。

在微观层面，卢埃林特别强调商法和商人的重要性。就前者而言，卢埃林认为，商法能为商事交易提供可预见性和确定性。以美国《统一商法典》为例，其充分考虑商法对商业交易所起的重要作用，因此，卢埃林一方面主张，在了解商业需求的基础上制定便于商人使用的立法。在卢埃林看来，这是该法典的目标之一。卢埃林认为，如果商法规则过于复杂、晦涩，则商人们可能弃之不用。另一方面，卢埃林强调商事交易变化很快，因此需要针对复杂的商业情况提出灵活的调整方法，包括运用原则性概念、赋予法官一定自由裁量权等方式，以便更好地服务于社会经济的发展。对于后者，卢埃林认为应当尊重和保护商人。在制定美国《统一商法典》时，卢埃林指出为商人提供合理的确定性是一个重要的目标。卢埃林所希望的是，不具有法律背景的商人也能够阅读和理解该法典的相关条款，并能加以运用。在卢埃林看来，美国《统一买卖法》那种专门为法律职业人士服务的立法是不可取的，这也是他在设计美国《统一商法典》时特别加以考虑的，为此他还将商人和非商人的区分以及商业惯例写入该法典中，甚至还提出设置由商人对商事交易事实作出裁定的商事法庭的设想。②

那么，对商业实践的强调是否会导致对法律作用的忽视？并非如此。卢埃林指出，实践的做法并不总是正确的，商人们善于运用规则为自己谋取利益。但是，无论如何，法律要反映实践，如果实践已经发生变化，则需要根据实践的情况来调整法律规则。换言之，通过对事实持续的观察，发现存在问题并找到合理的解决办法，可以有助于完善法律。庞德在批评现实主义法学时，就指出它只看重商业目的，而没有关注到社会的一般利益。③ 对此，卢埃林并不

① ［美］卡尔·卢埃林：《荆棘丛：我们的法律与法学》，王绍喜译，中国民主法制出版社2020年版，第265页。

② 参见本书第三章第二节。

③ See Roscoe Pound, *The Call for a Realist Jurisprudence*, 44 Harvard Law Review 708 (1931).

只是停留在商业层面,而是强调认识实践对法律理解和运用的重要性,因此庞德的指责是不公平的。对于法律与社会的关系,我们将在下文进行探讨。

(三)法律与社会

卢埃林很早就思考法律与社会的关系。例如,他在1939年发表了《马背上的买卖》这篇论文,他指出该文是基于他在哥伦比亚大学的"社会中的买卖和法律"的讲座。① 由于病逝,卢埃林没有完成《社会中的法律》这部著作。特文宁教授认为,它是现存的卢埃林尚未出版的著作,如果编辑得好,可能是卢埃林最为重要的著作。② 综合各种资料,我们基本上能得出卢埃林对法律和社会关系的论断。

卢埃林主张将法律放在更为广泛的社会背景,并从理论和实践两个方面对其进行考察。从理论上看,法律制度是社会制度的一个组成部分,对法律制度的考察需要放在这个背景之下进行。卢埃林认为,无论是法律规则、法律技艺、实践还是理念以及相关的人,都是法律整体(法律工作)的一个部分,而将关注从法律规则转向行为,将规则放在更为宽广的社会背景,有助于使法律规则更加正确、有效。③ 换言之,只有对法律进行恰当的定位,才能对其基本的作用有正确的认识。从长期来看,社会的理想图景和社会条件的压力促成某种产物。所有权是前工业时代的关键概念,但以动产所有权的地点来确定所有权的做法无法适用于现代社会。④ 在法律实践层面,卢埃林强调社会因素对法律实践的影响,他指出,"打算执业的律师不仅要知道法律规则,要知道这些法律规则在预测法官所作所为方面的含义,还要知道社会生活、客户的需求和法律实践的情况。总之,他要知道其要塑造的工作情景和在塑造该情境时所要参照的法律,否则就执不了业"⑤。卢埃林认为,就法律和社会的关系而言,法

---

① See Karl Llewellyn, *Across Sales on Horseback*, 52 Harvard Law Review 725 (1939).

② See William Twining, *Karl Llewellyn and the Realist Movement*, 2nd Edition, Cambridge University Press, 2012, p.439.

③ See Karl Llewellyn, *My Philosophy of Law*, in My Philosophy of Law: Credos of Sixteen American Scholars, Boston Law Book Co., 1941, below 183.

④ See Karl Llewellyn, *Across Sales on Horseback*, 52 Harvard Law Review 734 (1939).

⑤ [美]卡尔·卢埃林:《荆棘丛:我们的法律与法学》,王绍喜译,中国民主法制出版社2020年版,第58~59页。

律在社会中不是那么重要,法律没有创造社会的基本秩序,基本的秩序来自教育,法律更像社会的安全阀,法律使秩序明确化。[①] 对于此点,有学者有不同意见,认为卢埃林太过于强调社会的作用,法律和社会的关系是两者相互起作用和反作用,任何一个都不是决定性的。[②]

卢埃林在商法方面的论述更值得引起注意。对于买卖法,卢埃林指出它的发展经历了不同的阶段。在这些不同阶段,买卖法在社会中的作用是不同的。在原始社会,强调的是现货交易,与此相应,财产转让的概念得到直观的确认,这是法律适应简单社会的结果。用卢埃林的话来说,“总之,以动产‘财产’的地点作为确定‘所有权’问题关键的参照……适合于农民社会”[③]。但是,在商业社会中,情况截然不同,因为“财产”不是静止的,而是处于变动之中,很多人对财产都拥有权利,财产是分散的、分割的。[④] 如上文所述,将所有权与风险、请求支付货款、适用法律、计算损失的时间和地点捆绑在一起,带来了混乱。卢埃林对质量保证制度发展的描述同样反映了法律和社会的关系。早期以现货交易为主,因此买方如对卖方出售的货物不放心,可以要求卖方作出质量保证,但在远程交易为主的现代社会,区分交易双方是商人还是涉及消费者就有更加有灵活性。前文已经提到,此处不再赘述。卢埃林指出,从社会发展来看,从商品资本主义到工业资本主义,再到金融资本主义,买卖法的相对重要性在衰落,但买卖法仍然是历史的记录。[⑤]

需要指出的是,卢埃林的法理观与其法哲学思想密切相关。一方面,卢埃林对行为的强调导致其提出现实主义命题。另一方面,卢埃林又不满足于对宏观的抽象理论的研究,认为其离法律事实过远,以至于他自己一直与哲学保留距离,他甚至否认现实主义法学是一种哲学。这充分体现了卢埃林对法的

---

① 参见[美]卡尔·卢埃林:《荆棘丛:我们的法律与法学》,王绍喜译,中国民主法制出版社2020年版,第185、189、199页。

② See L. L. Fuller, *American Legal Realism*, 82 University of Pennsylvania Law Review 451 (1934).

③ Karl Llewellyn, *Across Sales on Horseback*, 52 Harvard Law Review 732 (1939).

④ Ibid.

⑤ Ibid., p. 726.

现实性和现实中的法的关注。正如他在批评庞德时所说的，庞德擅长系统、抽象的研究，[1]但他对法律实践关注甚少，也很难提供实际的指导。正是对法理学和商法学两者的结合，使卢埃林在法理和商法的领域游刃有余，成为20世纪美国具有重要影响力的法学家之一。

四、对我国商法典制定的启示

在以上，我们对卢埃林的法律思想特别是他的商法思想以及美国《统一商法典》的立法理念和技术进行了介绍，本节所要探讨的问题是，卢埃林的商法思想对于我国商法典制定有哪些启示。

（一）是否有必要制定商法典

对于我国制定商法典的必要性，我国学者具有不同的认识。主流的观点认为，既然我国已经制定了《民法典》，而且我国采用了民商合一的立法体例，如果再制定商法典，将造成法律适用的混乱。他们提出的理由是，现在无法也没有必要区分商人和非商人，制定商法典只能徒增法律适用成本。但也有部分学者主张制定商法典，认为制定商法典是社会主义市场经济发展的必然要求。在主张制定商法典的学者中，在实现途径上有不同的设想：有的观点认为，应直接制定商法典；也有观点认为，应先制定商事通则，完成商事法律汇编，最后编纂商法典。[2] 此外，还有部分学者认为，应当制定商事通则，而没有必要制定商法典。

对于制定商法典的理由，我国学者主要放在历史发展的论据上，即法国、德国和日本等国家均制定了商法典，我国也应制定商法典。但是，德国和法国制定民法典和商法典，在当时是具有特殊的社会背景的。就此而言，西方国家制定商法典的历史难以成为我国制定商法典的必要性依据。有学者提出，从宏观层面来看，制定商法典是世界列强兴起的制度基础，是防止商业无休止扩张的标尺，是改变我国社会乱象的突破口，是我国实现“一带一路”倡议目标的

---

① See Karl Llewellyn, *Jurisprudence: Realism in Theory and Practice*, Transaction Publishers, 2008, p. 503.

② 参见范健：《走向〈民法典〉时代的民商分立体制探索》，载《法学》2016年第12期。

重要保障,也是保障我国《民法典》编纂价值目标实现的关键。[①] 微观地看,我国商法存在的问题有:商事一般法缺位,商事法律缺乏可预见性,商事法律存在碎片化现象,应增强商事法律的可预见性,推动商法走向系统化、体系化,推动社会尊重商人、保护商人的风气。[②] 在《民法典》颁布之后,有学者开始强调《民法典》与民商主体关系、民商权利关系、民商行为关系以及民商责任关系的不同,以此作为制定商法典必要性的理论依据。[③] 也有观点认为,制定商事通则是商业实践本身的客观需求,是固化商事制度改革的需要,是适应商事裁判的需要,是当事人从事交易的需要,是维护商事交易的需要。[④]

我们认为,以上观点既涉及商法的体系化问题,也涉及商业发展的需要,具有合理性。从根本上说,虽然学者的观点对于推动法典的编纂具有一定的作用,但是否要制定商法典取决于社会经济生活的实际需要。如果我们坚持市场在资源配置中起决定性作用,遵循"限定政府、余外市场"的模式,[⑤]那么制定一部具有先进理念的商法典就是非常有必要的。如果我们更加强调第三次分配或者强调生态文明的保护,那么制定商法典的必要性可能不那么明显。尽管如此,基于商法体系化的自身要求,制定一部兼顾各种利益的商法典仍然是有必要的,理由在于无论是第三次分配还是生态文明,都无法取代市场的基础配置作用。我们认为,在一定程度上,商业繁荣为实现第三次分配或生态文明保护提供了更有利的条件,如果没有商业交易的发展和社会财富的增加,第三次分配或生态文明保护就会受到现实条件的制约。

(二)制定商法典的理论条件是否已经具备

自改革开放以来,我国商法理论研究取得了很大的发展。我国的商法理论研究与立法研究相伴随,在商事立法中发挥了很大的作用。以我国《公司

---

① 参见范健:《编纂〈中国商法典〉前瞻性思考》,载《广东社会科学》2018 年第 3 期。

② 参见范健:《当代中国商法的理论渊源、制度特色与前景展望》,载《法制与社会发展》2018 年第 5 期。

③ 参见范健:《中国〈民法典〉颁行后的民商关系思考》,载《政法论坛》2021 年第 2 期。

④ 参见蒋大兴:《〈商事通则〉/〈商法典〉的可能空间?——再论商法与民法规范内容的差异性》,载《比较法研究》2018 年第 5 期。

⑤ 参见陈甦:《商法机制中政府与市场的功能定位》,载《中国法学》2014 年第 5 期。

法》的制定和修订为例，商法学者在其中扮演的角色不可忽视。不过，有利亦有弊。由于过于强调服务于立法或立法修订，我国商法基础理论问题相对薄弱，关于商法的研究更多地体现在具体法律制度研究，例如公司资本问题、公司人格否认理论的适用问题、董监高的义务和责任问题、公司治理问题，等等。当然，商法与社会经济生活紧密相关，商法理论研究不能脱离实际的社会生活。但是，与民法理论研究的多样性和深度相比，我国商法理论的创新能力仍有较大的提升空间。

在商法学界，一个不可否认的现实是，我国商法研究在一定程度上对国外理论形成依赖。例如，在我国公司治理问题上对英美法形成的路径依赖，[①]在证券法研究对美国证券法的理论依赖等。从宏观上看，这是特定阶段的产物。在一段时间内，有的学者是通过学习和介绍国外学者的研究，以此为中心，从而提出中国也应当如此的做法。[②] 如果说在过去一段时间内介绍国外理论和制度是有必要的，那么我们今天面临的问题是，要发现现实生活中出现的问题，并针对这些问题拿出自己的解决方案。例如，对于党委会在公司治理中的地位和作用问题，商法学者就不能回避。在这一个过程中比较法的分析仍然有必要，但我们认为方法应当服务于目的。它应当服务我们解决问题，而不是成为我们的问题或是作为丈量的标尺。从这一角度来看，我国当前的商法理论研究还无法满足商法典制定的需要。

就微观层面而言，我国商法学者的基本共识是，制定商事通则是最后制定商法典的必要步骤。我国学者为此起草了不同的商事通则（学者建议稿）。然而，在商事通则如何编排的问题上，学界还没有达成共识。在理论上，有五编、七编、十一编等不同的理论主张。尽管编排问题不是一个非常重要的实质性问题，但它表明此问题仍有待进一步研究。在法典编纂中，学界通说是达成关涉法律的社会共识的最佳条件，充分吸纳学界通说的法典草案，将使法典获得更强的科学性和更高的认可度。[③] 在商事通则制定之后，如何对现有法律进行

① 参见邓峰：《中国公司治理的路径依赖》，载《中外法学》2008 年第 1 期。

② 参见陈甦：《体系前研究到体系后研究的范式转型》，载《法学研究》2011 年第 5 期。

③ 参见陈甦：《论民法典形成机制的时代性与科学性》，载《法学杂志》2015 年第 6 期。

汇编,也需要深入的研究。最后,对商法典的立法理念、内容和立法技术等,也需要广泛的讨论。当前看来,这些问题有的尚未实质展开,有的还欠缺深入的探讨。在这方面,卢埃林的法律思想和美国《统一商法典》为我们提供了一些启示:学者要对商法要有深入的研究,要具有历史的眼光和视野,要有一个良好的编纂机制,还要有科学、合理的立法技术。只有对商法典制定的相关理论问题有深入的研究,我们才具备商法典制定的理论条件。

(三)如何制定商法典

从美国《统一商法典》的制定过程来看,与其说制定法典从一开始就有定论,不如说是在小范围内达成共识,然后推动达成更大的共识。而且,美国《统一商法典》的成功表明,一部反映经济生活的商法典对于促进经济发展至关重要。其实,在制定美国《统一商法典》之前,美国存在不同的单行法,对于哪些内容需要纳入美国《统一商法典》,也是伴随争论而有所增删,第四篇就因为争议过大差点被排除在美国《统一商法典》之外。①

1. 立法理念

我国未来的商法典应当持有什么样的立法理念,这是一个值得思考的问题。在制定《民法典》时,有学者就指出立法理念的重要性:“我国民法典要成为社会主义法治建设的一个典范,就必须在其形成过程中就张扬其理念和精神。”②商法典的制定,也需要具有自己的立法理念。如何形成商法典的立法理念,是值得研究的一个问题。

一种做法是从中国的本土特色去进行解释。有学者认为,我国商事制度存在一些特征:在商事主体制度上是公私混合所有,商事财产制度上是公有和私有并存,商事秩序安排上是核心领域的国有垄断和一般领域的市场竞争,商事行为制度上是传统和现代经济行为并重,在规则体系上是法律监管与行政监管兼容,未来的商法典要反映我国社会财产公有制的特点,并根据此来建立

---

① See William A. Schander, *A Short History of the Preparation and Enactment of the Uniform Commercial Code*, 22 University of Miami Law Review 7 (1967).

② 陈甦:《论民法典形成机制的时代性与科学性》,载《法学杂志》2015年第6期。

商法典的体系。[1] 我们认为,这些特征实际上也是多数国家商法所具有的特征,并不具有中国自身的特色,以此作为立法理念难以令人信服。

另一种做法是从商法的精神或特征去解释。例如,有学者认为,商法的三大精神交易包括产权分立、交易自由和责任有限。[2] 据此,似乎可以将其作为商法典的立法理念。也有学者从商法的价值出发,认为我国商法典的立法理念包括强化私法自治、经营自由、保护营利、加重责任和注重效率,并认为基于立法技术的考虑,对强化私法自治和注重效率不宜作出明确规定。[3] 我国学者普遍意识到商法具有不同民法的诸多特征,但似乎对商法的立法理念提炼不够。究竟我们需要一部通行于世界范围的商法典,还是要受制于现有体制的商法典,可能是一个需要解决的问题。

如前所述,美国《统一商法典》的立法理念包括现实主义、实用主义和价值中立。这些立法理念对我国商法典的制定仍有启发意义。我国有学者主张,采用现实主义作为商事通则制定的理念,[4]或是以实用主义作为汇编型法典的政策选择。[5] 我们认为,我国商法典的立法理念包括:坚持从中国社会主义市场经济的实际情况出发(现实主义),确认和深化市场经济体制改革(实用主义),以及鼓励商事交易的达成和提升商事交易的确定性。如前,美国《统一商法典》体现了卢埃林个人的立法理念。它的启发是,我国商法典是否有学者自己独特的理念?如果有,它应当是什么?对此问题,需要有进一步的深入讨论。

2. 组织机制

美国《统一商法典》由美国州统一法全国委员会和美国法学会联合组织制定,然后由各州立法机关予以通过。美国《统一商法典》在组织机制有一些新意:先是由各分篇报告人提出草案,经主报告人讨论后达成共识,然后将草案提交编委理事会讨论和通过,最后提交给全体会员大会讨论通过。在个别情

---

① 参见范健:《当代中国商法的理论渊源、制度特色与前景展望》,载《法制与社会发展》2018年第5期。

② 参见施天涛:《商事关系的重新发现与当今商法的使命》,载《清华法学》2017年第6期。

③ 参见王建文:《商法总论研究》,中国人民大学出版社2021年版,第112~125页。

④ 参见王保树:《商事通则:超越民商合一与民商分立》,载《法学研究》2005年第1期。

⑤ 参见朱明哲:《法典化模式选择的法理辨析》,载《法制与社会发展》2021年第1期。

况下，还要经过设立的专门委员会讨论、修改和通过。在组织机制上，相关方的分工合作比较明确。我国不具有类似美国的政治体制，但美国《统一商法典》确定的组织机制对我们有一定的启发意义。我国《民法典》草案的起草，曾委托中国法学会民法学研究会来组织，由不同的高校学者负责不同分编，与美国《统一商法典》的做法有一些相似之处，但这些工作主要停留在草案准备阶段，相当于提供专家咨询建议。在具体立法工作中，吸收了若干学者担任我国《民法典》编纂工作专班成员，似乎是新的尝试，但实质上学者只是参与具体的立法工作，在性质上不属于单独的组织机制。从组织机制的角度来看，这些做法仍然存在提升之处。我国学者对于法典制定的组织机制重视不够，似乎认为这是立法机关的事。在制定《民法典》的过程中，有学者提出借鉴意大利的做法，建立一个双委员会的组织机制。[①] 我们认为，考虑到我国现有立法体制和现实情况，我国商法典的制定不一定非要设立双委员会，但该观点提出的组织机制问题，值得我们进一步思考。

3. 法典结构

我国多数学者认为应先制定商事通则，因此对商法典的结构探讨不多。就商事通则的结构而言，学者们提出五编制、七编制和十一编制等建议。蒋大兴教授认为应制定一部七编制的商事通则，并以此作为商法典的基础。这七编包括：第一编立法目的及原则；第二编商人及商号；第三编营业行为；第四编商事登记/备案；第五编不正当交易规制；第六编纠纷解决；第七编附则。[②] 据此，作为我国商法典基础的商事通则不仅包括传统的商事法律制度，还包括部分属于经济法内容的部门法，如反不正当竞争法、反垄断法以及银行法律制度。在一定程度上，这一编制是符合我国社会经济发展的需要的。在商法的内容上，施天涛教授认为，与以往的买卖有较大的不同，当代商法的主要活动主体是金融机构，我们应随着社会经济的发展进行调整，而不必固守传统的商

① 参见薛军：《中国民法典编纂的组织体制问题：结合意大利经验的讨论》，载《比较法研究》2015 年第 3 期。

② 参见蒋大兴：《〈商法总则〉/〈商法典〉总则的可能体系——为什么我们认为"七编制"是合适的》，载《学术论坛》2019 年第 1 期。

法典过时的做法。[①] 不过，就像我国相关教材对商法的内容有不同的理解一样，[②]无论是五编制、七编制还是十一编制，其背后的理念和逻辑是什么，需要进一步展开讨论。与此相关的问题是，我们是遵照法国、德国或日本商法典的结构，[③]还是考虑采用功能主义的美国《统一商法典》的做法？我们认为，我国商法典的结构不仅涉及其与我国《民法典》的关系，也涉及其与经济法的关系，需要考虑学科之间的关系和现有法律相互之间的编排。对此问题还需要进一步的、深入的讨论。

4. 立法技术

在立法技术上，美国《统一商法典》采用了原则性概念、赋予法官一定自由裁量的程序控制、官方评注以及区分商人和非商人等技术。此外，卢埃林还提出设置商事法庭由商人组成陪审团进行裁决的建议。我们认为，在立法技术上，有几个问题需要考虑。第一，商人和非商人的区分问题。究竟要不要区分商人和非商人，学者有不同的看法。现有的各国商法典对此并未提供清晰、明确的区分方法，我国商法典如果要区分，其标准是什么？我们认为，对此宜采用综合的方法，一是通过民事主体和商事主体来区分，二是通过行为是民事行为还是商事行为来区分，三是赋予法院一定的自由裁量权。第二，商法典的主体，即以谁作为商法典所规范的主体。传统商法典以商人作为商法典的主体。有观点认为传统的商人概念过于不确定，应以企业作为商事通则/商法典的主

---

① 参见施天涛：《商事关系的重新发现与当今商法的使命》，载《清华法学》2017 年第 6 期。

② 我国不同的商法学教材涵盖的内容并不完全相同。例如，王保树教授认为商法学的内容包括公司、证券、破产、保险、票据，但未包括海商法，参见王保树主编：《中国商事法》，人民法院出版社 2001 年版。范健教授主编的“马工程”教材《商法学》包括公司、保险、证券、期货、信托和投资基金、破产，不包括海商，参见《商法学》编写组编：《商法学》，高等教育出版社 2019 年版。施天涛教授主编的商法学教材包括公司、证券、信托、商业银行、票据、保险、破产，不包括海商，参见施天涛：《商法学》（第 6 版），法律出版社 2020 年版。

③ 这一问题在《民法典》制定过程中有争论，体现在《民法典》应设置合同编还是债权编以及人格权是否应独立成编上。最后通过的《民法典》在这两个问题上采用了与大陆法系民法典不同的做法。

体,[①]但对此也有不同的意见,认为要坚持将商人作为商法通则/商法典的主体。[②] 我们认为,以商人作为商法典的主体较为合适,因为商人的概念具有更大的包容性。第三,如何保持商法典的开放性和灵活性。对此,涉及的问题有:我国商法典如何体现具有开放性的原则性概念,是否需要通过程序控制的方式赋予法官一定的自由裁量权,是否需要官方评注。我国学者提出商法调整的方法有八种,包括强制与管制的方法、无因性与独立性的方法、外观的方法、定型方法、技术方法、程序方法等,[③]其中的程序方法与美国《统一商法典》的做法有相通之处,值得考虑。

作为小结,我们在本章讨论了卢埃林的商法思想,尤其是他的合同法研究和美国《统一商法典》之间的密切联系。从这些讨论中,我们可以明显地看到卢埃林对法的现实性和现实中的法的强调,他关于理论应让步于实践的观点令人印象深刻。对美国《统一商法典》的立法理念和技术的分析,能够为我们提供一些启示。在我国商法典的制定中,我们还需要考虑,是否存在一些具有我国特色的立法技术,如何对此加以体现等问题。我们认为,加强对这些问题的研究,将有助于制定一部完善的商法典。

---

① 参见叶林:《企业的商法意义及"企业进入商法"的新趋势》,载《中国法学》2012 年第 4 期。

② 参见蒋大兴:《商人,抑或企业?——制定〈商法通则〉的前提性疑问》,载《清华法学》2008 年第 4 期。

③ 参见施天涛:《商事关系的重新发现与当今商法的使命》,载《清华法学》2017 年第 6 期。

第四章　法律实证研究先驱穆尔

因此穆尔在他选择独自踏上这条路和他对社会科学和它的学人社会的全心全意的接受方面都是非凡的。①

——施莱格尔

穆尔是现实主义法学的主要代表人物之一。然而,虽然我国学者在提到现实主义法学代表人物时会提到穆尔,但在我国对穆尔的研究几乎属于空白。笔者查阅了《中国大百科全书·法学》《北京大学法学大百科全书》,均没有找到有关穆尔的介绍。在孙国华教授主编的《中华法学大辞典:法理学卷》中,我们发现了关于穆尔的一个介绍:

“穆尔(William Underhill Moore, 1879－1949)美国实在主义法学派的主要代表人物之一。先后在美国堪萨斯、威斯康星、芝加哥、哥伦比亚诸大学执教。其主要著作有《法律制度的合理基础》、《商业银行法的制度研究》(合作)、《在直接贴现的借款中法律和惯例的方法》(合作)。

---

① See John H. Schlegel, *American Legal Realism and Empirical Social Science*, The University of North Carolina Press, 1995, p. 141.

还编辑了《票据法案例及注释》(1910 年)、诺顿《票据法手册及释义》的注释。穆尔是美国实在主义法学的首领 K. 列维林和 J. 弗兰克的得力的同道者,并一起为罗斯福的新政作出过贡献。"[①]

这恐怕是我国国内对穆尔最详细的介绍了。在《我的法哲学》一书中,对穆尔的介绍也相当简要:"耶鲁大学法学教授,1879 年出生于纽约市,哥伦比亚大学文科学士(1900 年),文学硕士(1901 年),法学学士(1902 年),《商业票据案例》和诸多商法和社会学主题论文的作者。"在施格莱尔《美国现实主义法学与实证社会科学》的附录中,有穆尔的职业信息,他在 1902 年至 1907 年从事律师业务,1908 年担任堪萨斯大学助理教授,1909 年担任威斯康星大学副教授,1910 年担任教授,1914 年担任芝加哥大学教授,1916 年担任哥伦比亚大学教授,1929 年至 1947 年担任耶鲁大学教授。[②] 考虑到时间久远,可能很多读者已经不知道穆尔是谁,或者尽管读者知道他是现实主义法学学者,但对他的研究不了解,甚至有人或许会提出质疑,穆尔为罗斯福新政作出过贡献?他作了什么贡献?

在现实主义法学的学者阵营中,穆尔很重要。穆尔之所以很重要,不仅是因为他和库克同属于资深一辈的现实主义法学学者,或者借用有的学者的说法,他是第一代现实主义法学的法学家,而且是因为穆尔的研究具有自己的特色。20 世纪 20 年代,在哥大法学院出现院长任命危机时,穆尔和库克的辞职被认为是哥大法学院的重大损失(当时的卢埃林只是刚刚加入哥大法学院不久的"小兵"或青年才俊)。英国学者特文宁教授认为,对穆尔进行评价的时机已经成熟,如果他被认为是有原创性的思想家,那也是不足为奇的。[③] 如果我们不了解穆尔的研究特色或不对其贡献进行客观的评价,那么我们很难认识穆尔的法学思想。

我国学者对穆尔介绍或研究不多是有原因的。与卢埃林和弗兰克在我国

---

① 孙国华主编:《中华法学大辞典:法理学卷》,中国检察出版社 1997 年版,第 322 页。

② See John H. Schlegel, *American Legal Realism and Empirical Social Science*, The University of North Carolina Press, 1995, p. 267.

③ See William Twining, *Karl Llewellyn and the Realist Movement*, 2nd Edition, Cambridge University Press, 2012, p. 378.

国内享有较高的知名度不同,穆尔对于很多人是很少听说的或是未曾听说的法学学者。事实上,我国学者对于现实主义法学的研究,主要集中在卢埃林和弗兰克两个人身上。[①] 而且,任何人要对穆尔进行研究,总要考虑切入的角度,而且要考虑问题意识,即他对于中国有何意义。考虑到穆尔研究的特点,这一问题恰恰是不容易解决的。不过,这不妨碍我们从法的现实性和现实中的法的角度对其进行探讨。

一、穆尔其人其事

关于穆尔,可以从两则轶事开始说起。一则轶事是,穆尔曾说,他的研究的价值很少有人能理解,但必定会找到知音,在200年后会激发其他人研究下去。[②] 另一则轶事是,穆尔正在某酒店附近从事关于违规停车的研究,一位熟人看到他后向他打招呼,说穆尔我有好些年没见到你了。穆尔却对他说,别打扰我,你没看到我在工作吗?[③] 对于这两则轶事,不同的人或许有不同的理解。例如,对于第一则轶事,有人认为穆尔比较自信,或者说他比较自负。对于第二则秩事,有人认为他对研究十分专注,但也有人会说他是个书呆子,不懂得人情世故。

如同对任何思想家的研究,对一个人的思想研究,既包括其为人,也包括其作品。对于个人,我国向来有德艺双馨的说法。很多前辈告诫要先学会做人,再做学问。然而,在现实的社会中,有的人学问做得好人品却不行,依然混得风生水起。[④] 有的人圆滑世故,有的人本分、真诚,有的人讲究义气,有的人则追求淡淡的君子之交。可见,为人问题是不容易作出评价的,通常只能是基于其行为来加以判断。即使是这样的判断,也不能保证是准确的。总之,进行人品评判是有难度的,但有时是无法避免的。我们先从穆尔的经历说起。

---

① 其实,平心而论,我国学者对这两人的研究不仅在数量上不多,在水平上也不够深入。

② See William Douglas, *Underhill Moore*, 59 Yale Law Journal 188 (1950).

③ See Charles E. Clark, *Underhill Moore*, 59 Yale Law Journal 191 (1950).

④ 王国维先生在评价文学界的为人和为学时指出,无高尚伟大的人格,则无高尚伟大的文章,值得赞同,参见王国维:《文学小言》,载姚淦铭、王燕编:《王国维文集》(第1卷),中国文史出版社1997年版,第26页。

穆尔出生于1879年,在哥大法学院完成其法律教育,他的家人中有著名的律师,因此他从小就生长于接触法律实践的环境。在哥伦比亚大学毕业后,穆尔成为一名商业律师。在从事法律实务6年后,穆尔加入堪萨斯大学法学院任教,而后转至威斯康星大学法学院和芝加哥大学法学院。1916年,穆尔加盟他的母校哥大法学院,担任教学科研工作。① 在这里,有必要交代的是,哥大法学院在当时是仅次于哈佛法学院的一流法学院,不仅肯特教授于此长期工作,建立了哥大法学院的名声(现在哥大法学院的大楼还冠以肯特的名字),而且哥伦比亚大学是第一个建立国际法与外交和立法讲席的全美第一所大学。② 与哥大法学院相比,耶鲁法学院在当时只是一所二流的法学院。

我们不清楚为何穆尔选择从事教学科研。在加盟哥伦比亚大学之前,作为商业律师,穆尔已经获得了一定的声誉,转向高校或许是为了追求自己的理想,因为商业律师的薪酬显然要高于高校。③ 对于现在的多数法科毕业生而言,若有意于从事学术研究,通常是选择先担任美国最高法院法官助理或某联邦巡回区法院的法官助理,积攒经验和建立人脉,在律师事务所工作一到两年后转向高校任教。例如,著名法学家德沃金教授就是通过这样的途径进入高校任教。无论如何,穆尔的加盟是一件大事,在沃特·库克于1919年加入哥大法学院之后,穆尔、库克和奥利芬特成为哥大法学院的中流砥柱。

穆尔究竟是怎样一个人呢?我们可以说,穆尔是一位对学生有着异常严格要求的老师。作为师者,穆尔对学生要求很高,他尤其不能容忍学生智力上的懒散。穆尔的高要求可能与其工作经历和工作领域有关。一方面,作为资深的商业律师,穆尔必然对自己及其团队成员有更高的要求。当穆尔回归高校任教之后,他必然将自己的工作风格带到课堂中。另一方面,穆尔擅长的领域是银行票据。票据具有文义性、技术性和无因性的特征,其在签发、背书、转让、承兑、付款等环节均具有严格的要求,稍有不慎将会导致票据无效。在职

---

① See William Twining, *Karl Llewellyn and the Realist Movement*, 2nd Edition, Cambridge University Press, 2012, p. 42.

② Ibid., p. 41 - 42.

③ 格林自己就是一个例子,参见本书第六章第一节。

业早期,穆尔花费一半的时间用于研究上千个票据法判例。到1922年,他看上去是一位意志坚强的、具有实用偏向的、阅读广泛的商业律师。在研究上,穆尔是一位极其严谨的学者,他主张运用科学的方法研究法律,是最坚定、最"极端"的法律科学家。①

同时,穆尔是一位非常有个性的学者。穆尔不仅反对模糊的理论,而且他讲课的内容不限于传统的某一学科。例如,他的买卖法课程就讲授传统放在抵押、保证或保险方面的内容。② 穆尔的学生和合作者尚克斯认为,穆尔向学生直接或间接传授的理解事实的欲望以及利用可能有帮助的各个学科知识解决问题的做法,使学生收获颇丰。③ 这可能与穆尔的律师工作经历有密切的关系,因为在法律执业中,律师面对的是不同的问题,而这些问题并不是按照学科来分类的,只有突破学科的限制,才能找到实用的应对方案。在研究方面,也是如此。穆尔赞同以"重要的事实情景"作为引起法律问题的情景分类的依据,对奥利芬特和卢埃林产生了很大的影响。④

美国学者施莱格尔对穆尔本人做了深入的研究。他结合美国高校任教的难易程度和穆尔的经历指出,从中西部地区高校转到东部地区高校的成功者寥寥无几,穆尔和库克是为数不多成功地做到的学者。施莱格尔认为,穆尔在职业选择上很功利,一是体现在刚到芝加哥大学没多久就转向哥伦比亚大学,二是在哥伦比亚大学出现院长任命风波时待价而沽加入耶鲁法学院。施莱格尔认为,穆尔在加入哥伦比亚大学之初积极参加全国性社团的学术活动,在获得知名度之后他对这些活动几乎无动于衷,表现出前后不一致。⑤ 我们认为,施莱格尔的看法似乎有些苛刻,或许我们不能以一成不变的眼光去看一个人,而应当以动态的、发展的观点来进行评价。例如,就法学院的工作机会而言,

---

① See William Twining, *Karl Llewellyn and the Realist Movement*, 2nd Edition, Cambridge University Press, 2012, p. 42 – 43.

② Ibid., p. 43.

③ See Carrol M. Shanks, *Underhill Moore*, 59 Yale Law Journal 194 (1950).

④ See William Twining, *Karl Llewellyn and the Realist Movement*, 2nd Edition, Cambridge University Press, 2012, p. 43 – 44.

⑤ See John H. Schlegel, *American Legal Realism and Empirical Social Science: The Singular Case of Underhill Moore*, 29 Buffalo Law Review 231, 232 (1980).

穆尔未必能事先预见能回到哥大法学院,人往高处走也是人之常情,没有必要进行责怪。从穆尔在耶鲁法学院从一而终的教学生涯来看,我们不能否认他对耶鲁法学院的贡献,也不能得出他具有投机心理这样的结论。

与施格莱尔的评价不同,曾经是穆尔的学生,后来担任耶鲁法学院院长的克拉克给予穆尔很高的评价,他说穆尔善于教学,对自己要求很高。在克拉克看来,穆尔自己决定要追求孤独的理想,他的轮廓在崇高的辉煌中闪闪发光。① 不过,克拉克也指出,穆尔是一个直率的人,经常在公共场合使他人难堪。对于理解能力差的学生,穆尔也是不留情面。② 后来成为穆尔同事的道格拉斯回忆他担任穆尔的研究助理时的情形,认为穆尔是一个要求很高的人,经常在周末给他分派差事。③ 穆尔的学生尚克斯认为,穆尔分析的方法对学生很有帮助,没有人向穆尔一样对他指导的学生或合作者留下持久的印记。④

1928 年,哥大法学院新院长的任命引发了一场危机。作为该危机的一个直接的结果,库克和奥利芬特加入位于巴尔的摩市的约翰·霍普金斯大学,库克等人在该大学设立了法学研究所。本来,穆尔是计划与库克一起加入约翰·霍普金斯大学的,但因为担心资金无法持续而没有离开哥大法学院。现在回过头来看,穆尔的判断是有眼光的。1929 年,在耶鲁法学院院长哈钦斯的力邀下,穆尔加盟耶鲁法学院。之后穆尔一直在耶鲁法学院任教,直到 1949 年逝世。

二、穆尔的理论研究

学界讲究学术标签。穆尔之所以是穆尔,是因为他的研究与众不同。如果要对穆尔的研究进行简要的介绍,可以说他是从社会科学角度研究法律的先驱,或者说他是法律实证研究的先驱。穆尔是票据法方面的专家,出版了票据法方面的案例教科书,并且参与了国际统一汇票本票法公约制定的讨论,是

---

① See Charles E. Clark, *Underhill Moore*, 59 Yale Law Journal 190 (1950).

② Ibid., p. 192 - 193.

③ See William O. Douglas, *Underhill Moore*, 59 Yale Law Journal 187 (1950).

④ See Carrol M. Shanks, *Underhill Moore*, 59 Yale Law Journal 194 (1950).

美国票据法的权威。① 由于兴趣和主题相关性的考虑,这里主要介绍他对商法的制度研究方法和法律控制与学习理论。

(一)制度研究方法

前文我们提到穆尔的研究有自己的特色。如何理解穆尔的研究特色?与库克相似,穆尔主张从科学的角度来研究法律。这里的科学既包括自然科学,也包括社会科学。与库克不同的是,除了对概念有严格的界定,穆尔采用了社会科学的方法来研究法律。具体地说,穆尔从心理学、统计学、社会学的等角度对法律进行研究,并提出了制度研究方法(institutional approach)。穆尔的制度研究方法最早起源于他对法律制度的研究。在写于1923年的一篇论文中,穆尔提出,制度的存在意味着一群人做事情,意味着以某种方式作为。在穆尔看来,单个行为不构成制度,同样的事情重复发生才构成法律制度,仅有重复是不够的,同一行为还应当是以某种方式行为的习惯的结果。② 穆尔认为,对法律制度合理依据的探究,就是对特定行为的合理理由的研究。

穆尔的制度研究方法体现在他对商业银行实践的研究。穆尔指出,律师的核心问题是对政府官员的司法决定和行政决定作出预测。为了进行预测,通常认为研究决定和记录的案件事实的关系就足够了。但是,穆尔指出,这一假定没有得到经验的核查,因为在新型案件中预测要依赖仅构成法律一小部分经验的直觉判断,而不是对法律的逻辑应用,因为是要预测在不受控制的环境下某个法官在某个时间和地点的司法行为。③ 在穆尔看来,律师对司法行为法律的归纳只取得了有限的成功,因为律师不能考虑案件事实之外的因素,例如结构、智力、性格、种族特征、心理调节(psychological adjustment)等,这不幸

① See Howard L. Smith & Underhill Moore, *Cases and Materials on the Law of Bills and Notes*, West Publishing Co., 1941; Underhill Moore, *Records of the International Conference for the Unification of Laws on Bills of Exchange, Promissory Notes and Cheques (League of Nations)*, American Bar Association Journal, Vol. 18, No. 6, 400 – 402 (1932).

② See Underhill Moore, *Rational Basis of Legal Institutions*, 23 Columbia Law Review 609 (1923).

③ See Underhill Moore & Theodore S. Hope, *An Institutional Approach to the Law of Commercial Banking*, 38 Yale Law Journal 703 – 704 (1929).

地导致律师无法进行科学的研究。[①]

穆尔主张对人类行为进行系统的研究。为此,一个必要的步骤是对研究领域进行区分和组织,即对母分类和子分类进行选择和作出逻辑上的详细阐述。具体而言,构成该领域的行为仅包括观察行为片段的某一方面,对该方面的选择就是分类的过程,而分类包括选定组织的共同因素(organizing common factors),经选定的组织的共同因素确定调查的领域及其细分。[②]

穆尔和他的合作者认为,要对特定案件的判决与偏离制度行为的案件事实的种类和程度的关系进行研究,一个必要的步骤是将导致判决的行为(the behaviour followed by the decision)与制度性行为进行比较,通过比较可以作出抽象的归纳,该归纳独立于研究领域内的观察。穆尔和他的合作者为此提出一系列的概念,并对其进行界定。例如,实在物类别(a class of entities)、行为片段(segments of behavior)、交易系列(transaction-series)、序列性交易(sequential transactions)、偏离性交易(a deviational transaction)、制度性关系(institutional relation)。[③] 基于这些概念和界定,穆尔和他的合作者将交易分为四类,包括存款货币(deposit currency)的创建、消灭、转让以及账户清算,并基于此对交易系列作出分析。

穆尔对制度研究方法的运用,还体现在他对康涅狄格州、南卡罗来纳州、宾夕法尼亚州以及纽约州的商业银行研究上。促使穆尔和他的研究者对此进行研究的是三个不同的州法院作出的判决,分别是发生在南卡罗来纳州的 Callaham v. Bank of Anderson 案,纽约州的 Delano v. Equitable Trust Co. 案,以及宾夕法尼亚州的 Goldstein v. Jefferson Title & Trust Co. 案。关于南卡罗来纳州和宾夕法尼亚州的研究发表在同一篇论文中。穆尔的目的是通过对银行直接贴现(direct discounts)记账的现有银行实践来对制度研究方法进行检验。对于 Callaham 案,穆尔希望发现案件当时的银行实践。在 1904 年,南卡罗来纳

---

① See Underhill Moore & Theodore S. Hope, *An Institutional Approach to the Law of Commercial Banking*, 38 Yale Law Journal 704 – 705 (1929).

② Ibid., p. 705 – 706.

③ Ibid., p. 706 – 707.

州大约有169家银行从事商业银行事务，在1930年4月进行调查时，这些银行中大约有71家作为独立银行仍然在营业，13家成为其他银行的分行，7家与71家银行吸收或合并，2家与调查时存续的2家银行进行合并。穆尔指出，可以找到93家银行的记录，他以93家银行中的20家作为样本进行研究，这些银行分布于南卡罗来纳州的不同地区。①为了进行研究，穆尔和他的研究者采用的方法包括查看银行记录，现场访谈或通过信件对银行工作人员进行访谈。通过查询账簿，他们得出共有333笔交易因兑现而全部被付款。在此基础上，穆尔和他的研究者进行分类，制作3张表格，并对表格所含的信息进行分析，认为该研究描述了1904年南卡罗来纳州在直接贴现清算方面的文化。②

穆尔和他的合作者在纽约州所进行的研究，目的是发现作为比较标准的、偏离 Delano v. Equitable Trust Co. 案的系列案件，从而找到该州5个郡10年前的文化。该项研究开始于1931年1月，时间持续两周。与南卡罗来纳州相似，穆尔和他的合作者采用工作记录和系统性访谈的方式获取银行的信息。工作记录提了27个问题，交给银行员工填写后收回。在43份工作记录中，1份因为有缺陷没有被采用。在工作记录录入的870张票据中，6张分散在5份工作记录的票据，因不完整性或模糊性而被排除。③访谈则涉及32个问题，按票据是否附有担保物、付款时间是在到期日之前、当日或之后等因素来设定，基本的问题是涉及的百分比是多少。④像工作记录的情况一样，不是所有的访谈记录都被采纳，5个访谈因被认为不满意而没有被采用。穆尔和他的合作者对访谈的开展和遇到的问题做了解释。例如，它只涉及常规性问题，不涉及政策问题，因两家大银行不合作导致访谈数量减少。之后根据涉及的地区对其进行分组，例如合作的银行、提供有限合作的银行以及其他银行。⑤最后，穆尔和他

---

① See Underhill Moore & Gilbert Sussman, *Legal and Institutional Methods Applied to the Debiting of Direct Discount Ⅳ. The South Carolina and Pennsylvania Studies*, 40 Yale Law Journal 928 – 929 (1931).

② Ibid., p. 940.

③ See Underhill Moore & Gilbert Sussman, *Legal and Institutional Methods Applied to the Debiting of Direct Discount Ⅳ. The New York Study*, 40 Yale Law Journal 1055 – 1057 (1931).

④ Ibid., p. 1055 – 1057.

⑤ Ibid., p. 1063 – 1064.

的合作者绘制了三张表格,对其发现的情况进行分析。

对于穆尔的上述研究,人们或许会问三个问题:第一个问题是,穆尔为什么要研究银行的法律实践?银行有什么特殊意义吗?第二个问题是,穆尔为什么要采用这种纯科学研究方法,当时主流的研究方法不是对法律原理的研究吗?第三个问题,如何评价穆尔的研究?它有说服力吗?

第一个问题涉及穆尔的背景。穆尔毕业于哥大法学院。在从事法律实务6年后,穆尔加入堪萨斯法学院,他教授的六门课中就有票据法、代理法和保险法。[1] 1927年前后,穆尔开始撰写一本银行法律实务的书。在哥伦比亚大学休假学期,穆尔去法国研究法国银行实务,同时讲授美国银行法,进行这一主题的阅读和写作。[2] 1920年,他就撰写过票据法的论文,[3]在更早的时候,穆尔出版了商业票据的权威性著作。[4] 因此,可以说,穆尔对银行法是颇有研究的。换言之,这是一个他熟悉的领域。从常理来看,选择一个熟悉的领域进行深耕,是正常的做法。因此,对于穆尔而言,选择银行法作为其研究领域是自然而然的。

第二个问题是个不容易回答的问题。一个人为什么采用这种研究方法而不是那种方法,与很多因素有关,带有一定的偶然性。在现实主义法学学者中,我们已经看到卢埃林特立独行。我们现在讨论的穆尔也是个性鲜明,前文克拉克对穆尔的回忆从侧面说明了这一点。在学术研究上,穆尔独树一帜,不仅是因为他的学术抱负,也是因为他使用的方法。穆尔的方法不仅具有较为抽象的理论性,而且是基于实证的研究。在理论性方面,他与库克相似,在实证研究方面,他与道格拉斯相似。但是,库克没有从事实质的实证研究,而道格拉斯的理论研究则限于部门法,缺乏穆尔的深刻性。

---

① See John H. Schlegel, *American Legal Realism and Empirical Social Science: The Singular Case of Underhill Moore*, 29 Buffalo Law Review 225 (1980).

② Ibid., p. 201, 210.

③ See Underhill Moore, *Right of the Remitter of a Bill or Note*, 20 Columbia Law Review 749 (1920).

④ See Howard L. Smith & Underhill Moore, *Cases and Materials on the Law of Bills and Notes*, West Publishing Co., 1910.

施莱格尔认为,在所有现实主义法学学者中,穆尔是被实证社会科学吸引最多的学者。① 此言不虚。对于穆尔转向以科学方法来研究法律的原因,特文宁教授指出,不清楚这一转变是如何发生的,在多大程度上与库克和奥利芬特有关,或者是因为信奉华特斯顿的行为心理学理论,或者是以上原因与其他原因的结合。② 施莱格尔则认为,穆尔是一位商业律师,文化人类学对他有天然的吸引力。由于穆尔在哥伦比亚大学读书时还获得了政治学的硕士学位,穆尔一直以来看重的是法学院所在的大学,而不只是法学院。在加入耶鲁大学后,穆尔同时在法学院和人际关系研究所担任职务,与社会科学的其他同事合作,使穆尔的社会科学方法研究得以充分展开。

我们认为,施莱格尔的看法有一定的道理,但难以说明为什么穆尔从社会科学中的心理学和统计学的角度展开研究,他更擅长的似乎是政治学(因为他获得了硕士学位)。就笔者的自身体会而言,这与穆尔加入法学院之前曾从事实务工作有一定的关系。因为在现实中出现的各种问题,需要综合学科知识和方法来解决,而解决问题就要先弄清问题,这可能是穆尔主张采用科学方法研究的部分原因。

与此同时,还存在一种可能性,即穆尔看到了方兴未艾的自然科学研究对社会科学的影响,作为先行者穆尔希望在此方面开出一条新路。这又或多或少与他个人的性格有关。试想,有几个人能沉下心花 20 年从事一项研究?即使如有的论者所认为的,穆尔撕掉他的研究报告,认为它们是错误的,我们也不应对此加以嘲笑。不仅因为这是一位严肃学者所做的一项严肃的研究,而且因为学术研究本身也是一种冒险。谁能保证自己的研究成果在未来 30 年、50 年甚至 100 年后还会有人阅读?或许,当我们慷慨地赋予某人“学术大师”或某人“著述等身”的赞美时,我们对学术少了一份敬畏,也少了一份真诚。

对于穆尔的制度研究方法,既有肯定的观点,也存在不同的反对意见。肯

---

① See John H. Schlegel, *American Legal Realism and Empirical Social Science: The Singular Case of Underhill Moore*, 29 Buffalo Law Review 225 (1980).

② See William Twining, *Karl Llewellyn and the Realist Movement*, 2nd Edition, Cambridge University Press, 2012, p. 43.

定的观点认为，穆尔的研究从行为入手，与法律实践具有紧密的关系。反对者富勒教授认为，穆尔提供的答案是错误的：第一，穆尔的重点放在行为上，而忽略了行为背后的目的、行为的理由和智力活动（intellectual activity）。很多人认为，法律制度不是由行为组成的，而是由只作为外部表现的行为的心态（mental attitudes）组成的。富勒指出，除非我们知道银行家在想什么，否则我们是无法对其所反应的情景进行界定。[①] 第二，现实主义法学学者批判传统的法律理论，认为它只关注与法律理论相关的案件事实。这一批判同样适用于穆尔，因为他对银行家的态度就像传统法律理论对于法官的态度。[②] 第三，穆尔对行为态度不加批判的立场导致一个错误的假设，即认为判决的规范可以直接从行为的常规性抽取，有了明确的行为模式，就会有明确的判决规范。富勒指出，这是不正确的，因为人们的常规性行为不是裁决诉讼的标准，民间的方式要发挥效力，其必须具有规范性的内涵。制度的本质不是行为，而是心态。[③]

我们认为，富勒的观点的合理之处在于，它指出了社会科学研究对法律实际运作的影响不是特别明确，但他对穆尔基于行为所进行的研究进行否定是没有说服力的。诚然，在实证研究时要考虑研究的目的，但是否目的比实际观察的更重要、更真实，就存在疑问了。实际上，如果目的重要或者说法律的价值或原则更重要，仅凭借它们我们无法对法律现实予以揭示。正如迈尔斯·道格拉斯在回应富勒时所指出的，现实主义法学学者之所以区分“是”和“应当”，其目的不是忽视或反对“应当”，而是将“是”放进它所处时代的“应当”里，而且，基本的问题是实现公认社会目的的有效策略是什么，忘记我们要尝试做什么是愚蠢的，忽视如何去做同样是愚蠢的。[④] 正如有的学者所指出的，现实主义法学对“是”和“应当”的区分仅仅是为了观察的目的，很难想象实证

---

① See L. L. Fuller, *American Legal Realism*, 82 University of Pennsylvania Law Review 455 (1934).

② Ibid., p. 456.

③ Ibid., p. 457 – 458.

④ See Myres S. McDougal, *Fuller v. the American Legal Realists: An Intervention*, 50 Yale Law Journal 834 – 836 (1941).

科学不接受这一区分,在这方面富勒的批评是没有依据的。[①] 因此,我们认为,富勒的观点是站在自己的立场上所做的解读,对穆尔过于苛刻,他没有完全认识到穆尔所开展工作的重要价值和意义。

(二)法律控制与学习理论

穆尔的另一项研究,即关于行为的法律控制与学习理论的研究,带有强烈的个人学术标签。这项研究占用了穆尔及其合作者 20 年的时间,最终以 136 页的篇幅发表在 1943 年的《耶鲁法学杂志》上。在这里,无论 20 年还是 136 页都能让人印象深刻,因为很显然一个人没有几个 20 年,而一篇发表的论文有 136 页也很少见。穆尔为什么要做这样的研究?这是一项什么样的研究?为了进行研究,穆尔采用了什么方法?这涉及穆尔的研究意义、方法和内容。

穆尔及其合作者认为,尽管分析法学家、自然法学家、历史学、社会学、现实主义法学家、文化人类学家和社会学家等对实证法及其分类进行研究,但他们没有对符合实证法规则的数量和程度进行实证的、试验性的和定量的研究,以将描述符合数量和程度的假设归入人类行为的一般理论。穆尔指出,他们之所以没有从事这样的研究,可能是因为他们持有这样的预设:一是法律规则的效力或它的实施(its administration)与可以为特定理论所解释的影响行为的其他手段是如此不同,以至于不能以后者来进行解释;二是法律命题(a proposition of law)或它的运用(its administration)是影响法律效力的唯一原因,即法律制定或实施之后的行为是一个因变量(a dependent variable),完全取决于法律或其实施,而不是其他自变量;三是假定所有人实质上都遵守颁布的法律,如其未全部遵守,遵守者的数量、比例和遵守程度是已知的。这些预设带来的结果是,自然法法学家和分析法学家将法律研究限定于辩证法(dialectic),历史法学家将其限定为写作的艺术,要么是关于法律命题的文献史,要么是作为更大的文化史的一部分,社会法学家将该研究限于对法律命题更加遥远后果的观察,对假定已知但实际上未知的效力的观察,现实主义法学

---

① See David H. Moskowitz, *The American Legal Realists and an Empirical Science of Law*, 11 Villanova Law Review 485 (1966).

家则将其限于随意的行为。[1]

穆尔及其合作者要做的,是对以上预设提出挑战:一方面,穆尔假定,法律命题是一种人为现象,对它的运用是一种行为,法律对其规定的效力与对人为现象或行为的效力是一样的;另一方面,通过综合逻辑和实证的方法,去验证从解释人类行为的一般理论命题得出的假定。[2] 穆尔及其合作者旨在通过观察车辆停放者和驾驶员的行为,来观察对机动车停车和驾驶行为进行规范的法规的效力。这篇发表的论文是关于停车行为的研究。为此,他们在 1933 年至 1937 年对康涅狄格州纽黑文市 6 个街道 15 个不同的区域的开车和停车行为进行观察。在观察时,他们对颁发法规之前和颁发法规之后的行为进行区分,对符合定义的行为发生的数量进行记录和评估。[3] 该研究分为三部分:第一部分涉及停车研究,即对街道地面停车的数量和时长进行观察评估;第二部分是停车管理研究,即对超出允许停车时长的汽车进行贴条,并在随后对停车人的停车行为进行观察和记录;第三部分则是旋转交通通行行为研究,即对发布旋转交通规章前后的不同流向的汽车在不同时点的行为进行观察和记录。对于每部分研究,穆尔及其合作者设置了不同的考虑因素,通过观察获得的数据来进行分析。穆尔及其合作者使用了多张图表来对研究的结果进行说明。

本来,穆尔及其合作者的一个目标,是通过对法律效力的分类研究,判断衡量因素是否与一般的行为理论相对应,然而,他们发现无法根据观察的种类建构一般的行为理论,因此他们认为有必要借助学习理论。[4] 穆尔及其合作者首先对学习理论进行界定,认为它是一种以个体自己的或作为群体的其他个体的公开行为来建构的理论,这种公开的行为是一种学习的行为。他的行为由四个因素来决定,即动机、暗示、反应和回报。[5] 其次,穆尔及其合作者解释

---

① See Underhill Moore & Charles C. Callahan, *Law and Learning Theory: A Study in Legal Control*, 53 Yale Law Journal 1 – 2 (1943).

② Ibid., p. 2 – 3.

③ Ibid., p. 3 – 4.

④ Ibid., p. 81.

⑤ Ibid.

为什么学习理论能够解释简单的和复杂的生活情景，以及解释人类行为的稳定性和变化。① 最后，穆尔及其合作者将学习理论应用于停车研究、停车管理研究以及旋转交通通行行为研究。② 在方法上，正如穆尔及其合作者所指出的，它采用行为心理学（a psychological theory of behavior）的命题和定量、试验性的方法。③ 换言之，这项研究不仅是逻辑研究，也是实证研究。

后来，穆尔及其合作者对法律学习理论做了进一步的总结。他们指出，宣称两个或更多变量的数值存在因果关系或伴有变化的理论［描述变化发生的条件，描述发生变化的事物的存在（the entities），并描述数值的大小和相伴的大小的变化］，若能对这些变量和变化作出描述和解释，则是应用性的理论（an operational theory）。如果有某一种要求未满足，则是一种根据情况时而适用、时而不适用的理论。④ 从法律的角度来看，如果我们就法律对行为的效力没有准确的知识，那么对法律所欲实现的社会目的的讨论在很大程度上就是痴人说梦，而通过"社会工程"的方法来实现该等目的的讨论，在很大程度上是徒劳的。⑤

由于该项研究至今已经有 80 年，估计没有多少读者愿意仔细阅读这篇论文，因此我们对该项研究作出以上介绍。尽管论文对涉及的各种变量做了详细的介绍，进行实证研究者对它们可能有兴趣，但论文对于一般读者或许显得有些枯燥。从引证的情况来看，该文的引用率并不高。即使在当时，穆尔的这项研究也并没有引起很大的关注和回应。这多少让人感到意外。除了若干学者对它进行回应和评论（他们基本上是穆尔的朋友），这篇论文的反响平平。该论文印制成 1000 册单行本，除了一半用于赠送，另一半的购买者迟迟没有

---

① See Underhill Moore & Charles C. Callahan, *Law and Learning Theory*: *A Study in Legal Control*, 53 Yale Law Journal 61 – 79 (1943).

② Ibid., below 70.

③ Ibid., p. 61.

④ See Underhill Moore, My Philosophy of Law, in *My Philosophy of Law*: *Credos of Sixteen American Scholars*, Boston Law Book Co., 1941, p. 203 – 204.

⑤ Ibid., p. 206 – 207.

出现。[①]

三、对穆尔研究的评价

在了解穆尔的制度研究方法和法律控制学习理论之后,我们要回到以上提出的第三个问题:如何评价穆尔的研究?

施莱格尔认为,穆尔的研究尽管没有带来一种新的理论,但其研究的意义不可予以否认。穆尔的研究既没有天时、地利,也没有人和,但他一心想建立一门法律科学,毅然地摒弃这三种因素,选择一条自己的道路。"……穆尔创造了一项自身含有厄运的事业,在该厄运下,现实主义法学家从事实证法律研究的尝试消失了。"[②]

穆尔的同事赫尔教授对穆尔的研究给予了高度的评价,认为这是一项原创性的、无畏的和有说服力的研究。赫尔指出,这些前沿的研究的重要意义在于,它们证明了在社会科学的自然科学化的定量研究中法理学具有合法的地位。不仅如此,在社会科学逐渐接受自然科学的特点的背景下,穆尔和他的合作者的研究将在当前的科学革命研究中找到永久的位置。[③]

卡尔曼教授认为,穆尔有关行为主义的激励—回应修辞技巧吸引了奥利芬特和弗兰克。[④] 卡尔曼指出,穆尔是唯一能向律师提供科学地预测司法判决新方法理论的现实主义法学学者。尽管穆尔的当代研究者可能会嘲笑他冲出图书馆的做法,但穆尔是实证论科学派别中最成功的学者,并赢得同样从事实证研究的学者克拉克的尊重。穆尔的成功具有多方面的原因,或许是因为他的研究主题不像司法行政管理项目(the judicial administration projects)那样自身容易成为目的,或许是在理解人的行为时他确实有一个想追求的目标,或许是因为他对社会科学的方法具有其他现实主义法学学者不可比拟的深刻的理

---

① See John H. Schlegel, *American Legal Realism and Empirical Social Science: The Singular Case of Underhill Moore*, 29 Buffalo Law Review 291 (1980).

② Ibid., p. 322.

③ See Clark L. Hull, *Moore and Callahan's Law and Learning Theory: A Psychologist's Impressions*, 53 Yale Law Journal 336 (1944).

④ See Laura Kalman, *Legal Realism at Yale: 1927 - 1960*, The University of North Carolina Press, 1986, p. 18 - 19.

解,或许是他比其他现实主义法学学者更致力于自己的研究。穆尔是唯一的,他对实证主义的研究兴趣在大萧条时期之后仍然存续。①

类似地,有观点认为,穆尔及其合作者的研究在方法和理论证明方面展示了卓越性,其研究成果包括其开创了一种高度先进和复杂的研究方法,对法律和人类行为的关系提出了重大的理论洞见,以及建立了一种全然新型的跨学科研究。② 该观点指出,穆尔的实验法学(experimental jurisprudence)是第二次世界大战前法律学界的一项惊人的创新,它不仅在研究设计上具有先进性,而且在数据展示上具有领先性。③ 也有观点认为,穆尔比任何人都准确地证明了传统上设想的现实主义法学和社会学法学能做和不能做的事情,基于这一理由穆尔的研究或许不仅是穆尔在一个时期法理学的累积,而且是一般的法理学的转折点。④

不过,并不是所有人都认可穆尔的研究。富勒教授在堪称经典的《美国现实主义法学》一文中对穆尔的研究作出评价。富勒指出,穆尔认为制度研究方法很重要,行为模式比单个行为重要,但法官并不一定了解穆尔所说的行为模式,即使了解,也可能基于其他的考虑而忽视它。在富勒看来,制度研究方法犯了和正统方法一样的错误,因为它没有考虑人的动机、目的等。⑤英国学者达克斯伯里指出,现实主义法学的不足之处在于,它仅满足于抽象地讨论社会科学的优点,而不是具体地证明该等优点对于法律研究具有特殊的重要性和有效性。⑥ 弗兰克一方面对以数学为依据的法律科学表示质疑,另一方面认为,穆尔的研究证明了无法通过对社会上发生的事情来预测某个

---

① See Laura Kalman, *Legal Realism at Yale*: 1927 – 1960, The University of North Carolina Press, 1986, p. 33 – 34.

② See Simon N. Verdun-Jones & F. Douglas Cousineau, *The Voice Crying in the Wilderness*: *Underhill Moore as a Pioneer in the Establishment of an Interdisciplinary Jurisprudence*, 1 International Journal of Law and Psychiatry 375 (1978).

③ Ibid., p. 383 – 385.

④ See F. S. C. Northrop, *Underhill Moore's Legal Science*: *Its Nature and Significance*, 59 Yale Law Journal 196 (1950).

⑤ See L. L. Fuller, *American Legal Realism*, 82 University of Pennsylvania Law Review 453 – 461 (1934).

⑥ See Neil Duxbury, *Patterns of American jurisprudence*, Oxford University Press, 1995, p. 92.

案件的结果。[①] 斯图尔特·麦考利教授认为,穆尔对现代法律研究没有产生很大的影响,但穆尔在他的时代是重要的。麦考利指出,施莱格尔是穆尔的仰慕者。[②]

有意思的是,同为现实主义法学成员的卢埃林对穆尔的研究并不认可。卢埃林指出,过去25年霍普金斯社会科学研究的迸发和耶鲁相应的研究抑制了原理之外的法律研究的利益基础,法学院在当时之所以没有与穆尔的研究产生共振,是因为研究的时机还不成熟,人们不能理解需求或方法,无法找到共同的思想或方法依据,将法律问题转化为社会学科的意义问题,或是将社会学科的概念、方法转化为对法律人有意义和吸引力的东西。[③]

卢埃林认为,穆尔关于人的行为对上诉判决的影响的研究陷入完全的行为主义,穆尔的基本方法是危险的、执拗的,他将权威话语的影响作为行为的单独决定因素,忽略了事先存在的法律规则的用语、结构和法官对于相关行为的知识。卢埃林认为,穆尔的律师背景和高超的沟通技巧使其常年获得资金,而其他研究者无法获得资金。穆尔和奥利芬特的研究难以让人满意,因为它们没有建立起深刻的基础理论,也没有向未受到资助的大量研究者提供理论。在卢埃林看来,穆尔的假定即使有用,也太基础了,他的研究是荒唐的(silly)。[④] 在卢埃林看来,一个人仅需要少量的资助或完全没有资助,凭借想象力、耐心和技巧,就能挖掘出完善法律的重要内容,甚至是推进整个学科的理论。[⑤]

卢埃林的评价是否有些苛刻?穆尔的确没有建立起自己的理论或向研究者提供一种理论,在这一点上,卢埃林的论述是客观的。但卢埃林将此与其他研究者无法获得资金赞助相关联,却显得有些不太公平。卢埃林强调想象力、

---

① See Jerome Frank, *A Plea for Lawyer-Schools*, 56 Yale Law Journal 1332 (1947).

② 根据麦考利教授2022年8月10日给笔者的回函。

③ See Karl Llewellyn, *On What Makes Legal Research Worthwhile*, 8 Journal of Legal Education 401 (1955).

④ Ibid., p. 403 - 404.

⑤ Ibid., p. 404.

耐心和技巧诚然没有错,但对法律的社会科学研究不能没有实证数据,①两者是互补而非替代关系。

卢埃林和穆尔之间的关系值得研究。一方面,穆尔作为第一代现实主义法学学者,资历颇深,这决定了他很难和卢埃林形成亲密的关系。另一方面,穆尔和卢埃林都是现实主义法学阵营的成员,共享一些基本的理念。例如,他们反对将概念作为研究的重心,强调影响法官判决的各种因素。有研究者指出,卢埃林关于情景分类的研究受到穆尔的启发。②

有观点指出,从历史的视角来看,穆尔的成就是令人印象深刻的,他无私地将个人生涯放在以行为心理学原理为基础的跨学科法学的建构上,却没有获得应有的认可。③ 为什么穆尔的研究没有得到认可,这是一个值得探讨的问题。

施莱格尔认为,穆尔的研究在法律之外的学科看来,是十足的非专业人士(a rank amateur)的研究,他闯入这一领域并全力以赴想作出成绩,导致自己被孤立和忽视。在法律领域,穆尔既不受认可,也无人可以求助,穆尔只能像独狼一样从事研究。穆尔个人害羞的性格似乎对此也起到一定的作用。④ 有观点认为,穆尔的研究没有被认可,与多种因素有关。例如,穆尔运用行为心理学的方法研究法律,该成果却发表在《耶鲁法学杂志》而不是专业的期刊上,导致其未能引起社会学者的关注,穆尔希望通过学术研究来确认职业身份的做法,也会遭到一些抵制。⑤

我们认为,一方面,穆尔的研究没有为当时的法学界所认可,是因为它对整个法律研究构成了潜在的威胁,它太过于异类了。当时的学术界的研究主

---

① 参见本书第五章第二节。

② See William Twining, *Karl Llewellyn and the Realist Movement*, 2nd Edition, Cambridge University Press, 2012, p. 44.

③ Ibid., p. 390 – 391,

④ See William Twining, *Karl Llewellyn and the Realist Movement*, 2nd Edition, Cambridge University Press, 2012, p. 297 – 303, 309 – 317.

⑤ See Simon N. Verdun-Jones & F. Douglas Cousineau, *The Voice Crying in the Wilderness: Underhill Moore as a Pioneer in the Establishment of an Interdisciplinary Jurisprudence*, 1 International Journal of Law and Psychiatry 390 – 393 (1978).

流是社会法学和现实主义法学，无论是哪个派别，都没有否定法律规则的作用，但穆尔却从行为角度而不是法律规则的角度进行研究，并通过这些行为模式去预测案例的结果，基本上颠覆了人们对法律的基本认知，因此对它进行抵制是必然的。

另一方面，穆尔作为非科班出身的学者，其所研究的主题和运用的方法恰恰来自法律之外的其他学科，他的研究受到这些学科研究者的排斥是不足为奇的。一般而言，拥有某学科的知识储备是对其进行科学研究的前提，穆尔作为业余者想进入一个属于社会科学家专属的研究领域，他受到排斥是不可避免的，因为在一定意义上他的研究对这个学科提出了挑战。因此，对于专业研究者而言，他们选择了对这一挑战直接予以忽视。因此，穆尔的研究两面不讨好。此外，在学术上，穆尔没有培养出杰出的传承者，也是导致其研究被忽视的一个原因。可以设想，如果他指导的学生足够优秀并继承其衣钵，其法律思想将会得到更多的挖掘和传播。这在我国也得以引证。例如，陈寅恪先生的持续学术影响，就与他的弟子继承他的衣钵或受其影响有很大的关系。

尽管如此，考虑到穆尔试图沟通法律和社会科学，他的研究是值得关注的，他的经验和教训对于如何融合法律与社会科学的研究是有启发意义的。如果我们直接忽视它，我们将会得不偿失。正如施格莱尔所言，穆尔的精髓在于他特别坚定的正直和认真的目标，这在任何职业、任何时间、任何地点都值得学习。①

四、研究穆尔的当代意义

在我国当下的学术环境和社会环境下，我们认为，穆尔的研究具有四方面的意义。

首先，穆尔以先见者的智慧尝试通过科学方法研究法律的可能性，具有原创性。尽管当时没有引起很大的关注，但在今天通过调查统计进行研究的方法已经成为社会科学研究的基本方法。例如，学习控制理论在刑法研究中被广为引用。法律人喜欢确定性，法律研究总体上倾向于采用既有的方法，这是

---

① See John H. Schlegel, *American Legal Realism and Empirical Social Science*, The University of North Carolina Press, 1995, p. 257.

可以由历史的发展而得到证明的。兰德尔的法律原理研究至今仍是美国法学院学习和研究的基本方法。在我国,主流的研究方法是法教义学研究。翻开任何一本法学核心期刊,关于法教义学的研究至少占有一半的篇幅。对于部门法论文,法学核心期刊论文要求的篇幅是不少于2万字,而其中的比较法论述又占有大部分的篇幅,各种理论建构多如牛毛,令人不得不反思是否必要。

需要澄清的是,我们并不反对法教义学的研究,它有其自身的价值。在《民法典》颁布的背景下,在相当一段时间内,我们的法学研究还是以法教义学分析为主。如果我国将来制定商法典,亦是如此。不过,我们要看到纯粹的法教义学未必带来知识的增量,对德国理论的过分强调已经引起学者的反思。① 我们应当对其他的研究方法要秉持包容的心态。我国的法律社会科学研究、法律政治学研究以及法律的经济分析都有一席之地。如果说穆尔的研究对我们有什么教益,那就是敢于站在前沿探索新的方法、新的知识,为此需要研究者及时更新自己的法律理念和知识结构。

其次,穆尔的研究契合了当今跨学科研究的趋势。正如穆尔在论文开篇就提出的,"本项研究处于法理学的领域内。它也属于行为心理学的领域"。穆尔的理论研究被称为"跨学科法学"(interdisciplinary jurisprudence)。尽管穆尔的一些研究在现在看来是基础性的,设置的问题的科学性和数量也有值得商榷之处,但在当代的社会科学研究中,这种方法也是适用的。穆尔的研究,或者说现实主义法学的一些研究(如卢埃林和霍贝尔关于夏安族人法律文化的研究),整合了不同学科学研究者的知识优势和经验,表明了法律跨学科研究的基本途径。

再次,穆尔的研究提示我们跨学科研究所面临的困难。穆尔当年具备了从事法律研究的充分条件,他不仅有资金的支持,而且同时在其他学院任职,有机会与其他学科的学者进行合作。尽管如此,在施莱格尔对穆尔的研究中,我们看到穆尔为了学习社会科学的研究方法下了苦工,但仍不免走弯路。跨学科研究的开展需要很多的条件,是否必须万事俱备不可一概而论。卢埃林

---

① 参见尤陈俊:《法学继受对法学研究及法学教育的连锁影响——以德国法教义学在我国台湾地区之继受为例的反思》,载《法学评论》2022年第3期。

和霍贝尔的研究提供另一种可能。考虑到法律实证研究所需要付出的资金和经历以及我国当前的职称考核体制,任何从事法律实证研究的学者必须考虑"有所为,有所不为"。我们认为,只有通过借助相关学科的知识和经验,才能避免出现错误。这在今天也依然是成立的。

最后,穆尔的研究能得以顺利进行,与他从耶鲁大学和其他机构所获得的资助有密切的关系。实际上,对法律进行社会科学或以自然科学的方法对法律进行研究,都是需要资金投入的。针对穆尔的研究而言,他不仅需要聘用研究助理,他要向从事样本发放和收集工作的工作人员支付报酬,银行工作人员填写工作记录的工作也是需要支付报酬的,更不用说各种打印费和资料费。针对人文社会科学,人们有一种较为普遍的观念,认为只需要从书本中就可以获得相关的资料,这恰恰是兰德尔时代的看法!清华大学法学院在2000年前后曾获得一个巨额法治项目资助(1000万元的资金资助),这在当时引起了轰动。对于自然科学而言,1000万元只是一个小项目,但对于社会科学研究项目则可以说是巨额了。在今天,各种国家级社科项目的资助资金也是比较有限的,重大项目的资助也在100万元以下。穆尔的研究给我们的一个启示是,应当加大人文社科项目的资助数额。在这方面,除了国家的资助,民间的各种资助也非常重要。就穆尔的项目而言,耶鲁大学争取到了各种研究资金,包括民间的资金。美国《统一商法典》的研究和制定,也是如此。我们认为,国家要重视人文社科项目的研究,加大各种资金的资助,同时倡导民间机构支持开展学术发展,为繁荣我国的学术研究作出努力。

第五章　道格拉斯：理论和实践的穿行者

> 对旧破产法最后的改革发生于大萧条之中。许多有关此次修订的重要条款都是由威廉·道格拉斯(William Douglas)拟定的……道格拉斯与其他杰出的新政改革家一道致力于重塑旧破产法。……在那个时代,道格拉斯的成就被视为美国这一历程的纪念碑。①
>
> ——小戴维·斯基尔

在美国破产法史上,威廉·道格拉斯是值得大书特书的。一方面是因为道格拉斯的传奇经历。尽管从小家境贫寒,道格拉斯却想方设法在著名的哥大法学院完成法学教育并获得法学学位。另一方面是因为道格拉斯的理论研究和职业成就。道格拉斯先是在纽约市一家大型律师事务所担任律师,然后从实务转向学界,先后任教于哥大法学院和耶鲁法学院。

令人惊讶的是,用了不到10年的时间,道格拉斯就成

---

① [美]小戴维·A.斯基尔:《债务的世界:美国破产法史》,赵炳昊译,中国法制出版社2010年版,英文版前言。

为耶鲁法学院薪酬最高的教授。在耶鲁大学任教期间，道格拉斯担任美国证券交易委员会（以下简称美国证监会）主席，最后在美国最高法院担任法官长达 37 年之久，在人权、隐私权、居民权利、环境保护等领域作出贡献。[①] 道格拉斯撰写个人自传十余本。对于这些经历，读者诸君可参阅本书附录二。在世俗的意义上，道格拉斯无疑是一位成功人士。

对于现实主义法学而言，道格拉斯有什么特殊的意义？

有一种观点认为，耶鲁法学院因为现实主义法学而跻身一流法学院，[②]而道格拉斯为耶鲁法学院带来较大的声誉。卢埃林在评价道格拉斯时说，道格拉斯是在现代现实主义法学法律技巧培训中成长起来的首位居高位的法官（the first high judge）。[③] 另一种观点认为，道格拉斯带给美国最高法院的破产法律和实践的知识是其他人无法比拟的。[④] 还有一种观点认为，道格拉斯是美国激进破产法学术研究的思想之父。[⑤] 这些观点从不同侧面对道格拉斯作出了评价，都具有一定的道理。我们认为，研究道格拉斯的意义主要体现在三个方面：一是他通过对商法的具体研究突出了法律的功能分析；二是他对破产法的理论研究及其对破产法实践的影响；三是他取得职业成功的原因。本章就此三个方面予以展开。

一、法律的功能分析

对法律进行功能分析是现实主义法学家所共享的观点，[⑥]卢埃林和穆尔也

---

① 现实主义法学学者并非仅关注私法，卢埃林的研究就涉及刑法和宪法，参见 Karl Llewellyn, *Jurisprudence: Realism in Theory and Practice*, Transaction Publishers, 2008, p. 412 - 450，而道格拉斯在人权、隐私权、环境保护方面的贡献也超出私法的范畴，因为兴趣和关注的领域不同，本书主要从私法的视角进行阐述。有学者对私法和法理的关联性提出反思，提出“公法的法理学”，参见翟志勇：《公法的法理学》，商务印书馆 2021 年版。

② 参见［美］劳拉·凯尔曼：《黑暗年代：再造耶鲁法学院》，阎天译，北京大学出版社 2016 年版，第 6 页。

③ See John W. Hopkirk, *The Influence of Legal Realism on William O. Douglas*, in Gottfried Dietze ed., Essays on American Constitution Law, Prentice-Hall, Inc., 1964, p. 76.

④ See Vern Countryman, *Justice Douglas: Expositor of the Bankruptcy Law*, 16 UCLA Law Review 773 (1969).

⑤ See David A. Skeel Jr., *Vern Countryman and the Path of Progressive (and Populist) Bankruptcy Scholarship*, 113 Harvard Law Review 1078 (2000).

⑥ 参见本书第一章第二节。

主张对法律进行功能分析，但法律的功能分析更像是道格拉斯的专属学术标签，他对商法的研究展示了对法律的功能分析的特征，为现实主义法学的法学方法论增加了一个新的维度。正如论者所言，可能没有现实主义法学学者比道格拉斯更加致力于将法理与自然的(unstudied)事实情形相结合的了。[①]

（一）功能分析的法理观

道格拉斯反对将法律概念视为圭臬。在道格拉斯看来，法律是服务特定功能的，要根据法律在社会中服务的功能来界定法律，而要理解法律是否履行其功能，就需要了解法律服务该功能的效果。[②] 道格拉斯是从三个方面来对法律进行功能分析的。

首先，道格拉斯认为在公司法中要关注法律的功能。道格拉斯认为，对公司的分析有不同的方法，他主张通过企业组织的三个过程来理解，将中心放在所有企业共同的三个功能上：一是资源的集合，最主要是资金的集合。在道格拉斯看来，完成集合的工具和机制可能有不同，但集合资金这一过程对于企业是共同的。资金的集合可以通过长期融资来进行，也可以通过短期融资来实现。[③] 二是对商业企业的“控制”或“指导”。道格拉斯指出，“控制”是一个包容性的术语，它可以指代过多的东西导致它难以被界定，对它要根据事实情形进行分析。在事实上，控制涉及权力的分配，受到多种因素的制约。对权力分配的事实进行研究更加有效、更加有活力，对其进行观察可以看出社会因素的强大影响，因此，应当从人的行为的角度来界定“控制”，将重心从静止的规则转向有活力的行为。[④] 三是对损失的分担。道格拉斯认为，这涉及损失分摊的机制。如果认为公司是员工、债权人、投资人和国家这一群体的集合，那么他们与公司都有利害关系。在公司无法经营或重组时，谁来承担损失？按什么

① See Laura Kalman, *Legal Realism at Yale*: 1927 – 1960, The University of North Carolina Press, 1986, p. 9.

② See John W. Hopkirk, *The Influence of Legal Realism on William O. Douglas*, in Gottfried Dietze ed., Essays on American Constitution Law, Prentice-Hall, Inc., 1964, p. 64.

③ See William O. Douglas, *Functional Approach to the Law of Business Associations*, 23 Illinois Law Review 676 (1928 – 1929).

④ Ibid., p. 678 – 679.

来分担损失？道格拉斯认为，这是损失分担问题，应当将其作为整体来对待。如果将其作为什么是合伙或公司问题处理，将掩盖了这些问题，无法将重心放在司法所履行的社会管制功能上。如果没有将重心放在功能上，将导致强调从实质转向形式。道格拉斯认为，法律规则不是作为目的，而是作为风险分担过程的一部分来研究。在对风险进行评估时，应当考虑当事人已经考虑此风险，所需要做的是根据优先顺序确定重新协调诉求和确定优先性，将重心从静止的制度转向功能的方法。[①] 在道格拉斯看来，通过这一功能性方法，可以为企业的发展提供空间。

在公司责任问题上也是如此。道格拉斯认为，对于母公司是否要为子公司承担责任，涉及组织和运作方式的确定。就此而言，只确定公司是什么收获甚微。道格拉斯指出，"它不是一个物体，它是一种方法。当从所试图实现的目的这一背景和实现它的方式移开，它藐视定义。在将它界定为方法时，定义就会有所不同。而基于一种目的作出的定义，完全不同于基于另一种目的作出的定义。因此，就缺少定义的效用……唯一需要关心的目的和实现其的手段"[②]。因此，在道格拉斯看来，通过母公司的"代理"、"工具"、"第二个我"(alter ego)、"从物"(adjunct)这样的表述来隔离母公司的责任是没有帮助的。这些概念自身是需要界定的，它们只是表述了结果，而结果只有根据事实得出才是有意义的。正因如此，认为母公司在子公司从事不公正、不正义行为时才承担责任，并没有描述大多数案件事实所认可的行为标准，而事实涉及的是公司组织和运作的方式和方法。也就是说，要对母公司是否承担法律责任作出分析，就需要对组织的类型进行分析。[③]

其次，道格拉斯对法学教材的编撰体现了功能分析的方法。现实主义法学学者运用新的方法编写教科书。卢埃林编写了《合同法案例与资料》，在资

① See William O. Douglas, *Functional Approach to the Law of Business Associations*, 23 Illinois Law Review 679 - 681 (1928 - 1929).

② See William O. Douglas & Carrol M. Shanks, *Insulation from Liability through Subsidiary Corporations*, 39 Yale Law Journal 194 - 195 (1929).

③ Ibid., p. 195 - 196.

料来源、表述方式等方面作出了一些创新。[①] 与卢埃林相比,道格拉斯在商业组织教科书撰写方面更为激进。在当时,代理和公司是作为两门独立的课程来讲授的,内容也分别放在不同的教材中。例如,在代理课上,学生被要求把握雇主负责(respondeat superior),而在公司法课上,则要求学生学习法律概念,例如公司的特征、"揭开公司的面纱"和越权活动(ultra vires activity)等,这样导致的结果是学生们面临实践问题时显得无所适从。道格拉斯认为,在比较学的框架内,功能性方法可以将材料与商业组织整合。在做法上,道格拉斯认为,既然公司的功能可以划分为融资、管理和损失,可以将商业组织相应地分为三门课。他为此编写了三本教科书,分别是《商业组织管理法案例与资料》(*Cases and Materials on the Law of Management of Business Units*)、《商业组织融资法案例与资料》(*Cases and Materials on the Law of Financing Business Units*)和《商业组织案例与资料——损失、负债与资产》(*Cases and Materials on Business Units—Losses, Liabilities and Assets*)。管理和损失的案例教科书整合了传统的代理、合伙和公司的内容,融资的案例教科书则包括该门课程未涵盖的企业融资的内容。[②] 道格拉斯的创新在当时显得很激进,但如果从今天来看,美国公司法的案例教科书至少部分地接受了将代理放入其中的做法。[③]

最后,道格拉斯对美国《破产法》特定制度的功能进行分析。在《破产的某些功能面相》一文中,道格拉斯基于实证调查对美国破产法规定的破产制度和管理的相关方面作出研究。道格拉斯指出,由于现有制度没有规定对破产统计信息的收集,如果没有独立的调查,要理解破产所产生的影响是不切实际的。现有的研究主要指向监测破产人和律师的欺诈行为、提升和加速破产管理以及减少官员职责的重叠等方面,而没有考虑破产法特定机制的社会需求、

---

① See William Twining, *Karl Llewellyn and the Realist Movement*, 2nd Edition, Cambridge University Press, 2012, p. 130 – 131.

② See Laura Kalman, *Legal Realism at Yale*: 1927 – 1960, The University of North Carolina Press, 1986, p. 85 – 86.

③ 例如艾森伯格教授的公司法案例教材就将代理和合伙放入书中,参见 Melvin A. Eisenberg, *Corporations and Other Business Organizations*, 9th Edition, Foundation Press, 2005, Chapter 1 & 2。

用途或功能问题。[1] 以美国《破产法》第 14 条为例,其不同子项规定的免责是如何发挥作用的,对此并没有作出解释。道格拉斯通过将美国《破产法》的规定与英国《破产法》的相关条文进行对比,从以下几个方面进行分析。

一是在会计记录方面,英国法规定如破产人未保留正常的会计账簿,法院有权拒绝、延迟、附有条件或毫不保留地给予债务人免责,或是施加刑事处罚。道格拉斯认为,英国的做法值得借鉴,它可以将案件区分为两类,从而准许一类免责另一类不免责的做法。[2]

二是在汽车侵权方面,道格拉斯的实证调查表明,因汽车事故导致的破产不断增加。以在波士顿的实证调查为例,在 910 个破产案件中有 21 个涉及汽车事故,平均的判决金额是 1217 美元。道格拉斯指出,美国《破产法》没有考虑到其对破产的影响,因为在 1898 年该法制定时,汽车还处于"婴儿期",在 20 世纪 30 年代汽车已经具有经济和社会上的重要性,但美国《破产法》对此仍然较少考虑。[3]

三是在投机和赌博方面,道格拉斯的实证调查指出,在新泽西州大约 5% 的案件、在波士顿大约 6% 的案件涉及投机和赌博,但美国《破产法》对此没有民事或刑事方面的规定,允许企业家不受限制地扩大债权人风险并允许其通过破产来庇护是不公平的,要对此进行重新评估。[4]

四是在没有合理期待偿还能力而负债(挥霍)方面,道格拉斯指出英国法对此作了规定,但英国的调查报告对相关案件的事实并未披露。根据消费者破产的调研,道格拉斯认为完全遵照英国的规定是不明智的。美国《破产法》第 14 条对书面错误陈述和行为、口头表示的区别对待是难以证成的。[5]

五是对于之前有过破产的情形,道格拉斯区分个体经营者和一人公司,根据实证调查的数据,道格拉斯主张应将其归为三类:不幸事故(misfortune)案

---

① See William O. Douglas, *Some Functional Aspects of Bankruptcy*, 41 Yale Law Journal 330 - 331 (1932).

② Ibid., p. 339 - 340.

③ Ibid., p. 341 - 343.

④ Ibid., p. 343 - 347.

⑤ Ibid., p. 347 - 352.

件,投机、赌博和重大挥霍案件以及欺诈案件。道格拉斯认为,美国《破产法》应当基于不同的类别作出不同的处理,而不是忽视它们的不同。① 道格拉斯进一步指出,“只有在对整体情况和它运作的相关情况进行仔细的调查和分析之后,才可以回答破产的功能是什么、可以是什么或应当是什么”②。

需要指出的是,道格拉斯对法律进行功能分析是一以贯之的。道格拉斯提到,他在耶鲁大学任教时,经常将出类拔萃的学生送进市场、高速公路和黑市,让他们观察法律是怎样运作的。对信用法律的考察,要放在它所服务的利益和运用的背景下来考察。③ 1948 年,道格拉斯在纪念现实主义法学学者马克斯·雷丁(Max Radin)时指出,雷丁擅长语义分析,但他没有利用语义作为树立作者独特个性或满足当时氛围的轻率之物。“他所塑造的法律在功能和实用性上具有朴实无华的品质。”④可见,道格拉斯对于功能分析的方法是念兹在兹。这与有的现实主义法学学者后来完全否认自己早期观点恰恰形成鲜明的对比。

(二)缘由和促成因素

为什么道格拉斯会对法律进行功能分析?一种解释认为,道格拉斯受到库克和穆尔的影响,尤其是穆尔的影响。此种观点认为,道格拉斯在哥大法学院读书时库克和穆尔都是他的老师,他曾担任过穆尔的研究助手,认同穆尔从社会科学的角度对法律进行研究的思路,受到穆尔的很大影响。⑤ 我们认为,道格拉斯受到穆尔的影响是没有疑问的,但他之所以走向法律的功能分析,似乎与当时的社会科学和法学思潮有关。一方面,在哲学上,作为现实主义法学思想基础的实用主义哲学盛行,杜威作为精神导师更是受到现实主义法学学者的追捧。卢埃林自己就是如此,据说,在哥伦比亚大学时,他认为别人对他

---

① See William O. Douglas, *Some Functional Aspects of Bankruptcy*, 41 Yale Law Journal 352 - 360 (1932).

② Ibid., p. 363.

③ See William O. Douglas, *Go East, Young Man: The Early Years*, Random House, 1974, p. 174.

④ William O. Douglas, *Max Radin*, 36 California Law Review 163 (1948).

⑤ See John W. Hopkirk, *The Influence of Legal Realism on William O. Douglas*, in Gottfried Dietze ed., Essays on American Constitution Law, Prentice-Hall, Inc., 1964, p. 60.

的最高赞誉就是称他为“小杜威”。这从卡多佐、卢埃林、弗兰克等人的著述中对杜威的引用可以看出。道格拉斯亦是如此。作为现实主义法学的核心成员之一，道格拉斯不可能不受到该群体成员思想的影响。另一方面，在社会学方面，功能分析的研究也是热点。卢埃林在耶鲁法学院读书时，就极其崇拜他的老师萨姆纳，后者出版了《民俗：论惯例、风度、风俗、德范和精神的社会学意义》一书。在《夏安族人的方式：原始法理学中的冲突与判例法》一书中，卢埃林和社会学家霍贝尔更是从功能的角度对夏安族人的习俗和法律文化进行研究。而几乎在同一时间，英国社会学的功能分析在马林诺斯基的带领下方兴未艾，我国著名社会学家费孝通先生对此有较为详细的介绍，[①]他是社会功能分析的实践者和推动者。因此，我们可以认为，道格拉斯对法律的功能分析受到了其所在的时代思潮的影响。

在这里，尚需要探究为何道格拉斯的法律功能分析能取得成功。我们认为，有几个因素是非常重要的。

一是道格拉斯从具体的部门法入手。他从公司法、证券法开始自己的研究，并通过实证调查研究迅速地树立了自己在破产法领域的领先地位。正是破产法领域的研究，使得他成为当时处于研究前沿的学者。他花了 7 年时间研究商业组织、破产法和证券法，[②]尽管貌似缺乏持续的专注，但仍然是研究商法。这与他之前的律师工作经历有一定的关系。

二是道格拉斯对自己的研究有较为清晰的定位。他意识到耶鲁大学人际关系研究所无法提供很多的资源从事大规模的实证调研，[③]因此他通过与政府部门进行合作的方式开展研究。例如，他接受美国商务部的委托在康涅狄格州开展破产接管方面的研究，接受美国证监会关于破产重组保护委员会的研究。这些研究不仅为道格拉斯带来较大的声誉，也为他以后的职业道路奠定

---

① 参见费孝通：《从马林诺斯基老师学习文化论的体会》，载氏：《师承·补课·治学》（增订本），生活·读书·新知三联书店 2021 年版，第 303 页以下。

② See John H. Schlegel, *American Legal Realism and Empirical Social Science*, The University of North Carolina Press, 1995, p. 218.

③ See John W. Hopkirk, *The Influence of Legal Realism on William O. Douglas*, in Gottfried Dietze ed., Essays on American Constitution Law, Prentice-Hall, Inc., 1964, p. 72.

了基础。

三是道格拉斯善于与合作者合作。道格拉斯意识到破产法的实证研究需要社会学、统计学等学科的知识和技能。与穆尔自己着手设计和不时地出错不同，道格拉斯能找到他所需要的、胜任的合作者。道格拉斯意识到他无法从耶鲁大学人际关系研究所获得资源支持，他与对破产法研究感兴趣的社会学学者多萝西·汤姆斯(Dorothy S. Thomas)一起合作，充分利用后者的学科优势，避免了一些不必要的错误。① 多萝西具有专业的社会科学知识，出版了《社会行为研究的若干新技术》。在实证研究中，道格拉斯允许多萝西对他的研究技术进行修改，他的研究兴趣也受到后者的影响。② 不仅如此，在道格拉斯被委托从事美国证监会关于破产重组保护委员会的研究时，他吸纳了一些耶鲁大学毕业生，让他们从事特定章节的起草，一些小组成员后来也成为耶鲁法学院的教授。另一个例子是，在美国最高法院担任法官时，道格拉斯请雷丁教授推荐实习生，并对他的推荐给予绝对的信任。③ 可见，道格拉斯知人善用。用现在的话来说，他具有领导力。

二、道格拉斯的破产法研究及其影响

道格拉斯的研究涉及商法中的公司法、证券法和破产法。如果要问道格拉斯更擅长哪个部门法，答案无疑是破产法。在《债务的世界：美国破产法》一书中，斯基尔教授说："对旧破产法最后的改革发生于大萧条之中。许多有关此次修订的重要条款都是由威廉·道格拉斯拟定的……道格拉斯与其他杰出的新政改革家一道致力于重塑旧破产法""……在公司破产制度上，威廉·道格拉斯和新政改革者们则完全颠覆了原来的重整制度，结果使华尔街的银行和长期支配破产程序的重整律师们成了公司重整的配角。"④

---

① See John W. Hopkirk, *The Influence of Legal Realism on William O. Douglas*, in Gottfried Dietze ed., Essays on American Constitution Law, Prentice-Hall, Inc., 1964, p. 72.

② See John H. Schlegel, *American Legal Realism and Empirical Social Science*, The University of North Carolina Press, 1995, p. 143, 215.

③ See *Letter to Max Radin dated May* 27, 1946, in Melvin I. Urofsky ed., The Douglas Letters: Selections from Private Papers of Justice William O. Douglas, Adler & Adler, 1987, p. 47.

④ [美]小戴维·A. 斯基尔：《债务的世界：美国破产法史》，赵炳昊译，中国法制出版社 2010 年版，英文版前言，第 5 页。

(一)破产法理论研究

道格拉斯的破产法研究具有自己独特的风格,那就是它与法律实证调查息息相关。事实上,在道格拉斯之前,美国司法部也委托学者进行过社会实证研究。但若论影响,道格拉斯及其合作者进行的研究影响更大,不仅是因为他们的研究涉及不同的州,也是因为他们与美国商务部、联邦法院新泽西地区法院合作以及后来与美国证监会合作。此外,道格拉斯的研究方法也是值得引起注意的。道格拉斯及其合作者对法律实证研究的方法做了交代,并以研究成果的形式进行发表。在《企业破产项目——方法问题》一文中,道格拉斯及其合作者指出,尽管有一些研究涉及企业破产的经济状况,但大部分研究仅停留于此。他和他的团队所要做的,是通过追溯社会、经济、法律先例和评估因果推理分析涉及的因素,来得出比较实用和科学的结果。科学工作者所感兴趣的是事实收集的方法、确定相互关系以及将预测与后来发生的进行比较。①

道格拉斯及其合作者认为,对这些问题的研究面临一个实际的困难,即方法问题。在回顾现有破产法律实证研究的现状和面临的问题后,道格拉斯对其采用的技巧进行了阐述,设立诊所,对破产人进行盘问。为此需要设定问卷。仅此是不够的,还要从其他渠道获取信息,一是账簿记录,二是债权人提供的信息,还要从破产人的员工、美国商业改进局(Better Business Bureau)以及商会获取信息。② 道格拉斯及其合作者指出,他们的研究方法避免了两个局限:一是由被调查人填写文件,在该项研究中,调研人员根据访谈情况自己填写问卷;二是调研因样本较少而不具有代表性。这在该研究中是不存在的。③

如果说在上文中对方法的交代还不够充分,那么在第二篇关于调研方法的论文④中则作了较为详细的阐述。道格拉斯及其合作者指出,在进行破产实

① See William Clark, William O. Douglas & Dorothy S. Thomas, *The Business Failures Project—A Problem in Methodology*, Yale Law Journal 1013 (1930).

② Ibid., below 1015.

③ Ibid., p. 1023.

④ See William O. Douglas & Dorothy S. Thomas, *The Business Failures Project—Ⅱ. An Analysis of Methods of Investigation*, 40 Yale Law Journal 1034 (1931).

践调研时,除了诊所的方法,还有:(1)与破产人的个人访谈;(2)将附有工作人员信函表明研究目的要求填写的问卷发给破产人,由后者通过邮件发回;(3)将附有法院信函指示破产人填写的问卷发给破产人,由后者通过邮件发回。[①] 道格拉斯指出,社会调研应当对重要问题提出确定、完整的答案,而确定、完整涉及程度问题。为了确定程度问题,需要将问题的答案分类为完整、部分、模糊和没有答案四个部分,并根据典型性问题进行分析。这些典型性问题包括组织形式、教育背景、职业发展、保险、信贷等。道格拉斯结合调研情况对这些事项进行了详细的讨论。例如,零销售和承包方对教育年限的答复率分别达到86%和89%。[②] 不过,道格拉斯对该调研的局限性也进行了讨论。例如,个人访谈的方法难以使用,它费用昂贵并耗费时间,很少有破产人在没有律师同意的情况下同意被访谈,而说服律师访谈是合适的并不容易,因为律师经常对此持怀疑的态度。在律师同意时,律师会要求在场。由于律师费是昂贵的,访谈只能匆匆忙忙地进行,而彻底的访谈需要较大的坚持和过度的劝诱。[③]

以上我们对道格拉斯从事社会调研的方法进行了描述。这些方法在现在也是适用的。如果我们想一想道格拉斯的研究发生在近百年前,我们会感到他的研究的前沿性。除了研究方法,道格拉斯的研究有什么发现?下面我们从工薪劳动者破产、破产重组以及破产管理三个方面来展开探讨。

首先,工薪劳动者破产研究。道格拉斯关于工薪劳动者破产的研究,与他的实证调查密切相关。如果说他基于事实进行的关于破产法的功能的研究着重于与英国法进行比较,他关于破产管理(见以下部分)是对于破产管理中保护委员会的职责和作用的事实研究,那么对工薪劳动者破产的研究则是从事实层面对工薪劳动破产的原因和破产管辖的权力分配来进行的。也就是说,道格拉斯一方面试图揭示影响工薪劳动者破产的各种因素,另一方面对这些影响事项该由州法院管理还是联邦法院来管理提出分析。对于前者,道格拉

---

① See William O. Douglas & Dorothy S. Thomas, *The Business Failures Project— II. An Analysis of Methods of Investigation*, 40 Yale Law Journal 1035 (1931).

② Ibid., p. 1036 – 1042.

③ Ibid., p. 1043.

斯指出，随着商业和非商业破产的大量增加，其引起了人们的关注，大多数人认为应当将精力和资源放在破产内在制度效率的优化上。但是，道格拉斯认为，这种观点忽略了破产的功能、它所处理的问题、它的目的以及它与社会经济条件之间的关系。① 道格拉斯接着结合新泽西州和波士顿的实证调研，从信贷消费、过度花销、租金、购买自有住房、投资和赌博、通融票据背书、汽车事故判决、医疗支出和疾病、失业和收入减少等方面对工薪劳动者破产的原因作出分析，指出两个州的异同，并结合其他的全国性调研和数据进行分析。

其实，道格拉斯是醉翁之意不在酒。正如他的论文标题所示，他关注的是如何在这些事项中区分联邦的权力和州的权力。道格拉斯指出，大多数改革者假定破产的所有权力归于联邦，但这种观点忽略了对破产在经济秩序中发挥的功能进行评估。道格拉斯认为，破产管辖权力通常牵涉立法政策问题：一是不同的债权人对债务人的财产的收集和公平分配；二是对债务人应支付的债务进行豁免。前者涉及债权人何时启动破产机制以及指明债务人的财产、对财产的收集、清算和分配等，后者则涉及免责的债务、免责的条件以及拒绝免责的理由等。在道格拉斯看来，如果要认识到破产之前存在的社会问题，就要将破产管辖权力整合到不同领域的社会规划中，根据各州问题的严峻性和重要性来制定不同的应对之策。②

道格拉斯对很多问题进行了详细的论证。例如，就汽车事故判决而言，与其说它是涉及判决免责的社会政策问题，不如说它是一个对汽车进行管理的地方性问题，而联邦对汽车没有管理权力，它只能通过破产来对汽车事故判决施加影响，而各州对这一领域的权力在其他领域也是存在的。道格拉斯认为，应当将它作为一个处于州和联邦之间的权力，需要将破产权力还给各州。③ 又如，对于债务人分期偿还债务问题，它究竟应当由联邦机构还是州机构来管理？道格拉斯认为，考虑到无论是催收方法还是债权人的不同种类，它们都是

① See William O. Douglas, *Wage Earner Bankruptcies—State vs. Federal Control*, 42 Yale Law Journal 591 (1933).

② Ibid., p. 591 – 593, 607.

③ Ibid., p. 607 – 608.

掌握在州政府而不是国会手里,分期偿还债务应由各州来控制,是作为破产管辖权力不可缺少的部分。① 应当说,道格拉斯的研究意识是比较敏锐的,他不仅结合实证资料提出了具有理论价值和实践价值的问题,而且其注重州法和联邦法之间的对接,视野较为开阔。

其次,破产重整研究。道格拉斯较早进行研究的领域起源于他对铁路重整的研究。正是关于铁路破产重整的研究,导致道格拉斯引起美国证监会的关注,并被后者委托进行课题研究。在《铁路重整中的保护委员会》一文中,道格拉斯针对美国《破产法》第77B条的批评作出回应。道格拉斯指出,洛文塔尔(Lowenthal)对铁路重整程序的批评提出了私人控制还是公共控制的问题,也提出了重整程序中保护委员会的组成、职能和控制的问题。洛文塔尔倾向于由州际商务委员会进行集中监管。在道格拉斯看来,这种观点包含三个假定:一是旧的和现行制度中没有为证券持有人提供独立判断和批准重整方案的机会,一种优化的程序可以让独立的小额债券持有人有参加与其利益相关的听证的机会;二是机构投资者无法为小的投资者提供保护;三是在新立法下保护委员会可能会攫取不义之财。② 道格拉斯认为,各种保护委员会的实践不支持这些观点,洛文塔尔提供的解决方案是不切实际的。

第一,之所以强化对保护委员会的管理,主要不是因为其成员能力不足或存在欺诈,而是因为其成员通常是原来的管理层或有财务利益的内部人。由于少数债权人缺乏足够的领导力或专业人士的协助,其无法像原来的管理层那样进行管理,也没有类似英国的股东保护协会这样的私人组织发挥作用。③

第二,洛文塔尔不愿意将权力放在机构投资者手中,是因为担心权力被滥用。这有一定的道理。但是,道格拉斯指出,所有提起重整的大型铁路都设有保护委员会,其成员不仅免受银行的主导,而且对银行的意愿提出反对。尽管不可否认银行在保护委员会中有一定的代表,但对于有利害关系的重整而言,

---

① See William O. Douglas, *Wage Earner Bankruptcies—State vs. Federal Control*, 42 Yale Law Journal 636 – 637 (1933).

② See William O. Douglas, *Protective Committees in Railroad Reorganizations*, 47 Harvard Law Review 565 (1934).

③ Ibid., p. 567 – 568.

利用机构投资者的专业知识和技巧有助于完成重整。事实上,机构投资者不仅在方案的制定方面发挥独特的作用,而且可以对管理的破产财产进行谨慎的管理。①

第三,保护委员会的设立不仅是可欲的,而且是必要的。在实践中,保护委员会自身或与受托人一道帮助债务人回收资产或阻止发行不恰当的权证。对于洛文塔尔所提出的保护委员会攫取不义之财的问题,在实践中是难以操作的,因为其成员是大型银行的代表,其要承担最大份额的费用,他们降低该笔费用的想法是与小的债权人一样的。② 道格拉斯此文的立论明确,分析客观、严谨,论证有力,的确是一篇佳作。可能正是这些原因,导致它引起了美国证监会的关注。

最后,破产管理研究。道格拉斯对破产管理进行了研究。道格拉斯的研究是根据调查数据来进行分析的,不仅体现了现实主义法学学者对于社会事实的关注,而且体现了鲜明的改革的意图。在后一方面,显然与穆尔的纯理论研究不同。道格拉斯和他的合作者指出,让人奇怪的是,解释破产管理是如何运作、它的所作所为、它涉及的不同的人和方法以及它如何影响他们的这些数据是缺乏的。③ 结合美国商务部的实证调查和道格拉斯及其团队的实证研究,道格拉斯从债权人控制、受托人的选定、破产申请的审查、破产债务免除(discharge)、刑事责任、转让、延期和合并、清偿以及管理程序进行了分析。对于债权人控制,道格拉斯指出,破产法是建立在债权人进行控制的理论之上的,它假定作为在破产事务中最有利害关系和最为关心的债权人会积极参加破产财产的管理,并对破产管理保持警惕。但是,过去 30 多年(指 20 世纪前 30 年,以下同)的经验表明债权人是消极的、漠不关心的,理由在于平均分配的金额非常之小甚至不存在,债权人不想再给陷入困境的企业注入资产。

以数字来说明,1924 年至 1930 年,分配给债权人的平均比例不超过其债

---

① See William O. Douglas, *Protective Committees in Railroad Reorganizations*, 47 Harvard Law Review 573 - 576 (1934).

② Ibid., p. 579 - 581.

③ See William O. Douglas & J. Howard Marshall, *Factual Study of Bankruptcy Administration and Some Suggestions*, 32 Columbia Law Review 25 (1932).

权金额的8%，而在新泽西州的案件中，分配给债权人的比例在扣除管理费用后低于其债权金额的15%。因此，债权人没有动力去关心债务人的情况。[①] 债权人的消极也体现在受托人的选定上。美国司法部的数据显示，关于受托人选定的债权人第一次会议，75%的债权人没有参加会议，在商业破产中这一比例达到50%。基于这一情况，道格拉斯及其合作者建议，在没有资产或资产金额低于5000美元的情形中，受托人应当由法院或破产裁决人指定。[②] 对于破产申请审查，现行法没有作明确的规定，考虑到债权人的消极不作为，道格拉斯认为应放弃依赖债权人或政府官员发起审查的做法，可以借鉴英国破产法要求破产申请人提交关于其事务的经查证的声明。[③] 就债务免责而言，有98%的商业破产案件和99.5%的非商业破产案件直接准许免除债务。考虑到债权人不积极和破产审查的敷衍性质，道格拉斯建议，对于每个债务免除申请规定强制的、系统的审查，赋予法院或政府官员根据具体案件的事实和复杂性作出拒绝债务免除、附条件或不符条件地延期或同意的自由裁量权。[④]

基于现实情况，道格拉斯对债务清偿提出四点建议：一是工薪劳动者应告知破产法院或政府官员其清偿债务的意愿，债权人和破产申请人应被允许参加听证，以决定该清偿的可行性；二是应允许债务人进行清偿，即使部分债权人提出反对；三是法院或政府官员不得强制债务人以其全部资产清偿或不清偿；四是在破产法中对工薪劳动者作出界定。[⑤] 道格拉斯及其合作者还提出要建立简化的破产管理程序，以提升破产的效率和速度。[⑥]

（二）对破产实践的影响

我们还应当关注的是道格拉斯对破产实践的影响。由于在破产法方面的专业优势，道格拉斯在担任美国最高法院法官后有机会对一些破产案件进行

---

① See William O. Douglas & J. Howard Marshall, *Factual Study of Bankruptcy Administration and Some Suggestions*, 32 Columbia Law Review 26 – 28 (1932).

② Ibid., p. 29.

③ Ibid., p. 29 – 31.

④ Ibid., p. 33, 37, 38.

⑤ Ibid., p. 55 – 57.

⑥ Ibid., p. 57 – 58.

判决,并对破产实践产生影响。道格拉斯产生影响较大的第一个案件是 Case v. Los Angeles Lumber Products Co. 案。在该案中,债务人是一家控股公司,其负债近 400 万美元,其主要资产是一家控股子公司,该公司资产约有 40 万美元。债务人发行了期限为 20 年的债券,由包括其控股子公司洛杉矶造船和船坞公司(以下简称造船公司)资产设立的信托契约提供担保。1937 年,债务人的管理层提出一个重组方案,并于 1938 年根据美国《破产法》第 77B 条提出破产重整。根据该方案,将成立一家新公司收购造船公司的资产,该公司将发行 100 万股面值 1 美元的股份,包括 811,375 股优先股和 188,625 股普通股,其中全部普通股由 A 类股东持有,其没有支付认购对价或进行评估。最终,该重整方案获得总债券额 92.81% 的债券持有人的同意、A 类股份 99.75% 股东的同意以及 B 类股份 90% 股东的同意。上诉人持有债券面额为 18,500 元的债券,不同意提出的自愿重整,认为其对于债券持有人不公平、不公正。[①] 尽管原股东未支付对价被给予 23% 的股份,但美国联邦地区法院确认了该重整方案,因为它认为该方案经过 70% 已发行股份具有投票权的债券持有人的同意,并向债券持有人提供了某种补偿优势或对价。美国联邦第二巡回区上诉法院判决予以维持。

道格拉斯代表美国最高法院撰写了该案的判决书。美国最高法院认为,美国联邦地区法院的认定是错误的,美国联邦第二巡回区上诉法院的维持裁定是错误的,重整方案是不公平、不公正的。美国最高法院的理由是:第一,重整方案是否公平、公正是法律问题,不因为相关方的同意而受到影响。[②] 第二,公平、公正是有固定含义的,在同一法律中应遵循法律中众所周知的含义(well known meaning),即遵守熟悉的规则。[③] 第三,从功能上看,在破产重整中,债权人的地位优先于股东,股东未支付对价而取得股份,损害了债权人的利益,扭曲了破产法的功能。[④] 第四,股东支付的对价应当是金钱或价钱等价物,以

① Case et al. v. Los Angeles Lumber Products Co., Ltd., 308 U.S. 110, 111, 112 (1939).

② Ibid., p. 114.

③ Ibid., p. 115.

④ Ibid., p. 110 - 112.

声称的更糟糕的情况作为对价是有问题的。[①] 这一判决最终确立了美国破产法上的“绝对优先”原则。需要说明的是，当时理论界存在相对优先和绝对优先两种理论，正是 Case v. Los Angeles Lumber Products Co. 案确立了绝对优先规则。正如评论者所指出的，道格拉斯在清楚阐释“公平和公正”这一性质方面扮演了很重要的角色。[②]

第二个案件是 Consolidated Rock Products Co. 案。该案涉及的是对母公司及其两家子公司的重组方案是否满足美国《破产法》第 77B 条的公平要求。根据重组方案，将设立一家新公司，该公司将直接持有母公司 Consolidated Rock Products Co. 的股份以及通过母公司持有两家子公司的股份。债券持有人对 50% 的本金的权利将由新公司的全部资产来担保，但他们对累计利息的权利则被终止，剩下 50% 的本金权利转化为新公司发行的等额优先股。美国联邦地区法院确认了重组方案，美国联邦第二巡回区上诉法院作出了改判的判决。

道格拉斯撰写了该案的判决意见。道格拉斯认为，美国联邦地区法院没有对重组方案的公平问题作出认定：一是它没有明确哪些资产用以支付各个权利请求。在母公司资产与子公司混同的情况下，母公司不能通过合同约定逃避或减少其对子公司所负的债务，在母公司将其子公司作为自己的业务部门进行经营时，它不能主张其资产子公司可以免受债权人的请求。[③] 二是评估方法问题。对整体企业的未来盈利的价值进行评估，对于确认重整方案的可行性和公平性是重要的。在本案中，没有考虑整体企业的盈利能力显然是不充分的。[④] 道格拉斯指出，本案的重整计划违背了公平原则，它没有为债券的累计利息提供补偿，而利息和本金都是具有优先地位的。本案的重整计划导致债券持有人持有较低级别的证券(an inferior grade of securities)，因为利息减少了，依情况而定的回报为固定的回报所取得，债权人先前的地位被削弱，而

---

① Case et al. v. Los Angeles Lumber Products Co., Ltd., 308 U. S. 122 - 124 (1939).

② See John W. Hopkirk, *William O. Douglas—His Work in Policing Bankruptcy Proceedings*, 18 Vanderbilt Law Review 686 (1965).

③ Consolidated Rock Products Co. et al. v. Du Bois, 312 U. S. 520 - 524 (1941).

④ Ibid., p. 525 - 526.

对此并没有作出充分的补偿。[①] 美国最高法院最终作出了维持美国联邦第二巡回区上诉法院意见的判决。

第三个是 General Stores Corporation v. Shlensky 案。该案涉及的问题是上诉人依据美国《破产法》第六章提起的破产申请是否应被准许。上诉人是从经营企业转换而来的一家控股公司,不存在债券或抵押证书之类的负债,但它在美国证券交易所发行 200 万股面值为 1 美元/每股的股票,该股票由 7000 名股东持有。上诉人对其未担保的贸易和商业资产提出重整申请,持有 3000 股的股东和美国证监会请求驳回申请,除非其申请根据美国《破产法》第五章的要求作出修改。[②] 本案的争议问题是,上诉人应根据美国《破产法》第五章还是第六章提出破产申请。在这一问题上,双方的争议在于如何处理 Securities and Exchange Commission v. United States Realty and Improvement Co. 案(以下简称 United States Realty 案)这一先例。在 United States Realty 案中,美国最高法院认为,美国证监会应根据美国《破产法》第五章而不是第六章来请求救济,指出美国《破产法》第五章针对的债务人是公众公司,即大型公司,而第六章的债务人则是闭锁公司,即小型公司。

在本案中,道格拉斯认为不采纳 United States Realty 案的区分,而是根据案件事实的需要来决定是按照美国《破产法》第六章制定的方案,还是第五章制定的方案更好地服务于公共的和私人的利益,而债务人的特点不是选择第五章程序或第六章程序的决定性因素。[③] 弗兰克福特(Frank furter)法官提出了反对意见,认为美国联邦地区法院误解了 United States Realty 案的限定条件,而且根据 1952 年修订的美国《破产法》第 35 条对第六章的修订,本案中不涉及违背公平、公正原则。[④]

有学者指出,该案的判决意见体现了道格拉斯立场上的前后不一致。对于其原因,该学者认为,道格拉斯之所以作出判决,是因为它直接体现了道格

---

① Consolidated Rock Products Co. et al. v. Du Bois, 312 U. S. 527 – 528 (1941).

② General Stores Corp. v. Shlensky et al, 350 U. S. 462 (1956).

③ Ibid., p. 465 – 466.

④ Ibid., p. 470 – 472.

拉斯的司法观,道格拉斯是法律现实主义的信徒,强调法律之外因素的影响,是基于美国证监会自身局限性的现实考虑。[①] 我们认为,从判决书来看,道格拉斯否定 United States Realty 案的区分的说服力不够,与前面两个判决相比,存在论证不足的问题,也无法为以后的案件确立明确的指导。在此案判决作出时,道格拉斯已经在美国最高法院任职 16 年,或许他开始对法院的工作感到些许的疲倦?

道格拉斯对破产实践的影响不止于此,在直接破产和重整的其他方面也有贡献,这些破产案件不仅涉及实体问题,而且涉及程序问题。道格拉斯运用自己的专业知识和经验为美国破产理论和实践作出了贡献。哈佛法学院康特李曼(Vern Countryman)教授认为,在具有丰富的破产法律和实践知识方面,道格拉斯是前无古人后无来者,是美国破产法的阐释者。[②] 不过,需要指出的是,在罗斯福新政到 1978 年美国《破产法》修改这段时间,破产案件并不是很突出。有学者认为,在破产实践的发展阶段上,这段时间是美国破产法的黑暗时期。[③]

三、道格拉斯取得职业成功的原因

道格拉斯一生充满神奇的色彩,他经历了多种角色:商业律师、法学教授、美国证监会主席、美国最高法院法官。令人难以想象的是,他每一个角色都极其成功。这些经历无疑是道格拉斯所津津乐道的。道格拉斯生前撰写的个人回忆录超过 10 本,比较有名的有《年轻人,到东部去》《法院岁月:1939—1975年》等。对于道格拉斯的经历,请参见本书附录二。

我们或者好奇地问,假设道格拉斯从一而终,担任律师、政府管理者或是美国最高法院法官,其所取得的成就会是怎样。然而,历史无法进行假设。展现在我们面前的是一位在学术、管理和司法方面具有杰出才华的学者、管理者

---

① 参见[美]小戴维·A. 斯基尔:《债务的世界:美国破产法史》,赵炳昊译,中国法制出版社 2010 年版,第 208 ~ 211 页。

② See Vern Countryman, *William O. Douglas: An Expositor*, 16 Harvard Law Review 773 (1969).

③ 参见[美]小戴维·A. 斯基尔:《债务的世界:美国破产法史》,赵炳昊译,中国法制出版社 2010 年版,第 5 页。

和法官。用时下的话来说,是综合性人才。我们不由得想要探问,是什么因素使道格拉斯能够脱颖而出?

我们认为,第一个因素是道格拉斯的勤奋。这与他的成长经历相关。在父亲因病逝世而母亲投资失利的情况下,道格拉斯需要靠打工来赚取学费和支持家人。在本科时,他之所以选择惠特曼学院而不是华盛顿大学,不仅因为前者给了他全额奖学金,而且因为他在惠特曼可以通过打工来赚取生活费以及每月给母亲20美元。① 在毕业后,道格拉斯获得在纽约律所工作的机会,他同时在哥大法学院兼职教授三门课。律所的工作原本就是高强度的,他经常每天晚上工作到十一点、凌晨零点或四点,然后要在早上八点为学生上课,之后九点四十分或十点回到办公室。② 而在1929年至1934年,他出版了5本案例教科书和十多篇论文。③ 在道格拉斯受美国证监会委托从事公司重组保护委员会项目时,道格拉斯加班加点更是家常便饭。尽管有小组分工,最终出炉的4000页的研究报告有相当部分是道格拉斯自己撰写的,对于其中的关键部分更是如此。④ 同样,在美国最高法院期间,道格拉斯被分配的案件也是较多的。用最高法院首席法官沃伦·伯格尔的话来说,"到退休时道格拉斯法官参与了最高法院史上四分之一的报告案件(的审理)"⑤。由此可见,道格拉斯是十分勤奋的。他所取得成就的背后是他勤奋的努力。

第二个因素是道格拉斯的知识和技能。道格拉斯在法律学习阶段奠定了很好的基础。道格拉斯在哥大法学院读书时,哥伦比亚大学无论是声誉还是师资力量都比较强大,是当时敢于与哈佛法学院叫板的法学院。道格拉斯自己放弃了哈佛法学院的录取,选择到哥大法学院攻读法学专业。哈兰·斯通(Harlan Stone)当时担任法学院院长,后来成为道格拉斯在美国最高法院的同

---

① See William O. Douglas, *Go East, Young Man: The Early Years*, Random House, 1974, p. 97.

② Ibid., p. 150 – 151.

③ See James O'Fallon ed., *Nature's Justice: Writings of William O. Douglas*, Oregon State University Press, p. 7 – 8.

④ See John W. Hopkirk, *William O. Douglas—His Work in Policing Bankruptcy Proceedings*, 18 Vanderbilt Law Review 667 (1965).

⑤ Warren E. Burger, *Tribute to William O. Douglas*, 93 Harvard Law Review 1401 (1980).

事。当时，库克、穆尔、斯通、奥利芬特等人均在此任教。道格拉斯认为穆尔的思想是最前沿的，他担任了两年穆尔的研究助手，受到穆尔的熏陶，导致他决定从事法律实证研究。他认为斯通是苏格拉底教学法的优秀老师，奥利芬特具有敏锐的思想。他自己也成为《哥伦比亚法律评论》的编辑。[①] 道格拉斯凭借知识和技能取得成功的一个例子，是美国证监会委托他领导公司重组保护委员会的研究。穆尔并没有任何官方背景，他之所以被选中，是因为他在一年前发表了一篇关于铁路重组的论文。[②]

第三个因素是道格拉斯的视野。与很多着眼于学究式研究的学者不同，道格拉斯善于抓住大的问题。一个例子是，尽管在破产接管案件中一个持续经营的企业转让能给债权人和股东带来更多的回报，但道格拉斯却看到了员工利益的重要性，并提出应当考虑该等利益。[③] 道格拉斯的宏观视野与多种因素有关。例如，他所读书的哥伦比亚大学处于美国商业中心纽约市，学生时代就担任穆尔的研究助理，与穆尔一起出差调研。引用他的自传《人与山》，有观点认为，道格拉斯是大山之子，比大多数人看得远、看得深。[④] 我们认为，更为相关的是他的现实主义法学信念，即关注事实，关注影响法律的经济和社会因素。他对破产法的社会调研有助于他理解个人和企业破产的原因和影响因素，在这些因素中法律因素的影响恰恰是比较有限的。正因如此，道格拉斯善于从政治或公共政策的维度进行思考，这使他不仅在研究方面处于前沿，而且其提供的方案能够被官方采纳。

第四个因素是政治因素。现实主义法学的若干学者与罗斯福新政有关。现实主义法学学者积极参与新政，提出改革方案，推动改革的进展。就道格拉斯而言，无论是他关于美国商务部委托的破产接管研究，还是美国证监会委托

---

① See William O. Douglas, *Go East, Young Man: The Early Years*, Random House, 1974, p. 145 – 146.

② See John W. Hopkirk, *William O. Douglas—His Work in Policing Bankruptcy Proceedings*, 18 Vanderbilt Law Review 666 (1965).

③ See John W. Hopkirk, *The Influence of Legal Realism on William O. Douglas*, in Gottfried Dietze ed., Essays on American Constitution Law, Prentice-Hall, Inc., 1964, p. 73.

④ See James O'Fallon ed., *Nature's Justice: Writings of William O. Douglas*, Oregon State University Press, p. 18.

的公司破产重组研究,无不与政府推动的改革有关。特别是针对破产法的实证研究,为美国《破产法》的修订提供了直接方案,道格拉斯对公司重组的制度改革即是如此。据他自己写的回忆录,道格拉斯很早就是积极的民主政治活动参与者。[①] 而且,正如有学者所指出的,道格拉斯的改革方案也是为自己从政积累政治资本,他响应民粹主义对公司重组制度进行大刀阔斧的改革,最终将华尔街投行和精英律师事务所搁置一边。[②] 我们认为,这与道格拉斯自己的成长经历有关,他自己的经历就是美国梦的实现。同时,道格拉斯之所以能一路高升,与他的政治倾向和罗斯福的赏识不无关系。

第五个因素,我们认为是运气。一个例子是前文提到的,他被美国证监会委托从事公司破产重组的研究,是因为他之前发表过相关的论文。当时,纽约南区曝光的律师和法官因在破产听证中的欺诈行为被判刑的法律丑闻,[③]导致道格拉斯被委托从事一项破产法比较研究。这是一个巧合。道格拉斯引起新泽西区法院法官威廉・克拉克(William Clark)的注意,后者让道格拉斯介入美国商务部的破产实证研究。[④] 这些事例都表明,道格拉斯有一定的运气。关于运气还有一点,就是当年道格拉斯正在因为没有钱缴纳学费而面临退学的境地时,有人推荐他去法律夜校讲课,使他不仅解决了学费问题,而且收入颇丰,顺利完成学业。当然,我们应当看到,道格拉斯是一个有准备的人,他从小所经历的拮据生活和克服的种种困难,无疑为他以后的发展间接地做了准备。

需要指出的是,不是所有人都认可道格拉斯的职业成就。有观点认为,道格拉斯的研究具有机会主义的成分,他的研究不够专注,从未将自己的精力放在某一领域,其判决缺乏法理逻辑的一致性,他不仅无法与第一层级的霍姆

---

① See William O. Douglas, *Go East, Young Man: The Early Years*, Random House, 1974, p. 257.

② 参见[美]小戴维・A. 斯基尔:《债务的世界:美国破产法史》,赵炳昊译,中国法制出版社2010年版,第154页。

③ 对于丑闻的背景和参与丑闻调查的多诺万,可参见陈夏红:《惊魂一瞥的破产法彗星:多诺万》,载澎湃新闻网2023年2月16日,https://m.thepaper.cn/baijiahao_21898228。

④ See Bruce Allen Murphy, *Wild Bill: The Legend and Life of William O. Douglas*, Random House, 2003, p. 89.

斯、卡多佐或布兰迪斯等法官相比，就是与第二层级的布莱克或弗兰克夫特法官相比也会逊色。[①] 类似的观点认为，道格拉斯善于选择热门主题，通过提出未来研究的正确问题显示自己的专家本色，然后将通常是乏味的工作交给其他人去做。[②] 批评者怀特教授认为，在宪法领域，道格拉斯在美国最高法院期间的判决是结果导向的，将其个人政治理念直接融入判决，是他所在时代的"对立法官"（anti-judge）。[③] 不过，反对的观点认为，上述观点没有注意到道格拉斯是普通法法官，他在美国最高法院期间及时地回应了社会的发展变化，使普通法的传统得以维持。[④] 此外，在家庭生活方面，道格拉斯也引起一些争议。道格拉斯前三次婚姻的失败以及与孩子糟糕的关系是他人生的一个悲剧。在美国最高法院法官任上，他也曾因政治动机被提出弹劾。[⑤] 这些观点有助于我们从不同层面了解一个真实的道格拉斯，但我们不能否认的是，道格拉斯在美国法制史特别是对破产法发展所产生的影响，以及他为现实主义法学的发展和传播所作的贡献。

本章从理论和实践影响的角度对道格拉斯的法律思想进行了研究。作为理论研究者，道格拉斯进行的破产实证研究在当时产生了很大的影响，成为当时美国著名的破产法专家。在实践方面，道格拉斯作为管理者和裁判者也为美国《破产法》的改革和发展作出了重要的贡献。他所秉持的法律的功能分析，不受限于形式主义法学，对于现实主义法学的发展和推动也起到了重要的作用。道格拉斯不满足于法律规则，强调法律的现实性，并注重部分法制度的功能分析，可以说是对现实主义法学发展起到发扬光大作用的学者。作为美

---

① See Melvin I. Urofsky ed., *The Douglas Letters: Selections from Private Papers of Justice William O. Douglas*, Adler & Adler, 1987, Introduction x.

② See Bruce A. Murphy, *Wild Bill: The Legend and Life of William O. Douglas*, Random House, 2003, p.90 – 91.

③ See G. Edward White, *The Anti-Judge: William O. Douglas and the Ambiguities of Individuality*, 74 Virginia Law Review 80 (1988).

④ See Melvin I. Urofsky, *William O. Douglas As a Common Law Judge*, 41 Duke Law Journal 158 – 159 (1991).

⑤ See Melvin I. Urofsky ed., *The Douglas Letters: Selections from Private Papers of Justice William O. Douglas*, Adler & Adler, 1987, Introduction xix, xxii.

国破产法理论和实践的穿行者,道格拉斯的研究和经历提示我们,理论可以推动法律实践,而后者有助于丰富理论研究的内容。这些启示对于我们今天研究破产法和其他法律依然没有过时。

第六章　侵权法理论与格林的遗产

普罗瑟的方法因此融合了现实主义法学的洞见和抵制原理化的侵权法理论的要求。普罗瑟的侵权法哲学理念来自20世纪初期的改革派学者,特别是格林。①

——怀特

我们在前面讨论了卢埃林、穆尔和道格拉斯的法律思想,他们的研究有一个共同的特点,即主要从商法的视角对法律进行研究。我们本章要探讨的是现实主义法学学者里昂·格林(Leon Green)的法律思想。格林以侵权法研究著称,他的研究属于大陆法系传统意义上的民法。"里昂·格林作为侵权法学者的鼎鼎大名是一个由来已久且有客观记载之事。"②在一定意义上,可以说格林是美国20世纪30年代最有影响力的侵权法理论家之一。同时,格林作为现实主义法学学者,对现实主义法学也有很多的贡献,

---

① G. Edward White, *Tort Law in America: An Intellectual History*, Oxford University Press, 2003, p. 157.

② David W. Robertson, *The Legal Philosophy of Leon Green*, 56 Texas Law Review 393 (1978).

现实主义法学的代表人物之一弗兰克就经常引用格林的理论观点。①

我国学者对格林的研究不多,法理学者很少关注格林的法律思想,对格林的经历和理论贡献语焉不详。在部门法中,有一些学者对格林的侵权法理论进行了介绍,②但对于其作为现实主义法学学者的一面鲜有涉及。我们认为,从法理学和侵权法的角度对格林的法律思想进行探讨,不仅有助于理解他的法理学思想,而且有助于深化我们对美国侵权法理论和司法理论的理解与认识。本章将从格林的经历以及他在法理学和侵权法领域的理论成就加以展开,并揭示格林的研究对于我国侵权法理论和法律教育创新的启示。

一、格林的传奇人生

格林1888年出生于美国路易斯安那州,在北路易斯安那乡村长大。由于生长在一个信仰浸信会的家庭,格林大学就读的是浸信会举办的沃希托学院(Quachita College),并于1908年毕业。大约在毕业的同时,因受疾病困扰,格林一家迁往德克萨斯州西部阿比林市附近的一个小城哈姆林。与一般人的选择不同,格林毕业后直接工作。他经营一家冰室,曾担任一家银行的副总裁,还有一些其他的投资。1911年下半年,他通过将哈姆林的股份交换获得位于德克萨斯州西部的一块未开发的土地,迁往奥斯汀市,开始在德克萨斯大学(以下简称德州大学)学习法律。

格林到达奥斯汀市时,已经是10月下旬。当时,学校已经开学5周,但格林获得学校晚入学的同意。进入大学的第一年开始,格林就决定不走寻常路。他尽可能地选了很多高年级的学分课程,并在第一学年结束时顺利地通过德克萨斯州的律师资格考试,并于1912年6月获准在该州执业。在获准执业后,格林随即加入当地的一家律师事务所,从事诉讼业务。为了工作,在第二学年开学时,格林将其身份转为兼职读书,并创立了一家律师事务所。1914年至1915年,格林组织了德州大学商学院的商法课程,并教授商法。

---

① See Jerome Frank, *Law and the Modern Mind*, Transaction Publishers, 2009, p. 62, 94, 283, 291.

② 参见冯珏:《英美侵权法中的因果关系》,中国社会科学出版社2009年版,第112页以下。韩强:《法律因果关系理论研究——以学说史为素材》,北京大学出版社2008年版,第136~151页。不过,这两项研究都没有直接引用格林的《近因原理》。

1915年6月，格林从德州大学法学院毕业。格林此时已经是一位有经验的律师。之后，格林于1915年作为全职教师加入该法学院。这一决定导致格林的收入受到很大影响。格林曾说，在加入法学院的两年内，他在律所积压的工作带来的收入比他在法学院的薪酬还多。[①] 在加入法学院后，格林讲授一些课程，例如损失赔偿、家庭关系等。1917年至1918年学年，由于所有的法学院学生参与军事招募，法学院没有学生可以教。此时，格林原本答应参加奥斯汀市一个政府联盟团体的地区律师的竞选，但因一家律所的高薪聘请而放弃该机会。1918年至1919年，他在一家达拉斯的律所工作，执业的领域是保险法。1919年，格林加入沃斯堡一家律所，成为合伙人。据格林所说，他所从事的主要是油气诉讼。

1920年，因为流感和过于繁重的加班，格林辞去所在律所的工作。此时，他收到了德州大学法学院的工作邀请，于是加入该法学院，教授刑法、刑事诉讼法、保险、民诉法、油气法和侵权等课程。随后的6年是格林的高产期：他编写了油气法、审判程序和上诉程序方面的教科书，发表了6篇论文和3篇书评，他完成了专著《近因原理》的写作并准备出版。格林的科研成果引起关注，他瞬间在美国法学界成为新宠。这从他拥有的职业机会可以得知：在1926年春天，格林参加了华盛顿大学、杜克大学和北卡罗来纳大学的法学院的院长候选人面试。他收到了担任西北大学和明尼苏达大学教授的邀请，收到了担任耶鲁大学访问教授的邀请。格林接受了耶鲁大学访问教授的邀请，同时同意担任北卡罗来纳大学法学院的院长。之所以接受北卡罗来纳大学的邀请，是因为格林被赋予很大的权力，他可以决定人员聘请、人员薪酬和招生规模等事项。不幸的是，因北卡罗来纳州的立法机构以经济萧条为由否决了北卡罗来纳大学的财政预算，格林因得以免除所签订合同的义务，随后担任耶鲁法学院访问教授，直到他1929年8月离开耶鲁大学去西北大学法学院任职。[②]

---

① See David W. Robertson, *The Legal Philosophy of Leon Green*, 56 Texas Law Review 395 (1978).

② 以上关于格林身世的介绍主要来自 David W. Robertson, *The Legal Philosophy of Leon Green*, 56 Texas Law Review 394 – 398 (1978)。

如前文所述,在哥大法学院院长任命风波之后,现实主义法学的中心已经从哥伦比亚大学转向耶鲁大学。此时的耶鲁法学院会集了穆尔、道格拉斯、克拉克等人,这些人是现实主义法学的中坚力量。尽管格林从未认为他是现实主义法学阵营的成员,但他共享现实主义法学的很多观点,这点笔者在下面还要探讨。在卢埃林所列的20人的群体成员名单中,就有格林。① 在这段时间,格林发表了两篇关于过失侵权的论文,其中有的观点与现实主义法学极为相像(见下文)。因此,我们可以确定,格林与现实主义法学有着较为密切的联系,认定他为现实主义法学阵营的重要成员是有充分依据的。有观点认为,格林是20世纪初期最有影响力的现实主义侵权法理论家。②

1929年8月,格林接过原院长威格摩尔的接力棒,担任西北大学法学院院长,并在院长的职务上工作了18年。1947年,格林回到自己的母校德州大学,担任杰出教授。在此之前,格林拒绝了担任美国司法部副部长的工作邀请。格林于1979年逝世。

二、作为现实主义法学学者的格林

与其他的现实主义法学学者相似,格林在从事法学研究之前有较为丰富的工作经历。如上所述,在法学院毕业之前格林已经是有实践经验的律师,而在加入德州大学法学院之前,格林已经是律所的合伙人。格林对法律实务的理解无疑会对他的法学研究产生影响。“他的法律实务经验强化了他的直觉,法律原理应当是可行的、实用的,而不是难懂的、形而上的。”③从整体上看,由于强调法律现实和法律经验,格林走出了一条属于自己的路,成为一位具有重要影响力的学者。格林的现实主义法学思想主要体现在对法律规则和法律实践的认识、对教科书的编写以及对法律性质的认识方面。

首先,格林对事实和事实情景的强调,体现了现实主义法学的现实性。格林的这种强调是通过对文字和概念的批评来实现的。可以说,在此点上,格林

---

① See Karl Llewellyn, *Some Realism About Realism-Responding to Dean Pound*, 44 Harvard Law Review 1227 (1931).

② See G. Edward White, *Tort Law in America: An Intellectual History*, Oxford University Press, 2003, p.76.

③ Ibid., p.75.

的做法与卢埃林是相似的，只不过两个人关注的领域是不同的，卢埃林侧重法理和合同法领域，而格林则是从侵权法入手。格林对文字是十分敏感的，因为作为诉讼律师，他比其他人更能领会法律程序中对语言的操控。[①] 格林指出，人类为超越文字而进行的斗争似乎是没有尽头的。过去，以这种或那种形式进行的文字仪式是司法的主要方法之一，文字使用的发展是最为困惑的研究之一。法律的发展也是如此，在法制史上存在各种文字仪式。格林把这些称为“语言技巧”(language technic)。尽管在立法、法院和法学研究中都使用文字，但人们过分夸大了文字的作用。在格林看来，通过技术性语言来解决政府难题是法学界不切实际的希望。这并不是说，科学的语言工具是不值得拥有的，问题在于人们对它太过于强调了，对它抱有太大的希望了。格林认为，文字只是人们进行思考的工具，脱离思考的文字是没有生命力的。因此，如果法官的思考让步于表述，想通过定型化的表述来约束未来的法官，他将把科学搞砸了。格林说，我们错了，因为我们想通过语言技巧而不是裁判技巧来寻找法律，我们信任的是机器，而不是它的工程师。[②] 格林指出，法官在司法中起着重要的作用，而裁判并不是对表述进行配对，表述可以描述要作出判决的问题，但他们不能作出判决，在这一过程中，法官需要作出判断，需要运用裁判技巧，而该技巧主要来自超出法官判决意见书表述的文化和经验的深处。[③]

其次，在教科书的编纂方面，格林也作出了革新。这种革新主要体现在格林对于功能主义方法的运用上。将案件进行功能性的分类，是格林研究侵权法的重要特征。[④] 在此之前，传统的侵权法教科书是按照教义形式进行编写的。通常，侵权法教科书包括三部分：故意伤害、过失伤害以及非故意、非过失伤害(类似严格责任)，这三部分按照上述顺序被加以讨论，在讨论的过程中又

---

① See Allen E. Smith, *Some Realism about a Grand Legal Realist*: *Leon Green*, 56 Texas Law Review 486 (1978).

② See Leon Green, *The Duty Problem in Negligence Cases*, 28 Columbia Law Review 1019 (1928).

③ Ibid., p. 1020.

④ See Allen E. Smith, *Some Realism about a Grand Legal Realist*: *Leon Green*, 56 Texas Law Review 482 (1978).

主要是探讨正统的法律概念。格林的做法与此不同。在1931年出版的《侵权案件中的司法程序》一书中，格林质疑传统按照教义形式编写教材的正当性，他放弃了传统三部分内容的安排，参照案件中所涉及的利益从功能主义的角度对概念进行编排。① 这样编排的结果是，一些传统的法律概念没有在目录中出现，例如过失、共同过失，但是这些内容都被放在不同部分，如放在汽车交通、生产商和经销商以及其他功能性分类中。同时，与传统教科书对原理的强调不同，格林的该教科书强调诉讼中的利益，而利益又与特定主体的身份有密切的关系。例如，被告是电力公司、铁路、外科医生还是土地所有者。格林这样编排的理由，是强调法院在裁判中的所作所为，突出侵权法的重要特点。一开始，对格林该教科书的接受是缓慢的，但到1940年，该书的功能主义的视角和注重事实情景的做法得到认可，在当时编写的教科书中得到体现，并影响了其他现实主义法学学者对侵权法的理解。正如所指出的，现实主义法学对侵权法的教科书是多方面的，不仅体现在对政策纬度的重视，也体现在将社会科学文献纳入教科书，还体现在对法律原则和事实情景相互关系的调整。这些是格林和其他现实主义法学学者的贡献。当然，由于没有提供一个能替代传统概念分析的理论框架，现实主义法学的胜利是不彻底的。②

最后，在法律的性质上，主流的观点认为法律是一种工具，格林认为工具自身是没有力量的，法律如果没有法官、法院或规则，也是没有力量的，法律应当被认为是政治机关为了进行社会控制而作出判决的权力。③ 与其他现实主义法学学者一样，一方面，格林否认将原则和概念作为重心，在格林看来，由于强调语言的作用，原则和概念的作用被高估了，对文字仪式的崇拜和对词语的使用是最令人困惑的研究之一。格林指出，在法律中存在两种混乱的做法，一是认为对语言技巧的追求能解决政府问题，这是法律学术研究中最不可能实现的希望(the falsest hope)，没有其他自然科学或社会科学像法学这样通过词

---

① See G. Edward White, *Tort Law in America: An Intellectual History*, Oxford University Press, 2003, p. 84 - 85.

② Ibid., p. 91.

③ See Leon Green, *The Duty Problem in Negligence Cases*, 28 Columbia Law Review 1015 (1928).

语和表述来掩藏自己的秘密。[1] 格林认为,不是说语言是没有必要的,只是不应当将太多的重心放在它们之上,也不能对它们有太多的期望。二是裁判语言的混乱。格林指出,人们担心法官权力过大,他们把希望放在规则和原则上,但是,"依赖规则和原则的绝对正确是一回事,将人们的事务归为人类判断的错误性是另一回事"。表述可以对判决的问题作出描述,但它不能作出判决,对法官的控制不是在规则中找到的,而是受到他成长中的各种因素的制约。[2]

格林认为,不存在普遍适用的真理,需要对法律理论和公式保持质疑。在对 Palsgraf 案进行评论时,格林指出,纽约上诉法院多数意见认为涉及的问题是一个义务范围的确定问题,少数意见则认为是一个实际的公平和正义要求被告承担责任的问题,两者都有理论依据。这恰恰反映了法律理论作为判决理性化依据的穷困,因为法院可以作出任何一种判决。[3] 格林认为,法律理论和公式有两项功能:一是将案件简化为方便使用的用语以及在阐述难题时使用微妙的用语,以便对案件作出判决;二是在判决作出之后,对它进行详细的阐述。第一项功能只是开启了对问题的探究,它们只是假设,在完成这一功能后,同样的理论可以被用来作为其他案件的解决方案。但是,法律理论自身没有生命力,也没有太多的完整性,法官可以基于不同的目的使用它们。[4]

在格林看来,尝试通过将损害的可预见性或可能性结果作为充分的公式来决定过失案件的做法是徒劳的,因为无论这些多么有弹性的术语可以被延伸,还有很多的案件在其界限之外。诸如可预见、不可预见、近因后果等术语是"悬而未决的"(talk in the air),它们只有在发挥其功能时才是有用的。[5] 正如格林所言,在法院以不存在因果关系否认对受到损害的原告提供法律保护

---

① See Leon Green, *The Duty Problem in Negligence Cases*, 28 Columbia Law Review 1018 - 1019(1928).

② Ibid., p. 1020.

③ See Leon Green, *The Palsgraf Case*, 30 Columbia Law Review 791 - 792 (1930).

④ Ibid., p. 796.

⑤ Ibid., p. 800.

时,它“实际上是基于所谓的公共政策,对各种利益的衡量”[①]。由于法律是政策的体现,应当关注法官判决背后的理由,关注法官的行为或活动。

因此,格林认为,在法哲学层面,社会是由活动(activity)组成的,没有活动的社会是没有意义的,而社会要变得文明,就必须对活动进行控制。[②] 在格林看来,尽管法律有不同的阶段,在组成上法律由三个元素组成,分别是智慧、权力和程序。诞生于时代思想和经验的智慧是法律,作出决定性判决的权力是法律,运用智慧和权力的程序也是法律。这三者构成了法律的整体。在格林看来,法律是遵守政府规定程序的结果,是由有条理的政治社会的官员针对政府管制事项通过判决而产生的权力。[③]

三、格林的侵权法理论

格林的侵权法理论研究具有很大的原创性和影响力。我们这里主要探讨他在三个方面的研究,即义务、因果关系和利益保护。通过这些研究,我们可以对格林的侵权法理论和他的法理思想有较为深入的理解。

首先,是关于义务的研究。在传统的过失侵权中,要构成侵权需要满足四个构成要件,即存在权利—义务、过失、损害以及因果关系。从法院判决的角度来看,被告承担责任的前提是他/她对原告负有某种义务。因此,义务的认定是侵权法的重要理论问题,义务问题是格林非常关注的问题。正如他所言,“在所有诉讼中,义务的表述是不同的,但是,在每个案件中,它被表述或假定为并且必须确定评价被告行为的标准。既然在任何案件中被告的义务是责任的主要依据,对它的重视是怎么强调也不为过的”[④]。格林认为,在这一问题上,混乱是普遍存在的,主要是因为侵权法理论认为被告的义务是一般的、普遍的义务,例如被告负有“尽到合理注意义务”。格林认为,这没有什么意义。即使说被告对在高速路上的其他游客负有“尽到合理注意义务”或者被告负有

---

① Leon Green, *Rationale of Proximate Cause*, Vernon Law Book Company, 1927, p. 36.

② See Leon Green, *My Philosophy of Law*, *Credos of Sixteen American Scholars*, Boston Law Book Co., 1941, p. 131 - 132.

③ Ibid., p. 133 - 135.

④ L. Green et al., *Cases on the Law of Torts* (2nd Edition, 1977), see Allen E. Smith, *Some Realism about a Grand Legal Realist*: *Leon Green*, 56 Texas Law Review 491 (1978).

"向佣人提供安全工作环境的义务",它们也只是虔诚的格言。这种说法只是表明,游客或佣人的利益受到政府的保护,但这是不够的,因为它没有说明是什么利益、在多大范围保护或对各个被告的特殊要求是什么。格林认为,我们应当认为,被告对原告负有以合理时速驾驶的义务,但这仍然是不够清晰的,清晰的表述是特定的被告对特定的原告负有特定的义务。① 对于一般人负有义务,如果被告没有尽到该义务导致原告受到损害,如果存在因果关系,被告应承担侵权责任。格林认为,以往关于义务的理论是存在问题的,被告并不存在一般的义务,正如在诉讼中的原告和被告是具体的,被告的义务也是具体的,而不是抽象的。换言之,被告只对特定的原告负有义务。②

问题在于,法官如何认定在案件中是否存在义务?这涉及义务的认定标准。第一个标准是区分积极作为和消极作为,第二个标准是危险标准,它涉及在什么时候和在多大范围内对被告的积极作为施加义务。格林指出,有判例认为,在被告的行为引发危险时就存在注意的义务,这是让人感到奇怪的,因为这一方法与可预见性或预见损害的方法是相同的。格林进一步指出,更让人感到奇怪的是,法律向法官提供的确定义务存在的方法,与法官向陪审团提供的确定被告是否违反义务的方法是一样的。从表面上看,事实就是这样发生的。不经意地,同一标准又作为因果关系的标准被反复坚持。③ 格林认为,造成混淆的原因在于以"义务的确定"的表述取代了对给予保护或否定保护所涉及的利益,是专门用语构成了障碍,这导致法官根据需要决定是否将案件交给陪审团。④ 在格林看来,尽管危险标准在实践中很流行,但它是不合适的,因为尽管该标准引入了经验,但与社会相比,经验是保守的。⑤ 同样,法院经常采用因果关系来解决义务问题,其实与义务无关。法官义务问题的解决总是涉

---

① See Leon Green, *The Duty Problem in Negligence Cases*, 28 Columbia Law Review 1025 (1928).

② Ibid.

③ Ibid., p. 1026 – 1029.

④ Ibid., p. 1030.

⑤ Ibid., p. 1032.

及政策，涉及利益的衡量。[①] 格林提出确定义务的决定因素，包括管理因素、道德伦理因素、经济因素、预防性因素以及正义因素，并对此加以详细探讨。[②]

其次，是因果关系的研究。格林关于因果关系特别是近因的研究，成为格林标志性的研究。在谈到侵权法中的近因问题时，或许人们首先想到的就是格林。为什么格林要研究因果关系？对此，格林指出，法律责任这个领域被"近因"搞得乱七八糟，需要对它进行清理。格林说："这个主题是一个公开的、重要的主题。如果法律要以科学处理的方式得以发展，就需要面对和解决这一主题。"[③]通过对很多判例的考察，格林认为法院对于近因或因果关系的论证存在很大的问题，法院认为存在或不存在因果关系，事实上涉及的问题不是因果关系问题，而是原告被违反的利益是否要受到法律保护问题。例如，在 Krach v. Heilman 案中，原告就其丈夫的死亡向被告提起索赔，理由是后者违反法令向她丈夫提供了烈酒。法院驳回了索赔请求，理由是死者的中毒是一个远因。对于判决，格林指出，涉及的问题不是因果问题，而是对原告依据的规则的范围进行适当界定问题，即针对这样的风险，法令是否保护她的利益。在这类案件中，困难在于界定法律提供保护的范围，因果关系问题只是一个附带的问题，如果将它作为决定性问题，则构成虚假的问题。[④] 格林进一步指出，在法院以缺乏因果关系或原因遥远而否认赔偿时，实质的理由在于法院依据公共政策作出判决，法院要对涉及的各种利益进行衡量，即否认该种情形的赔偿请求比在面对各种困难时提供赔偿要好。[⑤]

不仅如此，格林认为，法院在判例中混淆因果关系和保护范围问题，体现了对法院自身职能和陪审团职能的认识不清。一方面，格林指出，法院有三项职能：第一项职能是确认受损害的利益是否在原告援引的法律规则的保护范

---

① See G. Edward White, *Tort Law in America: An Intellectual History*, Oxford University Press, 2003, p. 95.

② See Leon Green, *The Duty Problem in Negligence Cases Ⅱ*, 29 Columbia Law Review 255 - 257 (1929).

③ Leon Green, *Rationale of Proximate Cause*, Vernon Law Book Company, 1927, Preface.

④ Ibid., p. 22 - 23.

⑤ Ibid., p. 36.

围之内,第二项职能是案件是否存在要提交给陪审团决定的问题,第三项职能是如果案件对原告有利,法院应在向陪审团提交问题时提供处理问题的指示。在格林看来,前两项职能是前置性、连续的问题,只有当法官履行第一个职能之后,因果关系和损失等问题才是相关问题。格林认为,第一项职能最为重要,但法院和法律学者(legal writlers)没有认识到此点,他们认为法官处理整个案件,没有陪审团什么事。①

另一方面,对于陪审团,它对被告是否存在过失的事实问题采用的是"可能损害"公式,这一方法是形而上学的,不具有确定性。在作出决定时,陪审团需要像法官一样对当事人和社会的利益进行衡量。陪审团对事实问题有决定权,除非其违反常规。② 格林认为,过失案件的复杂性以及法官和陪审团的职能的相似性,容易发生混淆:一是法官没有意识到其对涉及法律规则的界限进行界定的职能。二是以确定"近因"为幌子将负担放在陪审团身上。令人难以接受的是,"可能损害"公式既被用作确定过失的标准,也被用作确定近因问题的标准。三是如果认为陪审团的认定是不公正的,上诉法院认为事实不存在由陪审团决定的因果关系,而将它作为法律问题处理,避免出现尴尬的情形,即以"近因"来处理原告援引的法律规则的保护范围问题。③

格林认为,法院在判决中犯了多种性质的错误,按照他自己的归纳,这些错误包括:(1)以原告援引的法律规则对利益提供保护是不合适的,问题被因此假定为涉及因果关系的问题;(2)对利益给予保护的范围问题,被错误当作因果关系问题;(3)过失问题被错误当作因果关系问题;(4)证据表明不涉及过失问题应当对该问题直接作出判决,却被当作法院要处理的因果关系问题;(5)证据表明不涉及因果关系问题应当直接对该问题作出判决,却被当作法院要处理的因果关系问题;(6)法院将过失问题或因果关系问题提交给陪审团,但又不愿意承担该决定的风险,因此把它当作法院的问题。④ 格林不仅提出理

---

① See Leon Green, *Rationale of Proximate Cause*, Vernon Law Book Company, 1927, p. 66 - 68.

② Ibid., p. 72 - 73.

③ Ibid., p. 76 - 77.

④ Ibid., p. 77 - 78.

论观点，更重要的是他对众多的案例进行了分析，提出了有创见的观点。例如，在 Derry v. Flitner 案中，涉及的是被告因占用原告建造的防堤船位，导致原告不得不将船停泊在公海受损。格林认为，该案涉及的唯一问题是原告的利益是否在被告违反的法律规则的保护范围之内。如果是，被告违反法律规则是清楚的，不存在因果关系的难题。①

在 Stone v. Boston & Albany Ry. Co. 案中，原告的木材厂靠近被告的货运站，木材厂因发生在被告场所的火灾而被烧毁。被告利用靠近原告的一个平台来卸石油，由于石油泄漏，平台和地面都渗入石油，在平台工作的卡车司机点燃香烟，并将火柴扔到地上，导致烧毁原告的木材厂。法院认定被告有过失，但因不存在"近因"而拒绝对原告作出赔偿。由于认定法律不保护原告的财产利益，法院拒绝将被告是否为侵权人这一问题提交给陪审团来裁决。在格林看来，法院犯了两个错误：一是法院提出的近因问题是一个虚假的问题，因为在本案中因果因素是很明显的；二是法院采用"可能损害"公式作为确定它自己的问题的标准，正确的做法是将过失问题提交给陪审团来决定。②

在 Cole v. German Savings & Loan Society 案中，原告起诉被告，理由是她在进入被告大楼的电梯时掉入竖井并受到伤害。法院认为不存在近因，拒绝作出赔偿。在本案中，法院假定被告是有过失的，但不存在因果关系。格林认为，法院在本案中所犯的错误是最为常见的，众多这类性质的判决意见书是比较让人困惑的。其实，法院要处理的前置性问题是很简单的，即被告所违反的法律是否就这类危险为原告提供保护，因果关系问题是众多问题之一，并不是决定性的问题。即使法院认定证据对原告有利，陪审团要考虑被告是否有过失的问题，但法院却剥夺了陪审团决定的权力，"法院将它自己的法律问题转化为原因事实问题，然后宣称不存在要提交给陪审团审理的证据"。格林认为，案件的结果是正当的，但其方法对于法学是一个灾难。③

---

① See Leon Green, *Rationale of Proximate Cause*, Vernon Law Book Company, 1927, p. 97.

② Ibid., p. 108.

③ Ibid., p. 116 – 117.

最后，是关系性利益的研究。如前文所提到的，在20世纪20年代，侵权法的教科书是按照故意侵权侵害、过失伤害以及非故意、非过失伤害来编排的，这种分类表面上很清楚，但对于为何一种利益受到保护而另一种利益没有受到保护并没有太多的讨论。格林的侵权法研究正是在此点上作了突破。正如所评价的，格林对利益保护的研究加深了人们对侵权法的理解。在以往，人们对人身伤害探讨较多，但对于商业贸易关系中权益的侵害讨论则并不多。正如卡多佐在1921年所说，在普通法上，“作为一般的原则，除非A的行为构成妨害，A可以随心所欲地做生意，即使他的目的是使B遭受损害”①。那么，对于商业关系中的利益是否就不予以保护？格林从实际损害(physical harms)、侵占他人财产(appropriation)和诽谤(defamation)三个方面来进行研究，并将它们称为关系性利益(relational interests)。格林指出，第一种关系性利益是实际损害。就实际损害而言，通常会承认的是，如果第三方不具有损害关系性利益的目的，即使第三人对处于该关系中的另一方的人员或财产造成实际损害，商业经营者也是无法就该关系性利益得到保护的。例如，就火车的疏忽操作造成的保单持有人死亡，铁路公司不会对保险公司承担责任。但是，如果被告的目的是损害原告的关系性利益，并对与原告有商业关系的第三方的人员或财产造成伤害，原告可以获得赔偿。②

第二种关系性利益是侵占他人财产。这种侵权比较复杂，但格林对各种情形作了较为清晰的分析。首先，在商业贸易关系成立的过程中，如果一方被第三人以欺诈的手段侵占财产，该方可以获得保护，但是如果损害是基于过失行为，则很少得到保护。这类案件通常作为欺诈案件处理。③ 其次是商业贸易关系的成立受到阻碍的案件。对于这类案件，格林认为法院的判决是有疑问的。例如，在Goldman v. Harford Road Building Association案中，被告在给原告放款调查时自己购买原告打算购买的土地，法院认为被告的行为属于正常竞

---

① Benjamin N. Cardozo, *The Nature of the Judicial Process*, Yale University Press, 1949, p. 102.

② See Leon Green, *Relational Interest*, 30 Illinois Law Review 30 – 32 (1935).

③ Ibid., p. 4 – 5.

争,不构成侵权。格林认为,法院的理由不仅要被严重地质疑,它的适用更是有问题的。①

从以上可以看出,格林的研究基本上属于基础理论研究。为什么格林会从这些基本的概念或问题开始他的学术生涯?这是一个有意思的问题。当格林放弃了高收入回到大学任教时,想必他也有过焦虑。从法律实务转向理论研究,这是一个较大的转变,把握不好,很容易陷入迷茫的境地,何况格林当时的年龄也不小。格林第一篇具有较高水平的学术论文发表于 1923 年,此时格林已经是 35 岁。如果考虑格林在德州大学法学院读书时的兼职身份,或许他对自己也有过疑惑。但是,在仅仅的几年内,格林在《耶鲁法学杂志》《哥伦比亚法律评论》等权威刊物发表论文。1927 年,格林出版《近因原理》。1931 年,格林的另一本著作《法官和陪审团》出版。格林对基础理论的关注,基本的动因是要解答自己的困惑,解答学生们的困惑,更要解答法院的困惑。正如格林所说的,整个“近因”主题是让人害怕之物,侵权法要想得到科学的发展,就要对这一主题进行清理。② 格林转向近因问题研究,还可能与他的知识背景有关。在加入德州大学法学院之后,格林开始讲授的课程是程序法,格林的讲课结合了他的执业经验,他的思考也与此有关。在当时实体法和程序法研究相分离的背景下,或许格林想找到一个切入点,这个切入点就是近因,而结合近因问题进一步考察法院和陪审团的职能,就是顺理成章的。事实证明,格林选择的角度是正确的,取得了较好的学术效果和社会效果。

如何评价格林的研究?在第一章中,我们已经看到哈特对霍姆斯和卢埃林的观点的批判。哈特的批判不仅仅是法理层面的。由于格林的侵权法理论对美国法学理论和实务产生了重大的影响,哈特和他的同事霍诺里从侵权法的角度对格林倡导的因果关系理论提出批判。哈特和霍诺里的观点可以归纳为三点:第一,格林一元论的观点是有问题的。格林虽然认为过失侵权具有不同的构成要素,但他认为最重要的是确定被告违反法律的造成原告受损的行为是否属于法律保护的范围,格林所希望以“整齐的公式”来处理过失侵权案

---

① See Leon Green, *Relational Interest*, 30 Illinois Law Review 6 – 8 (1935).

② See Leon Green, *Rationale of Proximate Cause*, Vernon Law Book Company, 1927, Preface.

件只是一种权宜之计,与旧的公式一样是无力的,容易掩盖真正的问题。[①] 第二,格林没有将被告是否负有义务和因果关系进行区分的做法是有问题的。格林将传统的因果关系问题分为事实问题和政策问题,但他将两者都视为政策问题,因此,格林认为法院始终应当关心的是原告的利益是否受法律保护的问题。[②] 这是格林理论的最大弱点。以 Hines v. Morrow 案为例,如果法院要问的是原告是否受法律保护这一问题,它就没有必要去探寻被告所违反法律的立法者的意图,因为立法者是不大可能就具体的情形作出规定的,法律所规定的只是一般的情形。如果立法者要对 Hines v. Morrow 案涉及的具体情况作出规定,那么法律就是无法学习的,在实践中也是无法使用的。[③] 第三,即使同意格林关于法院需要根据政策来判决案件的观点,格林没有告诉法官怎样运用政策去进行判决,而是由法官和陪审团行使自由裁量权。这会赋予他们随意决定责任界限的无限制的权力。[④] 哈特和霍诺里认为,与可预见理论和风险理论相比,格林的理论要受到更大的反驳,因为前者只是为法官和陪审团提供了确定责任的一般标准。[⑤] 他们的结论是,格林理论的弱点是他夸大了他所提供的洞见。[⑥]

我们认为,哈特和霍诺里对格林没有加以区分政策问题和因果关系问题的批评是有一定道理的,因为在格林的理论框架下,因果关系只是在确认保护范围之后的一个问题,因果关系问题不显得那么重要了。[⑦] 这是因为格林不满于法院以因果关系掩盖真正的问题,故提出以保护原告的范围作为判断标准。但是,格林并没有否认义务问题,他自己就对过失侵权中的义务问题作了研

---

① See H. L. A. Hart & Tony Honore, *Causation in the Law*, 2nd Edition, Oxford University Press, 1985, Preface liii.

② Ibid., p. 104 – 105.

③ Ibid., p. 295 – 296.

④ Ibid., p. 103 – 104, 297 – 298.

⑤ Ibid., p. 298.

⑥ Ibid., p. 292.

⑦ 需要注意的是,格林后来的观点有变化,他认为因果关系是探讨责任问题的起点,必须在义务、过失和损害确定之前或被证明之前或暂时假定,缺少因果关系,所有其他的探讨都是没有意义的。See Leon Green, *The Causal Relation Issue in Negligence Law*, 60 Michigan Law Review 549 (1962).

究。因此,认为格林不区分义务问题和因果关系问题似乎理由不充分,只不过格林比较强调后者而已。实际上,正如格林所指出的,在美国的大多数州法院,因果关系问题经常与其他问题(如过失可预见规则、近因等问题)混到一块儿,将它掩盖在复杂的教条术语之中,成为上诉审查和改判的根源。① 哈特和格林的更大分歧体现在法律规则的作用上。按照哈特和霍诺里的观点,格林所提到的政策问题只是边缘问题,对这些问题的解决仍不能没有规则,不应留给法官或陪审团说了算。

但是,格林实质上并不否认规则在法院判决中起作用,只是他认为法律规则不是法院判决的重心,事实才是。但是,与格林不同,哈特和霍诺里则担心法官拥有过多的自由裁量权。对此,格林进行了回应。格林认为,让哈特和霍诺里感到害怕的是法官的"直觉"判断和对大量政策的考虑,他们想通过因果规则来控制法院的行为。但是,格林指出,没有理论认为法官完全依靠或主要依靠直觉来进行判断,诸如他的生活环境、教育、经验、正义感和职业等因素都对他构成约束,与这些因素不一致的因果规则无法支配法官的判断,也没有因果规则可以取代法官为履行其职责所需的权力。在侵权法领域,在没有因果规则的帮助下,案件对规则进行修改、变更或突破是寻常之事,也没有人希望因果规则设置障碍。② 格林的分析是很有说服力的。不仅如此,格林从法官和陪审团的功能对因果关系问题进行讨论的视角,是富有启发性的。从法哲学层面来看,格林与哈特和霍诺里的争论涉及法律规则和法官职能的认识,我们认为,在这一问题上,格林的认识是比较深刻的。

美国学者怀特认为,格林的研究指出,法官在很多案件中对因果关系的运用是不正确的,所谓的因果关系问题与确定被告向原告负有义务的范围有关,在过失案件中,义务问题是法官需要确定的问题,而对义务的确定总是与政策相关,涉及利益的衡量。因果问题只是一个事实问题,没有像法官宣称的那么

---

① See Leon Green, *The Causal Relation Issue in Negligence Law*, 60 Michigan Law Review 561 (1962).

② Ibid., p. 568 – 569.

重要,这一问题要由陪审团来决定。[①] 格林的理论影响 Palsgraf 案的判决,该案标志着作为普遍性法律原则的因果概念的终结和作为公共政策问题的因果概念的出现。[②]

怀特指出,在格林对近因问题的分析之后,传统的因果分析经受不住打击,导致的结果是以关系性的义务取代了抽象的普遍性义务,这正是起源于 20 世纪 20 年代的现实主义法学。[③] 在因果关系问题上,格林拒绝了含糊的形而上学的概念,而以自己的方法取而代之。形式主义法学和现实主义法学的区别在于,这些标准和方法是否具有实质的内容,现实主义法学的方法从表面上看只是起到方法论的作用。[④] 我们认为,怀特对于格林理论的评价是客观的。不过,对于现实主义法学是否只是一种方法,我们持有不同的观点。[⑤] 即使他强调现实主义法学对方法的强调,而且卢埃林本人也认为现实主义法学只是一种方法,但此种看法值得商榷。

我们认为,格林对侵权法理论的创新之所以产生重大的影响,不是没有原因的。一方面,格林的研究是基础理论研究,涉及侵权法的基本问题。就研究对象而言,格林的重心放在过失案件上,从义务的确定、利益的保护和因果关系等基本概念出发,揭示其存在的理论混乱。另一方面,格林的研究不是纯理论的研究,而是基于法院的判决作出的梳理并进行批判,这一点就显示出它的现实性。正是对于判例出现问题的准确把握,使格林的研究成果迅速引起关注,并为法院判决所引用。在我们阅读格林的《近因原理》时,我们完全没有感到理论的枯燥,而会觉得他提出的问题是与法律实践密切相关的。而格林对于政策问题和利益平衡的提出,更是高屋建瓴,跳出了理论争论的窠臼。

格林的研究有什么不足吗?我们认为格林提出了一种替代性的侵权法分

---

① See G. Edward White, *Tort Law in America: An Intellectual History*, Oxford University Press, 2003, p. 94 – 95.

② Ibid., p. 100 – 101.

③ Ibid., p. 102, 107.

④ Ibid., p. 112.

⑤ 参见本书第一章第一节。

析框架,这一框架有新意,但也存在一系列问题。我们认为,以被告的行为是否违反法律规定对原告提供保护,这一问题直截了当,无疑具有简洁明了的特点,然而,对这一问题的确定是不容易的,因为对此所做的判断涉及政策的分析和利益的衡量,而且,即使对这一问题的回答是肯定的,也仍然需要考虑其他因素(如是否存在因果关系),这是格林自己也承认的。尽管这一不确定性对于格林或其他现实主义法学学者是可以接受的,但它会带来可预见性的问题。而且,格林对于因果关系的分析,似乎将因果关系问题边缘化,让步于对原告利益保护的范围这一核心问题,这导致因果关系发生作用的领域被不当地缩小。正是在此点上,哈特和霍诺里认为格林的观点是"因果极简主义"(causal minimalism),值得商榷。① 至少在某些案件中,因果关系问题和利益保护范围问题具有同等重要性,但在格林的分析框架下,只有利益保护范围问题确定之后,才会存在因果关系问题,这是否有些矫枉过正,似乎还存在探讨的余地。

最后,有必要一提的是格林与波伦教授之间的争论。这个争论是美国侵权法史上的一个重要的争论。学者怀特认为,两人的争论更多的是个性使然,两人都是固执、自傲、好斗的性格,但这种争论的背后是两人的法理理念不同,现实主义法学学者不满足于规则的好坏,而想要将规则的真相揭露出来。波伦对于格林抛弃传统法律概念,重起炉灶的做法感到无法容忍,而格林强调个案事实、陪审团的常识以及对政治、经济、管理等因素,格林的要义是得出一种替代的反教条主义的观点(an alternate anti doctrinal perspective)。②

我们认为,在一定意义上,格林和波伦的争论与卢埃林和威利斯顿的争论有相似之处。与威利斯顿一样,波伦是美国侵权法重述的主报告人,是当时侵权法的权威。格林和卢埃林一样,相较于波伦或威利斯顿只是晚辈,但他们都是冉冉升起的学术新星。波伦主张进行侵权法重述,格林明确进行反

---

① See H. L. A. Hart & Tony Honore, *Causation in the Law*, 2nd Edition, Oxford University Press, 1985, Preface, XXXIV – XXXV.

② G. Edward White, *Tort Law in America: An Intellectual History*, Oxford University Press, 2003, p. 82 – 83.

对,甚至对波伦的侵权法重述草案提出尖锐的批评。即使后来被邀请参加侵权法重述,格林还是予以谢绝。这种争论其实来自格林和波伦对于法律规则的看法不同:波伦强调稳定性、可预见性,格林却贬低法律规则的作用,认为法律实践中存在很大不确定性,或者说没有确定性。因此,格林认为,与其认为追求法律规则的精准,不如对涉及的利益进行衡量,对公共政策予以考虑。由此,我们也可以看出将格林认定为现实主义法学的群体成员是有依据的。

四、格林的贡献

以上我们对格林对现实主义法学的贡献和对侵权法理论发展的贡献作了阐述。此外,格林作为老师和行政管理者的贡献也值得引起关注。

作为现实主义法学的群体成员,格林没有引起法理学学者的关注,这其实也是我国法理学研究面临的共性问题。已有的研究主要集中在卢埃林和弗兰克两人,而对这两人研究的深度和广度是不够的。对于其他成员,例如穆尔、道格拉斯和格林,则鲜有研究。这是令人奇怪的。如果认为现实主义法学群体没有共同的纲领不构成一个法学流派,那么仅研究一两人的思想就很成问题,因为即使其有代表性,也不足以反映现实主义法学的全貌。如果认为现实主义法学是一个法学流派,对其他成员进行研究就更加有必要了。令人遗憾的是,这样的工作一直很少有人做,在即将跨越百年之际,这种研究现状表明,我们对现实主义法学的认识和了解是非常有限的。

前文提到,格林否认自己属于现实主义法学群体,但是格林共享现实主义法学的一些基本观点。例如,贬低规则在指导司法判决的作用,对文字控制判决的能力质疑,遵循新政的某些目标和方法,强调将初审法院的实际发生作为司法制度研究的中心。他们的一个共同纽带是对某些传统的法律理论提出健康的批评。① 格林作为现实主义法学的一名学者,通过对侵权法的研究,扩大了现实主义法学的影响,并影响了后来的研究者。我们认为,格林对侵权法的主要贡献可以归纳为以下三点。

---

① See David W. Robertson, *The Legal Philosophy of Leon Green*, 56 Texas Law Review 400 – 401 (1978).

一是提出了后来被称为“引诱性公害原则”(the attractive nuisance doctrine)的观点,为法院在 Railroad Co. v. Stount 案的做法提供了理论解释。这是格林最感到自豪的成就。① 该案涉及进入被告的土地受到侵害的儿童是否为侵入他人土地者,被告是否要对该侵害承担法律责任。这是一个很有争议的判决。格林通过解释为法院的判决提供了正当性说明,②并得到认可。

二是格林对 Palsgraf v. Long Island Railroad 案的影响。Palsgraf 案是卡多佐法官处理的一个上诉案件,可以说是美国侵权法中的经典案例。在 Palsgraf 案作出判决之前,法官内部有不同意见,该案件在判决前曾提交法律专家讨论,格林作为专家被邀请发言。在 1928 年该案判决之前一年,格林的《近因原理》出版了。在该书中,格林证明了法院裁判涉及政策和利益平衡。格林的观点对多数意见和异议意见都产生了影响。③ 不过,格林对该案有自己的不同看法,撰写了一篇论文对该案作了评论。④

三是他的著作《近因原理》对法院和律师产生了巨大的影响。⑤ 在法学界,格林的近因研究成为后来者不可绕过的经典著作。哈特和霍诺里在其著作中指出,即使不同意格林的理论,在提供新方法分析因果问题的驱动力方面,格林超出任何单个作者。⑥

在这里,有必要指出现实主义法学对侵权法理论研究的影响,这点在我国还没有得到很多的关注。冯珏教授认为,现实主义法学对于因果关系的影响是双重的:一是促成了事实原因和法律原因(近因)的区分,二是在两分之后如

---

① See Allen E. Smith, *Some Realism about a Grand Legal Realist*: *Leon Green*, 56 Texas Law Review 499 (1978).

② See Leon Green, *Landowner v Intruder*; *Intruder v Landowner. Basis of Responsibility in Tort*, 21 Michigan Law Review below 507 (1923).

③ See G. Edward White, *Tort Law in America*: *An Intellectual History*, Oxford University Press, 2003, p. 96, 100, 358, note 125.

④ See Leon Green, *The Palsgraf Case*, 30 Columbia Law Review 789 (1930).

⑤ See Allen E. Smith, *Some Realism about a Grand Legal Realist*: *Leon Green*, 56 Texas Law Review 500 (1978).

⑥ See H. L. A. Hart and Tony Honore, *Causation in the Law*, 2nd Edition, Oxford University Press, 1985, p. 98.

何判断近因问题。[①] 其实，现实主义法学对侵权法理论的影响是多方面的，它为侵权法后来的发展作了理论准备。例如，对于精神痛苦侵权行为进行救济的认可，与现实主义法学对人类行为的心理学纬度有关，而这与对行为科学解释力日益增长的兴趣有关联。[②] 又如，侵权法中的过失理论，在19世纪被认为处理的是私人之间的关系，侵权法被认为是一套可以预见的规则，但在20世纪20年代，随着过失理论的改变，过失理论的目的和结果都发生了变化，原来的抽象、普遍的责任观念被抛弃，取而代之的是“关系性”责任概念。关系性过失理论引入了利益平衡问题，要求法官对原告遭受的风险的重要性、原告所代表群体的社会价值以及被告行为的社会价值进行比较。而起源于现实主义法学的关系性过失理论，预见到后来绕过过失责任的严格责任。[③]

因此，现实主义法学不仅展现了它对法律教育和法理学特定问题的特别关注，而且对部门法的实质性法律原理具有学术影响力，现实主义法学对侵权法原理的影响是特别与众不同的、重大的。[④] 著名侵权法学者弗莱明曾在耶鲁大学上过格林的课，他在回忆格林时说，“他论著的基本内容以及对侵权法的性质和侵权程序的敏锐洞察力深刻地影响了这个领域的当代人，至少包括我们这两代人”[⑤]。在普罗瑟的侵权法教科书中，我们可以看到格林的观点多次被引用。[⑥] 由此可见，格林的理论影响力之大。

格林在法律教育方面的贡献也不可忽视。一方面，作为西北大学法学院院长，格林对法学院的课程进行了改革。根据该改革方案，在该法学院，课堂学习分两个阶段，第一阶段是两年的课堂学习，第二阶段是一年或两年的实验室学习（laboratory studies）。第一阶段的创新包括：涉及政府和企业的职责、结构和管理课程，对整个课程资料进行分类和整合，以及对法律技能的讲授。第

① 参见冯珏：《英美侵权法中的因果关系》，中国社会科学出版社2009年版，第135、138页。

② See G. Edward White, *Tort Law in America: An Intellectual History*, Oxford University Press, 2003, p. 102 – 103, 105.

③ Ibid., p. 107 – 108.

④ Ibid., p. 91 – 92.

⑤ James Fleming, *To Leon Green*, 56 Texas Law Review 535 (1978).

⑥ See Keeton & Owen et al., *Prosser & Keeton on Torts*, West Publishing Co., 1971, p. 263, 273, 278, 279, 284, 287 – 289.

二阶段的课程面向所有的学生,但每个学生被要求选 2～3 个领域作为主要兴趣点。[①] 在学习方法上,分为三个步骤:第一,选定具有足够重要性的问题,从不同主题进行深入研究;第二,调动数据,使学生能对面临的问题作出明智的判断;第三,对面临的问题提出书面的分析和可接受的解决方案。无论哪种方法,都强调学生自己来分析和解决。[②] 格林对法学课程的改革与德国如今的法律教育有一些相似之处。例如,德国法律兼顾法官能力和律师能力的培养,分两个阶段进行,第一阶段通常是 4 年半的法律学习(科学教育),第二阶段是 2 年的实习(见习期教育),[③]而格林在 20 世纪 30 年代就提出这样的法律教育设想。

另一方面,格林不仅以简明易懂的方式对侵权法的复杂问题进行分析,而且将他丰富的法律经历和经验带入课堂。用同样身处现实主义法学阵营的阿诺德(Arnold)的话来讲,格林将"法律程序的现实和戏剧性带进课堂",将法律学习从神学转变为生活的艺术。[④] 这是非常重要的,因为在此之前的法律教育主要讲授原理、概念、理论,法律原理虽然方便学生学习,但它在实践中已经发生了变化。是格林将这一事实展示出来,他指出概念和原理的学习方法不符合司法过程或不符合法律实践的现实,因此会对清晰地分析和理解法律问题构成妨碍。[⑤] 法院如果不适应社会经济的发展和变化,将失去指导社会的地位。不仅如此,由于格林早期讲授程序法课程和从事诉讼业务,与当时的多数学者将实体法和程序法相分离的做法不同,格林以问题为导向,在课堂中融合两者,给学生带来了不同的学习体验。正是由于格林开阔的视野,他成为法律教育的开拓者,"由于该开创性,作为美国法律教育的主要人物,他将永远占有

---

① See Leon Green, *A New Program in Legal Education*, 17 American Bar Association Journal 299 - 301 (1931).

② Ibid., p. 301 - 302.

③ 参见季红明:《让完全法律人的梦想照进现实("代案例研习译者序")》,载[德]托比亚斯·勒特:《德国商法案例研习》(第 3 版),李金镂译,北京大学出版社 2021 年版。

④ See Thurman W. Arnold, *Leon Green: An Appreciation*, 43 Illinois Law Review 1 (1948).

⑤ See Allen E. Smith, *Some Realism about a Grand Legal Realist: Leon Green*, 56 Texas Law Review 481 (1978).

一席之地”[1]。

作为行政管理者,格林担任西北大学法学院院长18年。这18年见证了西北大学法学院的发展与进步,它已经跻身于全美知名法学院的行列。格林创立了《德克萨斯法律评论》,对《伊利诺伊法律评论》的发展也有贡献。[2] 作为老师,格林为人谦恭,是一位真正的绅士,正是培养绅士的学生这一独特特征带来了他作为师者和管理者的成功。他关心他人甚于自己,善待自己的同事和学生,后者是他生活和职业上取得成功的动力。[3] 格林乐于提携后进,体现了一位大家的风范。据格林教过的学生回忆,格林早年写的教科书出版于1931年,后来出版的修订版增加了多名合作作者。这完全是没有必要的,但是格林希望自己的学生能接过他的火炬,因此将6名年轻人加入合作作者名单,并在职业生涯中向他们提供帮助。[4] 正如他的学生所言,在作为人、律师、学者和教师方面,格林是所有人希望成为的典范,他的成功是天生才能和后生培养的个人性格综合的结果。[5]

格林一生著作等身,撰写了160篇论文,出版了3本专著以及多种具有影响力的侵权法教科书。[6] 格林文笔流畅,表述简明、清晰,言简意赅。正如格林在《近因原理》前言中所说的,“既然操作上的简单是作者最引以为豪之点,他尝试将一切服从于简明、明晰的表述。为了避免对这一主题通常使用的技术用语的含义产生争议,他在广义上使用术语。他的目的是对思想进行强调,将它留给个人去转化为对他最重要的含义。在处理一个有难度的主题时,或许可以将涉及的概念剥光,否则穿着的衣服会被当作实质”[7]。格林对语言的要

---

① Thurman W. Arnold, *Leon Green: An Appreciation*, 43 Illinois Law Review 4 (1948 - 1949).

② See Allen E. Smith, *Some Realism about a Grand Legal Realist: Leon Green*, 56 Texas Law Review 498 (1978).

③ Ibid., p.496.

④ Ibid., p.497.

⑤ Ibid., p.500.

⑥ See David W. Robertson, *The Legal Philosophy of Leon Green*, 56 Texas Law Review 393 (1978).

⑦ Leon Green, *Rationale of Proximate Cause*, Vernon Law Book Company, 1927, Preface.

求由此可见一斑。格林能够以简要的文字把复杂的问题说清楚,与我们经常说的“大道至简”不谋而合。

五、格林的启示

我们至此可以看出格林的独特性及其贡献。那么,在今天,格林对我们有什么启示?我们认为,格林的启示主要有三点。

第一个启示是如何进行理论创新。格林与其他同时代的侵权法学者相比,有着不同的经历,特别体现在他具有较为丰富的法律实践经验。但是,一般而言,法律实务经验并不能直接转换为理论。较为常见的情形是,在特定的法律思维形成之后,往往习惯于写一般的实务性文章,反而不容易从学术的角度进行研究。然而,格林的情况却是一个例外。为什么会这样?这是一个值得思考的问题。

我们认为,可能有三方面的原因导致格林能够提出创新的理论。

一是与格林的法律思维有关。格林擅长清晰、简洁的表述,这有可能与他的诉讼经历有关。在法庭上,如果不能以简洁、清晰的语言进行表述,就很难说服法官,诉讼的经历使格林具有从纷乱复杂的现象中抓住问题的核心能力。应当说,这是很多人所不具备的。

二是与格林的授课经历有关。格林通过授课发现问题,并使自己将问题说清楚。与一般的老师较为单一的授课经历不同,格林先后讲了刑法、刑事诉讼法、保险、民诉法、油气法和侵权法等课程,这要求他对不同的法律有知识储备,而这与律师解决问题的法律思维有一定的关联,因此,格林的理论创新是以问题为导向的法律思维发展的产物,比较明显的是《近因原理》这部著作,它针对的是司法实践中混乱不堪的难题,但问题导向要求对此作出清晰的解答。在这部著作中,尽管我们看到对一些理论的引用,但更多的是对于不同案件的梳理与澄清,正因如此,它对司法实践产生较大的影响。

三是可能与格林自己的兴趣和担任《德克萨斯法律评论》编辑的经历有关。就前者而言,我们可以认为,如果格林对理论研究不感兴趣,他不会自愿降低薪酬回到法学院担任教职,他自己就说在收入上损失很大。对于后者,我们知道格林是该法律刊物的创始人之一。这种经历表明,格林不仅具有公益心，而且表明他对法律刊物的重视，不排除他对当时的其他领先的法学刊物进行过考察。

尽管以上所说的这些可能不是全部因素，但我们可以认为，格林之所以能够在职业转型后迅速奠定自己在学界的地位，是因为格林擅自将自己的实务工作优势转换为理论创新。这给我们带来的直接启示是，在理论创新中，理论研究者的经历和个性十分重要。法学院教授的人员构成上可以更多元一些，容纳具有不同背景和经历的人员，不是以直接从毕业生中挑选教师作为唯一的标准。虽然多元化背景的候选人不一定能作出原创性的研究，但这不应当是否定研究者具备多样背景的理由。①

第二个启示与法律教育有关。如前文所述，我国现有的法律教育存在定位不够明确的问题。在法学院，普遍的做法是强调法律原理的讲授。客观地说，这与大陆法系其他国家的做法是相类似的。这一方法有其自身的优点，即对具体制度的法律原理进行讲解，尤其是结合现行法来讲授，是法教义学的基本操作。但是，这一做法显然也存在一些不足，例如它不关注法律的现实，不关注具体的运作，研究者认为理论总比实践更有力量，即以理论来指导实践。这样带来的一个结果是学生们毕业后发现缺乏很多的法律技能。例如，对事实的证明、合同的起草、辩论的技巧感到无从入手，发现课堂所教的与工作中所用的差距过大。从上文的论述来看，格林在这方面有丰富的执业经验，主张将法律学习从神学变为生活的艺术，强调法律更接地气，能让学生对法律实践的现实有直观的把握。这提示我们，在法律教育中，应当关注法律现实，增加法律技能方面的内容。与此相关的是法律思维。英美法中的“像律师一样思考”，实际上是要求学生不断地提出问题和寻找解决方式，因此在课堂上教师应鼓励学生提出问题、挑战权威。相比之下，我国的课堂授课更加强调知识的灌输，学生们不善于提出问题，对解决问题更是无从谈起。格林融合多学科知识和法律经验的授课，对于我们今天依然有着借鉴的意义。

第三个启示是开阔的研究视野。可能是因为格林担任过律师，他对很多

---

① 在笔者参与的一些合作课题中，能够明显感觉到背景和经历导致的思维不同，体现在对课题的统筹和推动方面。这不是孰优孰劣的问题，而是思维模式的差异。

的问题的理解不限于书本知识。格林在观察问题时,不仅关注细节问题,而且是站在更高的角度。例如,他认为,大量的侵权案件之所以难懂,是因为它们只是司法过程的碎片,杂乱无章。这需要进行分类。格林于是提出了以利益进行区分的看法。格林认为,对侵权领域诉讼案件所用的侵权程序进行评估,应当将重点放在法官和陪审团各自的职责上。不仅如此,以往的理论过于强调法院的功能,但将重点放在法院的细枝末节上很容易认为是思想深刻,而模糊了司法更为重要的意义。格林所要做的,就是将重心从法院担任辩证法的小角色(its minor role of dialectic)转向通过法院进行的管理,①即法院在法治政府下的作用。因此,与一般的学者不同,格林具有开阔的视野,他不是停留在部门法层面,而是在法治社会的背景之下考察侵权法。这种开阔的研究视野,值得我们今天学习和借鉴。

最后,需要指出的是,格林尽管否认自己是现实主义法学的成员,但他对书面规则文字崇拜的批判和质疑、他从功能性的视角对侵权法教材的编写以及对于因果关系司法案例和陪审团的观察和研究,无疑深深地打上了现实主义法学的烙印。格林不仅关注法的现实性问题,他对现实中的法的探讨也比较深刻。他的思想不仅影响了下一代的学者和法官,对同时代的学者和法官也具有重大的影响。在探讨法的现实性和现实中的法这一问题上,格林是一个杰出的典范。

---

① See Leon Green, *Judge and Jury*, Vernon Law Book Co. , 1930, Foreword.

第七章　法律革新者弗兰克

杰罗姆·弗兰克是一个重要的人物，他的论述，无论是在他的书里的、他的论文里的还是司法判决书里的，需要非常认真地对待。[①]

——布莱恩·比克斯

如果用一句话来描述杰罗姆·弗兰克，我们或许可以说，他是一个法律革新者。对于法科学生和法律人而言，弗兰克是和卢埃林齐名的现实主义法学学者。在法理学界，弗兰克和卢埃林一起被认为是现实主义法学的代表人物。不过，尽管弗兰克的知名度很高，很多人知道他要么是因为教科书的表述，“现实主义法学的主要代表人物卢埃林和弗兰克……”，要么是因为弗兰克是“事实怀疑论者”，要么是因为他对司法判决中法官作用的极端评论，法官因一顿早餐好坏或当事人是否为美女而作出不同的判决。[②] 显然，作为一项研究，我们不能满足于这样的描述。

---

① 比克斯教授2023年2月3日给笔者的回函。

② 这是笔者在研究生阶段法理学课上一位老师说的话。在学者的书面表述中，也有类似的说法，这种观点可能具有一定的普遍性。

我们既不能因为看到对弗兰克若干观点的归纳而忽略其思想,也不能仅仅看到他极端的表述而简单下结论。

理解弗兰克有多个维度。弗兰克不是传统意义上的学者,他只是短暂地从事过教学工作。但是,弗兰克发表了很多学术论文和著作。即使以今天的标准来衡量,弗兰克也是胜任教授这一职称的。有意思的是,在《法律与现代精神》一书发表时,弗兰克只是一名华尔街律师,不为法学圈所熟知。[①] 如果从严肃的学术著作的角度来看,可能会有人疑问,这本书是学术著作吗?但是,在 1930 年,《法律与现代精神》是思想上的“原子弹”,当它爆炸时,没有人能不受到它的余波的影响。[②] 那么,为什么一位法律实务人士写的书能产生那么大的影响?这本书到底说了什么?弗兰克后来的观点是否发生改变?弗兰克对于法学理论和法律实践的贡献是什么?这些问题是我们在研究弗兰克的法律思想时需要解决的。

整体而言,弗兰克对于法学理论和法律实践的贡献在于法理学、司法制度和法律教育三个方面。法理学是弗兰克对于法律所持的整体看法,司法制度与他作为诉讼律师和联邦法院上诉法院法官的经历和经验有关,法律教育则是他基于实践经验和思考提出的改革方案。此外,弗兰克对公司法和破产法也有一些研究。[③] 不过,在展开这三个问题之前,我们先来看看弗兰克这个人。

一、弗兰克其人

笔者原本不打算单独介绍弗兰克的个人经历,因为在第五章关于格林的研究中笔者已经做了类似的工作。在笔者看来,重复往往是没有新意的。因

---

① See Brian Bix, *Introduction to the Transaction Edition*, xi, in Jerome Frank, Law and the Modern Mind, Transaction Publishers, 2009.

② See Laura Kalman, *Legal Realism at Yale*: 1927 – 1960, The University of North Carolina Press, 1986, p. 8.

③ See Jerome Frank, *Some Realistic Reflections on Some Aspects of Corporate Reorganization*, 19 Virginia Law Review 541 (1932 – 1933); Jerome Frank, *Epithetical Jurisprudence and the Work of the Securities and Exchange Commission in the Administration of Chapter X of the Bankruptcy Act*, 18 New York University Law Quarterly Review 317 (1941).

此，笔者一开始只是打算对他的身世做一个稍微详细的概括，①作为引出其观点的一个引子。但是，在阅读追忆弗兰克的文章时，笔者被道格拉斯的一句话打动："杰罗姆・弗兰克是一个多面手（many-sided man），一个陌生人不大可能通过他所写的东西了解他。要弄清他在许多不同阶段的想法，需要有个人的相识和长期的联系。"所幸的是，在弗兰克逝世之后，《耶鲁法学杂志》和《芝加哥大学法律评论》发表了系列纪念性文章，这为我们了解弗兰克提供了帮助。

弗兰克1889年9月10日出生于美国东部的纽约市，他的爷爷是来自德国的犹太人，父亲是一名律师，母亲是一位有才华的音乐家。在7岁时，弗兰克随同父母迁到位于美国中部的芝加哥市。弗兰克在芝加哥的公立学校读书，16岁时毕业于海德公园中学，之后进入芝加哥大学学习文学、哲学和社会科学。弗兰克的父亲希望他毕业后读法律专业。由于受到政治学家查尔斯・梅里厄姆（Charles Merriam）的影响，弗兰克对政治科学感兴趣。在经过3年的学习之后，弗兰克于1909年获得哲学学士学位。同年秋天，他进入芝加哥大学法学院学习，但没多久他中途退学担任梅里厄姆的秘书，梅里厄姆当时被委派担任芝加哥市议会的改革派议员。1910年，弗兰克回到芝加哥大学法学院，1912年以法学院有史以来的最高分毕业。②

1914年，弗兰克加入芝加哥一家擅长公司金融和破产重组的律师事务所。1928年，弗兰克迁往纽约市，在一家大型的华尔街律师事务所担任律师，从事公司重组业务。1930年，弗兰克发表《法律与现代精神》，在此书发表后结识卢

---

① 在其研究中，沈宗灵先生对弗兰克的介绍如下："杰罗姆・弗兰克（Jerome Frank，1889～1957年），美国法学家、法官。起初在芝加哥任律师，30年代支持罗斯福新政，曾先后任农业经济署总顾问和证券汇兑委员会主席等官职。1941年开始任联邦第二巡回区上诉法院法官。自30年代开始，不时在耶鲁大学法学院任教。"参见沈宗灵：《现代西方法理学》，北京大学出版社1992年版，第328～329页。这一介绍不仅是比较简略的，表述上也有斟酌之处，例如，弗兰克所任职的政府部门是"农业调整管理局"（Agricultural Adjustment Administration）而不是农业经济署，担任的是美国证监会（Securities and Exchange Commission）主席，而不是证券汇兑委员会主席。此外，弗兰克在耶鲁法学院是兼职教师，在法学院开设"事实认定"研讨课。

② See W. E. Volkomer, *The Passionate Liberal: The Political and Legal Ideas of Jerome Frank*, Martinus Nijhoff, 1970, p. 2.

埃林、格林、庞德、道格拉斯、克拉克等人。[①] 弗兰克与道格拉斯、克拉克等人是至交,他们的友谊持续 20 年以上。在弗兰克逝世时,他的同事克拉克专程赶到弗兰克家里慰问他的妻子。而道格拉斯可以说是弗兰克的贵人,1937 年,在道格拉斯的推荐之下,弗兰克加入美国证监会担任专员(Commissioner),两年后担任美国证监会主席。1941 年,弗兰克担任美国联邦第二巡回区法院法官,直至 1957 年 1 月因病逝世。[②]

在弗兰克的个人发展中,有两点值得注意,一是他的父母的影响。他父亲一直希望弗兰克学习法律,毕业后当律师,这在某种程度上对弗兰克构成某种强迫,他有过反抗。虽然有人评价他担任律师时很能干,但他的有些做法让人不解。例如,他离开原来律所后,作为合伙人的他不关注权益分配,并不以发展客户作为优先事项。[③] 他的母亲对他也有影响,由于妈妈是音乐家,弗兰克多次去听音乐会,对他产生一些影响。这从他将司法裁判和音乐进行比较研究可以看出,他对法律和音乐的关系有独特的理解。[④] 这与前面提到卢埃林将法律与建筑学相比较的法美学思想相类似。二是他受到梅里厄姆的影响。梅里厄姆从心理学的角度对政治学进行研究,这与弗兰克后来从心理学角度研究法律极其类似。对于弗兰克法律思想的研究,不可不关注这些因素对他的影响。

弗兰克是怎样一个人?之所以提出这个问题,是因为我们似乎看到两个弗兰克:一个是在其著述中体现的弗兰克,另一个是他人回忆中的弗兰克。对于前者,弗兰克对他人观点的评论较为苛刻,不留情面,被称为“反传统的人”(iconoclast)。例如,对于庞德将法律区分为涉及财产或交易行为的法律和涉及人的行为的法律,他认为庞德的意图是缩小法官的自由裁量,这显然是基于虚伪的诡计(an artificial scheme),庞德从未完全将自己从规则崇拜主义(rule-

---

① See Robert Glennon, *The Iconoclast As Reformer*: *Jerome Frank's Impact on American Law*, Cornell University Press, 1985, p. 22.

② Ibid., p. 15 – 30.

③ Ibid., p. 19 – 20.

④ 在一篇论文中,弗兰克指出法官与音乐演奏家有相似之处,都是有创造性的艺术家,参见 Jerome Frank, *Say It with Music*, 61 Harvard Law Review 921 (1948)。

fetishism)中解放出来。[①] 对于耶林,弗兰克认为希望通过法律获得确定的安全感,导致耶林对虚幻的绝对法律确定性和终局性顶礼膜拜。[②] 即使是对于同属现实主义法学阵营的卢埃林,弗兰克也是指责颇多,认为卢埃林忽视初审法院的复杂性,可以将他视为"二流的巫师",认为卢埃林对初审案件和初审法院既了解不多,也很少关心,卢埃林的研究对律师或其他人类学家帮助甚少。[③] 然而,与著述中呈现的弗兰克有些截然相反的是,弗兰克在生活中和工作中口碑极佳。美国最高法院弗兰克福特法官认为,通过著述认识弗兰克不算认识他,书本上的弗兰克似乎是易怒的(prickly)和好斗的(pugilistic),但在个人关系上他是一个热心的、慷慨的人。[④] 与他在法院共事 15 年的老朋友克拉克认为,弗兰克是一个有巨大热情和好幽默的人。[⑤] 正如人都有多面性一样,弗兰克也是一个多面的人。正如他多年的至交道格拉斯所言,"弗兰克是一个多面人,一个陌生人不大可能仅仅通过阅读他写的东西来了解他",要得到这个人不同阶段的精华,需要个人的相识和长时间的联系。[⑥] 弗兰克既有在智识上有主见和爱挑战权威的一面,也有在个人关系上关照朋友的一面,这两者并不矛盾。这提示我们,在评价一个人时,需要有一个全面的视角。

二、法理学思想

前文提到弗兰克和卢埃林是现实主义法学的代表人物,读者们不免会有疑问:一个不在学界的人,怎么能成为这个学派的代表人物?弗兰克凭什么能够成为现实主义法学的代表人物?对此,我们不妨先看看我国学者沈宗灵先生的观点。沈先生说,"美国 20 ~ 30 年代兴起的现实主义法学的代表人物颇多,但一般认为主要是卢埃林和弗兰克二人……按照弗兰克的看法,现实主义

---

① See Jerome Frank, *Law and the Modern Mind*, Transaction Publishers, 2009, p. 227, 228 note 8.

② Ibid., p. 236.

③ See Jerome Frank, *Courts on Trial: Myth and Reality in American Justice*, Princeton University Press, 1950, p. 77, 336.

④ See Felix Frankfurter, *Jerome N. Frank*, 24 The University of Chicago Law Review 625 (1957).

⑤ See Charles E. Clark, *Jerome N. Frank*, 66 Yale Law Journal 817 (1957).

⑥ See William O. Douglas, *Jerome N. Frank*, 10 Journal of Legal Education 9 (1957).

法学家内部又可分为两派。一派是以卢埃林为代表的规则怀疑论者……另一派是以弗兰克本人为代表的事实怀疑论者……”①。可见,沈先生没有对这一问题作出直接回答。对于现实主义法学内部学派的区分,他只是援引弗兰克本人的论述。沈先生的这一观点成为主流的观点,而从沈先生比较推崇的学者博登海默的著作中,只提到卢埃林是现实主义法学的代表人物。因此,我们认为,将弗兰克和卢埃林作为现实主义法学的代表人可能是我国学者的一个归纳,②其理论依据似乎并不充分。在西方,则通常列举多个成员,而不是将一两个人认为是代表人物。例如,德沃金教授指出,现实主义法学的代表人物包括杰罗姆·弗兰克、卡尔·卢埃林、韦斯利·斯图吉斯、菲里克斯·科恩等。③

在法理学方面,弗兰克并没有提出一种完整的法律理论。与卢埃林和美国《统一商法典》、情景感以及裁判的宏大风格不同,弗兰克被人们记住是因为他有关法官和判决的奇怪观点。④ 不过,弗兰克的阐述涉及很多核心法律问题。例如,法律的界定问题、法律确定性问题、可预见性问题以及影响法官裁判的因素问题。在法律的界定上,弗兰克认为,从普通人的角度来看,法律是法官在特定案件中作出的判决,“法律是具体案件中已经发生或即将发生的东西”⑤。在弗兰克看来,普通人并不关心法律规则是什么,而是关心法官的判决会对自己的当前案件造成什么影响。在这点上,弗兰克的观点与卢埃林相似,因为卢埃林说法律是官员的所作所为。由于法官也是官员之一,“法官作出的判决就是案件的法律”⑥。从当事人的角度来看,这一观点有一定的合理性,但弗兰克的这一观点被质疑。不同的观点认为,弗兰克忽视法律规则所起的作用,将法院的判决等同于法律是错误的,因为法官会对法律规则进行修改或废

---

① 沈宗灵:《现代西方法理学》,北京大学出版社1992年版,第311页。

② 参见本书第一章第一节。

③ 参见[美]罗纳德·德沃金:《认真对待权利》,信春鹰、吴玉章译,中国大百科全书出版社1998年版,第16页。

④ See Brian Bix, *Introduction to the Transaction Edition*, xi, in Jerome Frank, Law and the Modern Mind, Transaction Publishers, 2009.

⑤ Jerome Frank, *Law and the Modern Mind*, Transaction Publishers, 2009, p. 297.

⑥ Ibid., p. 136.

除,或者对案件的事实或法律规则作出错误的理解。弗兰克认为他的观点受到误解,他后悔对法律进行定义,并强调作为联邦上诉法院的法官他没有忽视法律规则的作用。[①] 在弗兰克看来,法律规则只是指南,不能决定法律的后果。

弗兰克对法律的不确定性作了深入的论述,这是他对法理学的一个贡献。弗兰克从多个方面对这个问题进行阐释:首先,弗兰克认为,法律不是确定的,要受制于无法估量的变化。新的生产工具、新的交通和居住模式、新的社会习惯、新的资本集中使制定解决所有法律问题的确定性法律变得不可能。由于人类关系每天都在发生变化,无法以永久的方式来表述法律关系。[②] 法官不是一台机器,将事实和法律规则放进去,就能自动得出判决的结果。在弗兰克看来,法官面对社会的发展,会制定法律,而不仅仅是适用法律。在这种情况下,认为通过法律规则就能预测案件的结果,是一种基本的法律迷思。[③]

其次,从法律推理的过程来看,传统的学者认为,在三段论的框架下,法律规则是确定的,在法官认定事实后,判决的结果是确定的。弗兰克指出,传统观点认为案件事实是确定的,实际上不然,因为法官要认定的案件事实是发生在过去的事件,对这一事件的真实性需要提交证据加以证明,其中涉及证人,而无论是证人自身的人品问题,还是记忆上的错误或者缺乏当庭作证的经验,都可能导致陪审团或法官对事实作出不同的认定。[④]

再次,法官和陪审团自身也是证人,他们像其他的证人一样具有人类同样的不足。案件发生的事实经过两次折射,先是证人,然后是"发现"事实的人。因此,初审法院发现的事实,顶多只是对他人的看法、意见的看法或意见。[⑤]

最后,由于法官确信的案件事实才是法院最终认定的事实,法官会留意证人陈述时的声音,证人作出回答时的语气是迟疑的还是迅速的,证人的眼神、

---

① Jerome Frank, *Law and the Modern Mind*, Transaction Publishers, 2009, Preface to Sixth Printing, XXXIX.

② Ibid., p.5 – 6.

③ Ibid., p.6 – 13.

④ Ibid., p.115 – 117.

⑤ Ibid., p.22.

手势、表情、动作,等等。[1] 这一过程又受到法官个人因素的影响,特定法官的特点、性格、偏见和习惯通常决定法官认为什么是法律。[2] 正因如此,在具体案件中,认为可以预见法官判决的结果几乎是不可能的。用弗兰克自己的话来说:"对初审法院判决预测的最主要障碍是……预见某个特定的初审法官或陪审团认为的事实是什么。"[3]

弗兰克进一步指出,对法律确定性的基本迷思,实际上是一种儿童对父亲权威的迷恋。结合心理学的研究,弗兰克认为,在出生早期,儿童对父母提出各种需求,在该等需求得到满足后,对后者产生了依赖,认为后者是万能的。在法律领域,无论是律师还是法官都认为法律是完全可以预测的,导致普通人认为法律是确定无疑的。"儿童对不确定的畏惧和不愿面对法律现实,制造了法律是完全确定和明确的基本法律迷思。"[4]这其实是法律共同体建构的一种假象。这一假象的背后是儿童对于拥有确定的、能控制宇宙的父亲的欲望。[5] 弗兰克认为,应当向公众揭开真正的事实,让他们知道法官在做什么和如何做,这是民主社会的要求。[6]

在研究弗兰克的法律思想时,我们不仅要阅读弗兰克撰写的专著和论文,而且要关注弗兰克作为上诉法院法官所撰写的司法判决书。正如比克斯教授所说,这三者均需要认真对待。弗兰克的判决书像法学论文,这一点为某些人所诟病。然而,不同的观点认为,弗兰克的判决书具有丰富的法律思想,对读者也是一种法律教育,它蕴含了未来法律发展的思路。[7] 弗兰克的现实主义法学思想在 U. S. v. Antonelli Fireworks Co. , Inc. , et al. 案(以下简称 Antonelli 案)得到充分的体现。在 Antonelli 案中,[8]Antonelli Fireworks Co. , Inc. (以下简称 Antonelli 公司)是一家家庭企业,其全部股权由其董事长和作为被告的财

---

① Jerome Frank, *Law and the Modern Mind*, Transaction Publishers, 2009, p. 117 - 118.

② Ibid. , p. 117 - 119.

③ Ibid. , Preface to Sixth Printing, XXV.

④ Ibid. , p. 45.

⑤ Ibid. , p. 37.

⑥ Ibid. , p. 2 - 3.

⑦ William O. Douglas, *Jerome N. Frank*, 10 Journal of Legal Education 6 (1957).

⑧ U. S. v. Antonelli Fireworks Co. , Inc. , et al. , 155 F. 2d 631 (1946).

务长 Amerigo Antonelli 等人持有。Antonelli 公司和 Amerigo Antonelli 等 6 个自然人被提起两项刑事指控:第一项指控是违反法律制造有缺陷的战争材料,第二项指控是违反法律在战争活动中欺诈美国政府。经过审判,美国联邦地区法院认定第一项指控中的被告无罪,第二项指控构成犯罪。作为两项指控的被告,Antonelli 提起上诉,理由是证据不充分、审判有错误以及陪审团裁断中存在矛盾。

Antonelli 案涉及很多问题,笔者不打算就所有这些问题进行讨论。笔者的重点放在弗兰克认为存在重大争议的问题上,即指控方的律师在审判结束时发表的最后总结意见是否导致重新审判。由克拉克法官撰写的判决书认为,指控方律师的最后总结意见是细枝末节的,而且法院已经及时提醒陪审团可以忽略该意见。由于审判持续较长时间,应当尊重法律秩序的要求,重新审判将让那些花数年时间参与此案的各方士气低落。① 弗兰克对本案提出了不同意见。鉴于指控方的总结意见是本案的重大争议之一,为了让读者自行判断,笔者将指控方律师的最后总结意见翻译如下:“女士们和先生们,我珍视这个压倒一切的信念,即在法官作出指示之后,你们每个人都会作出自己的裁断,没有怨恨,但也没有同情,你们每个人都会作出自己的裁断,这些裁断在你们的同胞、那些在家里工作的人、那些不断为制造战争弹药而诚实工作的人以及那些在海外指望我们提供在他们作出极度牺牲时刻所需要的东西的人面前,始终是有理由感到自豪的。”弗兰克认为,一审法院的错误是明显有害的(harmful),应当撤销并作出公平的重新审判。

首先,弗兰克认为多数意见忽略或掩盖了关键事实。弗兰克指出,在本案中,一些被告出生于意大利,其中被告之一 Antonelli 是以意大利式美语出庭作证的。在该案进行审判时,美军仍然在意大利进行作战,对陪审团的总结意见是 1944 年 6 月 8 日作出的,发生在美国登陆诺曼底开始之后。在这种情况下,依据古训“如果你想激发偏见,你应当在结束时这样做,以便陪审员更容易记住你所说的话”,指控方律师的总结意见会激发陪审员对被告的偏见。依据美

① U. S. v. Antonelli Fireworks Co. , Inc. , et al. , 155 F. 2d 636 – 642 (1946).

国最高法院的认定标准,在这种情况下,初审法官应当不等待异议就采取“严厉的谴责和抑制措施”。弗兰克指出,多数意见认为一审法院在总结意见之后采用了大量的补救措施,这是完全弄错了,因为初审法官所采取的措施既不是即时的或严厉的,也没有发出谴责。事实是,在知道最后总结意见作出后的第二天早上陪审团重新审理案件时,初审法官才采取措施纠正错误,他首次作出温和的警告完全不像谴责,在经过12小时的间歇之后,该总结意见可能在陪审员中造成偏见。①

其次,多数意见认为一审法院的错误是“无害的过错”(harmless error),这一认定是错误的。因为多数意见没有看到上诉法院在这两项职责上的区分:一是裁断是否违背所查明的事实这个问题,二是错误是否为“无害的”这个问题。弗兰克认为,一般而言,在不涉及有偏见的证据和政府律师不存在不当行为的情况下,当被告仅以依据书面证据陪审团无法认定其有罪这一理由主张改判时,上诉法院会假定证人是可靠的,指向犯罪的证词是由诚实、可靠的证人作出的,这一假定通常是不可避免的、必要的,因此是恰当的。但是,当案件记录含有错误认定的偏见性证据或律师作出的不当评论时,这一假定就不是必要的,就不是恰当的。②

再次,弗兰克指出,多数意见认为当代的趋向是假定错误是无害的,这一看法是错误的。一方面,美国最高法院近期的案例确认了他的理解。在Bollenbach v. United States案中,美国最高法院说问题不是上诉法官拥有从无效记录得出被告有罪的案情摘要,而是陪审团是否依据美国联邦法院的适当程序和标准来认定被告有罪。另一方面,英国的司法判决是有启示的,在Maxwell v. The Director of Public Prosecutors, 136 A C 309案中,被告被不当地要求回答一个涉及先前指控的另一个犯罪(已经被认定无罪),上诉法院作出撤销,因为不可能否认该证据是对他严重不利的。③

最后,弗兰克认为,美国联邦第二巡回区上诉法院在以往政府律师存在不

---

① U. S. v. Antonelli Fireworks Co., Inc., et al., 155 F. 2d 642 – 645 (1946).

② Ibid., p. 649 – 650.

③ Ibid., p. 650 – 652.

当行为时都认为有坚实的理由,而没有遵循 Berger 案确立的原则。尽管美国最高法院在 Socony-Vacuum 案明确存在例外,但在 Antonelli 案中不仅证词存在冲突,而且政府方面的依据相当程度上取决于同谋的证词以及是否存在对证人的恐吓,[①]这表明这些错误不是无害的。弗兰克指出,如果不阻止政府律师的不当行为,他们会以自己喜欢的方式向陪审团发表意见,导致法律规则成为虚假的规则。相反,如果政府律师的不当行为导致公众承担重新审判的成本,他带来的不受欢迎将倾向于使他遵守法庭礼仪(courtroom decency)的专业标准,甚至法院可以剥夺他在本法院执业的资格和提出司法建议,不再让他作为政府代表。而且,若任由其作为,导致的不公正不仅会降低被告对法律的尊重,而且可能导致被告继续以刑事犯罪作为职业。[②]

在对以上问题作出分析之后,弗兰克提出他的现实主义法学思想:对于一项法律制度,不是看它说了什么,而是看它做了什么。对于刑法而言,不能仅仅通过它的实质性的禁止来加以准确描述,该描述还要包括该禁止通过什么方法在实践中发挥作用,即不仅描述实体性和程序性规定,还要描述它们实际的运作,弗兰克引用了卢埃林的观点来加以论证,即通过其运作来理解实体性规则是否在生活中重要。弗兰克说,他之所以花如此大的篇幅来提出异议,是因为公平审判对于法律秩序而言极其重要,作为原则,它是美国信仰的组成部分,如果法官不将其转化为行动,则它的后果比空洞还要糟糕。[③]

如果说 Antonelli 案更多地体现了弗兰克对法的现实性的关注,那么 U. S. v. Samuel Roth 案体现了弗兰克对现实中的法的探索。在 U. S. v. Samuel Roth 案中,被告人 Roth 被指控违反美国联邦关于传播淫秽物的法规并被刑事指控。被告人不服一审法院的判决,认为审判有误,遂提起上诉,并且再次对适用法规的合宪性作出抨击。由首席法官克拉克撰写的司法判决意见指出,尽管对于文学作品的审查存在一些难度,但由于我们缺乏对这一问题的社会意义或

---

① U. S. v. Antonelli Fireworks Co. , Inc. , et al. , 155 F. 2d 654 (1946).

② Ibid. , p. 661 - 662.

③ Ibid. , p. 662 - 663.

这样行为的后果的知识，法官需要谨慎，而且推翻现有的公认意见是很难证成的。[①]

弗兰克作为该案的主审法官提交了并存意见（concurring opinion），因为被告邮寄的很多书籍和杂志是淫秽的，但弗兰克不认同克拉克的理由，因为它容易让人认为构成淫秽的判断标准是其对儿童的影响，被告被定罪是因为他将淫秽物销售给儿童。[②] 弗兰克认为，他对协调美国最高法院的判决意见和美国《宪法第一修正案》感到困难，一是没有人能合理地证明淫秽出版物会对一般人的行为具有影响，二是针对该法规的司法解释认为，被告被惩罚是因为他煽动了有害的性思想、情感或欲望。对于前者，弗兰克认为，应当由政府来证明关于淫秽物的立法是美国《宪法第一修正案》的例外，这方面缺乏充分的证据。就后者而言，弗兰克从立法原意、对思想惩罚的后果、认定的主体等方面进行论证。弗兰克认为，美国最高法院对淫秽物的司法解释无法协调宪法的言论自由和例外两者的关系，最终会导致压制个人自由。[③]

对于上诉法院的角色，弗兰克特别指出，“我同意我的同事们的观点，由于我们法院是一个低级别法院，我们不应当将我们更高级别的法院通常说是合宪的制定法（尽管没有充分的讨论）认定为无效。但我认为，这一点是恰当的：明确最高法院至今在其判决书中没有处理的有关淫秽物制定法有效性的考虑因素。我并不是暗示该制定法必然是违宪的结论，但如果人们将最高法院适用于其他立法的推理适用于本立法，我的确在暗示，很难避免得出这一结论”[④]。

可见，在弗兰克看来，尽管上诉法院无权推翻美国最高法院的认定结论，但它并不是消极的。弗兰克在本案附录中的意见极其详细，而且具有相当的说服力。尽管美国最高法院的多数意见没有采纳弗兰克的意见，但弗兰克的意见是有足够煽动性的，导致美国最高法院对低级法院认为已经确定的问题

---

① U. S. v. Samuel Roth, 237 F. 2d 799 (1956).

② Ibid., p. 801.

③ Ibid., p. 802, 803.

④ Ibid., p. 804.

发出调卷令。这在美国判例法的历史中可以说是绝无仅有的。[①]

弗兰克的法理思想,还体现在他在 U. S. A v. Henry W. Grunewald et al. 案的异议意见中。该案涉及的是与作为纳税人的两家公司 Pattullo Modes 和 Gotham Beef Company 有关的逃税团伙(a tax-fixing ring)的活动,即这两家公司通过委托律师事务所、会计师事务所以及公关人员对税务官员行贿,以避免就纳税事宜被提起刑事追究。在该案中,法官裁定被告构成共谋欺诈美国政府行使其管理国内税收法律和追诉违反国内税收法律行为的政府职能,构成刑事犯罪,并分别处以罚金和 2~5 年的有期徒刑。上诉人之一为哈尔普林,他在案件中被指控通过腐败行为试图影响证人,就此三项指控,每项指控被处以两年有期徒刑和 1000 美元罚金。哈尔普林在本案中对自己的抗辩出庭作证,其他人都没有出庭作证。[②]

弗兰克附和该判决意义,但对哈尔普林的处理提出了不同看法。弗兰克认为,应当准许对哈尔普林的重新审判,理由是这涉及强迫被告作为对他自己不利的证人这一宪法特权。弗兰克对此提出三点论证。

一是 Raffel 案是错误的,美国最高法院已经推翻它。在 Raffel 案中,作为被告之一的 Raffel 被控故意违反美国《禁酒法》。在第一次审判时,政府对被告的招供举证,被告依据其宪法特权没有出庭作证,在第二次审判时,被告出庭作证,但否认其犯罪。由于被反对,在律师的建议下,被告被迫证实他没有在第一次审判时出庭作证。美国最高法院认定,被告可以自己要求作为证人,但如果他未提出要求,则不得作出对其不利的假定。弗兰克引用辛顿对 Raffel 案的批评和汉德法官的意见,认为在实践中被告可以出庭作证而对其拒绝回答问题不会对他不利是难以做到的,法院对陪审团的提示只是一个司法谎言,会破坏法院、陪审员和公众的道德关系,损害司法正义。[③]

二是 Raffel 案不适用本案,两者具有很大的不同。在 Raffel 案中,被告在

---

① See Thurman Arnold, *Judge Jerome Frank*, 24 The University of Chicago Law Review 641 (1957).

② U. S. A v. Henry W. Grunewald et al., 233 F. 2d 558, 559 (1956).

③ Ibid., p. 572–574.

第一次和第二次审判中都有针对和交叉盘问不利证人、律师的帮助、对不利证据提出异议以及以自己的名义传唤证人等权利，而在本案中哈尔普林这些权利都没有，美国最高法院从未将 Raffel 案适用于大陪审团审判中涉及宪法特权行使的案件。①

三是美国最高法院在 17 年后的 Johnson 案中实际上已经推翻了 Raffel 案。在该案中，美国最高法院认为，检察官或法官将被告拒绝回答问题用于质疑被告的可靠性是错误的。弗兰克指出，即使他认为美国最高法院没有在 Johnson 案中推翻 Raffel 案，即使他认为 Raffel 案适用于本案，他也会忽略 Raffel 案，因为美国联邦第二巡回区上诉法院说过，在考量美国最高法院以往判决的先例效力时，应遵循而不是拒绝美国最高法院判决中新发布的原则性趋势（doctrinal trend）。在美国最高法院裁决 Raffel 案时，美国最高法院、其他法院和评论家沿袭边沁对宪法的这一特权（不得强迫被告作不利于自己证人的特权）抱有的明显敌意，但 1955 年之后，美国最高法院认识到，这一特权对于保护无辜者和免受无依据的刑事追诉具有重要的价值。②

弗兰克认为，本案存在一个美国最高法院从未考虑过的问题——制定法的合宪性问题，即制定法是否侵害了宪法的这一特权。弗兰克认为美国最高法院可能不会这么快就作出认定，但他暗示，制定法通常具有胁迫被告放弃其特权并迫使无辜的被告出庭作证的效果。由于制定法提供的选择，无论被告是否出庭作证，他都会面临不利的后果。弗兰克认为，对宪法特权的敌对者仅仅从程序的角度来看待它，而没有认识到它具有重要的实体价值，保护个体实质上隐私权的价值。③

不仅如此，弗兰克还对现实主义法学的发展和推动起了重要的作用。在弗兰克的论述中，可以看见他与其他现实主义法学成员的密切联系。他与卢埃林、道格拉斯、格林、阿诺德等人保持密切的联系。1930 年，弗兰克发表《法律与现代精神》，向当时的美国法学界投入一颗“炸弹”。在 1948 年再版该书

---

① U. S. A v. Henry W. Grunewald et al. 233 F. 2d 574, 575 (1956).

② Ibid., p. 576, 577.

③ Ibid., p. 578 – 582.

时，弗兰克又提出规则怀疑论和事实怀疑论的区分，再次引起人们对现实主义法学的关注。在《初审法院》中，弗兰克再次强调规则怀疑论和事实怀疑论的不同。他将现实主义法学区分为规则怀疑论和事实怀疑论，前者的杰出代表是卢埃林，后者以他、雷丁、格林和道格拉斯等人为代表。①

探究弗兰克的法理思想，还要了解他与其他学者的交往。在这里，有必要探讨一下弗兰克与卢埃林两人的关系。两人被认为是现实主义法学的代表人物，后世学者对现实主义法学进行研究时，一般是倾向于更加认同卢埃林的观点，而不是弗兰克的观点。1930 年，弗兰克的《法律与现代精神》和卢埃林的《荆棘丛》出版。当时，一种新的法学思潮正在形成，用卢埃林自己的话，“在法律中弥漫着一种骚动”②。敏锐的庞德教授很快就撰文回应，指出这些年轻的法学教师们提出的关于现实主义法学的呼吁。③ 对于庞德此文，卢埃林在同期的《哈佛法律评论》上发表了《对现实主义的现实主义》，作出回应。在该文的注释中，卢埃林指出，该文与弗兰克一起讨论，但弗兰克拒绝签名，因为该文由卢埃林执笔。有观点认为，弗兰克不愿意得罪庞德，且该文由卢埃林执笔，因此弗兰克最终没有在该文上署名。④

可见，弗兰克和卢埃林一度是战友，但两者后来的关系可能渐渐地变得疏远。⑤ 这一判断有两个理由。一个理由是，在 1948 年之后，两人的观点有了更多的差异。从引用的情况来看，《法律与现代精神》对卢埃林观点的引用仅有 4 处，但在该书第 6 版印刷时，弗兰克明确地将卢埃林归入规则怀疑论，提出规则怀疑论的不足和“上诉法院迷思”，而认为自己属于事实怀疑论。在《初审

---

① See Jerome Frank, *Courts on Trial: Myth and Reality in American Justice*, Princeton University Press, 1950, p. 74 – 75.

② Karl Llewellyn, *Some Realism About Realism—Responding to Dean Pound*, 44 Harvard Law Review 1222 (1931).

③ See Roscoe Pound, *The Call for a Realist Jurisprudence*, 44 Harvard Law Review 697 (1931).

④ See Brian Bix, *Introduction to the Transaction Edition*, xvi, note 1, in Jerome Frank, Law and the Modern Mind, Transaction Publishers, 2009.

⑤ 笔者曾就此问题请教比克斯教授，他说两者早期有过合作，他们的性情和理论观点不同，但他没觉察到两人之间有任何重大的破裂(any sharp breaks)，比克斯教授 2023 年 2 月 3 日给笔者的回函。

法院》中，弗兰克引用卢埃林的观点超过10次，但更多的是批判。弗兰克指出，虽然卢埃林拥有异常警觉、富有建设性的怀疑思想，但他的直觉无法足以取代亲自观察和参与审判的经验，没有这种经验，他的视角就是有缺陷的。因卢埃林对初审法院案件认定事实避而不谈，不愿观察法院令人不安的现实，只能将他归为“二流的巫师”①。弗兰克进一步认为，尽管规则怀疑论者对兰德尔的案例教学法提出了异议，但其具有一些弱点：第一，认为通过发现真正的规则而不是书面的规则就可以预见案件的结果，太过于乐观了；第二，规则怀疑论者所针对的是上诉法院，但他们对此没有加以明确，导致人们认为其同样适用于初审法院。② 此种自立门派的做法以及对卢埃林的明确批判，有可能伤害到卢埃林。

另一个理由是，在弗兰克1957年逝世时，卢埃林并没有撰文怀念，③而现实主义法学的其他学者如道格拉斯、阿诺德、克拉克等人均追忆与弗兰克的交往。尽管如此，从卢埃林《荆棘丛》1951年出版的后记来看，弗兰克的论述对卢埃林产生了影响：一是卢埃林认为上诉裁决的技能在法学院内吸引了太多的注意力；二是强调了法官也是普通人，性格和经验背景都有一些不同。④ 这些可以看作对弗兰克观点的回应。在1960年出版的《普通法传统》一书的脚注中，卢埃林认为他和弗兰克的观点有很大不同，但他就弗兰克对初审法院的关注和强调向弗兰克致敬，⑤体现了卢埃林的宽容与大度。

弗兰克与道格拉斯的关系也值得注意。在出版《法律与现代精神》一书后，弗兰克结识了一批学界的朋友，其中就包括道格拉斯。两人可能相识于耶

---

① See Jerome Frank, *Courts on Trial: Myth and Reality in American Justice*, Princeton University Press, 1950, p. 77.

② See Jerome Frank, *Law and the Modern Mind*, Transaction Publishers, 2009, Preface to Sixth Printing, xxii – xxiii.

③ 当时的卢埃林正在芝加哥大学法学院任教，而《芝加哥大学法律评论》专门组织系列文章怀念弗兰克，我们有理由推测编辑可能找到卢埃林，但被卢埃林拒绝。

④ 参见[美]卡尔·卢埃林：《荆棘丛：我们的法律与法学》，王绍喜译，中国民主法制出版社2020年版，第261～263页。

⑤ See Karl Llewellyn, *The Common Law Tradition: Deciding Appeals*, Little, Brown and Company, 1960, p. 18, note 11a.

鲁法学院,[1]弗兰克不仅在该法学院做过讲座,而且担任兼职教师,而道格拉斯当时是耶鲁法学院的著名教授,两人还一起合作发表过破产法的论文[2]。弗兰克和道格拉斯有诸多相似之处:一是两人喜欢针对非专业读者写作。道格拉斯撰写了多部流行的传记,而弗兰克的著作面对的群体是社会大众,而不是专业读者。二是在职业经历上,弗兰克走的是与道格拉斯类似的道路,在农业调整管理局担任法律顾问之后,弗兰克先后担任美国证监会的专员和主席,与道格拉斯的经历是一样的。在道格拉斯离开耶鲁大学担任美国最高法院法官之后,弗兰克担任美国联邦第二巡回区上诉法院法官。三是在理论观点上两人分歧不大。弗兰克将道格拉斯与自己归入现实主义法学事实怀疑论者的阵营。在生活中,两人相处得好,可能不仅因为道格拉斯对弗兰克有过提携,而且因为两人脾气相投,相互欣赏。在弗兰克逝世后,作为美国最高法院法官的道格拉斯两次撰写文章进行怀念,对弗兰克评价很高,他认为弗兰克的《法律与现代精神》是一部经典著作,弗兰克的司法判决意见书是文学珍品。[3] 而如前所述,弗兰克的这些司法判决意见书也具有实用的价值。

弗兰克与格林的关系也值得关注,不仅因为两人都具有担任律师的经历,也不仅因为两人都是现实主义法学阵营的重要成员,而且因为两人的思想和理论研究上具有一些共同的特征。从引用的注释来看,《法律与现代精神》有14 次引用了格林的观点,《初审法院》引用格林的观点也达 10 次之多,可见格林对弗兰克的影响很大。从研究的领域来看,两人均对司法制度进行研究,格林是从侵权法的角度,弗兰克是从法理学的角度。有意思的是,格林还对弗兰

---

① 根据道格拉斯自己的记忆,道格拉斯于 1934 年秋与弗兰克首次在华盛顿接触,参见 William O. Douglas, *Jerome N. Frank*, 10 Journal of Legal Education 1 (1957)。我们认为,道格拉斯的回忆可能有误,因为从下注可见两人在 1933 年就合作发表学术论文,两人的交往时间应当更早一些。依据克拉克的回忆,在 1930 年《法律与现代精神》出版后,他就邀请弗兰克作为访问学者,直到他去华盛顿任职,参见 Charles E. Clark, *Jerome N. Frank*, 66 Yale Law Journal 817 (1957)。也有观点认为弗兰克 1932 年成为耶鲁法学院的副研究员,参见 Laura Kalman, *Legal Realism at Yale*: 1927 – 1960, The University of North Carolina Press, 1986, p. 172。

② See William O. Douglas & Jerome Frank, *Landlords' Claims in Reorganizations*, 42 Yale Law Journal 1003 (1933).

③ See William O. Douglas, *Jerome N. Frank*, 10 Journal of Legal Education 5 – 6 (1957).

克进行了研究。①

三、司法制度研究

如第一章所述,有一种常见的观点认为,现实主义法学是破坏性法学。对于这种观点,我们在第一章已经作出了回应。由于一般认为弗兰克是现实主义法学中比较极端的人物,对弗兰克关于司法和司法制度的研究,或许能够对上述疑问作出更加有力的回应。我们将弗兰克关于司法和司法制度的研究归纳为以下五个问题。

第一个问题,司法适用只是对法律规则的适用吗?

前面提到,在弗兰克看来,对法律确定性的渴望是一个基本的法律迷思。这个迷思认为,通过法律规则就可以预测案件的结果。与此相应,这种观点认为,法官对法律的适用是一个机械的过程。弗兰克用公示对此进行阐述:如果以 R 来代表法律规则,以 F 来代表案件的事实,以 D 来代表法院的判决,则可以用公式来表示司法的适用:$R \times F = D$。因此,对于司法适用的传统表述是,法院将法律规则适用于案件的事实。根据传统理论,法院的判决是 R 和 F 的产物。弗兰克指出,在一个简单的、稳定的社会,R 是比较稳定的,找出要适用的法律规则不存在太多的困难。但是,在发生急剧变化的美国现代社会,R 是不稳定的,法律的不确定性通常是由于法律规则的不明确性带来的。因此,很多法律思想家假定,在 $R \times F = D$ 这个公式中,D 的确定性取决于 R 是否确定。②

弗兰克认为,上述假定导致对司法(court-house government)产生严重的误解,忽略了法院判决中更为困难的部分。在弗兰克看来,既然 D 是 R 和 F 的产物,无论 R 如何确定,判决依然取决于法院的事实认定,而事实认定是较为复杂的。由于在案件提交审理时,事实是已经发生的,涉及的案件事实并不是客观的事实,而是通过证人的口头证词来确认的事实,而认定的事实只能是法院

---

① See Julius Paul & Leon Green, *The Legal Realism of Jerome N. Frank: A Study of Fact-skepticism and the Judicial Process*, Nijhoff, 1959.

② See Jerome Frank, *Courts on Trial: Myth and Reality in American Justice*, Princeton University Press, 1950, p. 14 – 15.

认为的或相信已经发生的事实,即对于法院而言,法院认为的事实是最重要的。[①] 弗兰克指出,判决过程中的事实因素很少被考虑,除了证人可能出错,法官和陪审团自身也是法庭上的证人,因此,实际上发生的事实受到了证人和作为事实发现者的法官和陪审团的两次折射,因此,可以认为,初审法院认定的事实是主观性的,它至多只是某个法官的确信或意见。[②] 可见,在司法过程中,司法适用不仅仅是对法律规则的适用。弗兰克对事实的强调在当时是有重要意义的。

第二个问题,律师能够预测案件的结果吗?

在美国社会,律师让人又爱又恨,诗人桑德堡就写了《律师知道得太多了》这样的诗,说律师对于死人的思想也一清二楚。[③] 一般而言,普通人不信任律师,但又不得不依赖律师。在我国,也有"律师吃完原告吃被告"的说法。[④] 普通人认为,为了维护当事人的利益(或者律师自己的利益),律师会颠倒黑白。弗兰克认为,如果法律是准确的和终局的,那么将过错归于律师是情有可原的,但这恰恰是对法律的误解,因为法律在很大程度上是模糊的、变化的。法律必须适应不断发生变化的社会、工业和政治环境。[⑤] 弗兰克指出,法律是确定的这一观念与律师的推波助澜有关。在提交给法院的意见中,意见采用的表述使人认为,判决的结果是从准确的、事先存在的法律规则通过逻辑推出来的。而律师为了客户的利益不惜对法律作出不同的解读,让其客户认为很有用。[⑥]

弗兰克指出,一方面,对于一项权利而言,判断它是否存在,要观察法院对它的处理。当事人向律师提出请求时,它要求的是一种预言,对于还没开始的可能诉讼的财产,对它的描述很难是准确的,因为律师很难准确地预见法院会

---

① See Jerome Frank, *Courts on Trial: Myth and Reality in American Justice*, Princeton University Press, 1950, p. 15 – 16.

② Ibid., p. 22.

③ 参见[美]卡尔·卢埃林:《荆棘丛:我们的法律与法学》,王绍喜译,中国民主法制出版社2020年版,第239~240页。

④ 就律师职业伦理规范而言,不会出现这种情况,但在实践中普通老百姓存在这种看法。

⑤ See Jerome Frank, *Law and the Modern Mind*, Transaction Publishers, 2009, p. 5 – 7.

⑥ Ibid., p. 8 – 11.

如何判决。也就是说,在法院审理和判决之前,一方的法律权利是不确定的。[①]另一方面,即使认为法律规则是不变的,由于事实是不断变化的,律师无法对未来发生的事实的判决结果作出准确的预测。就一个尚未发生的诉讼进行预测,要求作出最广泛的猜测,包括证人的可信性、法官或陪审团对事实的猜测,[②]这是非常困难的。

第三个问题,法官的个人因素对案件结果有影响吗?

传统法理论认为,司法适用的过程是一个机械的过程,只是将法律规则适用于事实,这种理论被称为"机械法学"。自20世纪初开始,影响法律的政治、经济和道德因素开始被揭示,形成社会法学派。但弗兰克认为,社会法学派太过于宏观,它的局限在于,影响特定法官的因素无法被整齐地归入社会、经济或政治的类别,法官个人的独特个性被忽视了。[③] 法官的个性是多种因素的产物,包括他的父母、他的学校教育、他的老师和同伴、他遇到的人、他的配偶或者未婚状况、他的孩子以及他所阅读的书籍和论文。因此,初审法官并不是一台机械的机器。作为人,初审法官在智力、洞察力和注意力方面有所不同。[④]弗兰克认为,从司法适用的过程来看,法官与律师相似,并不是从法律规则开始思考,而是先有了一个大概的结论,然而从该结论去寻找相关的法律规则,这是一个逆向的(backward)过程。法官的结论决定了他的前提。[⑤] 由于法官作出判决,需要对法官个人的影响因素进行研究,仅仅对政治、经济和道德因素进行研究是不够的,因为判决是由具体的法官在具体的案件中作出的。因此,法官对律师、证人、当事人的同情或反感,对女人、金发女郎、有胡子的男人、南方人、英国人、意大利人、大学生、民主党可能会有积极或消极的反应,特定的鼻音、咳嗽、手势能唤起法官愉快或痛苦的回忆。这些因素可能对法官开始

---

① See Jerome Frank, *Courts on Trial: Myth and Reality in American Justice*, Princeton University Press, 1950, p. 9 – 11.

② Ibid., p. 16.

③ Ibid., p. 150 – 151.

④ Ibid., p. 152 – 153.

⑤ See Jerome Frank, *Law and the Modern Mind*, Transaction Publishers, 2009, p. 108 – 110.

审理和判断证人的证词、分量和可靠性产生影响。[1] 弗兰克指出，法官知道证人可能会撒谎，即使他不撒谎，也可能记忆有误，因此，在开庭时，法官会观察这些事实：证人作陈述时的声音、作出答复时的迅速或迟疑、证人的表情、仪态、诧异的迹象、激情、姿态、表达、哈欠、眼神的使用、偷偷摸摸或意味深长的一瞥、耸耸肩、音调、冷静或尴尬、外表坦率(hair of candor)或看似轻浮。[2] 弗兰克认为，在实践中，法官的身体和情感情况会对判决产生影响。他以自己作为诉讼律师的亲身经历证明，午餐吃得过多的初审法官在下午开庭时可能会犯困，无法听到证词的重要事项，并在判决案件时不理会它。[3] 因此，弗兰克认为，特定的法官独特的特点、偏见、习惯通常会决定他认定的法律是什么。[4]

第四个问题，上诉法院比初审法院重要吗？

与对法律确定性的基本迷思一样，弗兰克认为存在一种上诉法院的迷思。弗兰克指出，“在法律神话中，一个最为流行和最有害的迷思是上诉法院迷思，即上诉法院是司法的核心的迷思”[5]。这一迷思导致一种错误的认识，认为初审法官是否受到良好培训、是否公平、听取证词时是否有良心以及是否诚实无关紧要，在很大程度上，这种认识归因于由上诉法院来管理的法律规则支配判决的错误观念，即认为上诉法院保护诉讼当事人免受事实错误。由于此种认识，公众将更多的依赖放在上诉法官身上。但是，弗兰克认为，初审法院的能力要求比上一级法院更高，因为法学院的教育无法提供初审法官所需要的技巧。[6]

弗兰克认为，初审法院的重要性被严重忽略了。无论是法学家还是法官都在谈论上诉法院。作为规则怀疑论者的卢埃林所讨论的几乎只有上诉法

---

① See Jerome Frank, *Law and the Modern Mind*, Transaction Publishers, 2009, p. 114 – 115.

② Ibid., p. 116 – 118.

③ See Jerome Frank, *Courts on Trial: Myth and Reality in American Justice*, Princeton University Press, 1950, p. 162.

④ See Jerome Frank, *Law and the Modern Mind*, Transaction Publishers, 2009, p. 119.

⑤ Jerome Frank, *Courts on Trial: Myth and Reality in American Justice*, Princeton University Press, 1950, p. 222.

⑥ See Jerome Frank, *Courts on Trial: Myth and Reality in American Justice*, Princeton University Press, 1950, p. 222 – 223.

院，目的是对上诉法院的判决结果有准确的猜测，不是针对初审法院的判决，而是上诉法院的判决。由于将其研究限于上诉法院，规则怀疑论者生活在人为的二维法律世界。与此不同，事实怀疑论者比规则怀疑论者做得更多，他们不相信能够预测法院判决的结果，他们生活的是三维的法律世界。① 卡多佐所涉及的也是上诉法院。这些人不关注初审法院。在弗兰克看来，当代很多法哲学家和教师还是使用逻辑论证作为魔咒去驱除令人不愉快的法律现实，而不是去观察在初审法院发生了什么。他们使用一厢情愿的思考（wishful thinking），拒绝对现存的事物进行充分的观察，简单来说，他们以愿望来替代观察。② 正因如此，弗兰克提出要重视初审法院和初审法官，并对初审法院存在的问题作出改革。

第五个问题，如何对初审法院进行改革？

弗兰克坦诚，初审法院存在一些问题，法官需要面对这些问题，而不是选择逃避。在弗兰克看来，这些问题包括陪审团对事实的认定问题。人们通常认为，陪审团对事实的认定体现了民主，但弗兰克认为，律师们在公开和私下场合对陪审团的评论反映了这一制度存在的问题。在司法制度中，陪审团成为阻碍事实认定的最大因素。③ 此外初审法官缺乏专门的培训。由于将重心放在上诉法院，初审法院的重要性被忽略了，导致初审法官的水平参差不齐。弗兰克认为，应当对初审法院进行改革：一方面，要对陪审团制度作出改革，弗兰克探讨了对特别（事实）裁定、特别陪审团、居间事实调查者、修改证据排除规则、对陪审团商议过程的录制以及对陪审团工作培训的改革方案，弗兰克倾向于废除陪审团制度，尽管他表示尊重该程序。④ 另一方面，要为初审法官提供专门的培训。这些培训不仅包括法学院学生学习的法律规则、价值、政策、理念，也包括法学院没有教授的内容，例如初审法官对于事实的处理，对于证人可靠性的心理学工具，至少他应当保持开放的心态，能接受新的影响，有耐

① See Jerome Frank, *Courts on Trial: Myth and Reality in American Justice*, Princeton University Press, 1950, p.73－74.

② Ibid., p.72, 79.

③ Ibid., p.138.

④ Ibid., p.140－145.

心,有注意力。[①] 他不仅要通过自我探究认识到自己的偏见,而且要认识到特别影响其持续专注的因素。[②] 总之,弗兰克认为,通过培训和改革可以使初审法院和初审法官能更好地履行其职责。

四、法律教育研究

在我们对弗兰克进行研究时,我们当然不是仅仅为了兴趣而进行研究,我们是抱有某种目的的,即我们希望通过研究来看看他的思想在今天能带来什么启示。在对弗兰克的研究中,最有启发的一个主题是法律教育。有观点认为,弗兰克的法学研究是前沿的,他的法律教育标志着美国法理学一个新的方向的开始,即对法律教育进行批评的倾向。[③] 弗兰克不仅仅是一位富有实践经验的法律人,除了担任过多年的律师,弗兰克还担任过美国证监会主席,最后担任美国联邦第二巡回区上诉法院法官,直到退休。在某种意义上,弗兰克是一位法律创新者:在担任律师时,他发表了很多学术论著,包括具有很大影响力的《法律与现代精神》,在担任美国联邦法院的法官时,他不仅对初审法院进行研究,提出改革方案,而且对法律教育提出批评。如果在今天,我们可能会认为弗兰克不务正业。以笔者自身的经历为例,在担任公司法务期间,笔者曾发表若干篇学术论文,也难免引发类似的看法。客观地说,这种认识不利于理论界和实务界的沟通,但在结果导向的环境中,也不得不如此。由于分工的不同,理论界对于一些问题的思考可能更深入些,但对于一些实践中出现的问题,实务界会有更多直接的认知,这些认知即使不是完全客观、全面的,也是有助于理论的研究和发展的。[④]

弗兰克认为,美国的法律教育存在一些问题。

第一,对兰德尔的案例教学法提出批评。在弗兰克看来,兰德尔是一个非

---

① See Jerome Frank, *Courts on Trial: Myth and Reality in American Justice*, Princeton University Press, 1950, p. 247.

② Ibid., p. 250.

③ See Neil Duxbury, *Jerome Frank and the Legacy of Legal Realism*, 18 (2) Journal of Law and Society 186 (1991).

④ 我们或许可以想一想,如果没有实务界的揭示或总结或者新闻媒体的报道,理论研究者怎么能很自信地说自己的研究是结合实际的。对于理论和实践之间关系的讨论,详见本书第九章第四节。

常书生气的学者。尽管兰德尔在加入哈佛法学院之前从事律师工作有 16 年之久，但他大部分时间是在图书馆为其他的律师撰写案件摘要和诉状，他生活有规律，极少见客户。兰德尔认为，法学院最重要的是图书馆，对于研究最为重要的是图书馆，用兰德尔自己的话来说，“首先法律是一门科学，其次，这门科学所有可以使用的资料都包含在印刷的书本里”。弗兰克不同意兰德尔的观点，认为这带来了不好的结果，大部分教师没有执业经验，其实践经验的价值在法学院被贬低或低估了。[①]

第二，美国法学院教师背景过于单一。按照兰德尔的看法，在法学院，教师要讲授的是法律规则和法律原则，学生们要学习的也是法律规则和法律原则。这就决定了法学院的教师们不需要法律实务经验。兰德尔认为，先前的法律执业经验对于法律讲授是没有必要的，无论是开始教学之前还是教学之后，并认为应用法律的经验对于胜任教学工作是无关紧要的。[②]

弗兰克指出，美国法学院聘请的教师是那些很少或没有接触过普通律师的杂乱无章的活动或对其持有反感的人，这导致法学院的教师大部分是没有法律执业经验或仅有短暂执业经验的人。[③] 这样带来的后果是，很多法学院的教师不是最擅长培训律师的教师，而是善于把持书本内容的教师，而这些教师又培养出下一代只懂得书本内容的未来教师，这些法学院不是律师学院（lawyer-schools），而是法律教师学院（law-teachers schools）。[④]

第三，美国法学院过分关注上诉案件，而对初审案件关注不够。与弗兰克关于上诉法院和初审法院的观点一致，弗兰克认为，在美国的法学院，教师和学生主要讨论的是上诉案件，而不是初审案件。在弗兰克看来，所谓的法律都是由大多数法学院教授从上诉法院的司法意见书中演绎出来的。上诉案件主要涉及法律规则的适用问题，而初审法院则主要涉及案件事实的认定。弗兰克认为，相对而言，上诉法院对客户不那么重要，因为绝大多数案件是没有上

---

① See Jerome Frank, *A Plea for Lawyer-Schools*, 56 Yale Law Journal 1303 – 05 (1947).

② See Jerome Frank, *Why Not a Clinical Lawyer School*, 81 University of Pennsylvania Law Review 908 (1932).

③ Ibid., 908 – 909 (1932).

④ Ibid., p. 915.

诉的，即使上诉，上诉法院也通常会接受初审法院认定的案件事实。[1] 弗兰克进而认为，这样会得出两个后果：一是忽视了司法的最重要的方面，很多教师虽然竭尽全力，但是仍在误导学生；[2]二是在培养初审法官方面无所作为，尽管在培养上诉法院法官方面做得不错。[3]

第四，美国法学院对案件事实关注得不够。这与第三点紧密相关。弗兰克认为，由于美国的法学院过于关注上诉案件，而上诉案件主要是法律规则适用问题，无论是教师还是学生对事实的关注都较少。在大部分案件中，对于规则问题不存在争议，争议的问题只与事实有关。事实上，案件的事实不是自动地展示自身的，由于案件的事实是发生在过去的事实，其是否存在既取决于证人的描述，也取决于法官或陪审团对证人观点的主观判断，因此，在初审法院的事实发现过程中，存在两种主观性：一是证人的主观反应，二是法官或陪审团对证人的主观反应的主观反应。[4] 在法律实践中，事实的认定对案件的结果具有至关重要的影响，案件的事实是初审法官判决中最重要的成分，[5]它决定着某一法律规则是否适用。

如同在其他问题一样，弗兰克的研究并不是为了批评而批评，他提出了改进美国法律教育的建议。

其一，在教师构成上，相当一部分法学院教师应当具有 5～10 年的法律实际工作经验。弗兰克认为，这些教师应当具有初审法院、上诉法院、法律咨询、谈判等经验，而不只是办公室非诉律师的经验。这并不是说法学院不需要不具有实际工作经验的教师。弗兰克指出，仅有经验并不能成为好的教师，老师是天生的，不是培养出来的。同时，对于学究型教师也有发展的空间。在弗兰克看来，法学院需要像克拉克、格林、道格拉斯、卢埃林、阿诺德等具有法律实

---

① See Jerome Frank, *Why Not a Clinical Lawyer School*, 81 University of Pennsylvania Law Review 1306 (1932).

② Ibid., p. 1310.

③ Ibid., p. 1328 – 1329.

④ See Jerome Frank, *A Plea for Lawyer-Schools*, 56 Yale Law Journal 1307 (1947).

⑤ Ibid., p. 1308.

践经验的教授。[①] 弗兰克甚至提倡,由具有工作经验的其他学科背景的人员(如经济学、政治科学、人类学家、心理学家)担任法学院的全职或兼职教师。[②]

其二,修改案例教学法(the case system),使其能成为真正的事实上的案例教学法,而不是伪装的案例教学法。弗兰克指出,仍然可以保留一些案例法教科书,以教授案件摘要撰写的辩证技巧,但这种方法无法真正理解案件是怎样赢的、输的或裁决的。在弗兰克看来,对一两份案件记录的6个月的研究,比让学生花两年的时间学习20个案例书案例更有用。弗兰克认为,应停止继续使用上诉案件的做法。[③]

其三,应当在法学院设立法律诊所。弗兰克认为,在这方面,美国的法学院应当向医学院学习:首先,法学院应当给予学生观察法律运作的机会。学生应当在教师的陪同下经常参观初审法院和上诉法院。[④] 其次,现有的法律援助学会无法满足学生的需求,应当在每个法学院设立一家法律诊所,在法学院的具有法律工作经验的全职教师的指导下开展工作,以便让学生观察上诉法院司法意见书和执业律师、法院的实际工作之间的关系,观察司法中的人性因素。[⑤]

在弗兰克来看,法学院培养的目标应当是律师,而不是未来的教师。在这点上,基本上是有共识的。美国法学院以培养"像律师一样思考"的未来律师为目标。美国法学院的这一培养目标与历史发展有关。最早,美国律师的培养采用的是学徒式的训练方式,要从事法律执业,需要先在有经验的律师的师傅的指导,经过律师协会的考核评定后可以执业。在这一阶段,从事执业的申请人与法学院是没有太多关系的,早期的法学院如哈佛大学或哥伦比亚大学的法律课程都是兼职律师讲授的。1870年,哈佛大学开始设立专职的教师岗

---

① See Jerome Frank, *Why Not a Clinical Lawyer School*, 81 University of Pennsylvania Law Review 914 -915 (1932).

② Ibid., p.922.

③ Ibid., p.916.

④ Ibid.

⑤ Ibid., p.917 -918.

位，兰德尔将案例法教学引入法学院，成为美国法学院主流的授课方式。相应地，法学院担任起培养律师的任务。[①] 正如弗兰克在上面所说的，这一案例教学法是存在一些缺陷的。

法律教育的目标是我国学界讨论较多的一个问题，用有的学者的话来说，“是一个具有根本性的问题”[②]。尽管有观点认为法律教育应当以培养律师为目标，但主流的观点是法律教育培养有综合法律能力的合格法律人或优秀法律人，而法律人可能泛指法官、检察官和律师等。有观点认为，中国法学教育的一个基本目标是培养具有严格法律形式主义思维的法律集团。[③] 换句话说，我国法律教育的培养目标不限于某个群体，尽管这种观点兼顾不同人群，但由于这些职业群体没有独立的法律思维和技能，在一定程度上，可以说我国法律教育的目标不够明确。[④]

在法律教育的目标上，弗兰克和其他现实主义法学学者没有很大的差异，他们都认为法学院以培养未来的律师为目标。但是，在法律教育的内容和方法上，现实主义法学学者（包括弗兰克）则有着与传统法学较为不同的认识。如上所述，兰德尔所倡导的案例教学法成为美国法学院主流的教学法。这一法律教育的内容自然而然地以案例为主体内容。这些案例通常是上诉案例。弗兰克认为，将授课和讨论的内容限定在上诉案例存在很大的不足：首先，对上诉案件的讲授侧重逻辑的推理，容易给人造成一种假象，认为通过逻辑就能得出案件的判决结果。这是对法律确定性的迷思，存在很大的问题。其次，在上诉案件中，一般而言，除非有特殊的理由，上诉法院会尊重初审法院认定的事实，在存在陪审团的情形下更是如此，因为上诉法院基本上是审查书面文

---

① 对此的描述，可参见［英］罗伯特·史蒂文斯：《法学院——美国法学教育百年史：19 世纪 50 年代至 20 世纪 80 年代》，李立丰译，北京大学出版社 2017 年版，第 53 页以下。

② 葛云松：《法学教育的理想》，载《中外法学》2014 年第 2 期。

③ 参见王涌：《私权的分析与建构：民法的分析法学基础》，北京大学出版社 2020 年版，第 21 页。

④ 有学者认为，我国法学教育的主要目标应以训练法官的能力为主，参见葛云松：《法学教育的理想》，载《中外法学》2014 年第 2 期。我们赞同王晨光教授的观点，认为法学教育应回应社会需求，以法律执业教育人才培养作目标，参见王晨光：《法学教育改革现状与宏观制度设计——日韩经验教训反思与中国改革刍议》，载《法学》2016 年第 8 期。

件，无法像初审法院那样对证人进行提问和质询。最后，对上诉案件的讨论忽略了法律的基本技能。在上诉案件中，律师不仅需要准备法律文书，而且要想方设法说服陪审团，要对对方提供的证人进行提问和质询，引导法官作出对自己客户有利的判决。这些技能在上诉法院中是很少用到的。弗兰克认为，应当加大对初审案件的学习和研究，尤其是对于事实认定的各种技能，在这方面，传统学徒制的培训方法有其优势。

如前所述，在兰德尔的倡导下，案例教学法成了美国主流的课程教授方法。这一方法有成效吗？现实主义法学对此提出批判。卢埃林认为，案例教学法扭曲了人们对法律现实的认识。弗兰克不仅认为法学院授课的案例主要是上诉案案例，指出它没有关注初审案件，具有很大的缺陷，而且认为这一授课方式无法让学生了解法律现实。例如，学生们没有接触实际的案件，对于审判的程序和法律技巧缺乏认知。弗兰克提出，既然法学院以培养律师为目标，那么法学院就有必要转换为“律师学院”，引入法律诊所，让法学院的老师担任兼职老师，指导学生们处理实际的案件。这样才能培养出真正的律师。弗兰克改革法律教育的建议没有被接受，即使是在耶鲁法学院，同为现实主义法学学者的克拉克、阿诺德都认为不具有可行性。这里既有成本的考虑，也有法学院教授观念上的原因。①

客观地说，弗兰克关于在法学院设立法律诊所的建议在一定程度上得到了实现。我国学者在介绍诊所式法律教育时提到，“建立诊所式教育模式的最初想法可追溯到19世纪末20世纪初，此后随着20世纪早期法律援助运动的兴起，耶鲁大学法学院弗兰克组织建立了‘法律诊所或诊疗所’，给学生提供实践机会，同时为穷人提供免费法律援助，以此弥补判例教学法的不足”②。可见，弗兰克对于法律诊所的发展起了积极的作用。

五、弗兰克的启示

在谈到弗兰克时，我们不禁要将他和卢埃林进行比较。与卢埃林相似，他

---

① See Laura Kalman, *Legal Realism at Yale*: 1927 – 1960, The University of North Carolina Press, 1986, p. 172 – 176.

② 北京大学法学百科全书编委会编，周旺生、朱苏力主编：《北京大学法学百科全书·法理学 立法学　法律社会学》，北京大学出版社2010年版，第1042页。

反对将法律规则作为法律研究的中心,但与卢埃林不同的是,他认为案件的判决结果是无法预测的,他认为卢埃林的观点太过于乐观了,而且卢埃林的研究限于上诉法院的研究。[①] 弗兰克的有些措辞似乎过于极端,他也被认为是现实主义法学阵营中思想比较极端的代表人物。例如,他提出对法律确定性的基本迷思就是孩子恋父情结的产物,他认为法律就是法院的判决,他主张案件的判决结果是无法预测的,因为案件事实是无法预测的,这些观点被认为过于极端,尽管弗兰克多次引用其论著中的段落来加以反驳和进行澄清。

以上我们对弗兰克的法律思想进行了研究。那么,弗兰克在今天的中国能提供给我们什么启示?沈宗灵教授认为,弗兰克提供的启示是,"在研究法律时,应认真地研究法律的适用,研究审判过程和司法心理学"[②]。这一概括尽管有简明扼要的优点,但显得过于抽象。我们认为,弗兰克或许能为我们提供若干的启示。

第一,对案件事实的关注和强调。弗兰克对法学的一个贡献是引起了人们对案件事实的关注。在弗兰克之前,并非没有人关注案件的事实,例如,卢埃林对案件事实进行揭示,指出它们是经过当事人、其律师和法官裁剪过的事实,不是原始发生的事实。只不过,卢埃林所揭示的事实是上诉法院所认定的事实。而在弗兰克之前,现实主义法学学者格林也对侵权法中的案件事实进行研究。尽管如此,弗兰克是最为集中对法律确定性进行攻击的学者,他提示人们要关注初审法院中案件事实的认定。例如,对证人的盘问,在事实认定中法官个人因素的影响等。特文宁教授说,尽管泰尔和威格摩尔是新证据学派的先驱,但弗兰克是认真对待事实的巨大推动力,他使人们意识到事实问题至少与法律问题同样重要。[③] 我国理论界的主流观点倾向于关注法律规则,而对案件事实着笔不多,在法学院里,法教义学大行其道,教师们以教授法学原理为主要任务,讲合同法的教师不告诉学生如何起草或修改合同是常态,而对公

---

① 需要指出的是,弗兰克在提出这一观点时卢埃林还没有出版《普通法传统》,该书可以被看作卢埃林的一个回应,因为卢埃林在该书中讨论了很多一审案件。

② 沈宗灵:《现代西方法理学》,北京大学出版社 1992 年版,第 347 页。

③ 特为宁教授于 2022 年 12 月 22 日给笔者的回函。

司、证券等法律的讲授也不太关心实践中发生了什么，因此，法律规则就处于学习、教学和研究的中心。在实务界，律师和法官对于案件事实较为强调，很多的争议集中在事实的认定上，但事实认定中存在的问题并没有引起理论界的关注，即使是在二审法院，也存在普遍尊重一审法院认定事实的情况，导致在实践中某些一审法院未弄清楚的事实问题最后依然认定不清。① 我们认为，无论是在理论上还是实务中，都需要关注和强调案件事实。正如弗兰克所言，实践中很多案件的争议实际上是对案件事实认定的争议，而不是对法律规则适用的争议。值得一提的是，案件事实受到新现实主义法学学者的关注，他们针对个案，发表了一些有影响力的作品，例如，莫特教授对皮维豪斯诉加兰德矿业公司案的研究长达 123 页。②

第二，法律教育改革。正如所指出的，弗兰克除了在耶鲁法学院兼职授课，并不是法学院的编内教师。弗兰克所作的呐喊，在一些人看来就像一阵风，来得快去得也快，甚至有人可能认为弗兰克是多管闲事。或许弗兰克知道对于他的话能听进去的很少，但弗兰克依然关注美国的法律教育这个话题，正如他在 1947 年所说的，在过去 15 年里，每几年他会就法律教育问题撰写论文或发表研究。客观地说，无论是在论文的质量还是数量方面，弗兰克对美国法律教育的看法是非常深刻的。这得益于他自身的不同经历：诉讼律师、政府部门律师和上诉法院法官。弗兰克指出的一些问题在我国的今天也不同程度地存在，例如法学院教师群体背景单一、缺乏法律实践经验问题，教师和学生对案件事实不够关注问题。弗兰克提出的在法学院设立法律诊所的提议，在我国受到了一定程度的落实。2020 年，中国法学会法学教育研究会举行“中国诊所式法律教育 20 周年庆典”，对示范法律诊所、优秀法律诊所和特色法律诊所以及相关老师进行表彰，表明弗兰克所倡导的法律诊所教育方法最后能落地生根。对于弗兰克所提的教师背景多元化、重视事实等观点，我们仍然需要关注并加以落实。

---

① 参见本书第八章第三节。

② 参见［美］斯图尔特·麦考利：《躲开荆棘丛上最尖锐的刺》，载［美］卡尔·卢埃林：《荆棘丛：我们的法律与法学》，王绍喜译，中国民主法制出版社 2020 年版，第 8～9 页。

第三,跨学科的研究方法。尽管弗兰克不是学院派的学者,但是,即使以今天的眼光来看,我们也不得不佩服弗兰克知识的广博。这一点从他所征引的文献可以看出,涉及文学、历史、哲学、心理学等学科。弗兰克对中国似乎比较感兴趣,他在书中引用了胡适、林语堂等学者的观点。不止于此,弗兰克对于法律确定性所作的解说,表明他对心理学的发展有相当的理解。难得的是,他提出了能够自圆其说的观点。正如他在后来所承认的,他在1930年的观点在18年后显得有点落后,因为心理学理论有了新的发展,但是他的观点在当时是有新意的,产生了一些影响。[①] 他从心理学角度对法律的研究不只限于孩子的恋父情结,他还对当事人、法官和律师的心理进行研究,并揭示它们在实践中产生的影响。假设今天我们要做一项针对法科学生的调查,可能有很多人认为弗兰克率先采用心理学的方法对法律进行研究,就此而言,弗兰克就是法律和社会科学结合研究的先驱,其他人只是谈论它,弗兰克是实际这样做的人,在美国是这方面的先驱。[②] 弗兰克的研究和思考不限于心理学,他熟知马林诺斯基的人类学理论,他对人类学也有一些研究。在《初审法院》一书中,他对当时的法律人类学研究提出了商榷。例如,弗兰克认为,包括卢埃林在内的人类学研究对审判和初审法院关心甚少,他们的研究不会帮助律师、人类学家或其他人预见初审法院大多数诉讼中的主观事实。[③] 弗兰克指出,穆尔也采取了人类学研究的方法,他认识到法律诉讼中涉及的不同变量,包括法院的行为、当事人、实际的环境以及人类文化因素,但穆尔没有提供任何证据来证明自己的观点。[④]

第四,在法律框架内提出改革。作为美国联邦第二巡回区上诉法院法官,弗兰克自知他所在的不是美国最高法院,无权对制定法是否违反宪法问题作

---

① See Jerome Frank, *Law and the Modern Mind*, Transaction Publishers, 2009, Preface to Sixth Printing, xxxvi – xxxvii.

② 阿诺德认为,弗兰克是第一个将社会科学作为法律的仆人而没有违反司法逻辑的严格准则,参见 Arnold Thurman, *Judge Jerome Frank*, 24 The University of Chicago Law Review. 642 (1957)。

③ See Jerome Frank, *Courts on Trial: Myth and Reality in American Justice*, Princeton University Press, 1950, p. 336.

④ Ibid., p. 337 – 340.

出判决。但是,弗兰克并不是对此视而不见。弗兰克的可贵之处是他敢于提出自己的观点,提出支持自己的理由,引发人们对现有判决进行思考。弗兰克将自己的观点放在判决书的同意意见、附件或注释中。例如,在 U. S. v. Samuel Roth 案中,他服从美国最高法院的权威,但根据科学研究的结果对其结论提出挑战。他说,作为下级法院,上诉法院不能将上级法院认定为合宪的制定法判定无效,但他提出的涉及猥亵的制定法的考虑因素不是不合适的。因此,在既有法律框架下,提出和坚持观点对于司法发展是有帮助的。在 Antonelli 案中,弗兰克指出,只要陪审团审判是由宪法和制定法规定保障的,每个法官都有义务确保它们是公平进行的且确保陪审团的领域不受侵犯,但这不意味着法官不能自由地对该制度提出自己的疑问,不能促使宪法或制定法发生变化,以避免或减少他认为是现有的不幸后果。① 尽管我国目前没有美国这样由法官单独署名发表意见的做法,但在司法实践中同样存在上级法院判决说理不够的问题,法官有时机械地遵从上级法院的看法。有一些案件,例如涉及职业打假人的案件中,囿于法律规定不明确,有的法院没有能动司法,导致法院成为原告攫取利益的工具,稍有作为的法官可能会通过司法建议的方式进行表达。我们认为,法官应当有表达自己意见的渠道,而不是漠视出现的问题。这是弗兰克带给我们的一个启示。

从上述论述中我们可以清晰地看到弗兰克对法的现实性和现实中的法有着深刻的认识。弗兰克不断求知的精神令人钦佩不已,道格拉斯说弗兰克每天读完一本书,知识甚是广博,此言不虚。作为行动者,弗兰克有 20 年以上的律师执业经验,担任过政府部门执法者和管理者,最后作为上诉法院的法官从事司法审判,他对现实中的法了如指掌。正如弗兰克在 Antonelli 案中所言,"当政府将公民置于刑事陪审团审判的风险之中,不应允许政府律师不公平地增加这些风险。当在本案中该律师这样做时,作为政府公务员,我不愿认同这个结果。我认为,我们的职责是给这些被告另一个审判"②。在我们看来,弗兰

---

① 转引自 Jerome Frank, *Courts on Trial*: *Myth and Reality in American Justice*, Princeton University Press, 1950, p. 145。

② U. S. v. Antonelli Fireworks Co. , Inc. , et al. , 155 F. 2d 659, 650 (1946).

克的这一论述,不仅展示了他的个性,而且反映了法律人的良知。而从弗兰克的理论研究和法律实践涉及的主题来看,他不仅拥护现实主义法学的法规则命题,而且对此作出了贡献。他对司法制度和法律教育的现实的关注和改革建议,表明他对现实性命题的支持。尽管对于功能性命题弗兰克强调不多,但他是不折不扣的现实主义法学学者,或者更准确地说,他是现实主义法学的重要代表人物,他是法律革新者。

第八章　现实主义法学在中国

逮其后世，功利之说日浸以盛，不复知有明德亲民之实，士皆巧文博词以饰诈，相规以伪，相轧以利，外冠裳而内禽兽，而犹或自以为从事于圣贤之学……吾为此惧，揭知行合一之说……[①]

——王阳明

至此，笔者已经就现实主义法学做了一个较为详细的勾勒。有时，笔者不厌其烦地对其代表人物的研究和经历进行描述。这种做法或许会引起部分读者的反对或反感：这些纯粹的知识介绍有什么必要？有什么用？这些经历有什么借鉴意义吗？在写作本书时，笔者不由得想起梁治平先生关于我国法学知识增量的反思。梁治平指出，“中国的法律人本身就不是知识分子，这个群体虽然垄断了所谓法学研究，而且在最近十数年间保持着数量惊人的产出，但是它从未向知识界提供真正优秀的产品”[②]。笔者认

① 王阳明：《书林司训卷》，载吴光等编校：《王阳明全集：新编本》（第1册），浙江古籍出版社2011年版，第299页。

② 梁治平：《法治进程中的知识转变》，载《读书》1998年第1期。

为,这不仅是梁先生这一代学人的反思,也是笔者应有的反思。

有些细心的读者可能会发现,笔者在前面更多地阐释现实主义法学代表人物的思想与启示,但还没有探讨这些问题:为什么近百年来现实主义法学在我国没有产生很大的影响?现实主义法学在我国是否有理论继受?为什么现实主义法学在中国不受重视?笔者认为,对于一项针对现实主义法学的研究而言,这些问题是无法回避的。本章拟对这些问题进行探讨,希望有助于推动现实主义法学在我国的进一步研究。

一、现实主义法学在中国的理论引介

自现实主义法学诞生至今,已将近有一个世纪。在这一个世纪里,现实主义法学在中国的命运如何,是一个值得思索的问题。我们承认,囿于资料的限制,这样的探索难免挂一漏万。不过,我们认为,在当前阶段,提出这一问题并做一些探索,比对这些问题避而不谈更为重要。在进行这样的探索之前,有两个考虑的因素不得不事先进行交代:一是现实主义法学发展的历史。一般认为,自20世纪20年代诞生之后,现实主义法学在第二次世界大战结束后的影响逐步衰退。因此,对现实主义法学的学习和借鉴的最佳时期也是这个时期,甚至要晚一些。二是我国社会发展的历史。20世纪20年代到新中国成立之前,我国基本上处于动乱不断的时期,先是国内军阀混战,民国政府建立后又遭遇日本侵略,之后发生解放战争。在这样的国内背景之下,现实主义法学或者法学对于国家治理的意义就不可避免地相当有限,因为对于法治实施而言,需要一个相对稳定的社会环境。

我们将研究聚焦于有美国留学背景的学者,因为他们更有机会去接触现实主义法学这个群体或其思想。在较早留学美国的我国法律学人中,有的学者由于读书期间现实主义法学尚未诞生,其关注或研究现实主义法学的兴趣可能不大,因为一般而言在该学派兴起期间受其影响的可能性会更大。例如,被誉为近代中国法坛第一人的王宠惠先生,留美期间为1902年至1905年,[①]彼时,对于现实主义法学只有格雷和霍姆斯的一些零散的论述,自然无从与现实

---

① 参见王宠惠著、张仁善编:《王宠惠法学文集》,法律出版社2008年版,序,Ⅱ。

主义法学有直接接触。即使是同时期的留美学者,也未必对现实主义法学有研究。例如,吴经熊自1920年在美国留学,1924年返回中国,他对庞德的著作较为熟悉,与霍姆斯成为忘年之交,被称为20世纪真正享有世界声誉的中国法学家。吴经熊先生指出,庞德是实用主义者,其哲学倾向与杜威最为类似。① 吴经熊先生还注意到现实主义法学的兴起,他说:"目今法学家群起并作,多集合同志,自奉一派,和别派诘疑辩难,于是在学说上,精益求精,随演成两大派别——一个是社会学派,一个是实际主义派。前者的领袖就是哈佛大学法科的教务长庞德氏,后者是新近起来,没有一个较明确的领袖,因为这一派合集一小班小实力派而成一整个儿的运动,但大多数是以霍姆斯氏的学说为出发点的……要而言之,现代美国法学之所以不但未落于不景气的状态,而且有百卉争妍、欣欣向荣的气象,盖以庞、霍两氏之力为多。"②

吴经熊此文的标题是《六十年来西洋法学的花花絮絮》,收录于1933年上海法学编译社出版的《法律哲学研究》。应当说,吴经熊的观察是比较敏锐的,他说的实际主义派,即现实主义(legal realism)法学,他指出了霍姆斯与该学派的关系,而且他明确地将实际主义派作为与社会学派相并列的学派,相比20世纪90年代将现实主义法学派作为社会法学派的一个分支的观点或认为它不是一个学派的观点,吴经熊的见解不仅要高明得多,而且要准确得多。

除了吴经熊,我国著名学者燕树棠对现实主义法学有过介绍。燕树棠毕业于北洋大学法科,1915年公费留学,先后在哥伦比亚大学、哈佛大学、耶鲁大学学习,1920年获得耶鲁大学的法学博士学位。③ 燕树棠1924年在《北大社会科学季刊》上对霍利菲尔德的分析学派作了介绍,④可能是最早介绍该学说的中国人。燕树棠对弗兰克的《法律与现代精神》一书作了评论。在评论中,燕树棠指出,弗兰克的心理学研究方法最值得注意,并对这一方法予以高度评价:"至于利用心理学的道理概括的研究法律之性质,并批评法学思想者,在英

---

① 参见吴经熊:《法律哲学研究》,清华大学出版社2005年版,第277～278页。

② 同上书,第223页。

③ 参见燕树棠:《公道、自由与法》,清华大学出版社2006年版,代序。

④ 参见《英美分析法学派对于法学之最近贡献》,载燕树棠:《公道、自由与法》,清华大学出版社2006年版,第156～166页。

文著作之中,当推弗兰克氏为首创之人。”燕树棠指出,新派法学家的观点得到接受,“但新派的法学家谓法律之运用不宜只依据法律本身之规则,必须慎重地衡量社会的及经济的情形,始能达到公允之结果。这是近二十年共认的理论,却不否认法律之确定性”。燕树棠最后对弗兰克作出评论:“弗兰克氏的议论,虽不能无当之处,但在我们中国法学界充满了法典主义复古思想的今日,试读此书,应可以供给我们一些对症的针砭。”①可以看出,燕树棠对新派法学思想有相当的了解。从文献征引来看,他引用了詹姆士、霍姆斯、卡多佐和庞德等人的著述。尽管这一书评没有产生很大的影响,但它写于1935年,考虑到该书第一次出版的时间为1930年,燕树棠对美国法学理论的跟踪是同步的,其对该书的评论可谓公允且考虑了中国的实情。

另外需要注意的是杨兆龙教授。② 杨兆龙1927年毕业于上海东吴大学法学院,1936年获得哈佛大学法学博士学位,回国后曾担任复旦大学、中央大学、东吴大学、浙江大学、武汉大学等校的教授。杨兆龙与庞德教授有较多的交情,1935年,庞德应南京国民政府司法行政部邀请访华担任该部顾问,庞德在华所做讲座的翻译者即为杨兆龙。据笔者所见,杨兆龙没有专门就现实主义法学作过阐述,但其言论秉承庞德前期的思想,具有现实主义的精神。例如,在论及法律教育改革时,杨兆龙认为在课程方面缺乏法律的实际训练,型式法庭所起作用有限,认为学校培养的学生应当立刻有充分的能力去服务社会,对于教授,杨兆龙认为应当对法律理论和法律的实际都有相当的研究,因为“我们要彻底明了法律,不但对于他的理论应有研究,尤其对于他的实际方面应该加以切实的考察”③。

在改革开放之后,我国对现实主义法学的引介稍多,比较典型的学者是沈宗灵先生。沈宗灵教授可能是我国法理学界对于现实主义法学最有研究的学

① 《评弗兰克〈法律与现代思潮〉》,载燕树棠:《公道、自由与法》,清华大学出版社2006年版,第497~499页。

② 对杨兆龙的身世和学术思想感兴趣的读者,可参见郝铁川:《杨兆龙评传:中国近代法学家群体的一个缩影》,北京大学出版社2021年版。

③ 《中国法律教育之弱点及其补救之方略》,载杨兆龙:《杨兆龙文集》,复旦大学出版社2018年版,第140、144页。

者。按照现在的学术评价标准,沈宗灵教授通过两篇论文奠定了他在现实主义法学领域的研究地位:一是1990年在《法学研究》发表的《卢埃林的现实主义法学》,二是1990年发表在《中国社会科学》的《对霍菲尔德法律概念学说的比较研究》。沈宗灵教授关于现实主义法学的研究体现在其代表性著作《现代西方法理学》一书中。在这本书中,沈宗灵教授认为,现实主义法学是美国20世纪20~30年代兴起的一种激进的法学思潮,它反对传统法学,倡导立足现实。严格地说,现实主义法学不是一个学派,而是由持有共同思想但持有不同观点的人形成的一种学术思潮。① 沈宗灵教授对现实主义法学的这一界定为我国法学的通说。不过,沈宗灵先生的观点后来发生了一些变化。在撰写的《中国大百科全书·法学》(修订版)有关现实主义法学的词条里,他说,"现实主义法学派,20世纪西方法学派别之一,以反对传统法学,强调对法应采取'现实'态度而得名。……但作为一个法学派别来说,该派是在30年代由弗兰克、卢埃林等人创立的"②。

除沈宗灵先生外,张文显、刘星等人对现实主义法学都有所介绍,有一些学生以卢埃林或弗兰克作为博士论文选题,撰写了博士论文或出版了相关的著作。③ 但如前所述,这些研究偏向于介绍,在我国法理学界影响不大,现实主义法学始终没有"飞入寻常百姓家"。

是什么原因?

除了本书第一章提到的原因,笔者想再补充两点。第一点是吴经熊提及的观点,尽管他针对的是霍姆斯。他认为,庞德是著作家,其学说有论文进行发挥,比较有线索可循,因此做他的学案"易于为力",而霍姆斯的学说没有系

---

① 参见沈宗灵:《现代西方法理学》,北京大学出版社1992年版,第309页。

② 《中国大百科全书》编辑部编辑、江平主编:《中国大百科全书·法学》(修订版),中国大百科全书出版社2006年版,第542~543页。

③ 参见刘剑:《卡尔·卢埃林法律职能理论研究》,天津人民出版社2009年版;马聪:《霍姆斯现实主义法学思想研究》,人民出版社2009年版;周国兴:《情景感与确定性:卢埃林的法哲学》,中国法制出版社2018年版;张娟:《弗兰克与卢埃林法律思想比较研究》,吉林人民出版社2017年版;付池斌:《美国现实主义法学理论研究——以司法裁判为视角》,中国人民大学2006年博士论文;于晓艺:《最忠诚的反叛者——弗兰克法律现实主义思想研究》,中央编译出版社2014年版;孙新强:《美国〈统一商法典〉法理思想研究》,山东大学2005年博士学位论文。

统，除了《普通法》一书，没有整部的著作，研究他的学说颇为不易，就像开金矿一样费事，吴经熊自我解嘲："俗务猬集的我，哪里有这许多功夫去开这座矿山。"[①]我们认为，吴经熊的观点能给我们两点启发：一是现实主义法学没有系统的、共同的纲领理论，导致学习者和研究者难以入手。例如，卢埃林和弗兰克的观点就存在很大的差别。因此，在研究现实主义法学时，需要甄别哪些是个人的观点，哪些是这一学派的观点。这其实是颇有难度的。二是由于现实主义法学缺乏系统性，对其进行梳理和归纳需要付出很大的时间和精力。如果没有时间上的付出，很难对现实主义法学有深入的研究。以对卢埃林合同法的研究梳理为例，[②]阅读写于20世纪20～30年代的这些论文，需要付出大量的时间。如果没有时间上的投入和具有一定的兴趣和耐心，这样的工作是很难完成的。如果论者对这些学者或理论抱有成见，将难以对其思想或观点有基本的认识，更遑论会有多么深入的见解了。

第二点是笔者在本章提到过的中国当时的社会环境。由于当时政局变动，我国国内没有一个和平稳定的大环境，法律所起的作用比较有限。在美国罗斯福新政时期，现实主义法学是在对兰德尔的形式主义法学的批判中提出自己的理论主张的。我国当时法律规则不完备，即使有也无法严格地实施，形式主义法学也无法形成。这恐怕是有的学者认为要强调法律规则的作用而不是对其否定的主要原因。例如，王涌教授认为，在中国民法学还没有建立起完美的形式主义法律结构时就对现代法律的形式主义进行批判，误导了中国民法学的研究。[③] 如果以现实主义法学的视角去观察和分析法律，会有什么结果？看到的会是怎样的事实？这可能是我国学者直到20世纪90年代对现实主义法学和批判法学小心翼翼的主要原因，担心将其引入中国不利于法治建设。如果说这些理由有一定的道理，那么今天我们是否可以更加客观地、从容地对其进行研究？如本章所要论及的，这一时机或许已经成熟。

---

① 吴经熊：《法律哲学研究》，清华大学出版社2005年版，第223页。

② 参见本书第三章第一节的相关探讨。

③ 参见王涌：《私权的分析与建构：民法的分析法学基础》，北京大学出版社2020年版，第413页。

二、现实主义法学中国化的可能性

笔者在上面的论述似乎让人感到悲观，既然现实主义法学在中国引介的历史表明它难以落地生根，为什么还要费力气去研究它？这其实是我国相当一部分学者的立场，在他们看来，研究现实主义法学就是“炒冷饭”，毫无新意可言。果真如此吗？我们表示怀疑。

首先，我们从思想层面来考虑。如前所述，现实主义法学的思想基础是实用主义哲学，这一哲学在我国是不陌生的。不论是我们耳熟能详的黑猫白猫理论，还是“摸着石子过河”，都是强调经验和实践，[①]它们本质上是相似的。如果再往前追溯，我们会看到，在宋代，朱子在构建思想和体系时，面临功利和实用思潮的挑战，[②]我们也会看到，先哲王阳明先生的知行合一的论述与杜威也有某种默契。因此，从国家和思想层面，实用主义哲学与我国的当代实践至少是部分重合的，并不存在接受上的困难。[③]

其次，我们要考虑的是，现实主义法学在中国如何可能？换言之，这一理论学说的哪些方面具有借鉴的可能性？

这一问题与本书前面阐述的内容有一定的重合。不过，为了简便，我们不妨作出以下总结。

第一，强调法律与社会需求的互动关系。当前，我国社会主义立法体系已经基本建立，无法可依的情形已经大大减少。我们以往较为强调立法的制定，而对它的实际效果关注不够。虽然有一些个案分析，但客观地说，对于法律的实际运行效果的研究是我国法学界的软肋。对于相当一部分的学者而言，法律规则一经颁布，就会受到人们的遵守，因此，通过法学原理进行的法解释学盛行。本来，在任何国家，对于司法操作而言，法解释学都是必不可少的。然而，若对法律的实际环境或影响法律的其他因素视而不见，其导致的后果必然

---

① 有观点认为，此种实践论的主张实际上具有反定型化结构的味道，即突破已有的定型化范式，参见田雷：《继往以为序章：中国宪法的制度展开》，广西师范大学出版社2021年版，第104页。

② 参见葛兆光：《中国思想史》（第2卷）（第2版），复旦大学出版社2013年版，第215页。

③ 需要指出的是，这不是说笔者毫无保留地赞同实用主义哲学。我在分析司法案例时，曾指出它的局限性，参见王绍喜：《司法案例的法理表达及其可能性——评苏力教授〈是非与曲直〉》，载《中国法律评论》2020年第4期。

就是绝对的法律规则主义,即形式主义法学。因此,在法律和社会需求两者的关系上,我们还需从手段和目的的角度来理解,避免将手段作为目的。正如卡多佐法官所言:“逻辑、历史和习惯各有其位置。在可能时,我们会将法律塑造得与它们相一致,但只是在一定的限度之内。法律所服务的目的将支配它们。”①

第二,注重案件事实。案件事实是司法裁判的基础。我国向来强调事实的重要性,司法适用中的“以事实为依据”即表明此点。在我国司法实践中,案件事实认定无疑是非常重要的,但以往我们认为法官要查清的事实是客观的事实或绝对的事实。现实主义法学揭示了,对于发生在过去的事实,法官所要做的是依据各种证据作出自认为是事实的主观判断,尽管在这主观判断看来是客观的事实。基于此,一方面,我们要意识到,法官最后认定的事实只是法官相信的事实,其建立在证人陈述和法官调查、法庭辩论等基础之上。另一方面,法学院的教学中应当加强对案件事实的分析,并合理质疑,因为法官所认定的事实有可能是错误的。在上诉案件中,事实认定错误是一个常见的理由。而且,我们必须留意法官作出事实认定的背后因素,对于这些背后因素,现实主义法学对法官个性和倾向以及影响因素的强调,对于我们认识案件事实和司法实践是有帮助的。

第三,法律教育改革。如前所言,美国法律教育的目标是培养未来的律师,因此,在法学院,强调“像律师一样进行思考”。我国法律教育的目标不够明确,它似乎由于想兼顾不同的目标而游移不定。由于法律教育的批量化,我们不得不面对的社会现实是,法学院学生的主要就业渠道是律师事务所或企业。尽管当前不少法科学生以考取公务员为首要目标,但基于职务的性质,这一工作岗位的数量必然有限。法学院的学生培养要更多地面向市场需求,这是客观的现实。在法学授课方法上,也有进行改革的必要。尽管一些较好的法学院有更多的师资去开设案例课,但对于很多的法学院而言,还是以理论教授为主。这是与大陆法系的传统相吻合的。不过,如果我们要调整法律教育

---

① Benjamin N. Cardozo, *The Nature of the Judicial Process*, Yale University Press, 1949, p. 66.

的目标,我们需要培养更加有独立思考的法科学生,更加侧重学生独立思考能力的养成,而不是单纯的知识传输。在这方面,现实主义法学可以提供很多的启示。

第四,法学理论研究。现实主义法学这一学派没有得到应有的重视和研究。在前面,我们试图从法理、私法和法制史的角度揭示其价值。笔者没有过多地强调它在美国法学中的重要地位。客观来说,它在今日的美国也不是主流的法学流派,美国法学的主流仍然是法律的经济分析。然而,笔者想指出的是,现实主义法学不仅对后来的批判法学、女性主义法学、法律的经济分析产生了不小的影响,而且是建构在美国本土实践之上的自主法学理论,对我国当前“三大体系”背景下法学自主理论体系的建构有着积极的借鉴意义。从法律文化上进行观察,可以说现实主义法学是具有美国本土特色的法学流派。我们已经看到,现实主义法学虽然没有共同的纲领,但每个群体成员都是独当一面的好手,无论是卢埃林、弗兰克、穆尔、道格拉斯还是格林,都有自己的拿手绝活。就以格林而言,他对侵权法中的近因的研究成为经典,近因原理成为他的学术标签。从成员构成上看,他们基本上来自耶鲁法学院这个大本营,或与它有千丝万缕的联系。例如,卢埃林毕业于耶鲁法学院,弗兰克虽然毕业于芝加哥大学,但在耶鲁法学院兼职授课,格林虽然毕业于德州大学,但曾是耶鲁法学院的访问教授。他们的多元背景也是使其法学研究自成风格的一个原因。例如,弗兰克、格林和穆尔都有超过 10 年的法律执业经历,卢埃林有担任公司法务的经验,道格拉斯则和克拉克有在美国政府部门任职的经历。这些不同的经验为他们的研究提供了便利条件。弗兰克对于教师背景多元化的呼吁,现实主义法学对社会科学交叉学科的强调和运用,为法学的原创性理论研究提供了一种可能。这是我们今天研究现实主义法学需要注意的。

最后,我们也应当看到,由于现实主义法学自身的特点和局限,它要融入中国的实践需要作出相应的调整。

其一,如本书第一章所述,作为现实主义法学思想基础的实用主义哲学反对一元论,反对世界上只存在一个体系。这是实用主义哲学的贡献之一。然而,虽然现实主义法学的这一观点在美国不存在问题或者问题不大,但它在中国面临的语境是不同的。一方面,在我国,并不存在绝对的一元论。在思想领域,中西方思想在我国相互兼容,理论探讨和争鸣屡见不鲜。在价值层面,社会主义核心价值观的提出,表明了我国对人类普遍价值的尊重。当然,我们要关注和反对阻碍社会发展进步的思想,例如各种封建、愚昧、腐朽的思想。如哲学家康德在很多年前所说的:“启蒙就是人从他咎由自取的受监护状态走出。受监护状态就是没有他人的指导就不能使用自己的理智的状态。”①要开启民智、弘扬法治精神,有很多的工作要做,其中一项工作就是启蒙。“要想‘看见’,就要从蒙昧中睁开眼来。”②康德认为,这种启蒙所需要的是自由,即在一切事物中公开运用理性的自由。③ 在理性自由的指引下,每个人都能依赖法治、信仰法治。在这一进程中,像其他的法学流派一样,现实主义法学可以发挥自己的作用。

其二,我们在前文强调了现实主义法学对于揭示事实的重要价值,但我们要注意到不可片面地强调事实。如前所述,现实主义法学主张观察事实,细致地观察事实,强调“看出新意”。这是它的重要贡献,值得肯定。但是,也要看到它的不足:一是对法律规则的否认或否定。我们已经看到,并不是所有的现实主义法学学者都否认或否定法律规则的作用,但法律规则是他们共同的批判对象。在我国实施依法治国的背景下,法律规则是必不可少的。我们所要做的是同时关注法律规则和法律现实,而不是置前者于不顾。在现实主义法学对形式主义法学提出批判之时,形式主义法学已经落地生根,成为主流。这是现实主义法学兴起的特定背景。换言之,它在我国所面临的不同语境。二是不能忽视价值和价值判断的作用。正如有的学者所评论的,很多事实是无法脱离价值判断的,因为事实的观察角度就可能与价值判断有关。换言之,在很多时候,价值判断与事实真相紧密相关。因此,在对待事实问题上,我们一方面要肯定认识法律现实的重要性,因为如果不了解法律现实,我们就很难作

① [德]康德:《回答这个问题:什么是启蒙》,李秋零译,载李秋零主编:《康德著作全集——1781 年之后的论文》(第 8 卷),中国人民大学出版社 2010 年版,第 40 页。

② 柴静:《看见》,广西师范大学出版社 2013 年版,序言。

③ 参见[德]康德:《回答这个问题:什么是启蒙》,李秋零译,载李秋零主编:《康德著作全集——1781 年之后的论文》(第 8 卷),中国人民大学出版社 2013 年版,第 41 页。

出法律规则是否有效或可否作为行为指引的判断,另一方面我们又要注意到价值和价值判断的作用,意识到价值所发挥的重要作用。当然,我们也要遵循事物发展的客观规律,不能以个人的主观意志或判断来掩盖事实。

自1840年以来,我国被迫卷入西方文明进程之中,学习和追赶西方就成为我国一代代知识分子的基本追求。作为客观事实,我国近代的法律来自西方,理论上也是较多地学习西方。近年来,我国学界提出建立中国自主法学理论研究体系。这个转变是很正常的。从美国法制史上看,美国经历了从早期对英国理论的学习转向强调自身理论建构的过程,现实主义法学即是一个例子。显然,一个国家的法学理论应当由本国的学人来建构,因为只有身处这个国家的人,才有真实的"在场"感,才有可能对存在的问题有最真切的感受。我们看到,在国家政策方面,一方面,中共中央办公厅、国务院办公厅印发的《关于加强新时代法学教育和法学理论研究的意见》提出,"构建起具有鲜明中国特色的法学学科体系、学术体系、话语体系,形成内容科学、结构合理、系统完备、协同高效的法学教育体系和法学理论研究体系。"另一方面,该意见提出,"加强外国法与比较法研究,合理借鉴国外有益经验,服务推进全面依法治国实践。"因此,对于国外理论的学习和研究仍然是必要的。

为了说明现实主义法学在中国的可能性问题,笔者列出最高人民法院的三个司法案例。

三、中国的司法案例及其意义

在对现实主义法学的思想基础、中国引介史以及借鉴的可能性进行探讨之后,我们依然面临这一疑问,在实践中引入现实主义法学是可能的吗?在对这一问题回答之前,让我们先来看看我国最高人民法院的三个案例。

案例一:金世纪公司案

本案上诉人原审被告青岛金世纪实业有限公司(以下简称金世纪公司)和原审原告华安财产保险股份有限公司青岛分公司(以下简称华安公司)因不满一审法院山东省高级人民法院(以下简称山东高院)的民事判决而向最高人民法院提起上诉。案件的案由是保险代位权纠纷。案件的事实比较复杂。山东高院对事实作出以下认定。

1. 投保人中远物流仓储配送有限公司(以下简称中远物流公司)与金世纪公司于2013年7月1日签订了一份《仓库租赁合同》。在租赁合同中,中远物流公司和金世纪公司均作出了陈述和保证,中远物流公司的陈述和保证比较简单,包含与金世纪公司共管所存放的货物的内容。金世纪公司的陈述和保证内容较多,包括有权对外租赁仓库,取得所有经营仓储的资质,仓库的各项标准符合存放家电、橡胶等物品,可根据中远物流公司的使用需求在库内设施上进行改造,改造结果要符合中远物流公司家电、橡胶等产品存储要求,对中远物流公司使用的库区的消防安全负责。在业务流程上,“中远物流公司安排项目主管、单证、商务、调度等人员驻金世纪公司仓库,负责业务操作及现场管理;金世纪公司安排人员协助完成仓库理货、出入库装卸等操作及安保工作。中远物流公司人员负责与客户的沟通及系统操作,以书面单据的形式向金世纪公司传递指令”。

依据《仓库租赁合同》附件一《仓库安全补充协议》的约定,金世纪公司负责仓库区内安全防火保卫工作,为中远物流公司仓储物资提供必要的安全保障,消除周边的安全隐患及防止发生治安火灾事故,金世纪公司所出租仓库及设施、设备和消防器材的配置须符合国家消防法规的规定。该补充协议同时约定,“未经中远物流公司允许,金世纪公司不得随意进入仓库”。《仓库租赁合同》附件二《装卸安全管理协议》约定,金世纪公司应作为现场安全第一责任人。按照《仓库租赁合同》附件三《业务流程、结算及保险条款补充协议》,中远物流公司租赁金世纪公司仓库3万平方米(使用面积),用以存放橡胶产品,按中远物流公司货物实际流量计算仓储费用。“对于中远物流公司客户橡胶产品,双方同意由中远物流公司投保在库货物财产一切险,金世纪公司负责将足额保费支付给中远物流公司。……金世纪公司需对中远物流公司租赁的仓库办理仓库责任一切险,受益人为中远物流公司,并向中远物流公司提供保险合同复印件。”

2. 2012年1月1日,中远物流公司和金世纪公司签订《仓库租赁合同》的QDWLZX130050号《补充协议》,对装卸过程中双方的权利义务进行具体约定,《补充协议》第6条对保险作了补充约定:仓库货物保险由中远物流公司负责投保，费用双方承担，投保方式为一次性投保一年。

3.2012 年 1 月 1 日签订的《仓库租赁合同》的 QDFZX140130 号《补充协议》约定，“自 2014 年 1 月 1 日起，中远物流公司存储于金世纪公司仓库的货物由中远物流公司负责投保，金世纪公司不列入受益人”。

4.2015 年 12 月 1 日，中远物流公司与金世纪公司根据双方签订的《仓库租赁合同》签订了《仓储保管合同补充协议》，约定金世纪公司承诺自 2016 年 1 月 1 日起将 6 号仓库全部用于存储橡胶，总存储面积不低于 5.4 万平方米，将合同期限延长至 2023 年 6 月 30 日，并对装卸费用作了调整，其他条款按照《仓库租赁合同》执行。

5.2013 年 4 月 15 日，上海期货交易所同意中远物流公司租用金世纪公司的仓库成为该所天然橡胶指定交割仓库的申请，2017 年 6 月 30 日，上海期货交易所与中远物流公司签订《指定交割仓库协议》，之后中远物流公司与其客户签订《物流服务合同》约定：“各货主存入中远物流公司仓库并由中远物流公司保管、装卸的货物是橡胶产品，地址位于青岛即墨南泉镇三城路××（青岛金世纪铁路物流园）。”

6.2017 年 3 月 29 日，中远物流公司就其经营的两个仓库的存货及部分附属设备向华安公司投保财产一切险，保险金额 12 亿元人民币。投保人和被保险人均为中远物流公司，总保险费 252,000 元。

7.2017 年 12 月 1 日 16 时 30 分左右，中远物流公司租赁的金世纪公司的橡胶库发生火灾事故，造成该库内的全部货物灭失，经公估公司评估，损失预计 6 亿元人民币。华安公司分期向中远物流公司赔付了保险金额，华安公司在赔付后向金世纪公司提出保险代位权索赔。经消防部门认定，起火原因系橡胶堆垛上方的电气线路故障引燃了堆垛。

山东高院在认定事实之后，将原、被告的争议问题归纳为五点：华安公司是否有权向金世纪公司行使保险代位求偿权，金世纪公司应否就火灾事故和损失承担责任，金世纪公司应承担的责任比例，金世纪公司应承担的赔偿数额以及金世纪公司是否应向华安公司支付利息。山东高院认为，中远物流公司知道金世纪公司提供的仓库不符合相关要求而未进行提示，对火灾的损害有过错,故判决金世纪公司承担70%的赔偿责任,其余损失由中远物流公司承担。在判决作出后,金世纪公司和华安公司均提起上诉,金世纪公司的主要理由是:金世纪公司不存在违约行为,《仓库租赁合同》违约与火灾事故发生没有关联以及华安公司违反公序良俗原则。华安公司的主要理由是:原审判决定性不当,应当判定金世纪公司承担违约责任,承担全部赔偿责任,而不是70%的赔偿责任。2019年2月27日,经公开开庭审理,最高人民法院对山东高院的认定的事实予以确认,将争议问题归纳为华安公司是否有权向金世纪公司行使保险代位求偿权和火灾造成的损失应当如何承担两个问题,最终作出维持原判的判决。[①]

对于本案而言,案件事实的认定非常关键。无论是山东高院还是最高人民法院,都认为争议的主要问题是华安公司是否有权行使保险代位权和责任如何承担的问题。问题是保险代位权是基于原权利产生的次权利,[②]因此,在笔者看来,最为关键的问题是金世纪公司和中远物流公司之间签订的合同的性质问题。具体而言,两者签订的合同在性质上是仓库租赁合同还是仓储保管合同。这一定性对于责任承担和法律适用影响巨大。如果对此未作定论,案件的法律适用就会存在问题。我们所关心的不是法律适用,而是案件的事实。如同现实主义法学所揭示的,这里的事实是发生在过去的事实,因此,要发现客观的事实,就需要进行举证证明,包括书证、物证以及证人陈述等。

就事实认定而言,我们认为本案存在诸多疑点:其一,金世纪公司提供的是仓库租赁服务还是仓储保管服务?二审法院依据相关协议认定金世纪公司提供的是仓储保管服务,这一认定有问题吗?我们能依据合同约定的陈述和保证来判断合同的性质吗?难道《仓库租赁合同》不是约定"中远物流公司安排项目主管、单证、商务、调度等人员驻金世纪公司仓库,负责业务操作及现场

① 青岛金世纪实业有限公司与华安财产保险股份有限公司青岛分公司保险代位求偿权纠纷案,最高人民法院(2019)最高法民终299号民事判决书。

② 本案部分涉及这个问题。在案件审理过程中,山东高院和最高人民法院均认为保险代位求偿权问题属于法定权利,故没有必要对中远物流公司和华安公司的保险合同进行审查。这自然有一定的道理,但假设出现极端的情况,如金世纪公司所主张的投保人和被保险人恶意串通的情况,法院能对此置之不理吗?

管理”吗？（根据前文事实认定的第一点）究竟谁在实际进行管理？其二，退一步而言，假定仓库是由中远物流公司和金世纪公司共同管理（因为金世纪公司进入仓库需要中远物流公司的允许），那么它还属于仓储保管服务合同吗？其三，《仓库租赁合同》和 QDWLZX130050 号《补充协议》与 QDFZX140130 号《补充协议》是否相互冲突？根据前者，保险费由中远物流公司承担，金世纪公司将足额保费支付给前者，而据 QDWLZX130050 号《补充协议》，由中远物流公司负责投保，费用由双方承担，据 QDFZX140130 号《补充协议》，自 2014 年 1 月 1 日起由中远物流公司负责投保，金世纪公司不再列入受益人。两份先签订的《补充协议》如何能够补充后签订的《仓库租赁合同》？这样的补充协议还能被称为补充协议吗？其四，在签约时间上，为什么中远物流公司和金世纪公司先签订《仓库租赁合同》的《补充协议》，后签订《仓库租赁合同》？这符合常规吗？背后是否有什么不可告人的秘密？如何对《仓库租赁合同》和《补充协议》的关系进行解释？其五，一审法院对于合同性质的认定主要依据相关合同的约定，这是否涉及格林和弗兰克所说的文字迷信？一审法院亲自到涉案仓库考察过吗？其对行业的惯例了解吗？其向相关行业协会了解过情况吗？其六，一审法院考虑过当事人的地位吗？在本案中，是否存在中远物流公司压迫金世纪公司的情况？为什么金世纪公司会放弃作为共同受益人，它不清楚其所面临的巨大风险吗？为什么在仅签订《仓库租赁合同》的情况下双方要签订《仓储保管合同补充协议》？这样的疑问还有一些，这里就不一一列举。我们想指出的是，这些都是需要澄清的案件事实问题。如果这些问题没有澄清，我们能够正确地适用法律吗？①

案例二：对赌协议案

第二个案例是我国“对赌协议”第一案。这是一个由最高人民法院再审的案件。依据公开的判决书，该案的事实认定如下：申请再审人为甘肃世恒有色

---

① 这里还有一个问题，即一审法院为山东高院。通常情况下，高级人民法院为二审法院，仅在符合相关法律规定时才受理一审案件。这就带来一个问题，即高级人民法院不一定擅长审理一审法院，至少它的经验没有基层法院丰富，这可能导致其停留在书面审的思维定式中。这可能是实践中存在的而理论上需要关注的一个问题。

资源再利用有限公司(以下简称世恒公司)和香港迪亚有限公司(以下简称迪亚公司),这两家公司均为一审被告、二审被上诉人。被申请人为苏州工业园区海富投资有限公司(以下简称海富公司),是一审原告、二审上诉人。此外,还涉及一个自然人陆某,为一审被告、二审被上诉人。[①] 案件涉及的标的公司为甘肃众星锌业有限公司(以下简称众星公司),是一家由迪亚公司持有100%股权的外资公司。2007年11月1日之前,[②]众星公司、海富公司、迪亚公司、陆某共同签订一份《甘肃众星锌业有限公司增资协议书》(以下简称《增资协议书》),约定众星公司的注册资本为384万美元,迪亚公司持股100%,各方同意海富公司以现金2000万元人民币对众星公司进行增资,在增资完成后,海富公司持有该公司3.85%的股权,迪亚公司持有86.15%的股权。

除了约定陆某要将位于四川的某个铅锌矿过户至众星公司名下和募集资金的用途,《增资协议书》特别对两个事项作了约定:一是众星公司应尽快成立"公司改制上市工作小组",进行公司改制,争取尽快在境内证券交易所发行上市;二是对众星公司的业绩目标及回购进行约定,具体而言,众星公司2008年净利润不低于3000万元人民币,如果该年度的实际净利润低于3000万元,海富公司有权要求众星公司予以补偿,如果众星公司未能履行补偿义务,海富公司有权要求迪亚公司按照约定的公式履行补偿义务,即补偿金额=(1-2008年实际净利润/3000万元)×本次投资金额。对于回购,如果至2010年10月20日,由于众星公司的原因造成无法完成上市,海富公司有权要求迪亚公司回购届时海富公司持有的众星公司的全部股权,迪亚公司应在约定的期限内按以下约定回购金额向海富公司一次性支付全部价款:若自2008年1月1日起,众星公司的净资产年化收益率超过10%,则迪亚公司回购金额为海富公司所持众星公司股份对应的所有者权益账面价值;若自2008年1月1日起,众星公司的净资产年化收益率低于10%,则迪亚公司回购金额为(海富公司的原始投

---

① 苏州工业园区海富投资有限公司与甘肃世恒有色资源再利用有限公司、香港迪亚有限公司、陆某增资纠纷案,最高人民法院(2012)民提字第11号民事判决书。

② 严格而言,这一表述不够明确,因为判决书写的是"2007年11月1日之前"。一审法院可能无法判定合同的具体签订日期,这可能是因为某一方只有签字或盖章而未写明签字日期,这在实践中并不少见。

资金额 - 补偿金额) ×(10% ×投资天数/360)。

2007年11月1日,海富公司和迪亚公司签订《中外合资经营甘肃众星锌业有限公司合同》(以下简称《合资经营合同》)。按照《合资经营合同》,众星公司的注册资本增加至399.38万美元,海富公司决定受让增资的注册资本,即出资15.38万美元,占注册资本的3.85%。增资完成后,众星公司将由外资企业变更为中外合资经营企业。《合资经营合同》确认了《增资协议书》关于公司改制上市和业绩目标的约定,并于2009年6月获得审批机关的批准和办理工商变更,登记名称变更为甘肃世恒有色资源再利用有限公司。工商登记记录表明,众星公司2008年度的净利润仅为26,858.13元,远低于约定的业绩目标。海富公司向一审法院兰州市中级人民法院起诉,请求判令世恒公司、迪亚公司和陆某向其支付协议补偿款19,982,095元,并承担本案诉讼费及其他费用。一审法院驳回原告的起诉,理由是关于回购的约定违反了相关法律的强制性规定,与公司章程不一致,损害了公司和公司债权人的利益。

海富公司不服一审法院的判决,向二审法院甘肃省高级人民法院(以下简称甘肃高院)提起上诉。二审法院确认了一审法院查明的事实,但作出了不同的认定。甘肃高院认为,海富公司签订《增资协议书》的目的不是享有3.85%的股权,而是获得该公司改制上市后增资的股权价值,关于回购补充的约定违反了投资风险共担的原则,海富公司的投资虽为投资实为贷款,违反了《合同法》的强制性规定和最高人民法院关于联营合同的司法解释,应为无效。甘肃高院认为一审判决的部分事实认定不清导致法律适用不当,故判决撤销一审法院的民事判决,世恒公司和迪亚公司共同返还海富公司18,852,283元及利息。

在二审判决作出后,世恒公司和迪亚公司不服该判决,向最高人民法院提出再审,请求撤销二审判决,维持一审判决。最高人民法院查明的事实与一审、二审法院查明的事实一致。最高人民法院认为,一审原告的诉讼请求是请求判令世恒公司、迪亚公司、陆某向其支付协议补偿款19,982,095元并承担本案诉讼费用及其他费用,没有请求返还投资款,二审法院关于共同返回投资款和利息的认定是错误的。同时,最高人民法院认为关于投资补偿的约定不能一概认定为无效,海富公司与世恒公司的投资补偿约定违反了公司和公司债权人的利益,是无效的,海富公司与迪亚公司的投资补偿不违反法律的强制性规定,是有效的。据此,最高人民法院作出判决:撤销二审法院的民事判决,迪亚公司向海富公司支付协议补偿款 19, 982, 095 元。

与案例一不同,本案提出的是另一个问题。我们在案例一中看到,无论是一审法院还是二审法院,案件的事实都是一样的。在案例二中,案件的事实是不存在争议的,争议的问题是对事实的定性,是法律依据问题,即应适用什么样的法律规则。在判定适用什么法律规则时,为什么三个法院的认定都不同?我们可以说各个法院对这一争议的理解和认知不同。从根本上而言,是因为出现了这种新的投资补偿条款。在一审法院看来,这样的约定是无效的,因为它违反了法律的强制性规定。我们或许可以批评一审法院,认为它太过保守,是"机械法学"的做法。但是,如果站在法律的可预性和稳定性的视角,我们可以对一审法院的判决表示理解。为什么二审法院会作出不同的认定?可能是因为它不满足于形式上的合同约定,它试图从海富公司投资的实质目的上来判定,因此,我们可以说二审法院的做法是体现现实主义法学精神的,它认识到法律要对社会需求作出回应,法律解释也是如此,只不过它的认定超出了当事人的请求,违反了法律的规定。此时,我们可以看到,法官只能在一定限度内有裁量的自由,这一点是很重要的。最高人民法院的认定则又体现了它的功能,通过司法判决进行政策性的引导,①为类似的争议提供一个较为明确的尺度,因此,它既要考虑现实中类似投资补偿条款的必要性,也要对其进行一定的限制,避免其突破相关管制,引发系统性问题。例如,在华懋公司案中,最高人民法院认为,华懋公司委托中小企业公司投资入股中国民生银行的行为,"显然违反了内地金融管理制度的强制性规定",应认定无效。② 实践中,由于类似委托代持投资的存在具有一定的普遍性,银行监管部门要求投资股东作

① 关于司法案例的政策性引导功能,参见王绍喜:《指导性案例的政策引导功能》,载《华东政法大学学报》2018 年第 5 期。

② 华懋金融服务有限公司与中国中小企业投资有限公司委托投资纠纷上诉案,最高人民法院(2002)民四终字第 30 号民事判决书。

出承诺或限期予以清退。

案例三:"王老吉"包装装潢纠纷案

第三个案例依据判决书的认定,案件事实可以这样来描述:①广州医药集团有限公司(以下简称广药集团)为一审的原告和二审的被上诉人,持有涉及争议的"王老吉"商标。"王老吉"商标原先由广州羊城药业股份有限公司(以下简称羊城药业)持有,"王老吉"商标注册的类别包括第37类凉茶(第328241号)、无酒精饮料和固体饮料(第626155号)以及啤酒、果汁、水等(第3980709号、第9095940号)。1996年8月7日,广药集团成立,"王老吉"商标等无形资产划归广药集团所有,2012年广药集团成立全资子公司广州王老吉大健康产业有限公司(以下简称大健康公司)。鸿道集团是一家在香港注册的公司,其于1998年9月17日成立了东莞加多宝食品饮料有限公司。2000年5月,东莞加多宝食品饮料有限公司更名为广东加多宝饮料食品有限公司(以下简称加多宝公司)。鸿道集团在中国境内还设有其他5家企业。

1995年3月28日,羊城药业与鸿道集团签订一份《商标使用许可合同》,约定羊城药业许可鸿道集团独家使用其第626155号注册商标,许可期限自1995年3月28日至2003年1月止。该许可合同约定,许可仅限于红色纸包装清凉茶饮料,鸿道集团可委托其他厂进行加工制造并送给羊城药业备案。1995年9月14日,羊城药业与鸿道集团签订《补充协议一》和《补充协议二》,对许可合同的内容进行部分调整。1997年2月13日,羊城药业和鸿道集团签订一份《商标许可使用合同》,约定鸿道集团已于1995年取得独家使用"王老吉"商标生产销售红色纸包装及红色铁罐凉茶饮料的使用权,该权利是专有的、独占的,双方还约定,羊城药业可以保留生产和销售原来已经生产的纸包装王老吉清凉茶,但包装颜色不能是红色,且包装设计图案不得与鸿道集团生产的"被许可商品"相同。该合同约定商标许可期限为1997年2月13日至2011年12月31日。

2000年,广药集团和鸿道集团签订了《商标许可协议》,约定广药集团许可

① 广东加多宝饮料食品有限公司、广州医药集团有限公司擅自使用知名商品特有名称、包装、装潢纠纷案,最高人民法院(2015)民三终字第3号民事判决书。

鸿道集团独占使用第626155号“王老吉”注册商标,使用的商品范围为生产和销售红色罐装和红色瓶装王老吉凉茶,许可地域为中国境内,不包括我国香港特区、澳门特区和台湾地区,许可期限自2000年5月2日至2010年5月2日。之后,广药集团和鸿道集团于2002年11月、2003年3月和2003年6月分别签订了补充协议,对许可期限、费用和侵权制止授权作出约定。

2010年5月2日商标许可到期后,广药集团不再授予鸿道集团“王老吉”商标的使用权。2010年8月30日,广药集团向鸿道集团发律师函,要求后者停止使用“王老吉”商标,并于2011年5月向中国国际经济贸易仲裁委员会提起仲裁。广药集团诉称,鸿道集团和加多宝公司在明知要败诉的情况下将“王老吉”装潢的产品包装改为一边是“王老吉”,另一边是“加多宝”的包装,实施去“王老吉”化,对两者进行混淆。之后,鸿道集团和加多宝公司将其红罐凉茶两边的字样改为“加多宝”,不再使用“王老吉”商标,但其他装潢基本不变。广药集团认为,“王老吉”罐装凉茶属于知名商品,其产品包装、装潢具有显著特征,在失去商标许可的情况下,鸿道集团、加多宝公司生产的罐装凉茶在设计文字、色彩、图案和排列组合上与“王老吉”凉茶相似,足以引起与后者相混淆,鸿道集团、加多宝公司的广告宣传为“红罐王老吉改名加多宝”“罐装凉茶更名加多宝凉茶”,宣传“王老吉”更名为“加多宝”,构成对广药集团侵权,故请求鸿道集团和加多宝公司立即停止侵权,销毁相关产品,判令赔偿经济损失(原先为500万元,后变更为1.5亿元)、支付维权费用100万元,并在媒体上发布声明,消除侵权影响等。

一审法院将争议焦点归纳为四个主要问题。

第一个问题是涉案知名商品及其特有包装装潢的内容是什么。一审法院从三个方面对此进行论证:一是本案商品所指向的对象。广药集团认为是王老吉凉茶,加多宝公司辩称是由加多宝公司生产的、“使用王泽邦后人的正宗独家配方”的红色罐装凉茶。法院认为,将本案的知名商品界定为王老吉凉茶,符合消费者的认知,该界定能将该商品与其他经营者的同类商品相区别,加多宝公司的主张“显然与消费者的辨识习惯、称呼习惯、记忆习惯不相符,不能成立”。二是王老吉凉茶是否为知名商品。一审法院认为,综合该凉茶的销售时间、区域、销售额和广告宣传等因素，应当认定王老吉凉茶是知名商品。三是本案商品特有包装装潢指向的对象。一审法院认为是指向王老吉红罐凉茶产品的罐体上包括“王老吉”等文字、红色底色等色彩、图案及其排列组合等组成部分在内的整体内容。

第二个问题是本案知名商品特有包装装潢的权益归属。一审法院认为，“王老吉”品牌的所有权人先后对其商誉作出巨大的历史贡献，广药集团及其前身对本案所涉知名商品及特有包装装潢的知名度作出巨大贡献，对于加多宝公司主张包装装潢与注册商标可以分别属于两个不同的主体的抗辩，一审法院认为“王老吉”商标是涉案知名商品包装装潢的一部分，与广药集团有密切联系，加多宝公司的主张不能成立，对于加多宝公司认为其对涉案知名商品的生产、销售、宣传、推广作出巨大贡献故该权益应归加多宝公司的主张，一审法院认为加多宝公司的确对王老吉红罐凉茶的知名度提升作出了贡献，但所产生的商誉仍然附属于知名商品王老吉凉茶，应由广药集团享有。在商标许可存续期间，加多宝公司及其关联企业所投入的资金、广告宣传费用，加多宝公司已经获得巨额经济回报。在商标许可终止后，附属于知名商品的特有包装装潢应一并归还“王老吉”商标的所有人广药集团。因此，一审法院认定涉案知名商品包装装潢权由广药集团享有，加多宝公司无权享有该权利。

第三个问题是加多宝公司使用的一边标注“王老吉”，另一边标注“加多宝”的红罐凉茶以及两边均标准“加多宝”的包装装潢是否构成不正当竞争。一审法院认为，从整体上看，被控侵权产品与王老吉红罐凉茶的包装装潢的文字、色彩、图案及排列组合在视觉效果上无实质性差异，足以使相关公众对商品的来源产生误认，两者构成相近相似的包装装潢，构成不正当竞争。

第四个问题是经济损失的计算问题。广药集团提交了向法院申请的加多宝公司 2012 年 5 月 10 日至 2013 年 3 月 13 日的专项审计报告，用以计算侵权产品所获得的收益，一审法院参照审计期间加多宝公司每月的获利来计算加多宝公司的获利情况，合计约 1.52 亿元，由于广药集团仅主张 1.5 亿元，对该主张予以支持。经一审法院审判委员会讨论，作出以下判决：判决加多宝公司在判决生效之日起立即停止使用与涉案知名商品王老吉红罐凉茶特有包装装潢相同或相似的包装装潢,立即停止生产具有该包装装潢的产品,销毁库存商品,立即停止发布相关广告、介绍和宣传资料,赔偿广药集团1.5亿元和维权费用265,210元,加多宝公司连续7天在《南方日报》等报刊刊登声明,公开消除影响等。

在一审判决作出后,加多宝公司提起上诉,理由如下所述。

第一,一审法院对涉案知名商品的界定存在严重错误。加多宝公司认为知名商品是加多宝多年经营的使用王泽邦后人秘方的红色罐装凉茶,即曾经贴有“王老吉”商标和现在贴有“加多宝”商标的红罐凉茶,该红罐凉茶自1998年一直由加多宝公司生产经营,广药集团和大健康公司生产的红罐凉茶,即使贴有“王老吉”商标,与前述知名商品也不是同一商品,双方生产的红罐凉茶在生产标准、工艺、品质、配方、口味和商品来源方面是完全不同的商品,王老吉凉茶无法唯一指代双方产品中的任何一个,将王老吉凉茶这一商品名称认定为知名商品是错误的。

第二,一审法院认定广药集团享有涉案知名商品特有包装装潢权的结论属于事实错误,该权利应属于加多宝公司。加多宝公司的理由是:涉案知名商品特有包装装潢的创意、设计和实际应用均来源于加多宝公司及其关联企业的行为,“加多宝出品”与加多宝公司建立了稳定和唯一的联系。一审法院认定包装装潢权必须依附于商标权行使和“王老吉”为涉案包装装潢最吸引人之处的认定是错误的,两者是两种平等的、独立的权利,不存在从属或包含关系,涉案包装装潢具有区别其他商品的显著特征,即使去除“王老吉”字样仍然构成特有的包装装潢。

第三,一审法院认定被诉侵权产品与王老吉红罐凉茶包装装潢构成近似从而构成不正当竞争的认定存在错误,理由是无论是涉案知名商品特有包装装潢还是被诉产品特有包装装潢均指向加多宝公司,不会导致相关公众产生误认,一方面认为,“王老吉”文字是涉案知名商品重要组成部分;另一方面又认为淡化“王老吉”三个字导致两者整体视觉效果无实质性差异,前后相互矛盾。广药集团自2012年6月才生产经营红罐凉茶,其在本案中主张权利的知名商品是加多宝公司经营的红罐凉茶,不存在加多宝公司挤占广药集团市场份额的事实。

第四,广药集团不是涉案知名商品特有包装装潢的权利人,加多宝公司没有构成侵权,一审法院认定其承担侵权责任缺乏事实和法律依据。一审法院以推算方式计算获利金额并作为赔偿依据违反法律规定,广药集团未就加多宝公司生产涉案商品的行为造成的不利影响举证证明。

第五,一审法院违反法定程序,因为它接受广药集团当庭变更诉讼请求,采纳庭审当日提交的13份证据剥夺了加多宝公司的合法诉讼权利。

2015年3月23日,最高人民法院对该上诉进行立案,并进行公开开庭审理。最高人民法院审查查明,一审法院查明的事实基本属实,并予以确认。最高人民法院将争议归纳为四个焦点问题,即涉案包装装潢的内容和指向问题、涉案包装装潢权益的归属确定问题、加多宝公司是否构成不正当竞争问题以及一审法院是否违反法定程序的问题。由于最高人民法院的论证重点在第一个问题和第二个问题,笔者对这两个问题进行详述,它们也是本案的创新之处,其他问题仅作简要描述。

对于第一个问题,最高人民法院分解为两个小问题:一是涉案包装装潢的内容及其是否具备特有性的问题。对此,根据一审认定的事实和当事人提交的产品实物,最高人民法院认为,“王老吉”文字事实上构成涉案包装装潢的组成部分,包装装潢既包括“王老吉”文字和注册商标,也包括加多宝公司自行创设的红色底色、图案及排列组合的其他部分。一审法院的认定并无不妥。最高人民法院认为,涉案包装装潢通过对色彩、文字、图案等组合和长时间和较大范围的宣传,使商品来源的指示作用得到加强,由于当事人对涉案包装装潢的特有性没有质疑,符合反不正当竞争法关于“特有包装装潢”的保护条件,故支持一审法院的认定。二是涉案包装装潢依附的商品及其知名度问题。对于涉案包装装潢依附的商品,广药集团和加多宝公司持有的观点不同,最高人民法院认为,由于包装装潢形式使用在加多宝公司生产经营的红罐凉茶商品之上,加多宝公司生产经营的红罐王老吉凉茶为本案特有包装装潢所附的产品,广药集团和大健康公司2011年12月和2012年6月之后开始生产经营的凉茶产品,不是双方在一审中确定包装装潢具体内容的依据。

对于王老吉凉茶是否是本案的知名商品,最高人民法院认为,一审法院已查明该用语可以指代广药集团生产的绿色纸盒或加多宝公司生产的红罐凉茶商品,界定是否属于知名商品的目的是判断附着于其上的包装装潢是否符合反不正当竞争法对标识性权益的保护条件,一审法院脱离商品与包装所应具有的依附关系,将王老吉凉茶认定为本案的知名商品,缺乏事实和法律依据。对于加多宝公司生产经营的红罐王老吉凉茶是否具备知名度问题,最高人民法院结合"王老吉"品牌的历史渊源、红罐王老吉凉茶的市场销售和广告宣传情况以及其作为知名商铺受到人民法院裁判保护的记录,认定其为本案中的知名商品。

第二个问题是最高人民法院重点论证的问题,也是本案的亮点。首先,对于商标许可使用合同是否对涉案包装装潢权益的归属作出约定,最高人民法院认为该合同虽然对"王老吉"商标和生产销售红色罐装凉茶饮料作出约定,但未对包装装潢的具体表现形式进行明确,尽管合同有"红色罐装"的表述,但没有证据表明广药集团及其关联企业已设计完成或实际使用该包装装潢,故维持一审法院认定合同未对此作出约定的认定。其次,对于厂商信息能否成为确定权益权属的直接依据问题,最高人民法院认为,尽管加多宝公司明确了厂商信息,但由于涉案包装装潢含有"王老吉"文字和商标,消费者无法忽略该文字和商标而仅凭厂商名称信息与加多宝公司形成确定的联系,故不支持加多宝公司认为权益归属可以依据厂商名称等信息确定的主张。最后,对于已有判决内容对权益认定的影响,这些判决所涉纠纷发生在商标许可期间,广药集团授权加多宝公司维权,不意味着放弃其权益,该判决并未对权益归属问题作出认定或认定加多宝公司为包装装潢权益的唯一享有者,故不支持加多宝公司关于依该等判决直接确定权益归属的主张。

对于涉案包装装潢权益归属的确定,最高人民法院指出,通常情况下,在商标许可关系终止后,被许可人应停止使用行为,被许可商标上所积累的商誉应归还许可人。但是,本案存在特殊情况,许可使用期间形成的特有包装装潢,既与被许可商标的使用有密切的联系,也具备反不正当竞争法下独立权益的属性,产生了外溢于商标权的商誉特征,对该权益归属的确定,要考虑形成过程中的历史因素和现实因素。“王老吉”品牌在涉案包装装潢权益过程中发挥了作用，一方面体现在“王老吉”品牌是“中华老字号”，广药集团及其关联企业通过开发“王老吉牌凉茶”，维系了“王老吉”品牌的历史传承价值和市场价值，另一方面则体现在“王老吉”文字和商标属于涉案包装装潢的组成部分，事实上发挥着指示商品来源的作用，加多宝公司否认其来源识别功能缺乏事实和法律依据。同时，作为红罐凉茶的实际经营主体，加多宝公司通过多年持续的、大规模的宣传和使用行为，不仅明晰地向消费者传递红罐王老吉凉茶由其实际经营的信息，而且显著提升了加多宝公司和红罐王老吉凉茶的市场知名度，加多宝公司对涉案包装装潢权益的形成作出了重要的贡献。由于加多宝公司是实际的经营主体，其持续的使用行为，在提升红罐王老吉凉茶的同时，使涉案包装装潢具备了受到反不正当竞争法保护的条件，否定加多宝公司的重要作用与事实和法律相悖。

最高人民法院认为，涉案包装装潢虽然与商标许可使用有关，但解决其归属问题要回到反不正当竞争法关于特有包装装潢权益保护的法律制度本身，在确定权益归属时，“既要在遵循诚实信用的原则下鼓励诚实劳动，也应当尊重消费者基于包装装潢本身具有的显著特征而客观形成的对商品来源指向关系的认知”。最高人民法院认为，注册商标保护和知名商品特有包装装潢权益保护两者是不同的，两者的权利来源和保护条件有所不同，本案的特殊之处在于，作为实际经营主体的加多宝公司在涉案包装装潢使用的过程中始终突出使用“王老吉”文字商标，未明确阻断和区分商标和包装装潢之间的关系，导致该包装装潢同时指向加多宝公司和广药集团，“结合红罐王老吉凉茶的发展历史、双方的合作背景、消费者的认知及公平原则的考量，因广药集团及其前身、加多宝公司及其关联企业，均对涉案包装装潢权益的形成、发展和商誉建树，各自发挥了积极的作用，将涉案包装装潢完全判归一方所有，均会导致显失公平的结果，并可能损及社会公众利益，因此，涉案知名商品特有包装装潢权益，在遵循诚实信用原则和尊重消费者认知并不损害他人合法权益的前提下，可由广药集团和加多宝公司共同享有”。最终，最高人民法院认定加多宝公司的部分上诉理由成立，故作出撤销一审判决和驳回广药集团全部诉讼请求的判决。与此相关联的一个案件是,加多宝公司就大健康公司侵害其知名商品名称、包装、装潢起诉,被一审法院广东省高级人民法院驳回,加多宝公司不服判决提起上诉,最高人民法院认为一审判决适用法律虽有不当之处,但判决结果正确,驳回上诉,维持原判。①

本案涉及的是一个基于商标许可产生而又有一定独立性的包装装潢权益的归属问题。从表面上看,这似乎只是一个技术问题,但该案件涉及很多问题,既包括事实问题,例如,加多宝公司多次强调它是涉案包装装潢的实际经营主体,该包装装潢均由其设计、宣传、使用,其资金投入和广告宣传对于该包装装潢起了重要的作用,强调将该权益判归广药集团将使鸿道集团和加多宝多年的努力付诸东流,蒙受巨大损失,2012 年 6 月前广药集团及其关联企业从未生产或委托生产过任何一罐红罐凉茶,这些事实得到了最高人民法院的积极回应。又如,广药集团提出的知名商品应以"名"而不是商品内容物称呼,并认为加多宝公司的主张与消费者的辨识习惯、称呼习惯、记忆习惯不符,不仅涉及称呼和事实是何者为准的问题,也涉及习惯的认定问题。本案还涉及法律适用问题,例如双方所争议的包装装潢所指向的知名商品问题,是否构成不正当竞争问题。最高人民法院在本案中的论证,既部分地维持了一审判决的认定,也在权益归属问题上对一审法院进行纠正。更值得注意的是,最高人民法院基于历史和现实的分析,具有浓烈的现实主义色彩:它认为要客观考虑双方在涉案包装装潢权益形成过程中的作用,既不能否定"王老吉"品牌奠定的历史传承价值和市场价值,也不能否认加多宝公司在宣传和使用中的重要贡献,要考虑消费者的认知,要保护诚实劳动,要考虑社会公众利益,要考虑判决的社会效果。这些均使得最高人民法院成为一个具有现实主义法学精神或风格的法院。如果对比最高人民法院在本案中的阐述(包括但不限于以上引用部分)和卡多佐在《司法过程中的本质》一书的阐释,会发现两者具有很多的相似之处。因此,在一定意义上,我们可以说,最高人民法院在本案中是践行现实主义法学理念的法院,尽管它未必有后者的观念和意识。

---

① 广东加多宝饮料食品有限公司、广州王老吉大健康产业有限公司擅自使用知名商品特有名称、包装、装潢纠纷案,最高人民法院(2015)民三终字第 2 号民事判决书。

这三个案例表明,现实主义法学在中国的司法案例中是有存在基础的,或者说,可以从现实主义法学的角度对中国的司法案例进行解释。

四、当代中国的知识转向

如今,我们面对的是一个更加复杂的社会,对于这样的社会我们要有怎样的认知?在1929年,美国哲学家杜威曾尖锐地指出,人们之所以将理智活动置于实际事务之上,是因为这与寻求绝对不变确定性有着根本的联系,因为实践的情景总是变化不定的,只要有实践活动,便有人类的参与,而人对于自己的思想是不自信的。[①] 杜威进一步指出,知识"要探索我们的生活世界、我们所经验的世界,而不是企图通过理智逃避到一个高级的境界之中去"[②]。

在中国的今天,尽管仍存在很多似是而非的话语,但知识界似乎正在发生转变。我们举几个例子。一是在历史研究领域,历史学家葛兆光教授提到清代社会士人话语的分裂,当时的文化人使用三种不同的话语:社会话语、学术话语和私人话语,[③]提示中国社会的复杂性。在更早的时候,史学家陈寅恪先生在阐述"职官"时就尖锐地指出,治史者若因披览六典尚书省的官文推现唐制从周礼遗意的幻觉,是因为受到名的的眩惑,[④]名实不符是个大问题。二是社会学领域,社会学家翟学伟教授阐释中国人的价值观时的提醒是深刻的、及时的,他说:"如果中国社会不能回到真实上来,纵使有再美妙的词藻堆砌出来的精神体系,也最终是形式主义与表面文章,是弄虚作假,是浮夸和浮躁。"[⑤]三是哲学领域。在我国哲学界,哲学家赵汀阳先生对做事的强调,[⑥]陈亚军教授谈论"世界是事情的总和""做事情"[⑦],杨国荣教授主张"以事观之"[⑧],研究从

---

① 参见[美]杜威:《杜威全集·晚期著作:1925—1953·第四卷:1929》,傅统先译,华东师范大学出版社2015年版,第5页。

② 同上书,第66页。

③ 参见葛兆光:《中国思想史》(第2卷)(第2版),复旦大学出版社2013年版,第352页。

④ 参见陈寅恪:《陈寅恪集:隋唐制度渊源略论稿·唐代政治史述论稿》,生活·读书·新知三联书店2015年版,第110页。

⑤ 翟学伟:《中国人行动的逻辑》,生活·读书·新知三联书店2017年版,第126页。

⑥ 参见赵汀阳:《第一哲学的支点》,生活·读书·新知三联书店2017年版,前言、第10页。

⑦ 陈亚军:《实用主义研究自选集》,江苏人民出版社2015年版,第377~378页。

⑧ 杨国荣:《人与世界:以事观之》,生活·读书·新知三联书店2021年版。

话语转向行动。

不仅如此，在建筑学界，我们也看到同样转向的强调。当代建筑学者王澍教授的一段话，虽然说的是建筑，但我认为它在一定程度上同样适用于法学。他说：

> “我们的大学教育，几乎都不会教你手工建造，但你不懂手工建造怎么能懂中国传统，尤其是中国传统的建筑？中国传统的建筑既没有建筑师，又没有建筑史著作、建筑理论著作，也没有建筑设计的教科书，什么都没有，那么，它存在于哪里？它就存在于活着的工匠体系里，存在于手作的经验之中。你不亲自参与，不亲自去做，怎么能知道中国的传统呢？如果你发现一个建筑师满嘴讲传统、讲自然，但是根本不自己亲手做，那个传统一定是假的，只会是一个符号。”①

这段话寓意很深，甚至可以作为整个法学研究和法律实践的指南。如果我们的知识学界开始调整研究的重心，那么我们的法学研究是不是要转移或调整研究的重心？

当笔者再三思考认知与实践的关系时，笔者回到先哲王阳明看看他的知行合一理论。笔者感慨于阳明先生针砭时弊的揭案而起的意识和勇气。当他指出后世存在的“知”与“行”相脱离的问题时，笔者不禁地想，对于法律规则乃至法学，我们不也主要是关注致知，强调“知”的一面吗？我们可以扪心自问，我们能仅仅满足于此“知”而未“行”吗？正如王阳明先生所言，“真知即所以为行，不行不足以谓知”。在本质上，这与现实主义法学对于“知”与“行”不一致的批判不是相通的吗？当遇到法律问题时，我们是规规矩矩地遵守法律还是“知”与“行”相脱离？如果我们只强调规则、原理或原则的“知”而不关注“行”，我们的“知”还是真知吗？

依据学者的解释，王阳明先生的“行”，既指人的一切行为，还可以包括人

---

① 王澍：《造房子》，湖南美术出版社2016年版，第227页。

的心理活动。[①] 如果这一解释可以成立,那么它与现实主义法学的命题是否有相同之处,即知与行都含有人的因素?卢埃林对于法官、律师和当事人行为的论证,弗兰克影响司法判决的人的因素(包括心理因素)的强调,不都是强调人的因素吗?现实主义法学所强调的对法官等行为进行观察,强调要看出新意(see it fresh),是否包含了"知"与"行"?笔者认为,卢埃林临终前为自己的论文集所定的副标题《法理学:理论和实践中的现实主义法学》,颇有深意,因为在他看来,现实主义法学不仅关注理论,而且关注实践。而现实主义法学学者所致力的各种改革或从事的各种活动,例如,卢埃林编撰新的教科书、参与美国《统一商法典》的制定,穆尔对银行实践的实证研究以提升法律的确定性,道格拉斯对于破产实践的实证研究和对立法的影响,弗兰克对于法律教育和初审法院的改革,格林对于司法案例中的近因等问题的研究以及法律教育改革,不都是"行"吗?[②] 新现实主义法学的代表人物麦考利教授指出,"不寻求规范作为行为指导,我们先行动然后合理地说明是可能的"[③]。这与王阳明先生自身的经历是否有诸多相似之处?

这些说明了什么?我们是否正在迈向一种新的法理学?

---

① 参见陈来:《有无之境:王阳明哲学的精神》(第2版),北京大学出版社2013年版,第88页。

② 施莱格尔教授较早关注现实主义法学学者做了什么,而不是将它作为一种法理学,但他坦诚他的关注主要是现实主义法学学者在实证社会科学方面做了什么,参见 John H. Schlegel, *American Legal Realism and Empirical Social Science*, The University of North Carolina Press, 1995, p. 8。

③ Stewart Macaulay, *Law and the Behavioral Sciences: Is There Any There There*, 6 Law & Policy 168 (1984).

第九章　迈向一种新的法理学

一、缘起

在探讨现实主义法学在中国的理论引介之后，笔者曾考虑过以什么方式结束本书的写作。可以想到两种方式，一是提出对现实主义法学的批判性思考，二是介绍现实主义法学的最新进展。笔者对这两种途径都不满意，前者虽然可以展现论者的高明，但这种批判可能带有较大的主观性，后者尽管可以带来一些理论知识，但它的价值比较有限。因此，笔者决定寻找第三条道路。

笔者的这一选择不是没有缘由的。一方面，鲁迅的“娜拉走后怎么办？”问题一直纠缠着笔者。笔者不断地问自己，难道你只是想纯粹地介绍现实主义法学吗？这是你研究的初衷吗？你研究现实主义法学的现实关怀是什么？你以往的法律实践经历和经验对于法学理论的建构有帮助吗？由于笔者对现实主义法学的念想可以追溯到20年前，并且对它的思考一直持续至今，笔者想借此机会结合现实主义法学探讨中国法理学的现状，并就中国法理学的理论建构提出一点粗浅的看法，供诸位方家批评指正。

不过，在构思上，笔者打算从对中国法学的整体诊断切入。笔者把这种理论诊断称为诊断式法学理论。诊断式法学理论出现的一个背景是,我国清末引入西方法学,迄今中国法理学的发展已有近两个世纪的历史,然而,作为客观事实,我们至今仍没有形成一个学派,仍然是在学习欧美各种法律制度和理论的“学生”。在总当“学生”的不安情绪之下,从事法学研究者必然希望有所突破。这本来也是人之常情,谁愿意“沉默是金”,谁不想“潇洒走一回”? 面对青灯黄卷下“为伊消得人憔悴”的学者,有谁不愿意自己的理论产生一些影响? 不过,个人的情愿是一回事,而最终的成就则又是另一回事,所谓“谋事在人,成事在天”。因此,在检点现有法理学的得失之前,看看前人对中国法理学理论研究现状所做的诊断,可以提供一些省思。

我们先从两种诊断式法学理论开始探讨。

二、诊断式法学理论及评价

“诊断”(therapeutic)的概念来自哲学,与“建构”(constructive)相对。从对象上看,对法律或法学的批判既可以是微观层面的对具体制度的批判,例如对物权无因行为的批判,也可以是宏观层面的对法律或法学整体的批判。本章考察的重点是后者。本章选取两部批判性著作对诊断式法学批判与法学发展的关系作出阐释。之所以选取这两部著作,不仅是因为两者观点较为鲜明,具有相对完整的理论框架,而且,此两部著作跨越不同的时代却作出基本相同的批判,值得引起我们深思。本章试图通过对两部著作的问题意识、论证思路和学术抱负的阐释,就其存在问题予以揭示,为促进中国法学理论发展和学术进步做一点努力。

(一)蔡枢衡的批判

诊断式法学批判总是围绕特定的对象来展开,这一对象是法律或法学的整体。诊断式法学批判具有自己的特征。对诊断式法学批判的认识,可以从其自身的问题意识、论证思路和学术抱负三方面来加以阐释。

1. 问题意识

为什么要对中国法律进行批判? 这构成蔡枢衡先生(以下简称蔡氏)《中国法律之批判》①一书的问题意识。在蔡氏看来,中国法哲学和中国法史学上

① 参见蔡枢衡:《中国法律之批判》,山西人民出版社2014年版。

存在两大问题：一是自1911年起的中国法和中国法的历史发生了脱节；二是自1911年起的中国法和中国社会的现实不适合。蔡氏认为，对于这两个历史课题，仅有8篇论文涉及，不仅探讨的论文数量少，质量也不够深，理论论证不够严密，对问题的提出和回答的轮廓也不完全。用蔡氏自己的话来说，"问题大得可怕，而讨论的量小质微又足惊人"[①]。蔡氏认为，法律和社会不适合以及和历史不连接的问题，被多数人给取消了。

蔡氏指出，法律和历史以及与社会的不连接问题，涉及固有文化和外来文化的关系问题。在蔡氏看来，明天的一切既是复古的又是开新的。与此相应，不仅对于固有文化要进行批判，对于外来文化也有批判的必要。明日中国的一切要从对固有文化和外来文化的批判中建设出来。[②] 为此，要将固有文化和外来文化有机地结合起来。但是，由于对历史和现实不符的原因和理想不能彻底的原因缺乏科学的探究，对两者有机的结合被忽略了。而在法律和法学领域，有关立法、司法或法治问题的探讨，本质上都是从政治的角度展开的，法学问题的研究还是空白。[③] 鉴于此，蔡氏坦诚，该书写作时间短，问题的提出只是个人闭门造车的思考，在内容上则是不成熟、不完全的认识，理论上也存在论证不严密和说明不充分的缺点，[④]但他依然决定将文章付刊发行，以期引起更多的讨论。这构成此书写作的背景。

2. 论证思路

蔡氏指出，法律和社会不适合这个问题，在沈派和反沈派的争论中已经出现，尽管前后的表现不同，但问题是一样的。与此同时，由于法制史史料认定两者没有关联，法律与历史不连接的问题也成了铁案。换言之，这两个问题一面被取消了，另一面又被打成铁案。蔡氏进一步指出，不适合和不连接的问题是理论上的一体两面，两者不应被分割开，两者"应合而不可分"。蔡氏按照不连接和不适合的观点将争论双方区分为沈派和反沈派，沈派是指自1911年以

---

① 参见蔡枢衡：《中国法律之批判》，山西人民出版社2014年版，第2页。

② 同上书，"写在前面"。

③ 同上。

④ 同上书，"写在前面"。

来与沈家本的意见大体相同的群体,而反沈派则是与此相反的群体。在蔡氏来看,沈派和反沈派均做一面的功夫,并满足于一面的胜利,[①]要找到问题的答案,应当重新认识沈派和反沈派,并对其作出批判。

蔡氏认为,沈派和反沈派有各自的优势,也各有自己的问题。例如,沈派认识到通过法律来废除领事裁判权的重要性,是目的论的表现,但它取消了新法与社会的不适合问题,而对问题的取消不是对问题的解答。[②] 相反,反沈派肯定新法与法制史不连接的客观事实,比沈派要高明,处境比沈派要有利。但是,在数十年的立法政策中,沈派地位占优,反沈派的观点难以在立法政策中体现。这样的后果之一,是忽视了法学的哲学性和科学性,使法学成为政治立法学。[③] 蔡氏指出,沈派对立法政策的倚重,导致其丧失了民族自我意识。同时,蔡氏认为,沈派的背景是殖民地身份,但其没有意识到这点。而且,沈派把撤销裁判领事权作为出发点,没有认识到法律不是强国的根本原因,该种观点是唯心的表现。[④]

与沈派不同,反沈派对新法的反对可以说是民族自我意识或民族自觉的表现,有其唯物的一面。然而,反沈派存在的问题是很多的:一是反沈派对社会的认识存在错误。它将农业社会作为中国社会的本质,将历史当作现实,包含着反自我的成分。[⑤] 二是反沈派的视野不全面,它只看到中国社会的农业成分,没有注意到其工商业的成分。因为它只看到落后的成分,没有看到前进的因素,因此抓不到问题的核心。究其原因,是因为反沈派所持的循环历史观,认为自然法则周而复始,始终不变。[⑥] 三是尽管反沈派作为国情论者有唯物的一面,其以旧道德来批判新法却是唯心的,也是经验缺乏的后果。由于缺乏经验,反沈派陷入反法治论的困境,将历史上的礼治和法治的争论适用于现代社

---

① 参见蔡枢衡:《中国法律之批判》,山西人民出版社2014年版,第4页。

② 同上书,第5页。

③ 同上书,第6页。

④ 同上书,第15~16页。

⑤ 同上书,第7~8页。

⑥ 同上书,第9页。

会,犯了时代的错误。①

3.学术抱负

蔡氏认为,沈派和反沈派都无法对中国的法律和社会作出解释,应当寻找第三条道路。那么,对于法学应当采取何种立场?蔡氏认为,近代中国半殖民地身份是决定沈派和反沈派成败的关键。沈派代表的是近代中国次殖民地或半殖民地身份和撤销领事裁判权或图强变法的憧憬,是现实而不是历史。反沈派代表的是旧社会旧意识,是历史而不是现实。民族自立和领事裁判权的消失,将导致没有沈派存在的余地,但这不意味着反沈派复兴。②

蔡氏进而认为,在抗日战争胜利后,民族独立自主的法学将是中国法学的第三个立场,或者说是中国法学发展的第三个阶段。为此,一方面,对于反沈派而言,要抛弃其法律道德合一论,保留其国情论中的唯物论,而抽去其农业社会的内容。③ 另一方面,对于沈派来说,要抛弃其撤销领事裁判权和所谓图强的具体内容,保留其促进法律发展和维持社会秩序的目的观。换言之,既要承认其作用,也要承认其相对性;既要肯定社会对法律的决定性,也要允许目的成分的存在。④

在此基础上,蔡氏对于建设新中国法学的基本原则和前提条件提出自己的见解。蔡氏认为,海禁放开以来,在翻译、介绍和移植方面做了很多的工作,但大体上可以说中国有法律意识,但没有自我觉醒的法律意识,也很少有意识的体系。第三阶段的法学意识一是自我的,二是觉醒的,三是体系的。⑤ 蔡氏强调,要做到自觉,就要自我创造,不能摘拾和祖述,摘拾和祖述把别人的社会背景作为意识上的宗主国,与近代中国半殖民地身份有关。自我觉醒要求创造的材料在中国,“认识的对象是中国社会的历史,现实和理想,是中国的法律、判例风俗、习惯、学说和思想,不是外国社会的历史,现实和理想,不是外国

---

① 蔡枢衡:《中国法律之批判》,山西人民出版社2014年版,第13~15页。
② 同上书,第18~19页。
③ 同上书,第21页。
④ 同上书,第22~23页。
⑤ 同上书,第47~48页。

的法律、判例、学说和思想"①。要自我创造,需要作为创造基础的知识是自己的,需要把握自我现实的本质,还需要把握有关的社会科学知识,并融会贯通。②

(二)邓正来的批判

如果说蔡氏的著作是对中国引进西方法学40年后的观察和反思,那么邓正来先生(以下简称邓氏)的著作《中国法学向何处去——建构"中国法律理想图景"时代的论纲》则是对中国改革开放后近30年法学的总结与反思。客观来说,在历史的坐标中,邓氏的《中国法学向何处去——建构"中国法律理想图景"时代的论纲》能否占有一席之地尚不好说。尽管如此,该书对于中国法学的分析和批判值得关注。考虑到我国整体性法学批判著作较为罕见,且由于邓氏的研究领域不仅限于法学,而且涉及社会科学,该书的意义和价值就更大了。

1. 问题意识

邓氏为什么要提出批判?邓氏的问题是什么?邓氏一针见血地指出,中国法学"……根本的问题就是未能为评价、批判和指引中国法制/法律发展提供作为理论判准和方向的'中国法律理想图景'"③。换言之,中国法学对于"中国法律理想图景"是什么是不清晰的。邓氏认为,中国没有自己的法律理想图景,这是极其可怕的,因为不仅西方的范式间接地为中国提供了一幅"西方法律理想图景",而且中国学者没有意识到他们自己提供的不是"中国法律理想图景"。因此,为什么没有"中国法律理想图景"就构成了邓氏的第一个问题。邓氏认为,只有通过这一追问,才能界定中国法学这个时代的判准,并揭示中国法学超越这个时代的可能方向。④

邓氏认为,在宏观层面,关键的问题在于理解作为思想依据和认识对象的

① 蔡枢衡:《中国法律之批判》,山西人民出版社2014年版,第49页。

② 同上书,第50~52页。

③ 邓正来:《中国法学向何处去——建构"中国法律理想图景"时代的论纲》(第2版),商务印书馆2011年版,第12页。

④ 同上书,第13页。

中国,根本问题“即什么是‘中国’以及如何认识和解释‘中国’的问题”[①]。这一观点乍一看是令人诧异的:难道中国的学者不了解“中国”吗?难道中国的学者不了解“中国的问题”吗?难道他们所思考的对象不是中国或中国问题吗?在这里,邓氏采用了一个不同的角度。他认为,应当将中国放置在一个宏大的背景之下来加以认识:一是中国作为世界结构一员,在获得对世界结构正当性发言资格的同时,也受到一种“强制性”的支配,并参与了“现代性”的共谋。[②] 二是中国不应满足于作为主权国家所享有的有限的权力,而应当按照自己的理想图景去建构符合中国人理想的生活原则,即实现从“主权的中国”到“主体性的中国”的转换,根据中国自己的中国观和世界观主动地参与世界结构的重构。[③]

在邓氏看来,中国法学在微观层面存在两大问题:一是推崇法律形式主义和法条主义的逻辑,二是在法律知识的再生产过程中忽略了对中国现实问题的研究和关注,没有意识到中国法学的发展是以对“中国”的定义为前提的。[④] 就前一问题而言,邓氏对法条主义作出了批判,认为它与“权利本位论”都是严重脱离中国现实生活的理论,它们提供的是移植进来的、未经审查或批判的“西方法律理想图景”,它们都信奉“现代化范式”。[⑤] 而对于后者,则涉及关于法律或法律秩序的想象问题,需要将“中国”重新问题化。[⑥]

2. 论证思路

邓氏认为,对中国理想法律图景意识的缺乏是因为中国学者受到“现代化范式”的支配。要建构中国理想法律图景,就要对“现代化范式”提出反思和批判。在邓氏看来,“现代化范式”存在很多问题:一是把西方国家在发展过程中出现的问题和回应该问题的理论当作中国自己的问题;二是将西方学者分析

---

① 邓正来:《中国法学向何处去——建构“中国法律理想图景”时代的论纲》(第2版),商务印书馆2011年版,第18页。

② 同上书,第20~24页。

③ 同上书,第30~31页。

④ 同上书,第37~38页。

⑤ 同上书,第81、86、87页。

⑥ 同上书,第40~41页。

概括出来的现代化因素作为中国现代化推进的前提性条件；三是将中国传统作为阻碍中国现代化的因素而进行整体否定；四是忽略西方的自生自发性在我国所面临的不同环境；五是在西方的理论和观念未经分析批判和其理论预设未经中国经验验证的情况下将之视为当然，并以此来对中国的问题作出非此即彼的批判。[①] 邓氏指出，中国学者通常限于具体的研究，而没有对支配中国研究的"现代化范式"提出反思和批判。而"现代化范式"给中国法学带来了消极的后果：中国学者建立了以现代化为凭据的"西方法律理想图景"，转移了中国学者的关注点，导致中国学者引用引进的概念或法条去裁量中国社会的各种社会关系。[②]

在对西方"现代化范式"进行批判之后，邓氏以"消费者日常权利"为个案，论证中国法律存在"城市化"的倾向。接着，邓氏对两种影响较大的法学理论提出批判：梁治平的"法律文化论"和苏力的"本土资源论"。就前者而言，邓氏费了很大的篇幅去解读梁治平的思想变化，旨在说明梁治平思想的前后不一致。[③] 邓氏将批判的重心放在文化类型对法律制度的决定论上。在邓氏看来，梁治平的"法律文化论"存在两个基本的倾向：在中西文化辨异过程中将西方文化类型的参照转换为评价意义上的标准，在中西文化辨异之后对中国文化类型进行彻底的批判和否定。[④] 邓氏认为，梁治平的研究存在很多问题，例如，"法律文化论"中可以普遍化的理论是西方文化，梁治平的研究没有看到中国法律结构的双轨性，梁治平的研究掩盖了意义本身在法律文化类型研究中的全面丧失，导致其走出反文化类型甚至是反历史的道路。由于受制于"现代化范式"，它无法关注和研究中国社会当下现实，也无法提供捍卫中国法律或法制改革或发展方向的"中国法律理想图景"。[⑤]

---

① 参见邓正来：《中国法学向何处去——建构"中国法律理想图景"时代的论纲》(第2版)，商务印书馆2011年版，第97页。

② 同上书，第116~122页。

③ 笔者曾指出，邓氏的解释是存在问题的，因为他错误地认为梁治平的研究只限于一个主题，参见王绍喜：《法律文化解释理论及其限度》，载《中国法律评论》2021年第4期。

④ 参见邓正来：《中国法学向何处去——建构"中国法律理想图景"时代的论纲》(第2版)，商务印书馆2011年版，第191页。

⑤ 同上书，第199页以下。

针对“本土资源论”,邓氏指出,其出现构成了强大的冲击力,甚至在推动中国法学转向上发挥很大作用。从“本土资源论”的论证逻辑出发,邓氏认为,它与“法律文化论”等理论具有共同的基本目标,即要在中国实现法治现代化。“本土资源论”的核心要点是,法律或法律制度是反映性的,不是建构性的;法律是保守的力量,而不是变革的力量。① 在此基础之上,邓氏对“本土资源论”提出批判:一是苏力的论证中隐藏着现代化取向的进路和法律多元的进路,这两者是相互冲突的。② 二是强调“为贡献而贡献”的法学观给苏力带来两个后果,其一,为了强调本土资源而将它作为一种“法律元”;其二,对“中国的现实”做了“非中国”的处理。③ 正是因为裁剪或切割中国的现实生活而脱离中国的生活世界,它无法成为评价、批判或捍卫作为中国法律或法制改革或发展方向标准的“中国法律理想图景”。④ 邓氏认为,不能将“本土资源论”看作提供“西方法律理想图景”,但由于其不仅受到“现代化范式”的支配而且受到历史唯物主义等思想的影响,它比其他几种理论“走得更远,也更危险”。⑤

3. 学术抱负

邓氏的批判是令人印象深刻的。在一定意义上,邓氏的批判是振聋发聩的,具有很大的理论杀伤力。因此,沿着邓氏的思路,读者自然而然地对邓氏的理论解决方案充满期待。然而,邓氏以一个“暂时的结语”来回应,邓氏没有给出什么是“中国法律理想图景”。对于这一回应,邓氏自己承认是让读者失望的,因为该书没有论及“中国法律理想图景”在中国是否可能或如何达致“中国法律理想图景”这一问题。⑥ 邓氏为自己的做法进行了辩解:一是他是反本质主义的,而这个问题恰恰是本质主义的;二是他的论证更强调普遍意义的知识系统对中国社会科学的支配问题,而不只是法学问题,对法学的批判只是中

---

① 参见邓正来:《中国法学向何处去——建构“中国法律理想图景”时代的论纲》(第2版),商务印书馆2011年版,第228~231页。

② 同上书,第242~243页。

③ 同上书,第247页以下。

④ 同上书,第259页。

⑤ 同上书,第264页。

⑥ 同上书,第267页。

国当代学术的一个个案。① 无论邓氏如何解释,他都没有在批判的基础上建构一种法学理论是不可否认的事实。就此而言,邓氏的批评是典型的诊断式法学批判。

(三)对诊断式法学批判的评论

以上对蔡氏和邓氏的批判进行了介绍,需要对他们的研究进行评估。本部分先探讨其共同点,接着揭示其不同点,最后指出两者的不足之处。

1. 蔡氏和邓氏批判的共同点

蔡氏的著作出版于1940年,邓氏的著作出版于2011年,两者相隔71年。蔡氏的著作对自1911年以来的法律/法学提出批判,邓氏则对中国改革开放后近30年的法学研究进行批判。通过阅读发现,两者都分享了一些重要的特征。

首先,蔡氏和邓氏均强调自主学术意识。可以说,两人的问题意识十分清晰。蔡氏尖锐地指出,数十年来摘拾和祖述是中国法学的普遍现象,无论是在著书、讲义、法学论文还是教室讲话均是如此。蔡氏认为,对外人著述的私淑和祖述,只是一种意识商人。这样做的结果,一是无法将商人变为工程师或工人,二是被祖述的意识和著述者之间没有内在关联,三是把原著的社会背景所在的国家当作宗主国,无形中做了"帝国主义魔手"的从犯。邓氏同样特别强调自主意识和问题意识的重要性。邓氏认为中国法学之所以未能提出"中国法律理想图景",是因为受到西方"现代化范式"的支配。这种支配带来的后果是极其消极的,它带来的问题是多方面的。就学术意义的角度而言,不仅包括把西方国家出现的问题及对该问题进行回应的理论虚构当作中国自己的问题和理论;而且,在西方的理论和观念未经分析批判和其理论预设未经中国经验验证的情况下将之视为当然,并以此来对中国的问题作出非此即彼的批判。②这样做的后果是导致不关心、不研究中国的现实问题。

其次,蔡氏和邓氏均强调认识中国社会本质的重要性。如何认识中国和中国社会是蔡氏和邓氏共同关心的话题。在他们看来,对中国和中国社会的

---

① 参见邓正来:《中国法学向何处去——建构"中国法律理想图景"时代的论纲》(第2版),商务印书馆2011年版,第270~271页。

② 同上书,第97页。

认识影响中国法律和法学的发展。蔡氏认为,1911 年以来中国法制失去固有的独立自主性正是民族失去独立自主性的反映。[①] 而沈派和反沈派对于法律变革的争论,根本原因在于对中国社会性质的认识不同。反沈派之所以主张恢复民族固有法制,其根本依据就是中国农业社会的生产和生活的经验,是落后时代的农业社会。[②] 沈派所代表的身份是近代中国次殖民地或半殖民地的民族新身份,它的根据在于支配中国经济组织的外国工商业,而不是中国农业。[③] 邓氏同样强调认识中国的重要性。邓氏认为如何认识中国和解释中国是一个根本的问题。这涉及重新定义"中国"、如何重新定义"中国"和根据什么来定义"中国"。在邓氏看来,"中国"只能由中国人民来定义,必须根据处于世界结构的中国来定义"中国"。[④] 邓氏认为,应当探寻建立"主体性的中国",而不只是"主权的中国"。

最后,两者均主张社会科学方法的运用。在提出建设新中国法学时,蔡氏指出把握社会科学知识的重要性。他认为,要实现自我创造,需要把握一切有关的社会科学知识,并融会贯通。[⑤] 同时,在应用时,特定范畴的性质和相互作用质量的确定,不仅需要正确的世界观,而且需要对社会科学各个部门有广泛和深邃的理解。[⑥] 邓氏尽管没有专门提到社会科学的研究方法,但社会科学的重要性是不言而喻的。在具体的论证过程中,我们可以看到社会科学方法的应用。例如,对于"中国"的认识,对于西方"现代化范式"的总结和批判,对于"法律文化论"和"本土资源论"的评论和批判,均可以看出邓氏对社会科学方法的运用。这可能得益于邓氏本人对于社会科学的整体学养。

此外,蔡氏和邓氏的批评都是诊断式的,即两人均对中国法律或法学存在的问题作了诊断。对于蔡氏而言,中国法哲学和法史学的两大问题,是 1911 年

---

① 参见蔡枢衡:《中国法律之批判》,山西人民出版社 2014 年版,第 8 页。

② 同上书,第 10 ~ 13 页。

③ 同上书,第 8 页。

④ 参见邓正来:《中国法学向何处去:建构"中国法律理想图景"时代的论纲》(第 2 版),商务印书馆 2011 年版,第 18 ~ 19 页。

⑤ 参见蔡枢衡:《中国法律之批判》,山西人民出版社 2014 年版,第 52 页。

⑥ 同上书,第 53 ~ 54 页。

以来的中国法律与法的历史和社会现实的脱离问题。邓氏则对中国法学没有“中国法律理想图景”的原因进行分析。同时,蔡氏和邓氏的诊断是批判性质的。在蔡氏的著作中,他对沈派和反沈派的主张提出批判,他对没有学术自主意识的“殖民地图景”提出了批判。邓氏则是对“权利本位论”“法条主义”“法律文化论”“本土资源论”进行了猛烈的批判。

2. 蔡氏和邓氏批判的不同点

尽管蔡氏和邓氏的理论阐述具有上述共同点,他们之间的差异也不能忽视。在笔者来看,两者的不同也是明显的,主要表现在以下几个方面。

其一,蔡氏和邓氏提出问题的方式不同。对于蔡氏而言,他所关心的是中国法哲学和法史学上的两大问题,即 1911 年以来的法制与中国法的历史和中国社会的现实脱节的问题。为了探讨这两个问题,蔡氏回到沈派和反沈派的争论,并围绕沈派和反沈派之间就中国社会的性质这一本质问题展开阐述。因此,尽管是一本小书,蔡氏的问题意识是鲜明的,立场是十分明确的。与此不同,邓氏研究的问题是为什么中国没有建立起符合自己发展方向的“中国法律理想图景”,邓氏的中心放在这一问题存在的原因上,他认为原因是中国法学受到西方“现代化范式”的支配。为此,他对“权利本位论”“法条主义”“法律文化论”“本土资源论”进行了批判。在某种程度上,邓氏的问题提出是预先设定的,而蔡氏的问题则基于两大脱节问题来展开的。这是两者第一个较大的不同。

其二,蔡氏和邓氏的论证存在差异。邓氏尽管对“权利本位论”“法条主义”“法律文化论”“本土资源论”等理论进行了批判,但他没有明确地提出如何建构中国法学。这很让人不解,因为其书名的正标题为“中国法学向何处去”。邓氏的回应是,与“中国法律理想图景”是否可能或如何达致相比,他更关心中国法学乃至中国社会科学的“集体性不意识”。而且,他本人反对“本质主义”倾向。[①] 尽管我们不能完全否认邓氏的解释,但其论证“有破无立”是不可否认的事实。反观蔡氏,则是“有破有立”。他不仅提出存在的问题,对沈派和反沈

---

① 参见邓正来:《中国法学向何处去——建构“中国法律理想图景”时代的论纲》(第 2 版),商务印书馆 2011 年版,第 267 页以下。

派存在的问题和背后的原因进行了分析,还提出了法学的新立场及应有的法律观和方法论。更为重要的是,他提出了明日中国法学应有的面目和精神,并就建设新中国法学的基本原则和前提条件进行了阐述。蔡氏的论证有破有立,能够自成一家之言。此为两者的另一个较大的不同。

其三,两者的文化关切不同。邓氏对于“西方理想法律图景”的批判,表明了他对于中国法学所依附的西方法学表示不满,然而,邓氏的落脚点是中国问题,具体而言是中国的国家定位问题,而最后没有落脚到中国文化或思想方面,其所依赖的理论仍然是西方的理论。换言之,至少邓氏对于中国思想或文化的态度是不明朗的,他没有提到它们应当起什么作用。蔡氏则不同,他不仅批判了中国法学的“殖民地图景”,他意识到中国国民根性需要彻底改造,他认识到西方科学各部门的知识和经验可以为中国人自己创造提供镜鉴,但不能成为自己创造的“指南针”,因此需要对西方科学进行扬弃。[①] 换言之,蔡氏注意到中国文化需要为适应西方法制而作出改变,并在此过程中进行自我创造,实现中西融合,而不是使两者相对立。[②]

3. 未回答的问题

笔者在以上对蔡氏和邓氏的理论做了描述,并对两者的异同进行了分析。如何评价这两种理论?笔者认为,这两种理论都提供了很多的启发,这些启发对于今天中国法学的发展和建设仍然是有意义的,对此下文还要详述。在这里,笔者就该等理论提出一些反思,以便为未来的法学发展提供镜鉴。

首先,就法治所借鉴的资源而言,蔡氏提出了一个设问,明天的中国是复古的还是开新的。这个问题是有意义的。直到今天,我们仍然无法绕过这个问题。就像“本土资源论”所关注的,中国法治的资源从何而来,[③]这是一个需要解决的问题。蔡氏就此做了回答,它既是开新中的复古,也是复古中的开

---

① 参见蔡枢衡:《中国法理自觉的发展》,清华大学出版社2005年版,第12~13页。

② 同上书,第17页。

③ 苏力教授指出,寻找本土资源并不是要从历史典籍规章中找,而是从社会生活中的各种非正式法律制度中去寻找,参见苏力:《法治及其本土资源》,中国政法大学出版社1996年版,第14页。

新。[①] 可见,蔡氏采取的是辩证的观点。由于邓氏对西方“现代化范式”持疑问态度,它似乎反对来自西方的概念和体系。中国法治可以借助的资源是什么,邓氏置而不论。这让人费解。强调自主学术意识没有问题,强调认识和理解中国和中国现实问题的重要性也没有问题,然而,我们应当通过什么样的方法来达成认识和理解?我们或许可以借用蔡氏对沈派的评论,认为邓氏将问题取消了,但问题的取消不是问题的解决。笔者认为,这是邓氏在论证上的弱点。

那么,是什么原因导致邓氏走向反对“本质主义”?按理,无论是对本土资源法学的批判还是对法律文化解释理论的批判,它们应当只是邓氏建立自己理论的一个步骤,而邓氏最终放弃了对理论追问,原因何在?随着邓氏的逝世,我们可能无法找到确切的回答,但我们仍然可以通过分析得出可能的原因。一方面,邓氏的思想属于后现代主义。尽管邓氏否认其思想属于后现代主义的结构(《中国法学向何处去》第 288 页),但是,从特征上看,后现代主义挑战现有的体系和边界,强调自我的社会构建,使用现代主义的修辞手法和论辩方式,政治上模棱两可,并强调特定时刻的结构。[②] 当邓氏开始强调“当下中国”处于何种结构之中时,他分享后现代主义的诸多特征,因此,我们可以认为邓氏的理论属于后现代主义理论。另一方面,邓氏强调宏观理论批判,强调对中国问题的认识,与其自身的理论倾向有关。例如,他指出他受到庞德“世界法”的启发(《中国法学向何处去》第 350 ~ 351 页),庞德的确擅长宏观理论建构,但他太着重于宏观理论方面,对于具体的内容顾及不多。[③] 正是因为这种理论倾向,邓氏不屑于或者是无法为其理论找到支点。不无矛盾的是,在逻辑上,既然中国无法脱离西方的法学话语而传统法学又无法提供独立的资源(想想邓氏连“本土资源论”也是批判的),在邓氏看来这一问题就是无解的。在这点上,与“本土资源论”者一样,邓氏似乎走向现代法治论者的对立面。

就蔡氏而言,辩证的观点在表面是没有问题的。然而,问题不应当是:是

---

① 蔡枢衡:《中国法律之批判》,山西人民出版社 2014 年版,第 1 页。

② 邓正来:《中国法学向何处去——建构“中国法律理想图景”时代的论纲》(第 2 版),商务印书馆 2011 年版,第 67 页以下。

③ Karl Llewellyn, *Jurisprudence: Realism in Theory and Practice*, Transaction Publishers, 2008, p. 500 – 501.

否要新旧相容？这不是一个问题，因为作为事实，我们既不能抛弃中国的传统，更无法脱离西方的法制。问题恰恰在于，如何“在开新中复古”？又如何“在复古中开新”？这一问题在理论上是难以回答的。例如，王伯琦先生就西方法制与中国道德不一致时曾提出，如何能使两者一致：是加快旧道德向新道德的转变还是改变西方法制的道德观念？[①] 即使作出选择，也需要结合特定的时间、空间和政策等因素来加以分析，否则，答案未免显得空洞、无所凭据。

其次，从认识的对象来看，蔡氏基于中国法哲学和法史学的两大问题，追溯晚清发生的沈派和反沈派的争论，指出两派存在的问题。蔡氏认为，反沈派的问题在于以历史代替现实，沈派则以现实代替历史。沈派虽然在法律政策上占上风，但没有认识到近代中国半殖民地的性质。对于邓氏来说，中国学者没有建立“中国法律理想图景”，是因为受到西方“现代化范式”的支配，要摆脱这种局面就要定义中国和解释中国的问题。因此，对于蔡氏和邓氏而言，对于中国和中国现实问题的认识是极为重要的。不过，如何理解中国和中国现实问题，人言人殊。王人博教授认为，如何认识中国的确是个问题，“中国性”包括几层意思：一种不同于西方的文化传统，一种属于自己的“近代历史”，一种因文化、习性培养起来的“国性”和一种特定的国家性格。[②] 也有观点认为，当代中国法哲学必须回到中国问题的根本，只有认识中国，才能建设中国，只有阐述中国传统的概念体系和价值体系，才能在转换中进行创造。[③] 邓氏将中国放在世界结构中进行思考，固然没有问题，但他将消费者权利个案作为法律城市化和中国缺位的例子是否恰当，就值得商榷。[④] 而就认识中国而言，尽管邓氏提到“中国道路”，却将它作为未来研究的问题置而不论，在某种程度上说明了邓氏对中国的理解也有不到位之处。在这里，存在一个隐含的问题，即中国问题是否能够加以客观认识？即使不考虑客观因素，论者是否会受到社会因

---

① 王伯琦：《近代法律思潮与中国固有文化》，清华大学出版社2005年版，第79～82页。

② 参见王人博：《业余者说》，广西师范大学出版社2018年版，第220页。

③ 参见魏敦友：《当代中国法哲学的使命：魏敦友教授法哲学讲演录》，法律出版社2010年版，第8页。

④ 一个值得讨论的问题是，今天的中国是否因为农民人数较多而属于以农业为主的社会。相较而言，蔡氏对当时社会性质的认识更为深刻。

素、政治因素的制约，也是需要考虑的。与此相关的是，要基于谁的角度来认识？论者尽管认识到从中国角度认识的必要性，但鉴于中国当今在世界上的影响力，我们是否不考虑其他的角度，如邻近其他小国家的顾虑？换句话说，中国作为负责任的大国，不得不考虑相关国家的视角，否则，国际交流合作如何开展？

我们看到，与邓氏的批判不同，蔡氏还提出中国法学建设的图景、基本原则和条件。蔡氏明确提出应当将中国的法律与中国社会当作法学的对象。[①] 这是蔡氏的优点。然而，无论是蔡氏还是邓氏，都没有建立起有影响力的理论。为何如此？从政治环境上看，蔡氏发表该书时正处于战火纷飞的时代，这可能是一个原因。但是，法治和法学研究是相对独立的，虽然一定的法治环境有助于法学理论的发展，但也不尽然，故以法治作为法学不发达的理由依据并不充分。对于邓氏而言，其所处的政治和社会环境显然要好得多，尽管其提出的观点产生了一定的影响，却也不能产生自成一家之言的学说，其主要原因就不是政治环境或社会环境。除了以下要提到的，可能是他对西方理论的依赖导致其无法提出系统的理论，因为他既然没有将本土资源作为凭借，又何以建构自己的理论？有观点认为邓氏的西方知识系统遮蔽了他对中国问题的认识。[②]

最后，从理论的影响来看，两种理论的影响力在于法理学，而不是具体的部门法。从引证的情况来看，可能受益于现代的传播媒介，邓氏的理论影响似乎更大。据邓氏自己的介绍，该书引发的书评逾百篇，众多著名的学者参与了讨论和批评。假定邓氏所言属实，该书对部门法学的影响有多大，值得疑问。从中国知网的引用情况来看，部门法引用该著作寥寥无几。[③] 由于年代久远，蔡氏一书在当时引发的影响有多大难以查证，但它对当代学者的影响非常之

---

① 参见蔡枢衡：《中国法理自觉的发展》，清华大学出版社2005年版，第93页。

② 参见张建等：《重构道统的可能性——当代中国法哲学的探索与反思》，中国政法大学出版社2017年版，第3~5页。

③ 这里需要指出的是，引用不一定是评价理论的决定性因素。但是，通常而言，作为范式的理论影响是极其广泛的，不仅体现在本学科，而且体现在其他学科。

小。[①] 但其问题意识和论证俱佳,可以说是在邓氏之上。因此,我们可以认为,即使我们认为蔡氏和邓氏的著作在法理学界引发震撼,它对部门法学的方法和知识更新非常有限。[②] 这就提出一个问题,即法理学的理论建构基础和指导意义问题。

就建构基础而言,蔡氏的理论建立在法律与历史和现实相脱离的命题之上,在某种意义上是一个新法与旧法的衔接和融合问题。邓氏的理论则建立在他关于中国没有自己法律理想图景的假设之上。据此,即使我们认同其论证能够成立,它们对部门法的影响也不会是直接的。换言之,它们无法为部门法知识的更新提供直接的知识资源。相应地,在指导意义上,这样建构的法学理论影响的范围更多的是法理学而非部门法。这就构成一个悖论。姚建宗教授明确地指出:“一个好的法理学家,都应该同时是部门法学家,如果法理学家只把自己的研究停留在抽象的层次上,对部门法研究中提出的新问题知之甚少,这样的法理学是不可能对法律现实有任何指导意义的。”[③]就此而言,这是蔡氏和邓氏这两种理论的不足之处。对此,我们也不必认为是法理学的宿命,而是其所担负的功能不同而已。就像哲学的发展会带来法理学观念更新一样,法理学对部门法也有类似的功能。我们不必强求法理学去直接解决部门法需要解决的问题,法理学可以为解决方案提供思路或者意见。

三、中国法理学的发展及存在的问题

蔡氏和邓氏的诊断式法学的不足已如上所述。尽管有其缺陷与不足,它们对于如何建构中国法理学提出了一些设想,这些设想仍然对我们今天具有启发性。在今天的语境下,邓氏的理论有更大的相关性,不是因为他提出了高深、体系的法学理论,而是因为他对于当下中国主流的法学理论(如“本土资源论”“法律文化解释理论”)提出的反思,囊括了当时主流的法理学研究。基于

---

① 从中国知网搜索结果来看,只有两篇法学论文对该书作出评论。

② 这并不是否认这类研究的价值。实际上,这些研究是有价值的,但由于理论积累有限,它无法在之前的基础上实质地推进。对于这一问题,本章以下还要加以探讨。

③ 姚建宗:《主题变奏:中国法学在路上——以法理学为视角的观察》,载《法律科学(西北政法学院学报)》2007 年第 4 期。

此,我们想在这里对法理学的主流做一检视。[1]

(一)法理学的研究现状

很难用一两句话来描述中国法理学研究的现状。为了便于展开探讨,我们可以将我国法理学的研究归纳为法律的概念分析、法社会学分析、自然法学研究以及汉语法学的研究。

1. 法律的概念分析

在一定的意义上,可以认为我国法理学的研究是从法律的概念分析开始的。这在法理学的教科书中体现得尤为明显。例如,沈宗灵先生、张国华先生主编的法理学教科书,就成为法理学知识传授的基础。法律概念分析的学者既包括沈宗灵教授、张文显教授和张乃根教授(关于西方法哲学范畴分析研究),也包括张恒山教授、王人博教授等关于法律义务和宪法概念的分析。法律的概念分析以概念法学为基础,并在此基础上有所发展。近年来,关于法律基本概念的分析得到一定程度的重视,例如张恒山教授对权利概念的最新阐释[2]、李拥军教授对法律责任概念的分析[3]、王涌教授从分析法学的角度对民法基本概念的研究[4],乃至新一代的学者对法教义学的强调[5],无不是对法律的概念分析的延伸与发展。

2. 法社会学研究

总体而言,我国学者从法社会学的角度进行的法理研究,侧重的是法社会学的分析视角,而一般层面的专门论著则相对不多,瞿同祖先生的《中国法律与中国社会》可以说是一个例外,它已经成为法社会学研究的一个标杆。在当代,以法社会学研究见长的苏力教授,出版了包括《法治及其本土资源》《送法下乡:中国基层司法制度研究》等具有很大影响力的作品。《法治及其本土资

---

① 需要指出的是,中国法理学在不同时期均有不同的讨论热点,例如,我国法理学界关于法的阶级性、人治与法治、法本位等问题均有过热烈的谈论,对此可参见江平总主编、张恒山主编:《共和国六十年法学论争实录:法理学卷》,厦门大学出版社2009年版。

② 参见张恒山:《论具体权利概念的结构》,载《中国法学》2021年第6期;张恒山:《论权利之功能》,载《法学研究》2020年第5期。

③ 参见李拥军:《法律责任概念的反思与重构》,载《中国法学》2022年第3期。

④ 参见王涌:《私权的分析与建构:民法的分析法学基础》,北京大学出版社2020年版。

⑤ 例如,雷磊、许德峰、贺剑、宋旭光等学者的相关研究。

源》历经近30年仍有不少的读者，说明其影响力之大，可能得益于从社会视角进行的法律分析。苏力的《是非与曲直》也延续了他的研究风格，可以说是法社会学的具体应用。[①] 梁治平教授结合人类学、社会学和考古学等知识，试图建构法律的文化解释理论，影响不小，但其影响力在下降，也有其自身的原因。[②] 梁治平对中国传统法律文化作出了经典的阐释，代表作品包括《寻求自然秩序的和谐》和《清代习惯法》。

3. 自然法学研究

自然法学作为西方重要的法学流派在我国也有一定的影响。在自然法研究方面和身体力行方面，我国学者吴经熊先生的研究至今在国内恐怕还无人出其右。[③] 江山教授的研究也有独到之处。[④] 近年来，西方学者菲尼克斯、德沃金等人的理论在我国有一定的影响力。也有学者对康德的法哲学思想进行探讨，并译介了包括康德、菲尼克斯、阿奎那、普芬道夫等人的理论著作，[⑤]或对其思想进行研究，产生了一些影响。不过，与其他研究相比，自然法的研究在国内尚较为薄弱。

4. 汉语法学

不满于对西方法学的亦步亦趋，有学者提出了汉语法学的纲要。汉语法学可以说兼具历史法学和政治哲学的双重属性。汉语法学的倡导者对中国法学的研究进路进行了归纳，将其分为规范解释、现实考察、知识考古、历史追问、形上思辨和价值申说六种学说。此种理论对中国汉语法学的源流、命意、学理内涵和文明品格、条件和特征、基本进路以及需要具备的知识、文化与政治条件进行了充分的阐述，申说中国文明的法理愿景。[⑥] 笔者曾指出，该理论

---

① 这样的研究也不是没有问题，参见王绍喜：《司法案例的法理表达及其可能性——评苏力教授〈是非与曲直〉》，载《中国法律评论》2020年第4期。

② 参见王绍喜：《法律文化解释理论及其限度》，载《中国法律评论》2021年第4期。

③ 参见吴经熊：《正义之源泉：自然法研究》，张薇薇译，法律出版社2015年版。

④ 参见江山：《法的自然精神导论》，法律出版社1997年版。

⑤ 例如，吴彦教授担任主编的商务印书馆“自然法名著译丛”，对自然法的研究和普及影响很大。

⑥ 参见李思楚：《中国法学理想图景建构的开山之作——〈汉语法学论纲〉研讨会综述》，载《清华大学学报（哲学社会科学版）》2015年第1期。

具有重大的现实意义,作为一部承上启下的法学著作,其在现代中国法学史上必有自己的应有位置。①

此外,有的学者强调法学的知识作业,侧重对西方法学知识成长的方式与过程的梳理,来寻求中国法学所继受的法学知识发生和流变的根源,并求解法学知识的性质(以及科学性)问题,②主要代表人物是中国政法大学的舒国滢教授。这一研究的成果体现在其2021年出版的《法学的知识谱系》,舒国滢教授在该书中描述了自古希腊至20世纪法学知识的发展与转型,产生了较大的影响。③

当然,对于法学理论研究的概括见仁见智。例如,苏力教授将中国法学研究归纳为三种:政法法学、诠释法学和社科法学。④ 陈兴良教授从知识论的角度,认为法教义学和社科法学的区分是法学知识分化的结果,对法学研究具有重要的意义。⑤ 学界就法教义学和社会法学举行了两次对话,产生了一些研究成果。当然,也有一些学者对法教义学和社科法学的区分持疑问态度,认为法教义学和社科法学的争论无法产生有价值的知识增量。⑥

(二)对中国法理学研究的评价

客观来说,经过几代人的努力,我国法理学的研究取得了一些显著的进展。对法学基本概念的研究,为法学知识的教授与传承奠定了基础。学者基不同的兴趣所展开的法理探讨,丰富了我国法理学的研究。⑦ 可以说,我国法学研究者的问题意识和学术自主意识明显得到增强,法学作品更加强调论证和说理,这些无疑是值得肯定的。然而,一个时代的人总是倾向于拔高自己

---

① 参见王绍喜:《政治意识与政制建构》,载《中国法律评论》2018年第3期。

② 参见舒国滢:《法学的知识谱系》,商务印书馆2021年版,第59~60页。

③ 参见《中国法律评论》2021年第2期“批评”栏目专门刊发了评论。另外,《中国政法大学学报》也刊发了多篇评论。

④ 参见苏力:《也许正在发生——中国当代法学的一个概览》,载《比较法研究》2001年第3期。

⑤ 参见陈兴良:《法学知识的演进与分化——以社科法学与法教义学为视角》,载《中国法律评论》2021年第4期。

⑥ 感谢张恒山教授对此提供的启发。

⑦ 有学者认为,我国当今法学发展的种种乱象的缘由在于人们对何为法学没有形成较为稳定的认识,参见舒国滢:《法学的知识谱系》,商务印书馆2021年版,序。

时代所取得的成绩,而倾向于对自己的法学成就作出肯定的评价。但是,对于当前法学发展,最终的评判者并不是我们自己,而是后来者。① 只有放在较长的时间坐标中,才能看清现阶段法学研究在中国法制史长河中的意义和价值。②

对于法理学研究的评价,就要放在这一坐标下进行,否则我们就未免显得沾沾自喜,而没有认识到存在的问题。有学者将中国法学的发展分为"西方法学的中国/汉语表达"阶段和"法律科学的中国/汉语表达"阶段,指出中国法学目前还没有走出第一个阶段,并认为中国法学发展的道路是形成中国的法教义学体系。③ 我们认同上述中国法学发展的两个阶段的观点,但法教义学体系的形成未必是中国法学发展的唯一或主要的道路。④ 更值得认同的观点是,中国法学将进入"百家争鸣"的法学论辩时代。如此,一种具有中国特点的法学体系才可能形成。

冒着以偏概全的风险,我们认为,法理学研究现状存在以下主要倾向。

第一个倾向是,我国法理学者侧重宏观的理论阐释,而忽略其指导实践的价值。尽管有一些法理学者注重个案分析,但整体而言法理学的研究过多地强调理论思辨,由于其忽视或忽略部门法学知识,导致其论著偏于抽象、空泛,有时未免自说自话。这种现象为部门法研究者所诟病,认为法理学的研究天马行空,不接地气。尽管法理学界对这样的评价可能感到愤慨,但此种研究风气在一定程度上是客观存在的。

第二个倾向是,很多法理学者甚至包括部门法学者缺乏对法律实践足够的认知和了解。我国立法沿袭大陆法系的传统,学者通常以阐释法律原理为

---

① 这有点像名誉的研究,名誉是由进行名誉评价的人来授予的,而不是被评价者自己作出的,参见 Richard A. Posner, *Cardozo: A Study in Reputation*, The University of Chicago Press, 1990, p. 59。

② 这里有一个要生前名还是身后名的问题。这是值得每个严肃的学者认真考虑的问题。或者,要不要名分是一个问题,就如同博尔赫斯所说:"何必总要推测我们下辈子里别人还记不记得我们呢?"

③ 参见舒国滢:《法学的知识谱系》,商务印书馆 2021 年版,导论。

④ 对法教义学的反思,参见尤陈俊:《法学继受对法学研究及法学教育的连锁影响——以德国法教义学在我国台湾地区之继受为例的反思》,载《法学评论》2022 年第 3 期。

其主要任务,重心也放于斯。由于理解法学原理诚非易事,其孜孜不倦于法律原理和法律规则,而对法律实践和法律规则的效果了解有限。这样带来的后果是,在相当程度上法学理论研究脱离了法律实践。有的学者尽管进行法社会学研究,其研究的可能只是一些社会现象,未必对法律实践有足够的了解。即使是部门法研究者,对法律实践也是知之不多,[①]以至于在参与实务问题的讨论时往往侧重法律原理或原则的探讨,而难以深入法律实践中去。相应地,法学理论和法律实践相互之间存在一定程度的脱离。

第三个倾向是,不少法理学者缺乏宽广的胸襟和足够的自我反思能力。[②]有的学者成名过早,认为自己的研究已经达到无法超越的程度,对于他人的批评意见无法合理地接纳,甚至无法接受任何批评。有的学者就在小范围内说,就其著作不接受任何批评。事实上,学术发展无不是在不断地批评和商榷中取得进步。例如,德沃金对哈特的批判就是一个明显的例子。如果没有宽大的胸襟和开放的心态,动辄认为自己真理在握,最终可能成为理论发展的障碍。在一定程度上,在学术研究领域,被批评可以说是每个学者不可避免的宿运。

第四个倾向是,法学的基本概念研究未受到足够重视。从整体上看,真正研究法理学概念的学者数量并不多,这是令人痛心的。不仅从事法社会学的学者对于法律基本概念的贡献有限(因其关注不在于此),就是从事法律概念分析的学者也很少探讨法理学的基本概念问题,导致我们对很多的基本概念(如权利、义务和责任)的认知还是停留在二三十年前的认知水平。尽管近年有一些学者开始对法律的基本概念进行反思,例如张恒山教授、李拥军教授等对权利和责任概念的反思,但这样的研究不仅数量不多,而且仍然需要后继研究者进一步推进。如果说法理学无法解决那些困扰部门法学者的基础理论问题,法理学的存在必要性就岌岌可危了。

---

① 例如,学者对新浪结构商业安排、对赌协议、外资准入负面清单的研究都落后于法律实践的发展。

② 其实,客观地说,这里所提的问题具有普遍性,不仅仅限于法理学者,只是就本章的主题而言,这里主要讨论法理学问题。

因此,对我国法理学取得长足发展的成绩我们需要予以肯定,对于存在的问题我们也要加以重视和研究。如果无法正视这些问题,可能法理学的研究就难以取得突破性的进展,也无法为部门法学和法律实践提供应有的指导,从而可能导致“中国法理学的死亡”①。

那么,中国法理学的出路在哪里?

四、实践主义法学论纲

读到这里,有读者可能会问,中国法理学应当为中国提供一种什么样的理论?这是邓氏多年前所探讨的问题,令人遗憾的是他以反对本质主义而对此置而不论。笔者认为,对中国法理学的整体进行的原创性阐述并不多,依笔者的看法,《汉语法学论纲》是一本这样的专著。其他的专著尽管有较大的影响力,但要么是文集汇编,要么是专题式研究,原创性稍显不够。当然,对此见仁见智,不必强求。

在近一个世纪之前,梁启超先生就提出研究中国法理学,不仅是中国学者应当做的事情,也是全世界的学者应当做的事情。不过,梁启超先生认为,当时在中国研究法学,“则抽象的法理其最要也”②。可以认为,梁启超先生对于抽象理论的强调一直延续今日。回到本章的主题,尽管构建一个整体的中国法理学图景超出笔者当前的能力,但不是放弃对这一问题的思考的理由。既然中国法理学研究面临以上所述的问题,为了推进它的研究,我们就不得不寻找解决的途径。

我们认为,以中国实践为基础,建构一种回应中国法律实践的法理学,应是回应时代发展需求的必然之路。我们把这种法理学称为“实践主义法学”。正如有的学者所指出,在中国特色社会主义法律体系业已形成的情况下,中国法学应研究中国社会历史进程中的法治实践问题,并为之提供解决方案。③ 作为趋势,法学研究的中心将从立法论转向解释论,转向法律实践。在法律场

① 徐爱国:《论中国法理学的死亡》,载《中国法律评论》2016 年第 2 期。

② 梁启超:《中国法理学发达史论》,载氏著《饮冰室合集 2》,中华书局 1989 年版,绪论。

③ 参见陈甦:《体系前研究到体系后研究的范式转型》,载《法学研究》2011 年第 5 期。

域，在同时受学术界和实务界青睐的意义上，尚无一概念出“实践”之右。[①] 在更宏观的层面，在今天，法治精神已经成为我国立法的主流思想，但学者对实践的关注比较有限。在微观层面，则体现为理论和实践的相互割裂问题。要解决这个问题，我们不得不从相关概念的界定开始探讨。

（一）对法律实践的不同界定

对于任何研究而言，概念的界定必不可少。实践的概念也是如此。在法学的语境下，我国学者在不同的意义上使用“实践”这一词语。刘星教授认为，法学知识是社会实践的一个组成部分，因为它参与、影响和推动着法律实践的变化。[②] 这种意义上的界定，实际上是将法学知识作为一种法律实践。我们认为，虽然法学知识可以间接地作用于法律实践，但法律实践与法学知识的实践是不相同的，两者的作用域存在较大的不同。姚建宗教授则从内涵和意义角度将法律实践区分为法律的思想实践、法律的规范实践和法律的应用实践三种类型。[③] 此种界定具有一定的合理性，因为它涵盖了规范的实践和法律的应用实践，但将思想实践也解释为法律实践是否妥当，值得商榷。实际上，如果我们将法律实践涵盖思想实践，那么它不仅涵盖法学知识的实践，即将与法律有关的阅读思考都认定为法律实践，而且可能将一些意识形态的实践也作为法律实践，这将导致难以准确地对法律实践进行界定。郑永流教授认为，我国学者在五种意义上使用实践的概念，包括中国意识意义上的实践论、问题意识的实践论、实用意识的实践论、实证意识的实践论以及现实意识的实践论。[④] 这种归纳具有一定的道理，但相对而言侧重意识层面，不太容易理解，因为对意识实践的把握本身就比较抽象。还有一种见解从哲学的观点出发，将法律实践理解为法律的实践理性，认为法律实践概念从来都包含一定的伦理性、价值性的内涵。[⑤] 类似地，有学者将法律实践界定为“以实现公平正义为目的而

---

① 参见郑永流：《什么是法律实践》，载《浙江社会科学》2020 年第 5 期。

② 参见刘星：《法学“科学主义”的困境——法学知识如何成为法律实践的组成部分》，载《法学研究》2004 年第 3 期。

③ 参见姚建宗：《中国语境中的法律实践概念》，载《中国社会科学》2014 年第 6 期。

④ 参见郑永流：《什么是法律实践?》，载《浙江社会科学》2020 年第 5 期。

⑤ 参见葛洪义：《法律的实践属性与旨趣》，载《浙江社会科学》2020 年第 5 期。

建立和维护良好社会秩序的规范性活动"[①]。此种观点看到了实践具有复杂性、无规则性和变动性的特征,故而主张以理性来加以限制。我们认为,该种观点虽然愿望很好,却可能造成削足适履的后果,而且,法律实践的自身特性无法因为理论解释而发生改变。

对于法律实践的不同理解,实质上反映了论者对于法律实践与理性的关系具有不同的认识。例如,当有学者主张法律实践是一种受到理性指引的法律活动时,法律实践就已包含理性因素。相应地,对于法律实践的理解就同时包含法律的应然和法律的实然两种含义。我们认为,这种观点值得商榷。因为如果遵从此种观点,我们将无法区分法律的应然和法律的实然。更进一步地看,上述认识涉及如何理解理论和实践的作用。有学者认为,相较而言,法律实践不那么重要,更为重要的是理论抽象。[②] 有的学者则认为,实践是理论抽象的最主要来源。[③] 在法学理论与法律实践的关系上,有观点认为,一方面,法律理论以历史和现实中的法律实践为基础;另一方面,法律理论应与法律实践保持足够的思想距离。[④] 我们认为,在这一问题上,哲学家杜威的见解仍然具有启发性,他说:"理论和实践的关系不只是一个理论问题;它是一个理论问题,但也是人生中最实际的问题。因为这个问题要考察智慧怎样知道行动而行动又怎样可以由于不断洞察意义而获得的后果……"[⑤]换言之,如果没有关注实践,则理论只是空洞的冥思而已。因此,我们认为,法律实践指的是关于法律实际的运作情况,即涵盖立法、司法、执法和守法等环节的活动,而不是理论概括。

(二)法律实践的内涵和特征

在对"实践"进行澄清之后,我们还需要对法律实践的内涵和特征加以探

---

① 姚建宗:《中国语境中的法律实践概念》,载《中国社会科学》2014年第6期。

② 参见郑永流:《什么是法律实践?》,载《浙江社会科学》2020年第5期。

③ 参见苏力:《送法下乡:中国基层司法制度研究》,中国政法大学出版社2000年版,第295页。

④ 参见姚建宗:《中国语境中的法律实践概念》,载《中国社会科学》2014年第6期。

⑤ [美]杜威:《杜威全集·晚期著作:1925—1953·第四卷:1929》,傅统先译、童世骏译校,华东师范大学出版社2015年版,第180页。

讨。对法律实践的内涵予以界定,是理论建构的基本前提。我们认为,法律实践是指法律主体所进行的具有法律意义的活动。在范围上,法律实践涵盖了立法、执法、司法以及法律监督各个层面。

首先,在立法层面,应当注意到我国立法具有自己的一些特征。在宏观方面,我们强调对于社会实际情况的把握,强调从实际情况出发。尽管某个问题或某个方面的实际情况也是需要的,“但最根本的实际是我国的国情”。因此,在立法时要考虑“客观、全面、本质”,在具体操作上,要注重调查新情况、新问题、新经验,“从实际出发,决不是迁就已有的事实,不要就事论事,要站得高一点,看得远一点,注意新情况、新问题”,实践证明成熟了的经验才制定为法律。而且,考虑到改革开放的基本国策,要研究和借鉴外国的经验。①

在微观层面上,应当注意法律制定的背景和内容。我国法律的制定往往与特定的社会事件或问题有关系,即立法直接回应实践中的热点问题。例如,我国《食品安全法》的制定和出台就与三鹿三聚氰胺事件的发生有着密切的联系,我国《监察法》的制定就与我国反腐败体制的推进有极大的关系。体现在立法的内容上,有的法律条款是对于特大事故或事件的直接回应,有的条款在第一审、第二审中都没有出现过,但因为某个人大代表的发言而临时增加进去或者因为某个国家领导人的言论而定调,例如,《广告法》关于禁止不满 10 周岁儿童做代言的规定,就是在《广告法(修订草案三次审议稿)》中增加的。就《民办教育促进法》而言,有学者指出,在立法过程中关于“合理回报”的探讨引发了激烈的争论,最终删除该用语是因为在国家领导人调研之后所做的表态后确定的。② 在担保法制定过程中,对于没有约定或约定不明是连带责任还是一般保证,最后也是遵照了领导和个别的同志的提议。③ 最高人民法院发布的、具有准立法性质的司法解释更是如此。

其次,在司法层面,应当认识到法律实践内容的丰富性。一方面,尽管法

---

① 参见顾昂然:《充分认识健全社会主义法制的重要意义,做好立法工作》,载顾昂然:《立法工作纪事》,中国民主法制出版社 2021 年版,第 8 ~ 13 页。

② 参见刘松山:《中国立法问题研究》,知识产权出版社 2016 年版,第 287 页以下。

③ 参见肖峋:《立法往事:我在法工委那些年》,法律出版社 2020 年版,第 110 页。

律规则在法治生活中非常重要，但我们应当认识到法律实践和法律规则不是一回事。尽管在法律规则被遵守时，法律规则与法律实践会发生重合，但两者仍然是不同的。正如现实主义法学所指出的，我们要认识到社会因素对法律实践的影响："打算执业的律师不仅要知道法律规则……还要知道社会生活、客户的需求和法律实践的情况。总之，他要知道其要塑造的工作情景和在塑造该情境时所要参照的法律，否则就执不了业。"[①]换言之，尽管法律规则通常是法律实践的基础，但法律实践不简单地等同于法律规则。另一方面，司法领域的法律实践还包括法律技艺。法律技艺既包括法官裁判的技艺，也包括律师所具备的法律技能。前者如苏力教授在研究中国基层法院法官时所发现的法律技能。例如，判断先于法律适用、法律推理和论证，抓住核心争议，凭着案件的直觉来裁剪案件事实等。[②] 后者如现实主义法学所指出的发现案件事实、法律辩护、法律咨询、立法、合同谈判以及法律文书的起草的技能，还包括思考的技能、进行观察的技能以及管理的技能。[③] 对于法律技艺，王晨光教授指出，法学教育除了传统的系统知识和原理的讲授，还应当教授法律执业者必备的技能和素质，包括人际沟通、起草法律文书、谈判、收集和分析证据、适用和解释规则、法庭辩论和陈述等方面的能力和技巧。[④] 可见，司法层面的法律实践具有丰富的内涵。

再次，在执法方面，我们既要关注一些官方的统计数字、所发布的案例或撰写的书籍，[⑤]也要关注国家工作人员的行为。国家工作人员的行为之所以值得被关注，是因为他们对法律规则的运行产生影响。"法律官员的所作所为影

---

① 肖峋：《立法往事：我在法工委那些年》，法律出版社 2020 年版，第 58 ~ 59 页。

② 参见苏力：《送法下乡：中国基层司法制度研究》，中国政法大学出版社 2000 年版，第274 ~ 277 页。

③ See Laura Kalman, *Legal Realism at Yale*, 1927 - 1960, The University of North Carolina Press, 1986, p. 180 - 181.

④ 参见王晨光：《法学教育的宗旨——兼论案例教学模式和实践性法律教学模式在法学教育中的地位、作用和关系》，载《法制与社会发展》2002 年第 6 期。

⑤ 例如，对于理解和研究中国资本市场的人员，中国证券监督管理委员会编写的《中国资本市场二十年》就值得参阅。

响到你们能够做什么,影响到你们如何能有效地实现你们所想要的。"[①]人们不应满足于法律是如何规定的,也不要满足于国家工作人员是如何说的,而是要观察他们是怎样做的。"理解法官所说的就仅仅是工作的开始,你们应当将他们所说的与他们所做的加以比较,你们应当观察他们所说的与他们所做的是否一致。"[②]因此,在考察法律实践时,应当关注国家工作人员的行为。

同时,在法律实践中应当关注律师的行为。正如现实主义法学所指出的,律师是普通人和国家工作人员的连接点,律师不仅要熟知法律规则,他还要理解当事人的需求,他还要对法律发展的趋势作出判断。作为业务顾问律师,应对法院如何处理案件作出预测,基于预测调整客户的行为,满足客户的愿望。[③]作为诉讼律师,在对判例作出判断时,"……你们将运用你们所知道的一切,包括每个法官或特定法院的倾向,甚至是行业的、当前情势下的或大时代的趋势在以后的案件中对于法院来说更为明晰和重要的任何东西"[④]。

最后,在监督层面,应当关注新型法律监督的实践。除了传统的司法机关上下级的监督,我国监察机关对于刑事和民事案件可以进行监督。在法律实践中,随着我国法律的制定和发展,我国检察机关以提起公益诉讼的方式进行的法律监督越来越多,例如在环境公益诉讼和对于英雄烈士姓名、肖像、名誉权侵权公益诉讼。此外,我国通过《监察法》设置了监察监督,对现有的法律监督机制作了较大的变更。在监察实践中的留置问题,也开始引起关注。

从特征上看,法律实践具有复杂性、不规则性和变动性的特征,在我国表现得尤为明显。

首先,伴随着我国的改革开放,中国特色的社会主义法治取得了令人瞩目的成就,而很多成就是在不断摸索、反复试错的情形下取得的。与此相应,在特定阶段,立法、执法或司法跟不上实践的发展是客观存在的,而实践中存在

---

① [美]卡尔·卢埃林:《荆棘丛:我们的法律与法学》,王绍喜译,中国民主法制出版社2020年版,第56页。

② 同上书,第47页。

③ 同上书,第58页。

④ 同上书,第127页。

的问题又需要及时作出回应。例如,我国政府就特定群体(如农民工工资问题)所发布的相关法律文件,就是为了回应当时面临的社会问题。

其次,考虑到我国实践的复杂性,对于法律实践的认识,就不能仅包括商业社会中城市的法律实践,还要包括具有广袤土地的乡村的法律实践。对于前者,我国学者基于工作的便利有较多、较为深入的认识,但对于后者则显得关注不够,少数的学者对此进行了探索性的研究。[①] 我们认为,在范围上,只有涵盖两者,才能对中国的法律实践有较好的理解。

再次,应当认识到,即使就某一领域或群体的法律实践而言,法律实践并不是指任何与法律有关的实践,因为如果这样来理解法律实践的概念,则不仅过于宽泛,而且将难以对其进行准确的描述和概括。依我们的理解,法律实践是能够直接产生法律后果或带来法律上影响的实践。如果某一国家工作人员的所作所为与法律无关,则不属于法律实践。例如,该国家工作人员在周末去郊区钓鱼的行为不属于法律实践,但如果该国家工作人员接受当事人的请托而从事该活动,则构成法律实践。同时,如果国家工作人员的所作所为对法律的影响过于间接,仅仅通过推测而无法通过观察加以认知,也不属于本章所说的法律实践。

最后,应当认识到,我国的宪法和法律是在党的领导下制定的,宪法和法律都体现了执政党的意志。例如,我国公司治理中对党内法规和党委会的强调,就体现了执政党的具体意志。在某些情形下,为了完善党的执政能力建设采用了一些法治手段。例如,我国通过修订宪法建立的国家监察制度就是一个例子。这些做法属于本书所指的法律实践。

(三)实践主义法学的界定

行文至此,读者或许要问,上述这些实践的确是法律实践,但法律实践和实践主义法学有什么关系?换言之,明确了法律实践的概念,并不意味着要倡导实践主义法学。那么,为什么要倡导“实践主义法学”这一概念?我们认为,

---

① 参见陈柏峰、董磊明:《法理论还是法治论——当代中国乡村司法的理论建构》,载《法学研究》2010年第5期;陈柏峰:《乡村基层执法的空间制约与机制再造》,载《法学研究》2020年第2期。

有两个非常重要的理由。

其一,在我国,法律实践的重要性得不到应有的重视。我国学者对于法律实践的作用看法不一。从整体上看,无论是我国的法学研究还是法律授课,都比较理论化。尽管我们并不否认教义学在理论研究和课程体系化方面所发挥的作用,但过于强调教义学的体系学习和研究的做法的弊端越来越明显,它不仅导致研究者脱离活生生的法律实践,而且导致学生们毕业后从事法律实践时产生较大的落差。这种现状的形成一方面是因为研究者不了解法律实践,另一方面则是因为研究者过于轻视法律实践,认为理论可以解决一切问题。

其二,目前的法学分类无法很好地对法律实践进行阐释。例如,我国当下流行的一个分类是将法理学划分为法教义学和社科法学。在笔者看来,法教义学和社科法学的论争除了产生一些研究成果,它们对法律实践的影响甚微。需要澄清的是,实践主义法学不反对法教义学,认为法教义学对于法律原理的讲授是必要的,但实践主义法学不同于法教义学。尽管法教义学的主张者认为其可涵盖法律实践,但由于强调法解释学的理论操作特征,使它无法密切关注法律实践。法教义学的首要、核心的目标是知识的丰富,即“纯理论性的”目标。[①]“法教义学更关心与法律适用的法律事实,而不太关心案件社会事实。”[②]换言之,法教义学的目标导致其无法关注法律的实践。

同时,实践主义法学也不同于社科法学。社科法学通过运用社会科学的方法对法律问题进行研究。尽管现实主义法学主张将法律与社会科学结合进行研究,[③]在此点上以现实主义法学作为思想依据的实践主义法学与社科法学有共同之处,但实践主义法学与社科法学仍然有很大的不同。尽管有一些社科法学研究也关注法律实践,但它更多关注的是法律的社会效果,而不是法律

---

① 参见[德]卡尔·拉伦茨:《法学方法论》(第6版),黄家镇译,商务印书馆2020年版,第68页。

② 侯猛:《司法中的社会科学判断》,载《中国法学》2015年第6期。

③ 现实主义法学的支持者主张的法律教育和法律研究中将法律和社会科学结合进行研究,这是现实主义法学的一个核心主张,参见 Laura Kalman, *Legal Realism at Yale*, 1927–1960, The University of North Carolina Press, 1986, p. 79 below。

实践本身。[①] “社科法学虽然将研究的对象转向了法律实践中的法律现象……但由于其研究是个案式的，很难论证所发现的现象和所得出的见解在多大程度上具有普遍性。”[②]实践主义法学也不同于法律实证研究或法律的实证研究。一方面，实证研究强调田野作业，“实证研究必须基于田野观察、实地调查和第一手资料来进行因果关系（前因后果）的分析”[③]，而尽管实践主义法学也可以采用类似方法，但并不以此作为前提。另一方面，在实证研究看来，对于法解释学的案例分析和社科法学的个案分析都不是实证研究，[④]即它排除了此种研究是关于法律实践的研究。但在实践主义法学看来，个案的分析仍然是其内容之一，因此实践主义法学与法律的实证分析存在很大的不同。

需要说明的是，本书使用的“实践主义法学”不同于有些学者所提的“实践法学”。例如，有的学者将实践法学界定为“……以实践论为哲学根基，以唯物史观为指导的法理学”[⑤]。按照此种界定，大部分法学理论均为实践法学，不具有合理性。有的学者则指出，实践法哲学关注事实与预设规范的不对称性问题，是关于具体此在的法律的学说，以实践哲学和实践理论为其思想来源。[⑥]此种观点强调法律事务中的法律实践和实践的动态性特征，与本书所倡导的实践主义法学有共同之处，但更加强调对既存规范的正当性思考，与本书的实践主义法学有较大的不同。

有的观点认为，实践法学是对中国实践问题的理论概括，其强调与其他法学理论的哲学基础和思维方式上的不同，关注人的价值关怀。[⑦] 此种观点尽管宣称关注中国实践问题，但因其宏观的哲学指向，导致其无法建构起应有的法

---

① 较为典型的研究，参见陈柏峰：《地方性共识与农地承包的法律实践》，载《中外法学》2008年第2期。该文第一部分对农地承包的四类实践进行了描述，但更多的是将其作为论文的基础，从而探讨土地调整的村庄原因和基层政府的角色以及法律下乡等问题。

② 左卫民：《法学实证研究的价值与未来发展》，载《法学研究》2013年第6期。

③ 侯猛：《实证“包装”法学？——法律的实证研究在中国》，载《中国法律评论》2020年第4期。

④ 同上。

⑤ 乔克裕：《“实践法学”导言——中国理论法学的思考》，载《法商研究》1995年第3期。

⑥ 参见郑永流：《实践法哲学：从法律1.0走向法律2.0》，载《清华法学》2022年第1期。

⑦ 参见武建敏：《实践法学要义》，载《河北法学》2009年第1期。

学理论框架。还有的观点强调对法治的践行，知行合一，强调中国法治道路的建构，并提出中国法治实践学派的命题。[①] 尽管在以问题为导向上实践主义法学与中国法治实践学派有共同之处，但两者无论在方法、思想渊源和理论抱负上均有明显的不同。

概言之，本书倡导的"实践主义法学"，以法律实践论题为中心，或者说，以观察到的法律问题为中心。它是以法律实践为导向的，但它不简单地等同于法律实践现象，而是在对法律实践进行归纳，抽象出理论命题，并在此基础上进行理论建构。在思想渊源上，实践主义法学以卢埃林为代表的现实主义法学作为理论基础，一方面，实践主义法学秉承现实主义法学的法律实践观；另一方面，实践主义法学主张借鉴现实主义法学将部门法和法理学结合研究的方法，因此它并不否认与现实主义法学思想上的关联。但是，实践主义法学在现实主义法学的基础上又有所发展，它还采用新现实主义法学对行动中的法律的研究方法和对部分法的精细关注。这是因为现实主义法学重点考察的是司法实践，而没有涵盖立法的实践，也因为法律的社会科学研究方法取得了很大的进展。而且，尽管卢埃林曾设想在法社会学理论方面有所建树，但由于过早的离世导致其无法完成设定的目标。[②] 如下文所要阐述的，在方法方面，实践主义法学采取开放的态度，它既不反对法律实证主义的案例分析，也能接受社科法学对实践的解释和分析，只要其有助于对法律实践进行研究。

在本章提出实践主义法学的概念之后，读者或许要问，实践主义法学具有什么特征？它与现有的法学理论有何不同？难道不是所有的法学理论都以法律实践为基础吗？对于这些问题，笔者不打算一一回应。但是，不可否认的是，这些疑问是有一些合理性的，它们提出了实践主义法学具有何种特征这一核心问题。我们认为，实践主义法学的重要特征是，它既具有实践面向，也具有理论面向。前者强调关注法律实践而不是法律条文，强调把握法律实践的重

---

① 参见钱弘道：《关于中国法治实践学派的若干解释》，载钱弘道主编：《中国法治实践学派》（2018 年卷 · 总第五卷），法律出版社 2019 年版，第 355 页。

② See William Twining, *Karl Llewellyn and the Realist Movement*, 2nd Edition, Cambridge University Press, 2012, p. 171.

要性,后者则强调基于法律实践进行理论抽象的必要性。

(四)实践主义法学的特征

实践主义法学强调法学研究的实践面向,即针对社会中活生生的法律实践,并认为实践面向是其最为重要的特征。可以说,这是实践主义法学不同于其他法学理论的主要特征。实践面向意味着对法律实践的强调:一方面,实践主义法学主张法律实践不同于法律规则,它关注的中心是法律实践,而不是法律条文。此种法律实践是活生生的实践,而不是理论的思辨或分析,也不是一些猜测或假设,而是对法律实践现实的充分把握。应当认识到,法律实践具有复杂性、不规则性和变动性的特征。法律实践的复杂性既可能体现在法律规定不明确导致实践中出现不同的做法,也可能体现在围绕法律规则产生新的做法。法律实践的不规则性体现在对法律规则的不同理解,而且该等理解均有一定的依据。法律实践的变动性是社会经济生活中不断发现变化的特征,包括通常所说的"上有政策,下有对策"的情形,也包括各方当事人、其律师国家工作人员觉察到的影响或趋势。在实践主义法学看来,体现实践面向的法律实践不仅包括与中国传统文化相关领域的法律实践、作为市场经济基石的商事交易的法律实践以及与科技密切相关的新领域的法律实践,还包括我国的立法实践。

与我国文化传统相关的领域在家庭法和亲属法的法律实践中得到很好的体现。我国一些学者对这一领域的法律实践进行了研究。例如,对于我国的家庭共产制,有学者对其法律实践进行了分析:首先,家产制不同于所有权,在本质上是家庭共同财产的配置结构,在实践中有深远的历史根基。其次,我国的家产制中的家产具有公有性、多主体性和身份性的特征,这与所有权的私有性、一元主体性和契约性不同。最后,我国的家产制为了适应社会进行了私权化的改造,这种改造不断地远离转型社会对家产制的内在需求,导致的后果是家庭法律仅仅是为了满足资本和司法机关的需求,而转型社会对家庭稳定的根本需求则被排除在外。① 这一分析不同于纯粹的规范分析,它既指出了立法

---

① 参见林辉煌:《家产制与中国家庭法律的社会适应——一种"实践的法律社会学"分析》,载《法制与社会发展》2012 年第 4 期。

上的困境,又阐述了司法实践对其所作的改造,见解独特、深刻。

对于法律如何面对“家庭”这一问题,有学者针对司法实践中采取的种种做法,指出法院在处理方法上的不统一和逻辑上的混乱。这种混乱间接地反映出指导法律实践的家庭观要么是想象出来的,要么是西方社会的,脱离了中国社会的现实。该学者主张,法律在处理家庭亲情、伦理和道德时,应当采取法律行动的克制主义做法,而当下中国家庭法实践方式的不统一或逻辑混乱反映的是能动主义的行动逻辑。① 这一分析涉及法律和道德的论题,却是从具体的法律实践界定切入,提供了一种颇有新意的论证。

在亲属法领域,有学者认为,法律对于亲属关系的调整存在文本和实践的背离,具体体现在法律与伦理的背离以及法律对于婚约和彩礼等习惯的排斥,而亲属法律条文的缺陷导致了“行动中的法”的出现,即通过司法实践来形成规则、创生规则以及以更灵活的方式回应社会的需求。展望未来,该作者认为,应完善亲属立法,并对亲属的司法进行系统化,但亲属法的系统化不是扼杀司法的灵活性和社会生活的回应性,而是实现法律与实践的良性互动。② 该学者对于司法实践与法律规则的互动关系作了具体、生动的阐释。

就商事司法实践而言,有学者指出,我国存在“无法可用”、“有法不宜用”和“有法不好用”的司法困境。“无法可用”的司法困境主要体现在与公司相关的纠纷中,例如,理论界和实务界对发起人协议何时失效存在争议;对于公司章程何时发生效力,法律也无明文规定;对于公司章程对公司治理结构的修改的效力,也无法律条款可适用。“有法不宜用”的司法困境则是由于民商合一的立法制度导致对商事交易的特殊性考虑不周,适用法律的规定会引发不恰当的法律后果,例如,对于经营场所的承租权问题、对于违约金过高的法律效力问题以及民间借贷的法律效力问题,均是如此。“有法不好用”的司法困境则包括对表见代理的认定标准差异很大,也包括违反安全保障义务时需要结

---

① 参见方乐:《法律实践如何面对“家庭”?》,载《法制与社会发展》2011 年第 4 期。

② 参见李拥军:《当代中国法律对亲属的调整:文本与实践的背反和统合》,载《法制与社会发展》2017 年第 4 期。

合商法的理论依据。[①] 这一研究表明,法律理论与法律实践之间的关系极为紧密,法律理论应当回应实践问题。

对于民间借贷这一问题,有学者指出,最高人民法院确定的四倍利率规则面临形式和理性两方面的疑问:就形式而言,四倍利率规则只解决了部分法律规范体系的不完善问题,留下了很多的规范空白。例如,银行的指涉不明、利息认定的系列技术问题不明确以及超过四倍利率的合同效力等问题。而就理性而言,则存在设定四倍利率的理由不明和对于该上限"一刀切"的疑问。该学者基于1421份民商事案件判决书,从借贷双方的类型、借贷金额与次数、借款期限、约定利率、担保情况、借款用途等方面对民间借贷纠纷进行了实证的研究。在对主要变量和案件审理情况进行分析后,该学者指出民间借贷与正规金融之间存在明显的逻辑差异,主张取消四倍利率规则,从逻辑的生活回归生活的逻辑。[②]

在新兴领域如电商和大数据等新的科技领域,法律实践则通常是走在法律规则和法律理论的前头。在一定程度上,这些领域的法律规定是在企业实践的基础上逐步形成的。例如,对于电子商务中的个人信息的收集,尽管我国法律作了原则性的规定,但缺乏明确的指南,在实践中,跨国企业会参照欧盟的《一般数据保护条例》来执行。在一定意义上,可以说,如果不关注法律实践,则所做的理论研究只能是"纸上谈兵"。黄文艺教授指出,由于法律实务机构最先遇到和处理复杂的新兴问题,"……法律知识的生产中心正在由法学院校、研究机构向立法、执法、司法和法律服务机构转移"[③]。在笔者看来,此非虚语,可能会成为一种现实。马长山教授认为,在智能互联网时代,既有的规范难以涵盖和调整新的权益,解释力不够,诸如数据和信息的性质、分类、权属、

---

① 参见王建文:《中国商事司法实践中的法律适用:困境与出路》,载《现代法学》2010年第5期。

② 参见程金华:《四倍利率规则的司法实践与重构:利用实证研究解决规范问题的学术尝试》,载《中外法学》2015年第3期。

③ 黄文艺:《迈向法学的中国时代——中国法学70周年回顾与前瞻》,载《法制与社会发展》2019年第6期。

使用规则等问题难以用现有的民商法理论规则来解释。[①]

除了上述商业法律实践和司法实践，我国的立法实践也值得关注。改革开放40多年，我国的立法植根于中国特色社会主义建设事业的伟大实践，体现在发展和完善中国特色社会主义制度的本质要求、改革开放的时代要求以及以民为本、立法为民的法治要求等方面。[②] 对于我国的立法实践，有学者指出，我国过去30年的立法已形成统一、分层级的立法体制，但在法律体系中存在一些问题，具体体现在：一是立法的重点是经济立法，社会主义民主政治的法律相对薄弱；二是立法中关于公民各项权利的规定不够完善；三是制定的法律中实体性规定相对完善，程序性的规定相对薄弱；四是立法中的部门利益倾向比较严重。[③] 可见，立法的实践对于认识我国的法律实践也至关重要。

如上所述，实践主义法学的实践面向极其重要，但客观来看，仅凭对法律实践的把握尚无法建构实践主义法学。因为经验尽管可以告诉我们事物是这般的状况，却不告诉我们它不是另外的状况，即无法给自己的判断以真正的普遍性。[④] 要建构实践主义法学，尚需要把握其理论面向。与实践面向相比，理论面向由于涉及理论归纳、总结和提炼，其难度更大。而且，能否进行理论抽象，取决于诸多因素。对于理论和实践谁更重要，有学者认为，实践出真知的观点是有问题的，因为它将导致忽视理论的创新，同时导致对很多不合理状态的接纳、确认和巩固。[⑤] 在笔者看来，此种观点强调理论创新有其合理的一面，但并不能得出实践对于理论不重要的结论，因为也存在一种可能性，即由于对法律实践的认识不够深刻而无法产生理论创新。换言之，尽管从实践自身无法推出某种理论，但也不能得出脱离法律实践的理论才是创新理论的结论。有观点认为，“理论要回答的是法规范目的、作用、要件、理由和根据。相对而言，实践或实务所要解决的是具体操作层面的问题，即如何在个案中适用法规

① 参见马长山：《迈向数字社会的法律》，法律出版社2021年版，第43～46页。

② 参见沈春耀、许安标主编：《大智立法：新中国成立70年立法历程》，法律出版社2019年版，第55页以下。

③ 参见刘松山：《国家立法三十年的回顾与展望》，载《中国法学》2009年第1期。

④ 参见［德］康德：《纯粹理性批判》，邓晓芒译，人民出版社2017年版，第2页。

⑤ 参见郑永流：《什么是法律实践》，载《浙江社会科学》2020年第5期。

范处理具体问题"[1]。此种观点具有一定的合理性,但是它切断了理论与实践的密切联系,因为正是对于实践的抽象才能导致理论创新。

其实,如果我们承认实践对于法学理论建构的不可或缺,则认识和理解实践无疑是理论建构的第一步。如果认可这一论断,则可以认为,仅有实践而缺乏理论抽象,仍然无法构建法学理论。在这一意义上,我们可以认为理论抽象比实践要更复杂。"研究必须探究'实践的逻辑',从对实践的观察、体验等过程中发现、归纳出其逻辑,进而提炼出具有概括力的概念,提炼出有解释力的理论。"[2]因此,对于法学理论的建构,在把握实践的基础上,最为重要的是寻找有意义的命题,并找到有效的理论建构方法。

正如有的学者所指出的,为建构中国汉语法学,应"学习像西方法学家那样从实际的法律生活、法律实践中提炼法学(法教义学)所需的技术性(法律)工作概念……总结和归纳出新的法律原理和原则"[3]。在提出理论的过程中,学术想象力至为关键。正如有的学者所指出的,学术是非常需要想象力的,通过实践去获取认识固然重要,但参与本身未必能产生认识,在很多情况下需要对现象进行观察和思考,能从现象中抽象出什么问题以及能提升到什么程度,是需要想象力的。[4] 卢埃林在写作《夏安族人的方式》之前曾做过田野调查,但他更像是办公室的指挥官,而不是步兵,他几乎是根据脑中所想的来进行写作的。[5]

(五)两个例证

我们拟以苏力教授关于中国基层司法制度的研究和德沃金教授的整合性法理论作为例子,来探讨基于法律实践进行法学理论建构的可能性。读者或

---

① 焦宝乾:《理论与实践的难题——以中国法律体系形成为背景的反思》,载《政治与法律》2012年第7期。

② 陈柏峰:《"迈向实践"的法学——读黄宗智著〈过去与现在〉》,载《学术界》2010年第3期。

③ 舒国滢:《法学的知识谱系》,商务印书馆2020年版,第57页。

④ 参见苏力、陈柏峰等:《对话苏力:什么是你的贡献》,载苏力:《批评与自恋读书与写作》(增订版),北京大学出版社2018年版,第447、451页。

⑤ See William Twining, *Karl Llewellyn and the Realist Movement*, 2nd Edition, Cambridge University Press, 2012, p. 193.

许对将苏力和德沃金的研究作为实践主义法学加以论证的做法感到不解。在我们看来,在针对具体法律实践的研究上,他们作出了值得关注的贡献,因此,本章不避讳其可能产生的争议而以他们的研究作为例证。为了避免产生不必要的误解,我们想指出的是,德沃金和苏力虽然不是实践主义法学的代表,但他们针对法律实践所进行的理论研究值得关注,他们的思考提供了理论建构的一种可能性。

让我们先来看看苏力关于基层司法制度研究。在《送法下乡:中国基层司法制度研究》一书中,苏力对中国基层司法制度进行了研究。在说明研究基层法院的意义时,苏力认为中国问题主要是农村问题,现代法律主要适用于城市生活,而作为现实基层法院才是中国法院的重头,法律与社会的错综复杂关系在基层法院得到直接、鲜明的反映,“对中国当代的法治最具有理论意义的和最具挑战性的一系列问题确实在基层法院最突出、最显著”。因此,在学术意义上,存在对基层法官的实践和经验进行研究总结的巨大的理论空白。①

苏力的目标是对中国基层司法制度及其包含的知识、技术和人的因素进行研究。相应地,苏力从宏观、中观和微观三个层面对当代中国基层司法进行了考察。在宏观层面,苏力基于实践从政治性功能的角度进行了分析,在分析为何送法下乡时,苏力指出这实际上是为了保证国家权力向农村的渗透。② 在中观层面,苏力研究了基层法院审判制度与行政管理制度的冲突。苏力指出,传统的规范法学研究没有重视行政管理对于审判产生的影响,关于依法独立行使司法职权、审判职权的抽象探讨不了解中国法院的实际,对中国司法制度的解释和批评是从概念出发的。③ 苏力敏锐地指出,中国法院的审判制度和行政管理制度在实践中发生了职能上的混合和交错,在基层法院中两者不仅完全混合,主次也在相当程度上发生颠倒。④ 导致的后果是,法律规定的审判制

① 参见苏力:《送法下乡:中国基层司法制度研究》,中国政法大学出版社2000年版,第7页以下。

② 同上书,第30页。

③ 同上书,第63~64页。

④ 同上书,第72页。

度发生了重大变形。例如,审判制度和行政管理制度发生混同、审判制度成为行政管理制度的附属以及在法院内部出现了事实上的审级制度。[①] 苏力认为,中国法理学的研究关注法律条文,而看不到实际起作用的非正式制度,而实证研究的方法可以消除传统研究的盲点,有助于全面了解实际运作的制度。[②] 在微观层面,苏力探讨了审判委员会的运作。苏力从法官的角度切入,指出该制度对于法官而言整体上利大于弊,法官借助审委会的更深层次功能是为了抵制人情和保护自己。[③]

苏力接着讨论了中国基层法官的司法知识和技术。这是富有创见的一编。苏力分别探讨了法官对于纠纷的解决、对于事实问题和法律问题的处理、对于制定法和习惯法的处理。苏力指出,基层法官不仅面临如何决定更为公正、更符合规则的问题,而且面临如何贯彻落实的问题。考察中国的司法制度,要发现其制约条件。[④] 对于基层法官的司法知识,苏力一方面强调其作为创造主体的重要性,另一方面对事实问题和法律问题形成的各种司法知识进行了总结和归纳,并就这些知识的合理性与否进行评论。苏力指出,中国法学界还没有为弱势话语提供话语空间,为它们提供基本的命题和概念,也没有提供一种天经地义的理论,这是值得反省的。"中国法官的司法经验,对于中国当代学者来说,必定是,也应当是提炼中国司法理论甚至法学理论的最主要的资源。"[⑤]

苏力还对司法中的法官和法律人进行研究。苏力注意到法律文书送达人,并指出其的出现使得司法更加独立。苏力也注意到法官作为律师的法律实践,并认为基层法院面对的特殊知识和技能是法学院无法教的,只能通过实践去认识,而学校开设的前言课程是为大城市生活服务的,脱离了中国基层和

---

① 参见苏力:《送法下乡:中国基层司法制度研究》,中国政法大学出版社 2000 年版,第 76～77 页。

② 同上书,第 81 页以下。

③ 同上书,第 99 页以下。

④ 同上书,第 189 页。

⑤ 同上书,第 295 页。

乡村的需求。[①] 在这一编，苏力还对复转军人进入法院进行了详细的讨论。该书第四编则基于权力关系的视角对研究方法进行反思，苏力认为知识的获得与权力资源有一定的关系。苏力指出，“知识的获得在这里实际上是一个对求知对象的支配性权利形成和发生产生影响的过程，是一种征服的过程，是一个突破障碍和开拓进路的过程”[②]。

对基层法院的观察和描述，使《送法下乡：中国基层司法制度研究》具有较大的原创性。这种原创性一方面体现在苏力对于法律实践的强调。在苏力看来，“中国的法学界应当在追求理论的同时，更加地务实，从中国当代的社会变革和法治建设的实践中获得更多滋养……中国的学者不能因此忽视现实中国社会的法律实践可能具有的学理意义，忘记了身边的学术宝藏”[③]。另一方面体现在苏力基于法律实践进行的理论提炼。苏力将处于基石地位的基层司法制度学术化，将土生土长的基础司法知识学术化，这是一个重要的学术贡献。[④] 苏力对于基层司法制度的研究，尽管没有形成一个宏大的司法理论，但是苏力的学术敏感性以及对法律实践的观察、分析和提炼，使其成为对法律实践进行理论提炼的一个范例，此种努力值得关注和肯定。

接着我们来看看德沃金的整合性法理论。基于法律实践进行理论建构的另一个典范，是德沃金的“整合性法理论”。整合性法理论不仅仅是一种法律解释理论，它的实践意义也不容忽视。正如有观点所指出的，人们觉得德沃金的理论难以理解，是因为它是理论和实践相结合的。[⑤] 在《法律帝国》的第一章，德沃金指出，在法律诉讼中一般会出现三类问题：事实问题、法律问题以及紧密结合的政治道德和忠诚问题。对于事实问题和政治道德、忠诚问题，通常是可以通过证据来证明的，但对法律问题，律师和法官则存在争论。对法律问

---

① 参见苏力：《送法下乡：中国基层司法制度研究》，中国政法大学出版社 2000 年版，第 372～374 页。

② 同上书，第 440～441 页。

③ 同上书，第 18～19 页。

④ 参见刘星：《走进现实的法律生活——评〈送法下乡〉》，载《中国社会科学》2002 年第 3 期。

⑤ See Stephen Guest, *Ronald Dworkin*, Stanford University Press, 2013, p. 3.

题即法律依据的争议是理论上的不一致,而不是事实上的不一致。在法律实践中对于法律的很多争论并非事实的,而是理论上的,是关于法律依据的争论。[①] 然而,在英美法理学中,不存在一种值得赞同的关于理论性争议的理论。那种认为法律是显而易见的事实的主流观点,不仅导致普通民众将法律问题理解为对法律的忠诚问题,而且法理学家所做的毋宁是逃避,而不是就理论争议提供答案。通过实际发生的四个案例的分析,德沃金指出,各方的争议所在是对法律是什么的理论争议。德沃金继而指出,如果外行人、法理学教师、律师和法官对于理论争议是如何形成的以及其为何没有答案,我们就没有正当的工具对法官的所作所为进行明智和建设性的评判。[②]

德沃金的目标是基于法律实践探讨法律的理论争论问题,包括理解它是什么样的争议,然后建构一种关于法律依据的理论。德沃金认为,为了解释法律实践的主要目的和结构,法律的一般理论应当是抽象的。但除了抽象,它们应当是建设性的解释,应当是以最佳的方式展示法律实践的整体,并在它们所发现的法律实践和对该实践的最佳解释之间达到平衡。[③] 德沃金指出,法律实践是争论性的,这是它不同于其他社会现象的一个特征。对此争论,可以从外部的视角来理解,也可以从内部的、参与者的视角来理解。德沃金认为,应当从内部的视角去解释法律实践,加入法律实践中,并感受参与者解决问题的合理性和真实性。德沃金主张,应从法官的视角去解释法律,因为法院的判决是解释法律实践的有用的典范。[④]

为了建构其理论,德沃金借鉴了哲学阐释学的概念。德沃金认为,如同礼节一样,法律是一个解释性概念,它并不是像法律实证主义者所认为的那样属于社会事实。礼节的概念最初是不变的,但随着时间的推移会发生变化,被赋予价值,而对礼节的内容也会随着其意义进行调整。[⑤] 德沃金指出,对社会实践的解释与艺术解释相类似,是一种具有目的性的建设性的解释,要根据所有

---

① See Ronald Dworkin, *Law's Empire*, Hart Publishing, 1986, p. 3 – 6.

② Ibid., p. 6 – 11.

③ Ibid., p. 90.

④ Ibid., p. 14.

⑤ Ibid., p. 46 – 48.

的材料得出最佳的解释。① 德沃金提出了整合性的概念,认为它是独立与公平、正义的概念。整合性包括立法的整合性和裁决的整合性:前者要求立法机关在扩张或改变公共标准时恰当行事;后者则要求法官的解释是依据一致的原则进行裁决,并应受到政治整合性价值的指导。② 与对连环小说的解释一样,法官通常确认法律实践的连续性,而不是抛弃它。各个法官的解释理论是对其确信和直觉的回应,他们发展了其对于实践中自己职责的最佳解释。同时,由于法律的范例,解释者不能自由地解释,而应受到诸如先例、一般的知识环境、法律程序以及法律文化的约束。③

德沃金认为,整合性指导法官发现有关社会的政治结构和法律原则的最佳解释,包括对于合适和依据的确信。法律的概念既要对国家使用强制力提供一般性的说明,又要说明为何公民负有守法的义务。就前者而言,德沃金指出,法律实践的最重要和最根本之处在于对政府的权力进行指导和限制,即法律的主要目的是通过限制政府的权力来保护个体的权利。"法律坚持认为不使用或拒绝使用权力……除非是基于集体权力是合法的以往的政治决定的个体权利和义务的同意或要求。"④因此,对于德沃金而言,国家权力的合法性可以从保护个体权利的角度来说明。

但是,国家对公民使用权力的合法性依据和对后者加以真正的义务并不相同。为了说明个体为何对社会负有义务,德沃金的理论首先假定存在一个高度拟人化的社会或国家。⑤ 德沃金认为,如果我们能够说明该社会中的公民有义务遵守政治决定,则在他们之间存在真正的义务。德沃金主张,在一个依原则行事的社会里,人们仅在它们接受共同原则约束时才是真正政治社会的成员,而该等原则是不可穷尽的。⑥ 在该社会中,存在一种特别的、个人化的关系,他们彼此相互关注,而且是平等的关注。德沃金认为,如果这四个条件得

① See Ronald Dworkin, *Law's Empire*, Hart Publishing, 1986, p. 59 - 62.
② Ibid., p. 217 - 219.
③ Ibid., p. 87 - 90.
④ Ibid., p. 93.
⑤ Ibid., p. 167.
⑥ Ibid., p. 211.

到满足，则该社会为真正的社会，该社会中的公民彼此间存在一种连带的义务。① 德沃金指出，如果根据一个国家的宪法结构和实践，公民遵守施加给他们的一般的守法义务，则该国家是合法的。②

因此，德沃金认为，一方面，整合性法理论是适合于解释法律实践的，因为与因袭主义和法律实用主义相比，它能更好地解释法官如何进行裁决的法律实践；另一方面，整合性法理论能够对美国的政治实践和法律实践进行证明。德沃金主张，整合性法理论是最好的解释，并通过对普通法、成文法和宪法的实践对此展开了论证。

由此可见，苏力和德沃金都基于法律实践发展了自己的理论。这是他们的共同之处。不同之处在于，苏力所观察的法律实践是中国基层法院的司法实践，而德沃金所依据的是作为整体的法律实践，尤其是英美的法律实践。尽管两者在理论抽象程度和自洽性方面有差别，但都是非常有学术价值和实践意义的理论建构。

（六）实践主义法学的建构思路

如前所述，实践主义法学既具有实践面向，也具有理论面向。但是，仅仅停留于此是不够的，因为我们接着面对的问题是：如何基于法律实践建构实践主义法学？笔者对这一问题仍在思考之中，这里仅提出一些初步的思考，供读者讨论和批评指正。

1. 实践主义法学以对具体部门法及法律实践的研究作为理论基础

我国学界对于法理学者应把握部门法具有明确的意识，但由于不同的知识背景，很多法理学者是从一开始就进入法理学的研究的，他们崇尚形而上的思辨与论证，对部门法知识不重视，部门法学者对此颇有微词。而在法理学者看来，部门法学者纯粹是对法律条文的论证与推演。“大而空的研究，从条文到条文的研究，处处可见。”③有学者指出，“恢复法制以来的法学研究中，尤其是部门法学研究者一直着力关注的是纸面上的规则，是对法条的注释；法理研

---

① See Ronald Dworkin, *Law's Empire*, Hart Publishing, 1986, p. 199 – 203.

② Ibid., p. 191.

③ 苏力：《送法下乡：中国基层司法制度研究》，中国政法大学出版社2000年版，第14页。

究中,大量充斥的则是政治性话语或道德性话语,体现的是从应然命题到应然命题的行文方式”[①]。这一判断是对法理学和部门法学研究的评价,可谓一针见血。

我们认为,此种状况应得到改善。一方面,实践主义法学倡导的理论建构应以具体的部门法作为基础,而不是天马行空般的理论推演,因为过于宏观和抽象的论证由于缺乏具体部门法的支持而显得没有说服力。正如舒国滢教授所指出的,法理学的理论不仅越来越抽象,越来越脱离实在法,而且越来越不实际,越来越不及物。[②] 进行理论建构的学者应当具备对部门法进行研究的知识和能力,而不能游离其外。另一方面,实践主义法学主张,对于部门法而言,仅仅具有理论知识是不足够的,应当了解法律实践。如果不了解法律实践,则所做的研究是脱离实际的社会生活的,其意义和价值值得疑问。哲学家康德曾指出,一个法官可以记住许多法学的规则,但在运用规则时却容易犯规,原因之一在于他没有在实例和现实事物中使自己得到校正。[③] 在民法研究领域,利益法学很早就提出,以对生活的研究和评价取代概念的崇拜。[④] 我国有学者指出,“不了解实务,不深入社会生活,就不知道中国急需解决的法律问题所在,缺乏中国问题意识。这是部门法学者的大忌”[⑤]。对于证券法,有学者指出,“法律条文与法律实践经常截然相反,如果只看证券法条文,难免不得要领,甚至可能以讹传讹”[⑥]。也有学者指出,就刑事诉讼法的研究而言,由于缺乏对实践的关注和方法的创新,其研究在某种程度上呈现出非实践性、非科学性的样态。[⑦]

基于上述现状提出的实践主义法学,不仅强调部门法及其法律实践,而且

---

① 焦宝乾:《理论与实践的难题——以中国法律体系形成为背景的反思》,载《政治与法律》2012 年第 7 期。

② 参见舒国滢:《在历史丛林中穿行的中国法理学》,载舒国滢:《法哲学:立场与方法》,北京大学出版社 2010 年版,第 39 页。

③ 参见[德]康德:《纯粹理性批判》,邓晓芒译,人民出版社 2017 年版,第 104 ~ 105 页。

④ 参见[德]菲利普·黑克:《利益法学》,傅广宇译,商务印书馆 2016 年版,第 45 页。

⑤ 崔建远:《合同解释论:规范、学说与案例的交互思考》,中国人民大学出版社 2020 年版,前言。

⑥ 朱伟一:《证券法》,中国政法大学出版社 2018 年版,第 15 页。

⑦ 参见左卫民:《实践法学:中国刑事诉讼法法学研究的新方向》,载《法学研究》2012 年第 5 期。

强调部门法与法理学的结合。实际上,从方法论的角度来看,现实主义法学的真正贡献在于将私法和法理学融合在一起。[①] 这也是实践主义法学之所以将现实主义法学作为其思想渊源的重要原因。需要说明的是,这里的法律实践自身并未包含好与坏的价值评价。实践主义法学强调的是,只有对于法律实践进行正确的、恰切的观察和描述,才能为理论提升提供必要的素材。对部门法及其法律实践的把握以及将部门法与法理学融合进行研究是实践主义法学的根基所在,脱离此两者将无法理解它的核心内涵。

2. 实践主义法学强调法律主体的作用

在现代社会,为了确保法律的公平正义,法律的客观性成为一个重要的目标。与此相应,在民法和刑法上,客观解释成为一个重要的解释方法。但是,由于语义的多义性和模糊性,法律规则具有难以适应社会发展的特征。为此,在大陆法系,法律解释或法教义学担当起重任。然而,法律解释学或法律教义学往往忽视了作为法律主体的人,忽视了在法律适用中法律主体的重要作用。正如现实主义法学对传统形式主义法学所做的批判,将法律规则视为法律实践不仅歪曲了事实,而且没有看到法律实践中主体的作用。正是基于此,现实主义法学宣称官员的所作所为即为法律。[②] 尽管这一宣称过于夸大,但它对于法律实践的认识是富有洞见的。实践主义法学强调法律主体在法律实践中的作用,这里的法律主体包括法官、律师、公安干警、检察官和其他行政工作人员所起的作用,也包括当事人与这些主体的互动。尽管他们的所作所为未必都是严格依法作出的,但仍然值得引起我们的关注。正如德沃金所指出的,对法律实践更加全面的考察需要关注立法者、警察、地区检察官、负责福利事务的国家工作人员、学校董事会主任、其他国家工作人员,以及尽管不是政府工作人员但其决定能对个体权利产生影响的人员,例如银行家、经理和工会领导人等。[③]

---

① See Laura Kalman, *Legal Realism at Yale*, 1927 – 1960, The University of North Carolina Press, 1986, p. 52.

② 参见[美]卡尔·卢埃林:《荆棘丛:我们的法律与法学》,王绍喜译,中国民主法制出版社2020年版,第45页。

③ See Ronald Dworkin, *Law's Empire*, Hart Publishing, 1986, p. 12.

有一种观点注意到了法律主体的作用,此种观点认为,以往的法学理论忽略了作为主体的人,而人是法律实践的主体。此种观点进而认为,法律实践是人的以善为目的的整个实践的组成部分,“法律的实践性,就是指出法律与人性应该相通,要给予所有人平等关切,法律决定与公众的是非应该一致”①。我们认为,此种观点的合理之处在于强调法律主体的作用,同时对实践中不尊重人的现象保持警惕。然而,法律实践是否必然含有为善的目的,值得商榷。一方面,如果我们同意实践总是具有突破现状的特征,对实践的认识和承认不能以理论作为裁判的尺度,尤其是在理论滞后于实践的发展时。这是至关重要的,在民商事交易领域更是如此。另一方面,承认法律实践主体的作用,并不意味着必然要求主体有为善的目的。这是由于在法律交易中具有不同的利益诉求,要求法律主体为善不具有可行性。因此,尽管笔者赞同法律实践中法律和人性是相通的,但实践主义法学并不以此作为前提条件。

3. 实践主义法学是强调中观层面研究的理论

中国的法学研究应当面对中国的问题,而对于何为中国问题显然可以有不同的看法。有观点认为中国问题主要是农村问题。例如,邓正来教授认为中国问题应当关注中国的农村问题。基于对于中国问题的理解,学者提出了不同的理论阐释。有学者提出了事实与规则、人生与人心以及法意与法制的法的解释范式。有学者倡导中国法治实践学派,主张以中国法治为研究对象,以探寻中国法治发展道路为目标。② 也有学者认为,中国问题是事实与规范的紧张问题,具体而言,包括认识论上的事实与规范的不对称性和伦理上的事实和规范的对立,前者包括个案事实和规范的不对称性、社会事实和规范的不对称性,而后者则包括积极对立和替代性对立,从而形成了事实法律观和规范法律观。基于此,该学者提出了实践法律观,“质言之,实践法律观力倡先践行法律,以反对有法不依,对法律的忠诚感,法律教义学的方法,缺一不可;再在践行中反思法律,以反对法条主义,这要兼具法哲学的批判和创新精神;最后形

① 葛洪义:《法律的实践属性与旨趣》,载《浙江社会科学》2020 年第 5 期。

② 参见钱弘道:《中国法治实践学派的兴起与使命》,载《浙江大学学报(人文社会科学版)》2013 年第 5 期。

成新的法,达致合理的秩序”①。

我们认为,以上这些观点均属于宏观层面的研究,具有一定的合理性。然而,与这些理论不同,实践主义法学所主张的是中观层面的理论。一方面,与宏观理论不同,它的理论基础是具体的部门法。换言之,它是以部门法的研究为基础而抽象出来的法学理论,而不是基于宏观的理论言说来建构的理论,两者的理论基础不同。需要指出的是,实践主义法学又不同于部门法的研究,它在后者的基础上进行一定程度的抽象。在一定意义上,可以认为它更多的是或主要是一种法理学或法哲学的研究,而不是部门法研究。另一方面,它也不同于微观层面的理论,后者主要是对司法实践的研究,即通过解释论对法律的适用问题进行研究。② 它与微观研究的共同之处是对法律实践的强调,不同之处在于前者是中观层面的研究,是在微观法律实践的观察的基础上进行了理论提炼和抽象。因此,实践主义法学是基于具体部门法及其法律实践进行的理论抽象,是一种中观层面的理论。

4. 实践主义法学对研究对象和方法秉持开放的态度

在法学的学科争论中,判断一个学科独立性的标准是具有明确的调整对象和调整方法。尽管这一划分具有一定的道理,但实践主义法学未采取此种学科划分的标准。在实践主义法学看来,在范围上,所有法律实践都可以构成其研究的对象,不仅具有法律条文依据的法律实践,也包括在法律法规出台之前就已经存在的法律实践,甚至还包括可能会出现的某种趋势。这一范围不仅反映了法律实践的复杂性、不规则性和变动性,而且可以为理论创造提供足够丰富的素材。在性质上,不仅包括与法律规定相一致的法律实践,也包括背离法律规定的法律实践。这是因为法律实践既具有历史性,又具有发展性,是两者的相统一。

在研究方法上,实践主义法学不受限于某一研究方法,无论是比较法、法

① 郑永流:《实践法律观要义——以转型中的中国为出发点》,载《中国法学》2010年第3期。

② 例如,笔者对肖像权和声音保护的研究,参见王绍喜:《〈民法典〉时代声音保护的解释与适用》,载《法律适用》2023年第6期;王绍喜:《〈民法典〉时代肖像权保护解释论》,载《法律适用》2021年第11期。

律的实证分析、历史研究方法还是法律的经济分析等方法，都是兼容并包的。在这点上，实践主义法学与新现实主义法学极为类似，后者强调大杂烩的研究方法，不认为某种方法是法律问题的最佳"答案"，各种方法可以共存，针对的是各个特定的问题。① 对于实践主义法学而言，方法的使用在一定意义上是实用主义的。在这里，笔者借用詹姆士的实用主义观，即认为实用主义是一种方法，而不代表具体的结果，实用主义使所有的理论灵活起来，发挥各自的作用。② 只要是有助于观察法律实践，有助于法学理论的建构，各种方法都是可以使用的，因为毕竟方法服务于目的。之所以对研究对象和研究方法采取开放的态度，是因为已有的研究过分受限于部门法和学科之间的封闭性。而且，对于法律系统的闭合性，我们需要保持开放的认知，理解法律与其他系统之间的关系。③ 实践主义法学是针对法律实践建构的法学理论，它以实践中出现的问题作为分析的对象，而不是将某种理论假定作为前提。实践主义法学要克服的一个问题，就是"一亩三分地"的局限性。

最后，需要澄清的是，这里提出的实践主义法学并不是排他性的，它是针对我国法理学研究现状和中国问题提出的一种理论。实际上，它并不反对从其他的研究进路对法理问题进行研究。例如，它同样认为对于法理学的基本命题的研究有着重要的意义，只是它认为这些研究也只是法理学研究的一个部分，而不是全部。实践主义法学所试图做的，是借鉴现实主义法学对于法律实践的强调，从"行动中的法律"的角度切入，切实理解和把握中国的法律实践，回应中国人的生活需求。就此而言，它与汉语法学也有共同之处。就观察实践的方法或手段而言，它与法社会学的研究也有类似之处。因此，即使目前建构的实践主义法学不是完善的，但它可以是而且应当是一种研究的方法。通过这种方法，我们可以建构一种以中国的本土实践为基础的、能够与西方法

---

① See Elizabeth Mertz, *New Legal Realism: Law and Social Science in the New Millennium*, in E. Mertz, S. Macaulay & T. Mitchell eds., The New Legal Realism, Vol. 1, Cambridge University Press, 2016, p. 4－5.

② 参见[美]威廉·詹姆士：《实用主义》，李步楼译，商务印书馆 2012 年版，第 31～32 页。

③ 参见郑戈：《再问法学是一门社会科学吗？——一个实用主义的视角》，载《中国法律评论》2020 年第 4 期。

学进行沟通对话的法学,而避免那种过于浪漫的本土资源或与政治无法分开的政治法学。我们认为,至少这应当是中国法理学发展的方向,它的目光在中国实践和国外法学之间不断移动,既不夜郎自大,也不妄自菲薄,感到自卑。

结 语

在前文,笔者分别对现实主义法学的代表人物卢埃林、穆尔、道格拉斯、格林和弗兰克的法律思想进行了讨论,涵盖现实主义法学的界定、特征、核心命题、法学方法论等。他们对法的现实性和现实中的法的探索和思考,深化了我们对法的认识与理解。这对于当今的中国尤其有价值。一方面,我国已经建立起较为完善的立法体系,我们对立法和法教义学的强调,使我们书本上的法与行动中的法的区分更加模糊。我们甚至倾向于认为立法或法律就是研究的中心,这导致我们缺乏对法的现实性的思考。更重要的是,这导致我们在很大程度上忽视了现实中的法——当我们强调某个领域的立法之完善时,我们对于它们的实际效果知之甚少。另一方面,随着我国法学学者自主性和自觉性意识的加强,我们需要依据中国本土的实践去建构自己的理论。在这一过程中,我们或许不一定非要以现实主义法学为依据,但是现实主义法学对法的现实性和现实中的法的有益探索,可以为我们提供理论上的启发。在对实践的观察和思考方面,或许还没有那个法学流派能够提供如此之多的真知灼见。这是本书孜孜不倦对法的现实性和现实中的法加以辨析的初衷所在。在一定程度上,本书是笔者对所想问题的一个自我解答。

从现实主义法学对法的现实性和现实中的法的探索,我们可以得出以下几点基本结论。

第一,关注和强调现实中的法。现实主义法学是由一群具有法律实践经验的学者和律师发起的对以往正统法学理论的批判和思考,他们反对将法律规则作为研究的中心,强调法的现实性和现实中的法,目的是提升法律的可预见性。因此,他们或是对法官、政府官员、律师、当事人的行为及其互动进行观察和强调,以发现现实中的法,或是对理论与实践的相脱离提出批判,或是要求对现实中的法进行变革。在这些背后,是他们对于法的现实与法的实践相适应的追求,是对法治政府下法的可预见性和确定性的追求,体现了法治和民主的一面。

第二,倡导法律的社会科学研究。为了揭示法的现实性和现实中的法,这些学者的一个共同点是采用了从社会科学的角度对法律进行研究,即融合法律和社会科学两者的研究,为此,他们运用了社会学、人类学、统计学、心理学等方法来揭示和分析法的现实性和现实中的法。这些研究方法在当时是很前沿的,尽管在今天看来存在一些局限和不足,但其开创精神和方向是值得肯定的。

第三,主张理论和实践相结合。这些学者不满于纯粹的理论研究,而主张理论和实践相结合。他们的研究不仅影响了他们所在时代的理论和司法实践,而且对后来甚至是今天的理论还具有借鉴意义。例如,卢埃林对美国商法理论、道格拉斯对美国破产法理论、格林对美国侵权法理论都产生了重大的影响。因此,在我们强调理论创新和自主法学理论研究体系构建的今日,现实主义法学学者的贡献可以为我们提供一个成功的范例。

第四,勇于改革和创新。这些学者敢于对权威的和正统的理论提出挑战。他们或是通过理论论战提出和形成独创性的理论,或是通过法律实证调查提出新的理论观点,或是结合自己的理论研究对立法或立法改革作出创新,或是对法学案例教科书编写作出改革,或是倡导对法学教育作出改革。这些改革和创新不仅促进了理论的发展，而且影响了实践。这些对于我们今天审视理论创新和改革发展仍有启示意义。

在结束本书的写作之时，笔者想起了沈宗灵教授。笔者在书中多次提到沈宗灵先生，本书最后也以沈先生来结束。如前所述，沈先生可能是我国法理学界对现实主义法学有最深入了解的学者。除了本书前面说过的两篇论文和《现代西方法理学》这部法律人书架上几乎是“必备的”专著，沈先生还对批判法学作了研究。让我惊讶的是，沈先生介绍了该学派对现实主义法学的继承与批判。他对批判法学的研究是比较深入的，甚至比他对现实主义法学的研究还要深入。例如，他从政治或理论倾向的角度将批判法学的代表人物分为三类，即反形式主义的左派法学家、新马克思主义法学家以及西方马克思主义法学家，并对其代表人物的思想进行分析。[①] 这一思路与本书第一章的分析思路不谋而合，而笔者是在撰写结语部分时才注意到沈先生的这一篇论文。

沈先生已经仙逝，他对中国法理学作出了重要的贡献，值得我们尊敬和缅怀。正如沈先生的学生齐海滨博士所言，沈先生对现代西方法哲学和比较法总论的研究成果是国内学术界的开山之作，“他在这两个领域的开创性工作对当代中国法理学的建设具有虽然间接但却重要的意义，即在一定程度上突破了法学研究的封闭状态，为法学理论的开放提供了必要的准备”[②]。与此同时，他写于20世纪80年代的一些观点（包括对现实主义法学的论述）依然留在他的《现代西方法理学》里，成为一种“通说”。这种通说对于法律学习是有帮助的，它的价值不容否认，但对观点的陈列和评论难以让人完整地理解一个人的思想，更不要说这些人为什么以及如何提出这种或那种思想的，对于现实主义法学的知与行的揭示就更少了。一代人有一代人的使命，一代人有一代人的担当。在缅怀沈先生并向沈先生致敬的同时，或许是时候对现实主义法学或整个法理学作出知识更新了。在今日的学术界，所面临的似是20世

① 参见沈宗灵：《批判法学在美国的兴起》，载《比较法研究》1989年第8期。

② 齐海滨：《受教燕园——为沈宗灵老师执教50周年而作》，载沈宗灵、罗玉中、张骐编：《法理学与比较法学论集——沈宗灵学术思想暨当代中国法理学的改革与发展》，北京大学出版社、广东高等教育出版社2000年版，第1115页。

纪初期的问题,“一面当破中外之见,而一面毋以为政论之手段”①,如果将学术视为手段而不是目的,则难有学术的发达。

君以为然否?

① 王国维:《论近年之学术界》,载姚淦铭、王燕编:《王国维文集》(第3卷),中国文史出版社1997年版,第37页。

附录一　现实主义法学先锋卢埃林*

在20世纪二三十年代美国兴起的现实主义法学运动中，卡尔·卢埃林(Karl N. Llewellyn)无疑是先锋人物。卢埃林才华横溢，特立独行。他反对将法律规则作为法律学习和法学研究的中心，他质疑法学院将“像律师一样思考”作为唯一的训练方式，他主张在法律课程中增加非法律素材，他在法律领域一直与印证癖(Cititis)做斗争。美国法史学家劳伦斯·弗里德曼(Lawrence M. Friedman)认为：“卡尔·卢埃林……是美国最杰出、古怪、多产的法律思想家。”(参见氏著《二十世纪美国法律史》，周大伟等译，北京大学出版社2016年版，第467页)近年来，随着《普通法传统》和《荆棘丛》中文译本的陆续推出，我国学者越来越关注卢埃林的法律思想。这是一个比较可喜的现象。本附录介绍卢埃林的生平，或许有助于理解卢埃林的法学思想。

耶鲁岁月

1893年5月22日，卢埃林出生于美国西部华盛顿州

---

* 关于卢埃林的身世，主要依据 William Twining, *Karl Llewellyn and the Renlist Moverment* 一书。

的西雅图市。卢埃林的父亲威廉·卢埃林(William Llewellyn)是具有威尔士血统的第一代美国移民,母亲珍妮特·乔治(Janet George)则来自美国的新英格兰地区。卢埃林的父亲是一名商人,因1893年的美国经济大恐慌而破产。于是,卢埃林举家迁往美国东部的大都会纽约市。卢埃林在纽约市的布鲁克林区完成小学和中学教育。对于这段时间的学习和生活,卢埃林并没有过多的记忆或描述,保存下来的相关资料也很少,因此我们对于他的这段经历所知不多。卢埃林很早就开始留学。1908年,在父亲的帮助下,卢埃林在德国的梅克伦堡学习了3年。1911年9月,卢埃林进入耶鲁法学院学习。受其好友汉斯的影响和劝说,卢埃林在1913年到法国索邦大学学习拉丁文、法语和法律。1914年春,卢埃林回到耶鲁大学。正是在此期间,卢埃林产生了致力于学术研究的想法。在耶鲁大学期间,威廉·萨姆纳(William G. Sumner)对卢埃林有很大的影响。萨姆纳是耶鲁大学当时极负盛名的社会学教授,其代表作品是《民俗:论惯例、风度、风俗、德范和精神的社会学意义》(*Folkways: A Study of the Sociological Importance of Usages, Manners, Customs, Mores and Morals*)。从耶鲁大学毕业后,卢埃林进入了耶鲁法学院。与哈佛法学院和哥大法学院相比,当时的耶鲁法学院名气还不是那么显赫。当时的耶鲁法学院正处于转型时期,有点青黄不接。由于受到第一次世界大战的影响,耶鲁法学院招生规模比往年要少很多,但师生之间的关系极为融洽、紧密。1916年,卢埃林凭借优秀的成绩脱颖而出,被选为《耶鲁法学杂志》的编辑。1918年,卢埃林以优等生的成绩毕业。

在耶鲁法学院期间,有两位老师成为卢埃林的偶像,一位是法理学家霍菲尔德(Wesley N. Hohfeld),他的代表作品是《司法推理中应用的基本法律概念》,对英美法理学产生了较大的影响(在我国,中国政法大学的王涌教授曾借助霍菲尔德的概念分析理论建构民法上的所有权理论)。霍菲尔德的法律概念分析理论对卢埃林产生了重要的影响。在《荆棘丛》中,卢埃林对他老师的法律理论再三致意。不幸的是,霍菲尔德英年早逝,年仅38岁。霍菲尔德的逝世对卢埃林来说是一个很大的打击。卢埃林不仅亲自写了讣告,还组织学生去接替霍菲尔德的课。

卢埃林的另一位偶像是合同法巨擘亚瑟·科宾(A. L. Corbin)教授。科宾的巨著《科宾论合同》是继塞缪尔·威利斯顿(Samuel Williston)的著作之后的集大成者,成为研究美国合同法不可不读的著作。据英国学者威廉·特文宁(William Twining)教授的研究,卢埃林没有上过科宾的合同法课(因为他之前修过合同法课程),但卢埃林因为担任《耶鲁法学杂志》的主编而结识科宾。卢埃林和科宾亦师亦友,交往甚密,直至生命的最后一刻。可以说,这是美国法学界师生情谊的一段佳话。无论是在学术还是友情方面,科宾都对卢埃林产生了持续的重大影响。毕业后,卢埃林将科宾称为他的“法律之父”。在发表的一系列重要的论文里,卢埃林不吝笔墨多次引用他的老师的研究。而科宾在追忆卢埃林时称卢埃林不仅是他的学生,也是他的儿子,并对卢埃林的学术贡献予以高度评价。

1918 年,一次偶然的机会使卢埃林接替其同事讲授商法,成为法学院的正式老师。虽然在某种意义上卢埃林将商法作为其研究领域属于偶然,但考虑到他与科宾和库克(Cook)等商法老师的关系,可以说是偶然中的必然。然而,由于感觉到缺少实践经验和教学过于理论化,卢埃林转向法务工作。在经历了两年工作之后,1922 年卢埃林重新回到母校耶鲁法学院,担任助理教授。1923 年,卢埃林被提升为副教授。

哥大商法巨子

本来,卢埃林是打算一辈子待在耶鲁法学院教书的。不巧的是,1924 年,他与正在哥大读经济学研究生的女友伊丽莎白·桑福德(Elizabeh Sanford)结婚。为了满足伊丽莎白留在纽约的要求,卢埃林转职哥大法学院(可惜这段婚姻仅仅持续 6 年)。在哥伦比亚大学,卢埃林迎来了他的学术巅峰期。

刚到哥伦比亚大学时,卢埃林讲授合同法和动产买卖法。可以说,买卖法是卢埃林最先关注的领域。作为授课的成果,1930 年他出版了《买卖法案例与资料》(*Cases and Materials on the Law of Sales*)。这本教科书与当时流行的案例法教科书有着很大的不同:一方面,他收集了 680 个案例,篇幅比以往的案例书都要庞大,而且他选择的案例有相当部分是近 10 年的案例;另一方面,他增加了很多法律之外的资料。对于后者,在当时是颇有争议的。正如卢埃林在

《荆棘丛》中所说的，有的学者认为这是对法学院传统课程的捣乱。但是，有学者高度评价此书，认为该书具有里程碑意义，是最早背离兰德尔案例教学法的教科书。

1931 年，卢埃林出版了《荆棘丛》。此书是他在哥伦比亚大学授课的讲义，原先由 8 个讲座组成，后来扩大至 10 个。尽管《荆棘丛》是卢埃林早期的作品，但它旗帜鲜明地表明了他的法律思想。《荆棘丛》涵盖判例法、法律实践、法学教育等方面的内容，影响极大。在该书出版的同一年，杰尔姆・弗兰克(Jerome N. Frank)评价道："这本书以最为平实的用语讨论了某些最有难度和最重要的法律问题。"美国艺术与科学院院士、威斯康星大学法学院的斯图尔特・麦考利(Stewart Macaulay)这样评价《荆棘丛》："只要是对法学院或法律感兴趣的人，都应该读一读《荆棘丛》。"与此同时，也有不少反对者对该书提出评判，其中最常引用的一段话是："这些官员在处理纠纷时的所作所为，在我看来，即为法律。"在 1951 年《荆棘丛》再版时，卢埃林对该句话被片面引用仍然耿耿于怀，认为批评者大多是断章取义，对他在该书中的其他表述视而不见。

在哥伦比亚大学期间，卢埃林对法理学的思考得以深化。1930 年，卢埃林在《哥伦比亚法律评论》发表了著名的论文《现实主义法学：下一步》，为现实主义法学摇旗呐喊。可以说，这是现实主义法学的纲领性文件。它首次提出了现实主义法学是一种方法，并对这一阵营的学者的理论进行了梳理。1931 年，卢埃林在《哈佛法律评论》上发表《对于现实主义的现实主义》，与当时的法学泰斗哈佛法学院院长罗斯科・庞德(Roscoe Pound)教授进行论战，提出了现实主义法学的 9 个特征。卢埃林和庞德的论战为当时美国法学界的重要学术争论。对于庞德和卢埃林的法律思想，我国已故著名法理学家沈宗灵教授指出，以庞德为代表的社会法学和现实主义法学极其相似，两者均是美国土生土长的、占主导地位的法学(见氏著《现代西方法理学》，北京大学出版社 1992 年版，第 309 页)，可谓一语中的。

除了授课和法学研究，卢埃林在哥伦比亚大学期间还有一项重大的贡献，即主持美国《统一商法典》的编纂。作为《统一商法典》的主报告人，卢埃林参与了该法典的规划、设计和统稿。特文宁教授对于卢埃林在该法典编纂过程中所起的作用予以高度评价，认为卢埃林不仅贡献了他的整体思想，他的贡献还表现在他善于组建团队，灵活地对待各种提案并进行整合。科宾教授更是赞叹有加，认为卢埃林撰写的 275 页的意见为《统一商法典》奠定了基础。卢埃林因为主持该法典的起草而在美国立法史上留下浓厚的一笔。哥伦比亚大学合同法权威法恩斯沃思（E. A. Farnsworth）教授也认为，卢埃林的一大贡献是主持美国《统一商法典》的编纂。在某种意义上，卢埃林在推动哥伦比亚大学成为美国商法研究重镇方面功不可没。无怪乎，卢埃林在《荆棘丛》中如此踌躇满志——哥大法学院是美国最好的法学院。

芝加哥大学的最后日子

在主持美国《统一商法典》期间，卢埃林任命哥伦比亚大学的校友、纽约律所合伙人索亚·门契科夫（Soia Mentschikoff）作为助手。在工作中，两人相互支持，并于 1946 年结为伉俪。这是卢埃林的第三段婚姻。第二段婚姻发生在 1933 年，维持了 13 年。作为卢埃林的助手和副主报告人，门契科夫在美国《统一商法典》制定过程中起了很大的作用。在卢埃林逝世后，门契科夫在推动商法典的普及和接纳方面做了很多重要的工作。她自己在商法方面也颇有造诣，成为第一个被聘请到哈佛大学法学院访学的女性（当时法学院尚未允许招收女生）。1951 年，卢埃林辞去哥伦比亚大学的职务，与门契科夫接受芝加哥大学的联合任命，开始在芝加哥大学法学院任教。

卢埃林之所以转向芝加哥大学法学院，可能与他所仰慕的爱德华·列维（Edward H. Levi）教授主持该法学院有关。列维教授时任法学院院长，其重要的著作是《法律推理引论》（见庄重的中译本）。列维的目标是使芝加哥大学法学院成为中西部地区第一个敢与美国东部地区法学院叫板的法学院，并为此而招募各路英才［1960 年列维曾邀请在耶鲁法学院任教的法和经济学的开创者圭多·卡拉布雷西（Guido Calabresi）到芝加哥大学法学院工作，但被后者拒绝。见郑戈：《功能分化社会的法学与经济学——圭多·卡拉布雷西与〈法和经济学的未来〉》，载《中国法律评论》2019 年第 2 期］。特文宁教授认为，卢埃林转往芝加哥大学法学院是成功的，因为卢埃林得以将主要精力放在法理学研究上，而这是他一直想做的。

在芝加哥大学法学院期间，卢埃林出版了《普通法传统》（见陈绪纲等人的中译本）。这本书是卢埃林30年研究的结晶，奠定了他在美国上诉案件研究领域的权威地位。1960年，《普通法传统》获得美国哲学学会颁发的亨利·M.菲利普斯奖（该奖项设立于1888年，用于奖励在法学和哲学领域最有价值的论著）。晚年的卢埃林孜孜不倦，还在研究社会法学。令人遗憾的是，卢埃林的著作《我们社会中的法律》最终未能完成。此外，卢埃林未写完的著作还有《规则理论》[见费德里克·肖尔（Federick Schauer）所编的、由芝加哥大学出版社出版的英译本]。1962年，卢埃林病逝于芝加哥，享年69岁。

志趣与才华

凭借出色的研究，卢埃林在美国法律思想史上占有一席之地。在我们阅读卢埃林的著作时，不仅要看到他的学术贡献，也要研究其志趣和才华，因为后者可能是引发前者的重要动因。在特文宁教授看来，卢埃林是同时代最多产和最有创造力的法律学者，是少有的法律诗人，卢埃林的法律理论个性鲜明，其文风犹如具有异国情调的散文。斯图尔特·麦考利教授也认为，卢埃林是一个才华横溢的人，并对《荆棘丛》予以高度评价（参见笔者译《荆棘丛：我们的法律与法学》中文版引言，中国民主法制出版社2020年版）。

卢埃林的志趣和才华在《荆棘丛》一书中有着充分的体现。他的才华之一体现在文学方面。在《荆棘丛》中，我们不仅看到卢埃林如数家珍般地引用莎士比亚的作品，他还频繁地引用美国“爵士时代”代言人、著名作家菲茨杰拉德（Fitzgerald）的作品。卢埃林喜欢写诗，出版过一本诗集。他创作了一首名为《普通法传统》的民谣（后来卢埃林以其作为书名）。在《荆棘丛》一开始，卢埃林借用《鹅妈妈童谣》作为全书的寓意，提示法律学习要披荆斩棘，克服各种困难。在《荆棘丛》中，卢埃林还对诗人桑德堡（Carl Sandburg）在《律师知道得太多了》这首诗中所描绘的律师形象提出批评，为美国普通法的传统进行辩护。

卢埃林的另一个才华体现在他对社会学的应用上。如前所述，在耶鲁学院期间，社会学引起了卢埃林的兴趣。卢埃林对他的老师威廉·塞内和凯勒（A. G. Keller）极为崇拜，他对麦克思·韦伯（Max Weber）和埃尔利希（Ehrlich）的社会学思想相当了解。直到卢埃林去世之前，他还在构思他的大作《我们社会中的法律》。而卢埃林与人类学者霍贝尔(E. A. Hoebel)合著的《夏安族人的方式:原始法理学中的冲突与判例法》(*The Cheyenne Way*: *Conflict and Case Law in Primitive Jurisprudence*)开创了法律学者和社会学者合作研究的典范。他的《买卖法案例和资料》也体现了他从法律之外的素材观察法律的思路。可以说,卢埃林从社会学的角度来研究法律,成功地做到了跨学科研究。

卢埃林还热衷于戏剧。在《荆棘丛》中,他劝告学生不仅要学习法律,还要欣赏戏剧、音乐和美术。对于哲学,卢埃林也极为关注。卢埃林的一个偶像是哥大哲学系的约翰·杜威(John Dewey)教授(此人是我国著名学者胡适先生的业师)。杜威教授一生著作等身,是美国当时实用哲学的权威人物。据说,当年在哥大时,卢埃林认为对他的最高赞誉是称他为“小杜威”。或许,正是集多种志趣与才华于一身,才造就了特立独行的卢埃林,从而为美国法学留下了一笔丰厚的法律遗产。或许,这是我们今天阅读卢埃林的最重要启示。(原载《法治周末》2019年6月12日第13版,收入本书时有修改)

附录二　道格拉斯,不该被遗忘*

在今天,很多人可能已经不知道威廉 · 道格拉斯(William Douglas)是谁了。但是,道格拉斯不应被遗忘。

说起道格拉斯,就不能不提20世纪二三十年代在美国兴起的现实主义法学。道格拉斯被遗忘,可能有两个原因:一是现实主义法学在我国所面临的窘境,在某种意义上现实主义法学在被引介入我国伊始就被"判了刑",它几乎等同于破坏法学,鲜有人问津;二是我国学者在对现实主义法学进行阐释时,普遍关注的是弗兰克和卢埃林。

众所周知,弗兰克作为现实主义法学的代言人,出版了《法律与现代精神》。卢埃林则以《荆棘丛》《普通法传统》奠定了现实主义法学大师的地位,他因主持编撰美国《统一商法典》而名留青史,该法典也因此被称为"卢埃林法典"。

毋庸置疑,弗兰克和卢埃林是现实主义法学的核心成员。然而,作为一种思想运动,现实主义法学群体远远不

---

* 关于道格拉斯的身世,主要依据其自传 *Go East, Young Man: The Early Years* 和 *The Court Years: 1939 – 1975*。

止这两人。尽管学者对于该群体成员应包括谁纷争不断，但基本上认为道格拉斯是现实主义法学阵营的主要成员，他对现实主义法学的发展功不可没。

坎坷人生：因囊中羞涩不得已退学

从个人经历上看，道格拉斯可以说是美国梦的一个缩影。道格拉斯1901年出生在美国西部的缅因州，在家中排行第二。在加利福尼亚州短暂停留后，道格拉斯随同家人在克利夫兰定居。

不到6岁时，道格拉斯的父亲因病逝世，他母亲将3个孩子抚养成人。道格拉斯从小就尝到生活的艰辛——在上小学时他就开始打零工赚钱。1912年，他就读于亚基马中学，上学的费用是靠打工赚来的。1916年，道格拉斯以年级第一名毕业，获得全额奖学金入读惠特曼学院。

道格拉斯说，他之所以没有像很多人那样申请华盛顿大学，是因为在惠特曼学院可以做兼职。1920年，在惠特曼学院毕业后，为了支持姐姐和弟弟，道格拉斯回到亚基马中学教授英文、拉丁文和公共演讲。

在中学教学的过程中，道格拉斯开始对法律感兴趣，他旁听了一些法院审判。1922年，他申请哈佛法学院，获得录取通知书。后因参加一个公共活动遇到执业律师唐纳德（Donald），而唐纳德是哥大法学院的毕业生，他劝道格拉斯申请哥大法学院，因为上哈佛法学院要准备一大笔费用。唐纳德给道格拉斯写推荐信，帮助他进入哥大法学院。

1922年9月，当道格拉斯几经周折来到美国纽约市时，他几乎身无分文，幸好得到中学校友的借款，他才解了燃眉之急。然而，因付不起学费和住宿费，刚到哥大法学院没多久的道格拉斯就面临被退学的境地。

道格拉斯不得已找到当时的哥大法学院院长哈兰·斯通（Harlan Stone），请他出主意。斯通建议他先退学，找到工作后再回法学院读书。后来，通过在一家函授学校上法律课，道格拉斯支付了学费和住宿费。

1923年，还在一年级就读的道格拉斯进入《哥伦比亚法律评论》编辑部，三年级时担任该期刊编辑。根据他的自传《年轻人，到东部去》，他在哥大法学院所学甚多，特别是认识了一批优秀的教授，包括现实主义法学的另一位重要学者安德希尔·穆尔（Underhill Moore）教授和后来与他在美国最高法院一起共事的斯通院长。

在哥大法学院毕业后,道格拉斯选择在纽约的一家律所工作,他表现不错。第一年的年薪是1800美元,第二年便涨了一倍。得知他即将离开律所,该所合伙人以5000美元年薪进行挽留,但他还是回到家乡的一家律所工作。

因对工作感到不满意,1927年道格拉斯返回母校哥大法学院,担任助理教授。1928年,在哥大法学院院长史密斯(Smith)任命风波之后,道格拉斯在耶鲁法学院谋得一份教职。当时的道格拉斯就很被看好,他与哈佛大学的兰迪斯(Landis)一样,被认为是东部法学院同年龄段最有发展潜力的学者。

声名鹊起:对企业破产进行实证研究

作为现实主义法学阵营的一员,道格拉斯似乎与其他学者并无二致。道格拉斯从事教学科研工作。他编著案例法教科书,倡导法律教学改革,撰写了多篇颇具影响力的公司法、证券法和破产法方面的论文。与其他学者不同的是,在耶鲁大学跨学科研究基金的资助下,道格拉斯针对美国企业破产开展实证研究,他主张从功能主义的角度对企业破产进行分析。

功夫不负有心人。对企业破产的实证研究,使道格拉斯从一名只是有潜力的学者转变为全国知名的学者。事实上,在1933年,道格拉斯在耶鲁法学院被认为与他之前的老师穆尔齐名。由于担心被芝加哥大学挖走,耶鲁大学以高薪聘请他为斯特林讲席教授,其薪酬超过当时的耶鲁法学院院长克拉克(Clark),其在当时的学术地位由此可见一斑。《法学院》一书的作者史蒂文斯(Stevens)指出,真正让耶鲁法学院在20世纪30年代声名鹊起的,正是道格拉斯。

此外,作为现实主义法学学者,道格拉斯积极参与罗斯福政府推行的新政。在耶鲁法学院任教期间,道格拉斯承担了美国证监会关于企业破产保护委员会的研究。1936年,他被任命为美国证监会的第二任主席。同时,道格拉斯仍然在耶鲁法学院教书。为此,道格拉斯经常奔波于华盛顿和纽黑文之间。

1939年3月15日,耶鲁法学院提议任命道格拉斯为院长。为了打消其他同事的顾虑,道格拉斯表示他将离开美国证监会回到法学院任教。同时他提出,如果被任命为美国最高法院的法官,他将接受该工作。

1939 年 3 月 20 日，美国总统罗斯福提名道格拉斯为美国最高法院法官，道格拉斯最终接受了该提名，成为美国最高法院的法官。道格拉斯在美国最高法院任职 36 年，影响极大，在涉及美国宪法第一修正案自由权、环境权和劳工保护方面留下了一笔珍贵的遗产。

显然，道格拉斯作为美国最高法院法官的经历是显赫的，值得大书特书。道格拉斯在他的自传《法院岁月：1939—1975》一书中对此有描述。在纪念道格拉斯时，美国最高法院的官方记录对他赞叹有加。

然而，在这里，笔者想强调的是作为学者的道格拉斯，尤其是他在商法领域研究的突出成就。如前所言，在我国道格拉斯似乎还没有受到关注。笔者认为，对现实主义法学的理解，应当建立在对该群体重要成员思想的准确描述的基础之上。恰恰是在这方面，道格拉斯为我们提供了一个理解现实主义法学的极佳视角。

法学主张：从事实背景、经济和社会后果来理解法律

作为现实主义法学阵营的重要成员，道格拉斯认同现实主义法学的基本立场，即对法律概念持有怀疑的态度。与弗兰克不同，道格拉斯是在部门法的研究中对概念提出批判的。在阐释商业组织时，道格拉斯认为太多的关注放在企业作为工具的方面，而不是这一工具所要履行的功能上。

道格拉斯指出，诸如代理、机构、工具、第二自我或拟制这样的概念是没有帮助的，它们自身需要界定。它们至多只是描述一个结果，而结果只有依据事实产生才是有意义的。因此，道格拉斯主张功能主义的观点，主张从事实背景、经济和社会后果来理解法律。

道格拉斯认为，事实非常重要，应当对事实有充分的理解。为了做到这一点，道格拉斯主张进行法律实证研究。道格拉斯以企业破产项目作为其研究的重点，其研究思路随着项目的扩展而逐渐得以呈现。

1928 年夏天，道格拉斯开始构思企业破产项目。1929 年，在美国商务部对该项目表示兴趣之后，道格拉斯在宾夕法尼亚州的费城地区开始了针对零售商破产的项目调研。之后，他通过企业破产接管的调研对康涅狄格州的破产效率问题展开研究。

由于纽约州1929年春发生的一起企业破产丑闻,道格拉斯被委托就破产管理进行比较研究,涉及英国和加拿大等国家。这份研究给道格拉斯带来了声誉,也为他后来的实证研究提供了支持。在美国商务部和新泽西州地区法院的支持下,道格拉斯对新泽西州企业破产的原因进行实证研究。随后,道格拉斯对马萨诸塞州波士顿地区的企业破产情况进行调查。

作为这些实证研究的成果,道格拉斯自己或与他人共同发表了多篇重要的破产法法学论文。1932年,道格拉斯在《耶鲁法学杂志》发表的《破产的某些功能性问题》,针对会计记录、汽车事故判决、投资性赌博和奢侈消费、可归责的企业过失以及之前破产的情形进行了详细的解释。

在随后发表的关于企业破产项目的分析中,他和合作者对进行法律实证研究所采取的方法及其局限作了描述,在当时产生了很大的影响。道格拉斯关于企业破产的研究是前沿性的。曾任耶鲁法学院院长的哈钦斯(Hutchins)认为,道格拉斯是美国最杰出的法学教授。从刊物发表的情况来看,道格拉斯奠定了他在美国破产法研究的领先地位。

道格拉斯的研究能力不仅体现在破产法方面,他在公司法方面的研究也不可忽视。在《企业社团的功能性问题》一文中,道格拉斯强调应当从功能的角度去认识公司,即对公司的研究要从概念转向功能,这与现实主义法学的主张是相吻合的。

在《未进行指示的董事》一文中,道格拉斯分析了董事在公司中的作用,尤其是其与股东之间的关系。在该文中,他提出了董事对于股东具有信义义务,并对信义义务的具体内容及原因进行分析。

道格拉斯还主张对公司法的案例教材进行改革,将传统的公司法、代理法和合伙法依据风险、损失和管理整合为两门课,即《公司法和案例:管理》和《公司法和案例:损失》。当时,这一做法遭到了很多学者的抵制。如果从今天来看,这一建议是有道理的,因为公司法、代理法和合伙法现在通常作为一门课来讲授。艾森伯格(Eisenberg)教授撰写的案例教科书即以《公司与其他商业组织》命名,并为很多法学院所采用。

深远影响:“对美国证券法留下印记的学者”

道格拉斯在证券法领域的影响力同样不可低估。美国证券法权威路易斯·

罗斯(Louis Loss)教授在其《证券监管原理》一书中对道格拉斯作了高度评价，认为他是在兰迪斯之后“对美国证券法留下印记的学者”。在堪称经典的《1933年联邦证券法》一文中，道格拉斯对刚刚颁布的联邦证券法提出大胆和理性的批评，对该法涉及的市场主体的民事责任和刑事责任进行了详尽的分析。

道格拉斯不仅论述法律规定的某一主体是否应承担责任，论述其承担责任的范围，还论述了可能的抗辩事由、证券监管机构改革的必要性以及在现行法规定下该监管机构如何结合实际情况进行执法。

尽管没有采用功能性的关键词，但该论文无不充满功能性的色彩。例如，在该文中他认为，该证券法对合法业务的影响并不取决于法院对模糊不清条款的解释，而取决于企业的态度，这是现实。除此之外，道格拉斯还对证券再次发行和证券承销商进行研究。

与担任美国最高法院大法官的期限相比，道格拉斯担任教师的期限不算很长。从1927年正式加入哥大法学院到1939年去美国最高法院任职，不足12年。然而，道格拉斯的学者生涯对其在美国最高法院的工作助益很大。

但就学者而言，我们可以看到道格拉斯走出了一条独特的路。在研究立场上，道格拉斯持论公允，他强调对事实探寻的重要性，他对法律实践有深刻的洞见。在研究方法上，道格拉斯倡导法律的实证研究，开创了一时的风气。道格拉斯在商法的不同领域进行研究，作出了不俗的贡献，影响了美国证券法和破产法的改革。这些是我们今天在发现道格拉斯时所获得的教益，也是我们纪念他的意义所在。(原载《法治周末》2022年3月6日第12版，收入本书时有修改)

附录三　现实主义法学的法律实践观

在法学教育中，无论是大陆法系还是普通法系，理论知识的传授都是一项重要的内容。在大陆法系，法学知识的传授基本上是通过课堂讲授的方式来进行的，重心在于知识的系统性。在普通法系，尤其是美国，苏格拉底式的案例法教学则成为法律教育的基本方法。由于强调“像律师一样思考”的法律思维，在美国法学院的课堂上更加强调提问、质疑和反驳。客观来说，在法学教育方面，大陆法系和普通法系之间的不同只是程度上的差异。例如，大陆法系以讲授法律条文和法学理论为主，同时会涉及司法案例。而在美国，由于遵循判例法的传统，课程讲授更多的是讨论案例，而不是解读法律条文。但是，无论哪个法系，都面临如何认识法律实践这一问题。本附录以美国现实主义法学家卡尔·卢埃林的《荆棘丛：我们的法律与法学》(中译本，王绍喜译，中国民主法制出版社 2020 年版)为基础，探讨现实主义法学的法律实践观，并揭示其对认识我国法律实践的启示。

什么是法律实践

在现实主义法学兴起之前，占据美国法学院中心地位的是对法律原理的阐释与传授。在方法上,则以哈佛法学院院长兰德尔倡导的案例法教学为基本方法。无论是在教学上还是科研中,法律规则都处于中心的地位。“……对于大部分的思想家而言,规则是法律的中心。”(第46页)这种“法律规则说”使法科学生们相信法律规则。他们要么认为,法律规则就是法律实践,只要法律规则发布了,就会被遵守;要么认为,即使法律规则没有被遵守,那也是法律实效的问题,不是法律规则的问题。正如卢埃林所说的:他们认为,“将法律秩序以有序一致的方式进行编排是法学家的事儿;对于法律规则的争论、将法律规则适用于手头的案件找出极好的解决方法,那是法官和律师的事儿”(第46页)。

在现实主义法学看来,“法律规则说”是有问题的。首先,在法律实践中,具有不同层次的规则,不同规则之间可能会发生冲突,认为法律规则总是会被遵守的观点是不现实的。其次,在法律实践中,法律规则自身可能具有不明确之处,要么是过于宽泛,要么缺少严格的界定,要么缺乏明确的认定标准。此时,必须通过探讨立法机关的意图或者咨询立法机关的官员,否则将难以正确适用法律规则。再次,尽管越来越多的人认识到司法案例的重要性,但是在考察案件的事实时,原始事件的事实已经被双方的律师或多或少地、带有技巧地筛查过,案件陈述的事实与案件事实相距较远(第80页)。因此,要理解法律规则的含义,我们通常需要借助判决意见书之外的事实(第82页)。复次,在司法案例之外,存在许许多多的通过其他方式解决的纠纷,因此,即使是从司法案例得出的认识,也不是法律实践的全部,而需要认识实践中未进入司法程序中的诸多情况(第57页)。最后,由于法律规则可能会滞后于社会经济生活的发展,在法律执业时,应当关注的是法律发展的趋势或方向,此时,需要积极地去影响立法的方向或者为了客户的利益去说服某一方案的合理性。

在针对“法律规则说”进行批判后,卢埃林提出了现实主义法学的法律实践观。

第一,强调社会因素对法律的影响。在现实主义法学看来,社会因素对于理解法律具有重要的作用。卢埃林指出:“……即使是作为辩护律师,他也要不遗余力地了解社会生活知识的方方面面,因为法律在其中发挥着作用。”(第

59 页）法科学生要认识到社会因素对于法律实践的影响："打算执业的律师不仅要知道法律规则……还要知道社会生活、客户的需求和法律实践的情况。总之，他要知道其要塑造的工作情景和在塑造该情景时所要参照的法律，否则就执不了业。"（第 58～59 页）

第二，强调官员行为的重要性。现实主义的一个论断是，官员对于纠纷的所作所为就是法律。如果脱离具体语境来看，这一断言似乎过于绝对。但是，现实主义法学所要表述的是，法律官员的所作所为非常重要。"法律官员的所作所为影响到你们能够做什么，影响到你们如何能有效地实现你们所想要的。"（第 56 页）人们不应满足于法律是如何规定的，也不要满足于法律官员是如何说的，而是要观察他们是怎样做的。"理解法官所说的就仅仅是工作的开始，你们应当将他们所说的与他们所做的加以比较，你们应当观察他们所说的与他们所做的是否一致。"（第 47 页）现实主义法学主张，应当从所说和所做的不一致中得出实用的、可行的法律建议。

第三，强调律师的主观能动性。现实主义法学指出，律师是普通人和官员的连接点，律师不仅要熟知法律规则，他还要理解当事人的需求，他还要对法律发展的趋势作出判断。作为业务顾问律师，应对法院如何处理案件作出预测，基于预测调整客户的行为，满足客户的愿望（第 58 页）。作为诉讼律师，在对判例作出判断时，"……你们将运用你们所知道的一切，包括每个法官或特定法院的倾向，甚至是行业的、当前情势下的或大时代的趋势在以后的案件中对于法院来说更为明晰和重要的任何东西"（第 127 页）。

第四，强调法律技艺的学习和传授。在 20 世纪 40 年代之前，美国法学界对律师职业和法律技艺的研究不多。现实主义法学十分强调法律技艺的重要性。一方面，现实主义法学指出，法科学生和律师要具有相应的法律技能，才能更好地发现法律的事实。另一方面，现实主义法学指出要重视法律技能的学习和把握。现实主义法学对发现案件事实、法律辩护、法律咨询、立法、合同谈判以及法律文书的起草提出了建议。例如，卢埃林指出："对于文书起草，我真不知道还有比这更难的技艺，还有比这更吸引人的技艺。"他进而提出，要考虑当事人的需求、自己所达到的目的，还要从对方律师的角度出发考虑可能遇到的麻烦(第170页)。现实主义法学在这方面的建议是非常接地气的。

如何认识法律实践

现实主义法学不满足于将法律规则视为法律实践的做法,而以揭示法律实践的现实而著称。作为美国《统一商法典》的主报告人,卢埃林对合同法和信托收据等法律实践有着深刻的认识。人们不禁感到好奇:作为一位在象牙塔任教40年的老师,卢埃林是如何获得对法律实践的深刻认识的?换言之,现实主义法学是通过什么样的方式来认识法律实践的?据英国威廉·端宁(William Twining)教授的研究,卢埃林学对法律实践的认识主要来自以下方面。

第一,从事法律实务的经验。从耶鲁法学院毕业后,卢埃林加入了纽约市国民城市银行的法律部。不久,该银行解散法律部,将所有法律工作外包给一家律所,卢埃林也被转给该律所。卢埃林主要处理该银行的法律业务。他的主管合伙人是一位银行法专家,卢埃林从该合伙人那里学到了很多的法律技巧。卢埃林所从事的是办公室律师的工作,就法律问题撰写意见、提供法律建议、起草文件和信函,也涉及一些创新性的业务,例如设计新的标准合同文本。这些构成了卢埃林认识法律实践的基础。

第二,进行调研。调研是了解法律实践的常见的方式,此在美国亦然。为了解特定的实践,卢埃林进行了调研。例如,他走访了国民城市银行,了解银行收账是如何进行的。通过调研,卢埃林对银行收账业务有了更多的认识。为了解夏立安人的法律,他曾深入到夏立安人中间进行调研。在制定美国《统一商法典》的过程中,卢埃林参加了众多的谈论会,他充分利用机会向相关方提问,通过提问来澄清自己关心的问题,从而达到对相关实践的深入了解。

第三,阅读法律报告。卢埃林自称,他对商业生活的很多认识是通过阅读法律报告得来的。在阅读法律报告的过程中,卢埃林采用了特别的方法,即他关注的是事实,如当事人是谁,他们在什么时间做了什么,发生了什么,这一情形是否典型,为什么发生争议,等等。由于法律报告是公开的,也是容易获取的,法律报告为卢埃林提供了丰富的关于法律实践的信息。

第四,通过观察与思考。在这方面,可以说是与卢埃林的理论修养密切相关的。例如，对于合同法的法律实践，卢埃林认为威利斯顿主张通过法律原理来解决合同纠纷的看法是有问题的。他认为，应当更多地考虑商业实践的需要，而不是以法律原理来套法律实践。如果不对法律实践有深入的认识，那么法律规则可能是阻碍而不是促进商业交易的进行。因此，有学者认为，作为美国《统一商法典》的主报告人，卢埃林对以往的某些合同法规则进行了修订，使其更能适应商业实践的发展。

需要指出的是，观察和思考的角度至关重要。正如所指出的，卢埃林的法学想象力在普通法学界也是无人比肩的。在《荆棘丛》中，他提出，法科学生应从案例中汲取法律训练所需的营养，要设想当事人之间的法律关系是怎样，"……在遵循一定规律的前提下，放开你们的想象，将自己置身于该情景中，理解和感受每个事实的质地和纹理"（第 115 页）。不仅如此，除了基于当事人地位的想象，还有很多需要编排的，如作为律师，如何向当事人提出建议，如何理解事实的意义，并以其去影响当事人作出合适的决定（第 116 页）。

现实主义法学带给我们的启示

从以上现实主义法学的视角，我们探讨了什么是法律实践以及如何认识法律实践。法律实践问题在我国也是重要的问题，法律实践已经成为一个引起关注的研究主题。笔者认为，现实主义法学的法律实践观可以为我们提供一些启示。在分析法律实践问题时，我们既要重视法学理论，又要深入了解法律实践，避免走两个极端。

一个极端是，完全忽视法学基本理论，将主要的时间放在法律实践上。对于教师而言，这可能意味着：忙于代理案件，不重视法学理论知识的传授或把主要心思不放在教学上。客观来说，法学院教师从事法律实践，无论是代理诉讼案件、仲裁案件还是举行专家论证会，对于教学工作是有益的。毕竟，法学属于应用科学，如果不了解实践，传达给学生的知识将是不全面的、不准确的。但是，如果过多地从事法律实践，将不可避免地影响教学的质量和效果。当然，完全禁止法学教师从事法律实践也不值得提倡。对于学生而言，过早地或过多地将精力放在社会实践或实习上也是有问题的，因为这不仅影响法学基本理论的学习，而且因为从社会实践或实习中所获得的法律实践仍然是相对有限的。在现实中,有的实习可能更多涉及行政性工作,而不是法律事务工作。而且,如果没有合格的导师的指导,社会实践或实习的效果也会大打折扣。

另一个极端是,继续以往以法学理论知识灌输为主,不讲授或少讲授法律实践、法律技能。由于我国尊师重教的传统,法学学习基本以知识灌输为主,很少有学生质疑。由于教师的经历相对比较单一,很多教师是从学生直接转变为教师,缺少应有的实践经验,因此,他们倾向于认为,只要掌握好法学基本理论就可以了,至于其他技能只能到法律实践中去学习。这种做法很容易导致学生与法律实践脱节。同时,由于法学院对法律技能重视不够,学生在毕业后可能会出现无法适应法律实践要求的情况。如果法学院设置法律实务等前置性课程,引入法律实务界人士讲授相关的法律技能,将有助于提高学生认识问题和解决问题的能力。(原载《法治周末》2020 年 7 月 23 日,第 13 版,收入本书时有修改)

参考文献

英文部分

一、著作

1. Benjamin N. Cardozo, *The Nature of the Judicial Process*, Yale University Press, 1949.

2. Brian Leiter, *Naturalizing Jurisprudence: Essays on American Legal Realism and Naturalism in Legal Philosophy*, Oxford University Press, 2007.

3. Bruce Allen Murphy, *Wild Bill: The Legend and Life of William O. Douglas*, Random House, 2003.

4. E. Mertz, S. Macaulay & T. Mitchell eds., *The New Legal Realism*, Vol. 1, Cambridge University Press, 2016.

5. G. Edward White, *Tort Law in America: An Intellectual History*, Oxford University Press, 2003.

6. Gottfried Dietze ed., *Essays on American Constitution Law*, Prentice-Hall, Inc., 1964.

7. Grant Gilmore, *The Ages of American Law*, Yale University Press, 2014.

8. Hanoch Dagan, *Reconstructing American Legal Realism and Rethinking Private Law Theory*, Oxford University Press, 2013.

9. H. L. A. Hart & Tony Honore, *Causation in the Law* (Second Edition), Oxford University Press, 1985.

10. James Goudkamp & Donal Nolan eds., *Scholars of Tort Law*, Hart Publishing, 2019.

11. James O'Fallon ed., *Nature's Justice: Writings of William O. Douglas*, Oregon State University Press, 2000.

12. Jerome Frank, *Courts on Trial: Myth and Reality in American Justice*, Princeton University Press, 1950.

13. Jerome Frank, *Law and the Modern Mind*, Transaction Publishers, 2009.

14. John C. P. Goldberg & Benjamin C. Zipursky, *Recognizing Wrongs*, Harvard University Press, 2020.

15. John Henry Schlegel, *American Legal Realism and Empirical Social Science*, The University of North Carolina Press, 1995.

16. Julius Paul & Leon Green, *The Legal Realism of Jerome N. Frank: A Study of Fact-skepticism and the Judicial Process*, Nijhoff, 1959.

17. Karl Llewellyn, *Cases and Materials on the Law of Sales*, Callaghan and Co., 1930.

18. Karl Llewellyn & E. A. Hoebel, *The Cheyenne Way: Conflict and Case Law in Primitive Jurisprudence*, University of Oklahoma Press, 1941.

19. Karl Llewellyn, *The Bramble Bush*, Oceana Publications, 1960.

20. Karl Llewellyn, *The Common Law Tradition: Deciding Appeals*, Little, Brown and Company, 1960.

21. Karl N. Llewellyn, *Jurisprudence: Realism in Theory and Practice*, Transaction Publishers, 2008.

22. Laura Kalman, *Legal Realism at Yale: 1927 – 1960*, The University of North Carolina Press, 1986.

23. Leon Green ,*Judge and Jury*, Vernon Law Book Company, 1930.

24. Leon Green,*Rationale of Proximate Cause*, Vernon Law Book Company, 1927.

25. Louis Loss & Joel Seligman, *Fundamentals of Securities Regulation*, Aspen Publishers, 2004.

26. Melvin I. Urofsky ed. , *The Douglas Letters*: *Selections from Private Papers of Justice William O. Douglas*, Adler & Adler, 1987.

27. *My Philosophy of Law*: *Credos of Sixteen American Scholars*, Boston Law Book Co. , 1941.

28. Neil Duxbury, *Patterns of American jurisprudence*, Oxford University Press, 1995.

29. Oliver Wendell Holmes,*The Common Law*, Little, Brown and Company, 1923.

30. Richard A. Posner, *Cardozo*: *A Study in Reputation*, The University of Chicago Press, 1990.

31. Robert Jerome Glennon, *The Iconoclast As Reformer*: *Jerome Frank's Impact on American Law*, Cornell University Press, 1985.

32. Robert Samuel Summers, *Instrumentalism and American Legal Theory*, Cornell University Press, 1982.

33. Ronald Dworkin,*Law's Empire*, Hart Publishing, 1986.

34. Simon Deakin & Zoe Adams, *Markesinis and Deakin's Tort Law* (8th Edition), Oxford University Press, 2019.

35. S. Talesh, H. Mertz & H. Klug eds. , *Research Handbook on Modern Legal Realism*, Edward Elgar, 2021.

36. Stephen Guest, *Ronald Dworkin*, Stanford University Press, 2013.

37. Stewart Macaulay et al. , *Contracts*: *Law In Action*, Matthew Bender & Company, Inc. , 2011.

38. W. E. Volkomer,*The Passionate Liberal*: *The Political and Legal Ideas of*

Jerome Frank, Martinus Nijhoff, 1970.

39. William O. Douglas, *Go East, Young Man: The Early Years*, Random House, 1974.

40. William O. Douglas, *The Court Years: 1939 – 1975*, Random House, 1980.

41. William Twining, *Karl Llewellyn and the Realist Movement* (2nd Edition), Cambridge University Press, 2012.

42. William W. Fisher Ⅲ, Morton J. Horwitz and Thomas A. Reed eds., *American Legal Realism*, Oxford University Press, 1993.

43. Wouter de Been, *Legal Realism Regain: Saving Realism from Critical Acclaim*, Stanford University Press, 2008.

二、论文

1. Allen E. Smith, *Some Realism about a Grand Legal Realist: Leon Green*, 56 Texas Law Review 486 (1978).

2. Arnold Thurman, *Judge Jerome Frank*, 24 The University of Chicago Law Review 642 (1957).

3. Arthur L. Corbin, *A Tribute to Karl Llewellyn*, 71 Yale Law Journal 807 (1962).

4. Arthur Linton Corbin, *The Uniform Commercial Code-Sales: Should it be Enacted*, 59 Yale Law Journal 822 – 824 (1950).

5. Brian Z. Tamanada, Legal Realism in Context, E. Mertz, S. Macaulay and T. Mitchell eds, *The New Legal Realism*, Vol. 1, Cambridge University Press, 2016.

6. Carrol M. Shanks, *Underhill Moore*, 59 Yale Law Journal 194 (1950).

7. Charles E. Clark, *Jerome N. Frank*, 66 Yale Law Journal 817 (1957).

8. Clark L. Hull, *Moore and Callahan's Law and Learning Theory: A Psychologist's Impressions*, 53 Yale Law Journal 336 (1944).

9. David A. Skeel Jr., *Vern Countryman and the Path of Progressive (and*

Populist) Bankruptcy Scholarship, 113 Harvard Law Review 1079 (2000).

10. David H. Moskowitz, *The American Legal Realists and an Empirical Science of Law*, 11 Villanova Law Review 485 (1966).

11. David W. Robertson, *The Legal Philosophy of Leon Green*, 56 Texas Law Review 393 (1978).

12. Felix Frankfurter, *Jerome N. Frank*, 24 The University of Chicago Law Review 625 (1957).

13. Francis E. Lucey, *Natural Law and American Legal Realism: Their Respective Contributions to a Theory of Law in a Democratic Society*, 30 Georgetown Law Journal 506 (1942).

14. Frederick K. Beutel, *The Proposed Uniform Commercial Code Should Not be Adopted*, 61 Yale Law Journal 337 – 338 (1952).

15. G. Edward White, *The Anti-Judge: William 0. Douglas and the Ambiguities of Individuality*, 74 Virginia Law Review 80 (1988).

16. Grant Gilmore, *Legal Realism: Its Cause and Cure*, 70 Yale Law Journal 1037 (1961).

17. Grant Gilmore, *The Uniform Commercial Code: A Reply to Professor Beutel*, 61 Yale Law Journal 364 (1952).

18. Ingrid M. Hillinger, *The Article 2 Merchant Rules: Karl Llewellyn's Attempt to Achieve the Good, the True, the Beautiful in Commercial Law*, 73 Georgetown Law Journal 1147 (1985).

19. James Fleming, *To Leon Green*, 56 Texas Law Review 535 (1978).

20. Jerome Frank, *A Plea for Lawyer-Schools*, 56 Yale Law Journal 1332, 1337 (1947).

21. Jerome Frank, *Mr. Justice Holmes and Non-Euclidean Legal Thinking*, 17 Cornell Law Quarterly 586 (1931).

22. Jerome Frank, *Why Not a Clinical Lawyer School*, 81 University of Pennsylvania Law Review 908 (1932).

23. John C. P. Goldberg & Benjamin C. Zipursky, *The Restatement (Third) and the Place of Duty in Negligence Law*, 54 Vanderbilt Law Review 660 – 661 (2001).

24. John Dewey, *Logical Method and the Law*, 10 Cornell Law Quarterly 26 (1924).

25. John Henry Schlegel, *American Legal Realism and Empirical Social Science: The Singular Case of Underhill Moore*, 29 Buffalo Law Review 236 – 241 (1980).

26. John W. Hopkirk, *William O. Douglas—His Work in Policing Bankruptcy Proceedings*, 18 Vanderbilt Law Review 682 (1965).

27. Joseph W. Singer, *Legal Realism Now*, 76 California Law Review 474 (1988).

28. Karl Llewellyn, *Some Realism About Realism-Responding to Dean Pound*, 44 Harvard Law Review 1233 (1931).

29. Karl Llewellyn, *Why a Commercial Code*, 22 Tennessee Law Review 784 (1953).

30. Karl N. Llewellyn, *A Realist Jurisprudence: The Next Step*, 30 Columbia Law Review 443 (1930).

31. Karl N. Llewellyn, *On Reading and Using the Newer Jurisprudence*, 40 Columbia Law Review 596 (1940).

32. Karl N. Llewellyn, *On What Makes Legal Research Worthwhile*, 8 Journal of Legal Education 401 (1955).

33. K. N. Llewellyn, *Across Sales on Horseback*, 52 Harvard Law Review 742,746 (1939).

34. K. N. Llewellyn, *On Law and Our Commerce*, 102 Wisconsin Law Review 627, 631 (1949).

35. K. N. Llewellyn, *On Our Case-Law of Contract Offer and Acceptance*, I, 48 Yale Law Journal 33 (1938).

36. K. N. Llewellyn, *On Philosophy in American Law*, 82 University of Pennsylvania Law Review 212 (1934).

37. K. N. Llewellyn, *On Warranty of Quality, and Society*: *I*, 36 Columbia Law Review 706 (1936).

38. K. N. Llewellyn, *On Warranty of Quality, and Society*: *II*, 37 Columbia Law Review 387 - 388 (1937).

39. K. N. Llewellyn, *Our Case-Law of Contract Offer and Acceptance*, *II*, 48 Yale Law Journal 780 - 783 (1938).

40. K. N. Llewellyn, *The Rule of Law in our Case-Law of Contract*, 47 Yale Law Journal 1249 (1938).

41. K. N. Llewellyn, *Through Title to Contract and a Bit Beyond*, 15 New York University Law Quarterly Review 165 (1938).

42. K. N. Llewellyn, *Through Title to Contract and a Bit Beyond*, 15 New York University Law Quarterly Review 168 - 169 (1938).

43. K. N. Llewellyn, *Why We Need the Uniform Commercial Code*, 10 University of Florida Law Review 373 (1957).

44. Leon Green, *Landowner v Intruder Intruder v Landowner Basis of Responsibility in Tort*, 21 Michigan Law Review 507 (1923).

45. Leon Green, *Relational Interest*, 30 Illinois Law Review 30 - 32 (1935).

46. Leon Green, *The Causal Relation Issue in Negligence Law*, 60 Michigan Law Review 549 (1962).

47. Leon Green, *The Duty Problem in Negligence Cases*, 28 Columbia Law Review 1026 - 1029 (1928).

48. Leon Green, *The Duty Problem in Negligence Cases II*, 29 Columbia Law Review 257 - 270 (1929).

49. Leon Green, *The Palsgraf Case*, 30 Columbia Law Review 791 - 792 (1930).

50. L. Fuller, *American Legal Realism*, 82 University of Pennsylvania Law

Review 430 (1934).

51. Melvin I. Urofsky, *William O. Douglas As a Common Law Judge*, 41 Duke Law Journal 158 – 159 (1991).

52. Myres S. McDougal, *Fuller v. the American Legal Realists: An Intervention*, 50 Yale Law Journal 834 – 836(1941).

53. Neil Duxbury, *Jerome Frank and the Legacy of Legal Realism* 18 (2) Journal of Law and Society 186 (1991).

54. Richard Danzig, *A Comment on the Jurisprudence of the Uniform Commercial Code*, 27 Stanford Law Review 622 – 623 (1975).

55. Robert Braucher, *Legislative History of the Uniform Commercial Code*, 58 Columbia Law Review 799 – 800 (1958).

56. Roscoe Pound, *The Call for a Realist Jurisprudence*, 44 Harvard Law Review 701 (1931).

57. Samuel Williston, *The Law of Sales in the Proposed Uniform Commercial Code*, 63 Harvard Law Review 561 (1950).

58. Simon N. Verdun-Jones & F. Douglas Cousineau, *The Voice Crying in the Wilderness: Underhill Moore as a Pioneer in the Establishment of an Interdisciplinary Jurisprudence*, International Journal of Law and Psychiatry, Vol. 1, p. 375 – 376 (1978).

59. Soia Mentschikoff, *Highlights of the Uniform Commercial Code*, 27 Modern Law Review 168 (1964).

60. Stewart Macaulay, *Law and the Behavioral Sciences: Is There Any There There*, 6 Law & Policy 152 – 157 (1984).

61. Stewart Macaulay, *The New Versus the Old Legal Realism: "Things Ain't What They Used To Be"*, 2 Wisconsin Law Review 365 – 403 (2005).

62. Thomas J. Miles & Cass R. Sunstein, *The New Legal Realism*, 75 University of Chicago Law Review 841 – 846 (2008).

63. Thurman W. Arnold, *Leon Green: An Appreciation*, 43 Illinois Law

Review 1 (1948).

64. Underhill Moore & Charles C. Callahan, *Law and Learning Theory: A Study in Legal Control*, 53 Yale Law Journal 1 -2 (1943).

65. Underhill Moore & Gilbert Sussman, *Legal and Institutional Methods Applied to the Debiting of Direct Discount Ⅳ. The South Carolina and Pennsylvania Studies*, 40 Yale Law Journal 928 -929 (1931).

66. Underhill Moore, *Rational Basis of Legal Institutions*, 23 Columbia Law Review 609 (1923).

67. Underhill Moore, *Right of the Remitter of a Bill or Note*, 20 Columbia Law Review 749 -65 (1920).

68. Underhill Moore & Theodore S. Hope, *An Institutional Approach to the Law of Commercial Banking*, 38 Yale Law Journal 703 -704 (1929).

69. Vern Countryman, *Justice Douglas: Expositor of the Bankruptcy Law*, 16 UCLA Law Review 773 (1969).

70. Vern Countryman, *William O. Douglas: An Expositor*, 16 Harvard Law Review 773 (1969).

71. Warren E. Burger, *Tribute to William O. Douglas*, 93 Harvard Law Review 1401 (1980).

72. William A. Schander, *A Short History of the Preparation and Enactment of the Uniform Commercial Code*, 22 University of Miami Law Review 2 (1967).

73. William A. Schander, *A Short History of the Preparation and Enactment of the Uniform Commercial Code*, 22 University of Miami Law Review 4 (1967).

74. William Clark, William O. Douglas & Dorothy S. Thomas, *The Business Failures Project—A Problem in Methodology*, Yale Law Journal 1013 (1930).

75. William Douglas, *Underhill Moore*, 59 Yale Law Journal 188 (1950).

76. William O. Douglas, *A Functional Approach to the Law of Business Association*, 23 Illinois Law Review 675 (1928).

77. William O. Douglas & Carrol M. Shanks, *Insulation from Liability through*

Subsidiary Corporations, 39 Yale Law Journal 194 – 195 (1929).

78. William O. Douglas & Dorothy S. Thomas, *The Business Failures Project—Ⅱ. An Analysis of Methods of Investigation*, 40 Yale Law Journal 1034 (1931).

79. William O. Douglas & George E. Bates, *The Federal Securities Act of* 1933,43 Yale Law Journal 211 (1933).

80. William O. Douglas & Jerome Frank, *Landlords' Claims in Reorganizations*, 42 Yale Law Journal 1003 (1933).

81. William O. Douglas, *Jerome N. Frank*, 10 Journal of Legal Education 6 (1957).

82. William O. Douglas & J. Howard Marshall, *Factual Study of Bankruptcy Administration and Some Suggestions*, 32 Columbia Law Review 25 (1932).

83. William O. Douglas, *Karl N. Llewellyn*, 29 The University of Chicago Law Review 611 – 612 (1962).

84. William O. Douglas, *Max Radin*, 36 California Law Review 163 (1948).

85. William O. Douglas, *Protective Committees in Railroad Reorganizations*, 47 Harvard Law Review 565 (1934).

86. William O. Douglas, *Some Functional Aspects of Bankruptcy*, 41 Yale Law Journal 331 (1932).

87. William O. Douglas, *Wage Earner Bankruptcies—State vs. Federal Control*, 42 Yale Law Journal 591 (1933).

88. William Twining, *Talk About Realism*, 60 New York University Law Review 343 (1985).

89. Zipporah Batshaw Wiseman, *Limit of Vision: Karl Llewellyn and the Merchant Rules*, 100 Harvard Law Review 495 (1987).

三、案例

1. Case et al. v. Los Angeles Lumber Products Co., Ltd. 308 U. S. 110, 111, 112 (1939).

2. Consolidated Rock Products Co. et al. v. Du Bois, 312 U. S. 520 – 524 (1941).

3. General Stores Corp. v. Shlensky et al. , 350 U. S. 462 (1956).

4. United States of America v. Henry W. Grunewald et al. , 233 F. 2d 556 (1956).

5. United States of America v. Samuel Roth, 237 F. 2d 799 (1956).

6. United States v. Antonelli Fireworks Co. , Inc. , et al. , 155 F. 2d 631 (1946).

中文部分

一、著作

1. 北京大学法学百科全书编委会编:《北京大学法学百科全书·中国法律思想史·中国法制史·外国法律思想史·外国法制史》,北京大学出版社 2010 年版。

2. 北京大学法学百科全书编委会编,周旺生、朱苏力主编:《北京大学法学百科全书·法理学·立法学·法律社会学》,北京大学出版社 2010 年版。

3. 蔡枢衡:《中国法律之批判》,山西人民出版社 2014 年版。

4. 柴静:《看见》,广西师范大学出版社 2013 年版。

5. 陈甦主编:《当代中国法学研究》,中国社会科学出版社 2009 年版。

6. 陈亚军:《实用主义研究自选集》,江苏人民出版社 2015 年版。

7. 陈寅恪:《陈寅恪集:隋唐制度渊源略论稿·唐代政治史述论稿》,生活·读书·新知三联书店 2015 年版。

8. 崔建远:《合同解释论:规范、学说与案例的交互思考》,中国人民大学出版社 2020 年版。

9.《大学学术演讲录》丛书编委会编:《中国大学学术演讲录》,广西师范大学出版社 2001 年版。

10. 邓正来:《中国法学向何处去——建构“中国法律理想图景”时代的论纲》(第2版),商务印书馆2011年版。

11. 费孝通:《师承·补课·治学》(增订本),生活·读书·新知三联书店2019年版。

12. 冯珏:《英美侵权法中的因果关系》,中国社会科学出版社2009年版。

13. 付池斌:《卢埃林:书本法不同于现实法》,黑龙江大学出版社2010年版。

14. 付池斌:《现实主义法学》,法律出版社2005年版。

15. 葛兆光:《中国思想史》(三卷本),复旦大学出版社2013年版。

16. 韩强:《法律因果关系理论研究——以学说史为素材》,北京大学出版社2008年版。

17. 何兆武:《思想文化随笔》,科学出版社2012年版。

18. 侯猛:《司法的运作过程:基于对最高人民法院的观察》,中国法制出版社2021年版。

19. 胡铭:《超越法律现实主义——转型中国刑事司法的程序逻辑》,法律出版社2016年版。

20. 江平总主编、张恒山主编:《共和国六十年法学论争实录:法理学卷》,厦门大学出版社2009年版。

21. 李秋零主编:《康德著作全集》(第8卷),中国人民大学出版社2013年版。

22. 梁启超:《饮冰室合集》(1—2),中华书局1989年版。

23. 梁治平编:《法律的文化解释》,生活·读书·新知三联书店1994年版。

24. 梁治平:《法辨:法律文化论集》,广西师范大学出版社2015年版。

25. 梁治平:《观与思:我的学术旨趣与经历》,当代世界出版社2020年版。

26. 梁治平:《寻求自然秩序中的和谐》,中国政法大学出版社1997年版。

27. 刘松山:《中国立法问题研究》,知识产权出版社2016年版。

28. 马长山:《迈向数字社会的法律》,法律出版社2021年版。

29. 钱弘道主编:《中国法治实践学派》(2018 年卷 · 总第五卷),法律出版社 2019 年版。

30. 钱钟书:《谈艺录》(补订本),中华书局 1984 年版。

31. 沈春耀、许安标主编:《大智立法:新中国成立 70 年立法历程》,法律出版社 2019 年版。

32. 沈宗灵、罗玉中、张骐编:《法理学与比较法学论集——沈宗灵学术思想暨当代中国法理学的改革与发展》,北京大学出版社、广东高等教育出版社 2000 年版。

33. 沈宗灵:《现代西方法理学》,北京大学出版社 1992 年版。

34. 沈宗灵:《现代西方法律哲学》,法律出版社 1983 年版。

35. 施天涛:《商法学》,法律出版社 2020 年版。

36. 舒国滢:《法学的知识谱系》,商务印书馆 2021 年版。

37. 舒国滢:《法哲学沉思录》,北京大学出版社 2010 年版。

38. 舒国滢:《法哲学:立场与方法》,北京大学出版社 2010 年版。

39. 苏力、陈春声主编:《中国人文社会科学三十年》,生活 · 读书 · 新知三联书店 2009 年版。

40. 苏力:《法治及其本土资源》,中国政法大学出版社 1996 年版。

41. 苏力:《批评与自恋》(增订版),北京大学出版社 2018 年版。

42. 苏力:《送法下乡:中国基层司法制度研究》,中国政法大学出版社 2000 年版。

43. 孙国华主编:《中华法学大词典:法理学卷》,中国检察出版社 1997 年版。

44. 田雷:《继往以为序章:中国宪法的制度展开》,广西师范大学出版社 2021 年版。

45. 田晓菲:《尘几录:陶渊明与手抄本文化研究》,生活 · 读书 · 新知三联书店 2022 年版。

46. 王保树主编:《中国商事法》,人民法院出版社 1996 年版。

47. 王伯琦:《近代法律思潮与中国固有文化》,清华大学出版社 2005

年版。

48. 王宠惠著、张仁善编:《王宠惠法学文集》,法律出版社 2008 年版。

49. 王德威:《史诗时代的抒情声音:二十世纪中期的中国知识分子与艺术家》,生活·读书·新知三联书店 2019 年版。

50. 王建文:《商法总论研究》,中国人民大学出版社 2021 年版。

51. 王人博:《1840 年以来的中国》,九州出版社 2020 年版。

52. 王人博:《业余者说》,广西师范大学出版社 2018 年版。

53. 王澍:《造房子》,湖南美术出版社 2016 年版。

54. 王涌:《私权的分析与建构:民法的分析法学基础》,北京大学出版社 2020 年版。

55. 魏敦友:《当代中国法哲学的使命:魏敦友教授法哲学讲演录》,法律出版社 2010 年版。

56. 巫鸿:《美术史十议》,生活·读书·新知三联书店 2016 年版。

57. 吴光等编校:《王阳明全集:新编本》,浙江古籍出版社 2011 年版。

58. 吴光荣:《担保法精讲:体系解说与实务解答》,中国民主法制出版社 2023 年版。

59. 吴经熊:《法律哲学研究》,清华大学出版社 2005 年版。

60. 肖峋:《立法往事:我在法工委那些年》,法律出版社 2020 年版。

61. 薛波主编:《元照英美法词典》,北京大学出版社 2013 年版。

62. 燕树棠:《公道、自由与法》,清华大学出版社 2006 年版。

63. 杨国荣:《人与世界:以事观之》,生活·读书·新知三联书店 2021 年版。

64. 杨寿堪、王成兵:《实用主义在中国》,首都师范大学出版社 2011 年版。

65. 杨兆龙著、陆锦碧编:《杨兆龙文集》,复旦大学出版社 2018 年版。

66. 姚淦铭、王燕编:《王国维文集》(第 1 卷、第 3 卷),中国文史出版社 1997 年版。

67. 翟学伟:《中国人行动的逻辑》,生活·读书·新知三联书店 2017 年版。

68. 翟志勇:《从〈共同纲领〉到“八二宪法”》,九州出版社 2020 年版。

69. 翟志勇:《公法的法理学》,商务印书馆 2021 年版。

70. 张建等:《重构道统的可能性——当代中国法哲学的探索与反思》,中国政法大学出版社 2017 年版。

71. 张乃根:《西方法哲学史纲》(增补本),中国政法大学出版社 2002 年版。

72. 张文显:《二十世纪西方法哲学思潮研究》,法律出版社 1996 年版。

73. 赵汀阳:《第一哲学的支点》,生活 · 读书 · 新知三联书店 2017 年版。

74. 郑永流:《法是一种实践智慧》,法律出版社 2010 年版。

75.《中国大百科全书》编辑部编辑、江平主编:《中国大百科全书 · 法学》(修订版),中国大百科全书出版社 2006 年版。

76. 周国兴:《情景感与确定性:卢埃林的法哲学》,中国法制出版社 2018 年版。

77. 周汉华:《现实主义法律运动与中国法制改革》,山东人民出版社 2002 年版。

78. 朱伟一:《证券法》,中国政法大学出版社 2018 年版。

二、论文

1. 陈柏峰:《地方性共识与农地承包的法律实践》,载《中外法学》2008 年第 2 期。

2. 陈柏峰、董磊明:《法理论还是法治论——当代中国乡村司法的理论建构》,载《法学研究》2010 年第 5 期。

3. 陈柏峰:《“迈向实践”的法学——读黄宗智著〈过去与现在〉》,载《学术界》2010 年第 3 期。

4. 陈柏峰:《乡村基层执法的空间制约与机制再造》,载《法学研究》2020 年第 2 期。

5. 陈甦:《论民法典形成机制的时代性与科学性》,载《法学杂志》2015 年第 6 期。

6. 陈甦:《商法机制中政府与市场的功能定位》,载《中国法学》2014 年第

5 期。

7. 陈甦:《体系前研究到体系后研究的范式转型》,载《法学研究》2011 年第 5 期。

8. 陈兴良:《法学知识的演进与分化——以社科法学与法教义学为视角》,载《中国法律评论》2021 年第 4 期。

9. 程金华:《四倍利率规则的司法实践与重构:利用实证研究解决规范问题的学术尝试》,载《中外法学》2015 年第 3 期。

10. 戴昕:《认真对待法律现实主义—评〈波斯纳法官司法反思录〉》,载《环球法律评论》2015 年第 3 期。

11. 邓峰:《中国公司治理的路径依赖》,载《中外法学》2008 年第 1 期。

12. 丁晓东:《重新审视法律现实主义——一种知识社会学的考察》,载《昆明理工大学学报(社会科学版)》2010 年第 4 期。

13. 段海风:《新旧现实主义法学的内在价值及借鉴意义辨识》,载《社会科学家》2018 年第 8 期。

14. 范健:《编纂〈中国商法典〉前瞻性思考》,载《广东社会科学》2018 年第 2 期。

15. 范健:《当代中国商法的理论渊源、制度特色与前景展望》,载《法制与社会发展》2018 年第 5 期。

16. 范健:《中国〈民法典〉颁行后的民商关系思考》,载《政法论坛》2021 年第 2 期。

17. 范健:《走向〈民法典〉时代的民商分立体制探索》,载《法学》2016 年第 12 期。

18. 方乐:《法律实践如何面对“家庭”?》,载《法制与社会发展》2011 年第 4 期。

19. 葛洪义:《法律的实践属性与旨趣》,载《浙江社会科学》2020 年第 5 期。

20. 葛云松:《法学教育的理想》,载《中外法学》2014 年第 2 期。

21. 侯猛:《实证“包装”法学?——法律的实证研究在中国》,载《中国法律评论》2020 年第 4 期。

22. 侯猛:《司法中的社会科学判断》,载《中国法学》2015 年第 6 期。

23. 黄文艺:《迈向法学的中国时代——中国法学 70 周年回顾与前瞻》,载《法制与社会发展》2019 年第 6 期。

24. 纪海龙:《民法典动产与权利担保制度的体系展开》,载《法学家》2021 年第 1 期。

25. 蒋大兴:《〈商法总则〉/〈商法典的可能体系》,载《学术论坛》2019 年第 1 期。

26. 蒋大兴:《商人,抑或企业——制定〈商法通则〉的前提性疑问》,载《清华法学》2008 年第 4 期。

27. 蒋大兴:《〈商事通则〉/〈商法典〉的可能空间?——再论商法与民法规范内容的差异性》,载《比较法研究》2018 年第 5 期。

28. 焦宝乾:《理论与实践的难题——以中国法律体系形成为背景的反思》,载《政治与法律》2012 年第 7 期。

29. 李思楚:《中国法学理想图景建构的开山之作——〈汉语法学论纲〉研讨会综述》,载《清华大学学报(哲学社会科学版)》2015 年第 1 期。

30. 李拥军:《当代中国法律对亲属的调整:文本与实践的背反和统合》,载《法制与社会发展》2017 年第 4 期。

31. 梁治平:《法治进程中的知识转变》,载《读书》1998 年第 1 期。

32. 林辉煌:《家产制与中国家庭法律的社会适应——一种"实践的法律社会学"分析》,载《法制与社会发展》2012 年第 4 期。

33. 刘翀:《现实主义法学的批判与建构》,载《法律科学(西北政法大学学报)》2009 年第 5 期。

34. 刘松山:《国家立法三十年的回顾与展望》,载《中国法学》2009 年第 1 期。

35. 刘星:《法律的不确定性——美国现实主义法学述评》,载《中山大学学报(社会科学版)》1996 年 S3 期。

36. 刘星:《法学"科学主义"的困境——法学知识如何成为法律实践的组成部分》,载《法学研究》2004 年第 3 期。

37. 刘星:《走进现实的法律生活——评〈送法下乡〉》,载《中国社会科学》2002 年第 3 期。

38. 陆宇峰:《"规则怀疑论"究竟怀疑什么?——法律神话揭秘者的秘密》,载《华东政法大学学报》2014 年第 6 期。

39. 陆宇峰:《美国法律现实主义:内容、兴衰及其影响》,载《清华法学》2010 年第 6 期。

40. 苗延波:《论商法典的地位》,载《河南财经政法大学学报》2021 年第 3 期。

41. 钱弘道:《中国法治实践学派的兴起与使命》,载《浙江大学学报(人文社会科学版)》2013 年第 5 期。

42. 强世功:《法社会学的"北大学派"——怀念沈宗灵先生》,载《读书》2019 年第 8 期。

43. 乔克裕:《"实践法学"导言——中国理论法学的思考》,载《法商研究》1995 年第 3 期。

44. 沈宗灵:《对霍菲尔德法律概念学说的比较研究》,载《中国社会科学》1990 年第 1 期。

45. 沈宗灵:《卢埃林的现实主义法学》,载《法学研究》1990 年第 5 期。

46. 沈宗灵:《批判法学在美国的兴起》,载《比较法研究》1989 年第 8 期。

47. 施天涛:《商事关系的重新发现与当今商法的使命》,载《清华法学》2017 年第 6 期。

48. 舒国滢:《从美学的观点看法律——法美学散论》,载《北大法律评论》(第 3 卷第 2 辑),法律出版社 2001 年版。

49. 苏力:《也许正在发生——中国当代法学的一个概览》,载《比较法研究》2001 年第 3 期。

50. 孙新强:《卢埃林现实主义法理学思想》,载《法制与社会发展》2009 年第 4 期。

51. 孙新强:《论美国〈统一商法典〉的立法特点》,载《比较法研究》2007 年第 1 期。

52. 王保树:《商事通则:超越民商合一与民商分立》,载《法学研究》2005年第1期。

53. 王彬:《法律现实主义视野下的司法决策》,载《法学论坛》2018年第5期。

54. 王晨光:《法学教育的宗旨——兼论案例教学模式和实践性法律教学模式在法学教育中的地位、作用和关系》,载《法制与社会发展》2002年第6期。

55. 王晨光:《法学教育改革现状与宏观制度设计——日韩经验教训反思与中国改革刍议》,载《法学》2016年第8期。

56. 王建文:《中国商事司法实践中的法律适用:困境与出路》,载《现代法学》2010年第5期。

57. 王绍喜:《法律文化解释理论及其限度》,载《中国法律评论》2021年第4期。

58. 王绍喜:《荆棘丛》,载《清华法学》(第四辑),清华大学出版社2004年版。

59. 王绍喜:《〈民法典〉时代声音保护的解释与适用》,载《法律适用》2023年第6期。

60. 王绍喜:《〈民法典〉时代肖像权保护解释论》,载《法律适用》2021年第11期。

61. 王绍喜:《司法案例的法理表达及其可能性——评苏力教授〈是非与曲折〉》,载《中国法律评论》2020年第4期。

62. 王绍喜:《原则的实践》,载《清华法学》(第六辑),清华大学出版社2005年版。

63. 王绍喜:《指导性案例的政策引导功能》,载《华东政法大学学报》2018年第5期。

64. 武建敏:《实践法学要义》,载《河北法学》2009年第1期。

65. 夏小雄:《商法"法典化":历史考察和体系分析——以十九世纪西欧国家商法典立法为核心》,载《东南大学学报(哲学社会科学版)》2018年第6期。

66. 徐爱国:《论中国法理学的死亡》,载《中国法律评论》2016年第2期。

67. 薛军:《中国民法典编纂的组织机制问题:结合意大利经验的讨论》,载《比较法研究》2015年第3期。

68. 姚建宗:《中国语境中的法律实践概念》,载《中国社会科学》2014 年第 6 期。

69. 姚建宗:《主题变奏:中国法学在路上——以法理学为视角的观察》,载《法律科学(西北政法学院学报)》2007 年第 4 期。

70. 叶林:《企业的商法意义以及"企业进入商法"的新趋势》,载《中国法学》2012 年第 4 期。

71. 叶林、王艺璇:《我国动产担保混合模式的规范解释》,载《甘肃社会科学》2022 年第 1 期。

72. 尤陈俊:《法学继受对法学研究及法学教育的连锁影响——以德国法教义学在我国台湾地区之继受为例的反思》,载《法学评论》2022 年第 3 期。

73. 郑戈:《再问法学是一门社会科学吗?——一个实用主义的视角》,载《中国法律评论》2020 年第 4 期。

74. 郑永流:《什么是法律实践?》,载《浙江社会科学》2020 年第 5 期。

75. 郑永流:《实践法律观要义——以转型中的中国为出发点》,载《中国法学》2010 年第 3 期。

76. 郑永流:《实践法哲学:从法律 1.0 走向法律 2.0》,载《清华法学》2022 年第 1 期。

77. 郑祝君:《公司与社会的和谐发展——美国公司制度的理念变迁》,载《法商研究》2004 年第 4 期。

78. 朱明哲:《法典化模式选择的法理辨析》,载《法制与社会发展》2021 年第 1 期。

79. 左卫民:《法学实证研究的价值与未来发展》,载《法学研究》2013 年第 6 期。

80. 左卫民:《实践法学:中国刑事诉讼法法学研究的新方向》,载《法学研究》2012 年第 5 期。

三、译著

1. [美]本杰明·卡多佐:《司法过程的本质》,王绍喜译,中国民主法制出版社 2023 年版。

2. [美]彼得·G. 伦斯特洛姆编:《美国法律辞典》,刘茂林等译,中国政法大学出版社 1998 年版。

3. [美]多萝西·罗斯:《美国社会科学的起源》,王楠、刘阳、吴莹译,生活·读书·新知三联书店 2019 年版。

4. [美]E. 博登海默:《法理学:法律哲学与法律方法》,邓正来译,中国政法大学出版社 1999 年版。

5. [德]菲利普·黑克:《利益法学》,傅广宇译,商务印书馆 2016 年版。

6. [英]哈特:《法律的概念》(第 3 版),许家馨、李冠宜译,法律出版社 2018 年版。

7. [德]汉斯–格奥尔格·伽达默尔:《诠释学:真理与方法》,洪汉鼎译,商务印书馆 2010 年版。

8. [德]卡尔·拉伦茨:《法学方法论》(第 6 版),黄家镇译,商务印书馆 2020 年版。

9. [美]卡尔·卢埃林,《荆棘丛:我们的法律与法学》,王绍喜译,中国民主法制出版社 2020 年版。

10. [德]康德:《纯粹理性批判》,邓晓芒译,人民出版社 2017 年版。

11. [美]劳伦斯·弗里德曼:《二十世纪美国法律史》,周大伟等译,北京大学出版社 2016 年版。

12. [美]理查德·A. 波斯纳:《法理学问题》,苏力译,中国政法大学出版社 2002 年版。

13. [英]罗伯特·史蒂文斯:《法学院——美国法学教育百年史:19 世纪 50 年代至 20 世纪 80 年代》,李立丰译,北京大学出版社 2017 年版。

14. [美]罗纳德·德沃金:《认真对待权利》,信春鹰、吴玉章译,中国大百科全书出版社 1998 年版。

15. [荷]马丁·W. 海塞林克:《新的欧洲法律文化》,魏磊杰、吴雅婷译,中国法制出版社 2018 年版。

16. [美]乔迪·S. 克劳斯、史蒂文·D. 沃特主编:《公司法和商法的法理基础》,北京大学出版社 2005 年版。

17. [美]斯蒂芬·M. 菲尔德曼:《从前现代主义到后现代主义的美国法律思想》,李国庆译,中国政法大学出版社 2005 年版。

18. [英]斯科特·维奇、[希腊]埃米利奥斯·克里斯多利迪斯、[意]马尔科·哥尔多尼:《法理学:主题与概念》(第 3 版),赵英男译,北京大学出版社 2023 年版。

19. [美]梯利著、伍德增补:《西方哲学史》(增补修订版),葛力译,商务印书馆 1995 年版。

20. [美]威廉·詹姆士:《实用主义》,李步楼译,商务印书馆 2012 年版。

21. [美]巫鸿:《中国古代艺术与建筑中的"纪念碑性"》,上海人民出版社 2017 年版。

22. [美]小戴维·A. 斯基尔:《债务的世界:美国破产法史》,赵炳昊译,中国法制出版社 2010 年版。

23. [美]宇文所安:《中国传统诗歌与诗学》,陈小亮译,中国社会科学出版社 2013 年版。

24. [美]约翰·杜威:《杜威全集·晚期著作:1925—1953·第十四卷:1939—1941》,魏忠洪译,华东师范大学出版社 2015 年版。

25. [美]约翰·杜威:《杜威全集·晚期著作:1925—1953·第四卷:1929》,傅统先译,华东师范大学出版社 2015 年版。

26. [美]张灏:《危机中的知识分子:寻求秩序与意义,1890—1911》,高力克、王跃译,中央编译出版社 2016 年版。

四、案例

1. 广东加多宝饮料食品有限公司、广州医药集团有限公司擅自使用知名商品特有名称、包装、装潢纠纷案,(2015)民三终字第 3 号。

2. 华懋金融服务有限公司与中国中小企业投资有限公司委托投资纠纷上诉案,(2002)民四终字第 30 号。

3. 青岛金世纪实业有限公司与华安财产保险股份有限公司青岛分公司保险代位求偿权纠纷案,(2019)最高法民终 299 号。

4. 苏州工业园区海富投资有限公司与甘肃世恒有色资源再利用有限公司、香港迪亚有限公司、陆波增资纠纷案,(2012)民提字第 11 号。

后　记

在写完结语之后，关于现实主义法学的研究就要暂时告一段落了。之所以说“暂时”，是因为我并不认为写完这本书后，对现实主义法学的思考和研究就终结了。远非如此。在撰写本书时，我潜意识地反对这样一种观点，即认为通过一两篇论文就能把现实主义法学讲清楚、讲全面。我的理解恰恰相反。即使是我的这本书，也只是对法的现实性这一核心主题进行了阐释。基于对主题的考虑以及因时间和精力所限，这本书没有也不可能讨论现实主义法学的所有问题，尽管我自信地认为它探讨了大部分的核心问题。

我对现实主义法学的兴趣，可以追溯到2002年的读研期间。记得那天我在明理楼的法律图书馆发现了卢埃林的《荆棘丛》，我不清楚为什么这本有些褪色的、题目与法律没有直接关系的著作会吸引我，也不知道法学院从哪里购置了这本1930年出版的著作，更没有想到它后来对我产生了如此之大的影响。我当时的阅读感受是极其震撼的——在此前6年的法律学习中，我一直身处象牙塔，对法律实践只有一点直观的认识（本科时要求至少有两次法律实习)。《荆棘丛》深深地触动了我,以至于在研究生毕业时我果断地放弃直接攻读博士的想法,因为我认为它无法带给我新的理论刺激。

在硕士毕业后,我先在律师事务所工作。在工作中,我对《荆棘丛》的相关论述念念不忘,就像我在《荆棘丛》的"译后记"所说的,"在我看来,卢埃林在《荆棘丛》中的诸多论述,对于律师从事法律执业是很有帮助的"。我不时地思考法学理论与法律实践的关系。在 2006 年前后,我打算对卢埃林的法律思想进行研究,并在 2007 年美国留学期间复印了相关的论文。2008 年留学回国后,我开始对法律的实践特性进行思考,写了一篇文章,并在当时任职的北京市金杜律师事务所的内部培训会上进行分享。2013 年,我离开律所转向跨国公司担任公司法务,这段工作经历让我对顾问律师的角色有了更多的认识。

2021 年,我再次经历职业转换,加入天津大学法学院。在经过一段时间的思考之后,我决定将现实主义法学作为我的研究计划。此前,我已经出版了译著《荆棘丛》,这部常读常新的著作不断地给我提供新的启示。2022 年,我的博士论文《广告法上的民事责任》已由中国社会科学出版社顺利出版。由于我自 2003 年以来一直希望将法理与私法结合起来研究,在博士论文出版后,启动一项结合二者的研究计划就自然而然地提上日程。在研究的过程中,卡多佐法官的著作时不时出现在现实主义法学家的著述中,于是我决定翻译卡多佐的《司法过程的本质》一书,作为我整个现实主义法学研究计划的一部分。

我自认为比较擅长作规划,主动性和韧性还行,比较适合从事学术研究。根据撰写博士论文的经验,我按照计划一章一章地写,先对什么是现实主义法学和卢埃林的法理思想进行研究,接着撰写卢埃林的商法思想、穆尔和道格拉斯的法律思想,在研究过程中,我以格林替代原先计划的库克,因为我认为侵权法比冲突法更加有趣,最后研究的是弗兰克。原来计划将麦考利单独作为一章,后来进行了调整。

研究的过程是比较顺利的。在这一过程中,兴趣和好奇心起了很大的作用。我完全没有觉得枯燥、乏味(当然,有的论文很长,需要耐心地阅读完)。在为了梳理卢埃林的商法思想而逐篇阅读那些写于 20 世纪 30 年代的私法论文(至少有十多篇)之后,我终于发现美国《统一商法典》与卢埃林法理思想之间的具体关联。在写作过程中,我曾为穆尔对学术的专注和坚持所感动,为道格拉斯的个人成长和发展经历所感叹,对卢埃林和弗兰克所受的不公平误读感到愤愤不平,为格林简洁、清晰的论证拍手叫好。

当然,在写作中也不是没有遇到挫折。在我试图发表有关现实主义法学的研究成果时,我感到有一堵无形的墙,对它们进行抵制。这些论文,或是受到评审专家或编辑的质疑或否定,或是因为论文发表的大环境的限制,大部分无疾而终。尽管如此,我对自己的研究很有自信,不为这些意见或这个环境所左右或退缩。我认为,歌者梅艳芳的一首歌颇能表达我当时的心情。在《孤身走我路》中,她唱道:"孤身走我路,但信心布满路途。路仍是我的路,寂寞时伴我影歌中舞,孤身走我路,是痛苦却也自豪。"当读到施格莱尔对穆尔的评价时("他选择独自踏上这条路"),我可谓心有戚戚焉!当后来读到梁治平先生对自己边缘性思考的看法时,我更加坚定了走自己路的决心和信心。

在一年多的时间内,我陆续完成本书主体的写作。为了完成本研究计划,我几乎中止了所有其他的研究。记得在 2022 年 5 月,北京新冠疫情暴发,我从北京返津后先是居家监测 7 天,接着又因天津本地出现零星新冠病例而"相对静止"。在那段时间,除了出去做核酸检测和在第二天检测结果出来之后在小区附近跑步,我几乎将自己关在房间里,从早到晚想的都是现实主义法学,甚至在跑步时又产生一些新的想法,回家后赶紧修改、补充。当时我曾感慨,在一个现实的社会中研究不那么现实的(甚至有些冷门的)现实主义法学,简直有点讽刺。当时,我正在读田晓菲的《尘几录:陶渊明与手抄本文化研究》,感觉自己就是个那个隐者,也因此感慨学术研究其实是孤独者的事业。

不过,在研究过程中,我也获得一些乐趣。每当完成一个章节,自认为有所创见时,我"手舞足蹈"(我女儿的话)。而当我最后读到弗兰克写的一篇论文时,我发现自己在之前写的某个章节的思路何其相似!让我感到有些自豪的是,我终于将 20 年来的一些想法串起来并形成于文字,将不同阶段撰写的一些文字整合入本书,似乎是一种冥冥注定。当年的思想萌芽终于结出果实!

本书最终得以出版,我要感谢诸多师友的关心与帮助。首先感谢陈甦老师对我研究的包容、理解与支持。有一段时间,陈老师曾担心我的研究会不会走偏了。事实上，通过这项研究，我对商法的认识又加深了一层。感谢北京航空航天大学法学院翟志勇教授通读了本书的初稿，提出了宝贵的修改建议，使我避免了一些结构和表述上的错误。感谢西南政法大学董彦斌教授关于本书书名的建议。感谢舒国滢老师对本书写作和出版所提供的建议以及对晚辈的鼓励与点拨。感谢我的同事张恒山教授，我曾多次就现实主义法学与张老师进行探讨，并受益于张老师的指点和启发。感谢天津大学法学院孙佑海院长和各位同事在各个方面为我所提供的支持和帮助。感谢天大法学院和天津大学自主创新基金提供的出版资助。

感谢美国威斯康星州大学斯图尔特·麦考利教授。在写作过程中，我曾就写作计划和提纲征求教授的意见，得到他的鼓励和指点，他分享的有关现实主义法学的见解，对本书的写作非常有帮助。同样，我要感谢我在宾夕法尼亚大学法学院的授课教师 David Skeel 教授，在研究道格拉斯的法律思想时，我曾向 Skeel 教授请教，得到他迅速的回复和热情的鼓励。我还要感谢 William Twining、Brian Leiter 和 Brian Bix 教授，我在写作过程中向他们请教问题，得到他们的回复，Twining 教授和 Bix 教授还向我发送自己所写的正在发表中的论文或书中的章节。Bix 教授不仅耐心地回答我的提问，而且给了我很多的鼓励，让我感到温暖和激动。

感谢法律出版社的编辑似玉老师，她专业、高效的工作，使这本书以这样完美的形式呈现在读者面前。最后，我要感谢父母的养育之恩，他们一直在默默地支持我的工作。我还要感谢我的太太和女儿哈哈，是你们的支持让我得以顺利地完成此项研究。

如同其他的书一样，本书必定存在一些错漏或不足，我诚恳地希望能收到读者诸君的意见或建议，以便将来再版时进行完善。

王绍喜

2023 年 2 月 6 日初稿

2023 年 7 月 12 日定稿